"双一流"建设丛书·学术经典系列

# 中国与"一带一路"沿线国家文化贸易合作研究

方 英 刘静忆 ◎ 著

中国传媒大学出版社
·北京·

图书在版编目(CIP)数据

中国与"一带一路"沿线国家文化贸易合作研究/方英，刘静忆著.--北京：中国传媒大学出版社，2021.2
("双一流"建设丛书.学术经典系列)
ISBN 978-7-5657-2861-7

Ⅰ.①中… Ⅱ.①方… ②刘… Ⅲ.①文化产业—产业合作—研究—中国 ②"一带一路"—对外经贸合作—研究—中国 Ⅳ.①G124 ②F125.5

中国版本图书馆 CIP 数据核字(2020)第 243692 号

**中国与"一带一路"沿线国家文化贸易合作研究**

**ZHONGGUO YU "YIDAIYILU" YANXIAN GUOJIA WENHUA MAOYI HEZUO YANJIU**

| | | | |
|---|---|---|---|
| **著　　者** | 方　英　刘静忆 | | |
| **责任编辑** | 李　莉 | | |
| **特约编辑** | 张　蕊 | | |
| **封面设计** | 拓美设计 | | |
| **责任印制** | 李志鹏 | | |
| **出版发行** | 中国传媒大学出版社 | | |
| **社　　址** | 北京市朝阳区定福庄东街 1 号 | **邮　　编** | 100024 |
| **电　　话** | 86-10-65450528　65450532 | **传　　真** | 65779405 |
| **网　　址** | http://cucp.cuc.edu.cn | | |
| **经　　销** | 全国新华书店 | | |
| **印　　刷** | 北京玺诚印务有限公司 | | |
| **开　　本** | 787mm×1092mm　1/16 | | |
| **印　　张** | 19.75 | | |
| **字　　数** | 323 千字 | | |
| **版　　次** | 2021 年 2 月第 1 版 | | |
| **印　　次** | 2021 年 2 月第 1 次印刷 | | |
| **书　　号** | ISBN 978-7-5657-2861-7/G·2861 | **定　　价** | 98.00 元 |

**本社法律顾问：北京李伟斌律师事务所　郭建平**

# 目录

# 前　言

习近平总书记高屋建瓴地提出了搭建“丝绸之路经济带”和“海上丝绸之路”的倡议构想，这为带动中华文化“走出去”创造了良好的契机。古丝绸之路与海上丝绸之路作为曾经最重要的亚欧大陆商贸文化通道，凝结了沿线、沿岸国家共同的历史记忆与文化符号，为促进东西方思想交流和文化交融做出了卓越的历史贡献。今天的“一带一路”作为新的倡议，不仅在拓展经贸关系上有经济价值，而且关乎地缘政治的改善，旨在通过推动与相关国家的人文交流，实现文化突围，进而提升中国在国际事务中的话语权。民相亲，在于心相知。民心相通作为“一带一路”建设的社会根基，得到国际社会高度认同。“一带一路”需要以文化认同带动民心相通，以文化认同弥合价值观差异，从而夯实各国互联互通的社会心理基础。

在当今国际舞台上，软实力和话语权问题是长期困扰中国政治、经济和文化生活的大问题，不解决好这个问题，中国的国际地位不仅难以展现，也严重影响我国的国际形象，甚至影响我国的社会稳定及国家安全。文化软实力是国家软实力的核心因素，文化软实力之所以在软实力中居于核心地位，之所以能够在国际交往中发挥无以代替的独特作用，完全是因为文化本身具有的魅力。文化不是一种强制的力量，文化发挥作用是靠其潜移默化、润物无声、引人入胜的特点和具有的极强的渗透力和超越性。发展文化贸易尤其是与“一带一路”沿线国家的文化贸易，加强不同文明之间的交流对话，求同存异、兼容并蓄、和平共处、共生共荣，能极大地增强我国的软实力。因此，发展文化贸易是“一带一路”倡议实施的“软”支撑。

随着“一带一路”建设加快，我国文化贸易发展也迎来了最好的时代。中国与“一带一路”沿线国家的文化贸易日益受到国家的重视，国家不断出台大量相关政策措施来推进中国与“一带一路”沿线国家文化贸易的发展。2017 年 1 月，文化部发布了《“一带一路”文化发展行动计划(2016—2020 年)》。国家新闻出版广电总局组织实施了“丝路书香工程”，充分发挥新闻出版和影视的作用，强化沿线国家民心相通的优势，服务国家外交大局，加强国际传播能力建设以及营造“讲信修睦、合作共赢、守望相助、心心相印、开放包容”的文化舆论氛围。商务部会同有关部门发布《服务贸易发展“十三五”规划》，规划中提到要开拓“一带一路”沿线市场，积极与“一带一路”沿线重点国家和地区签订服务贸易合作协议，扩大服务业相互开放，积极发展与“一带一路”沿线国家和地区文化贸易，扩大图书、影视剧、动漫、网络游戏等文化产品与服务出口，提升中华文化影响力。外汇管理部门围绕《推动共建丝绸之路经济带和 21 世纪海上丝绸之路的愿景与行动》的精神，坚持“开放合作、和谐包容、市场运作、互利共赢”的原则，着力推进“政策沟通、设施联通、贸易畅通、资金融通、民心相通”，把握好外汇管理的两项基本原则，为“一带一路”营造良好的政策环境。

“一带一路”倡议为我国文化产业发展带来了机遇。“一带一路”沿线国家的各民族文化多姿多彩，给中外文化创意产业的交流合作创造了历史性机遇。文化企业要积极对外开拓，深化与沿线国家的合作，把中国影视、图书、动漫、游戏、演艺、音乐、数字作品及其他文化产品和服务传播到"一带一路"沿线国家，加强与当地人民的文化合作和文化交流，这有助于沿线国家深入了解中华文化，提升我国的文化形象及文化影响力。

本书基于习近平新时代对外开放思想和国家软实力建设的相关论述，阐述了"一带一路"倡议为中国文化建设拓展外部发展空间提供的机遇，论证了发展文化贸易是"一带一路"倡议实施的"软"支撑，并提出我国与"一带一路"沿线国家文化贸易、文化交流合作的战略选择和实现路径。本书重点阐述了全球化背景下，当今国际文化产品贸易、文化服务贸易、文化投资合作发展状况及趋势特点，以及中国在国际文化市场竞争所处的态势，分区域、分行业研究了"一带一路"沿线国家的文化市场发展状况，知己知彼，为中国企业和政府机构开展对外文化贸易、文化交流合作提供参考。本书还梳理了"一带一路"倡议以来，政府出台的一系列鼓励和发展中国与沿线国家文化贸易合作的政策措施，并研究了近年来中国与沿线国家双边文化创意产品贸易、文化旅游贸易、影视贸易、图书版权贸易、动漫游戏贸易、会展贸易以及文化投资合作发展状况，提出了关于促进中国与沿线国家间文化贸易和投资合作的政策措施的建议。

本书以中国对"一带一路"沿线国家的文化产品出口数据为基础，运用随机前沿引力模型，实证分析影响中国文化产品出口的因素，测算了中国与沿线主要伙伴国及地区的文化产品出口效率和潜力，并量化评估了政策因素对中国文化产品出口效率的影响。本书还研究了"一带一路"倡议实施以来中国与沿线国家双边文化交流取得的成就和存在的不足，运用国际贸易理论和文化外交理论阐述了对外文化交流与文化贸易的相互促进关系，运用扩展的引力模型实证检验了对外文化交流活动对于双边文化贸易的影响。"一带一路"建设需要以文化认同带动民心相通，以文化认同弥合价值观差异，从而夯实各国互联互通的社会心理基础。

本书从宏观、微观两个维度分析了“一带一路”倡议下我国对外文化投资的特点、我国对外文化投资面临的问题与风险，并提出保障我国对外文化投资健康快速发展的对策建议。同时，因为与沿线国家开展文化交流活动是每一个“走出去”企业的社会责任，本书提出了“文化责任”概念，分析了中国“走出去”企业的文化责任，并探讨中国“走出去”企业履行文化责任的具体对策和建议，这不仅有利于“走出去”企业的可持续发展，而且可以更好地传播正面的中国国家形象。

方　英

2021 年 2 月 26 日

# 第一章
# “一带一路”倡议助推中国软实力的提升

## 第一节　发展文化贸易是“一带一路”倡议实施的“软”支撑

面对当今世界深刻复杂的历史性变革，在世界多极化、经济全球化的背景下，顺应文化多样化、社会信息化的时代潮流，世界各国的软实力格局酝酿着深刻的改变和调整。自2013年我国在国际社会提出共建“丝绸之路经济带”和“21世纪海上丝绸之路”（以下简称“一带一路”）的倡议以来，沿线各国在政策沟通、设施联通、贸易畅通、资金融通、民心相通五个层面不断加强合作，探索着彼此合作的潜力和空间。在推动“一带一路”框架下更大范围、更高水平、更深层次的区域合作，增进沿线各国人民的人文交流与文明互鉴，让各国人民相逢相知、互敬互信方面，文化交流和文化贸易是非常有效的助力和手段。

文化是“一带一路”的灵魂，文化传承与创新是各国经济贸易合作的“软”支撑，文化始终是推动国家间相互理解和认同的最佳载体。为了深入论证文化贸易是“一带一路”倡议实施的“软”支撑，我们首先分析文化贸易与国家软实力二者之间相互作用的机理。自美国哈佛大学教授约瑟夫·奈（Joseph S.Nye）在1990年提出“软实力”这一概念后，诸多国内外学者从不同层面对其进行了研究和应用，本书主要聚焦于讨论文化在软实力理论构建过程中的重要性。

约瑟夫·奈（1990）提出软实力的概念，将其定义为是对他人行为施加影响并能达到自身目的的能力，即做事的能力、得偿所愿的能力。软实力主要有三个来源：文化（在很多方面对他国具有吸引力）、政治价值观（在内外事务中遵守并实践这些观念)、对外政策(正当合理,并具有道德上的权威性)。董立人等认为软实力所指的是不易掌握的隐性精神力量,包括政治力、文化力、艺术力和外交力等软要素,其核心部分即是文化价值观、政治价值观念的认同及其影响力。[①] 陆钢尤其强调了在构成软实力的三部分内容当中的文化软实力的重要性,认为这是指一个国家运用文化资源影响其他国家自愿接受本国外交政策的能力,影响广泛、深入和持久,容易改变人们的思维习惯、情感心理及行为方式,其可塑性和灵活性远远超过对外政策和政治价值观[②]。综合国内外学者关于文化与国家软实力的分析,我们不难看出,构成国家软实力的要素非常多元,关于文化在国家软实力构建中的作用意义的阐述也各执一词,部分学者强调了文化在软实力构建中的核心作用,但未将文化贸易纳入文化软实力乃至国家软实力的分析框架之内。因此,本书试图阐释文化贸易与软实力的相互作用机理,将其模型表述为:文化产业→文化贸易→文化软实力→国家软实力→文化产业(见图 1-1)。

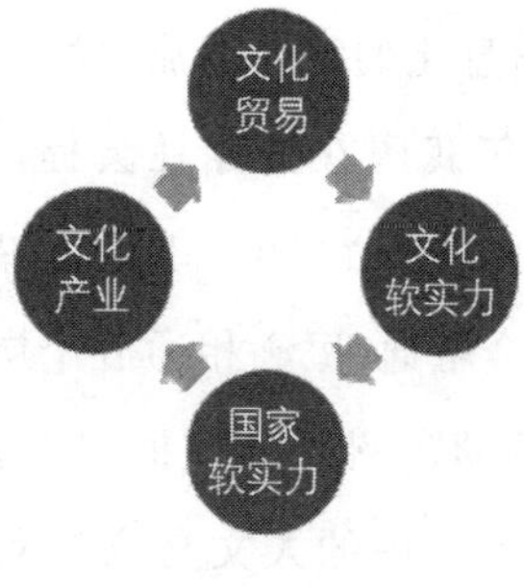


**图 1-1 文化贸易与软实力的相互作用模型**

具体来看,文化产业的发展和成熟程度决定着文化贸易的发展和结构,作为文化软实力强弱的表现,文化贸易的发展既助力文化软实力的提升,也影响了以文化软实力为核心的国家软实力的建构提升,而国家软实力的强大反过来还会进一步推动文化产业的持续性发展,进而形成一个良性循环的闭环。

将文化贸易与软实力相互作用模型放到"一带一路"倡议的背景之下,我们不难看出,发展文化贸易尤其是与"一带一路"沿线国家的文化贸易,加强不同

---

① 董立人,寇晓宇,陈荣德.关于中国的"软实力"及具提升的思考[J].探索,2005(1).

② 陆钢.美国文化软实力发展及其对中国的启示[J].社会科学,2015(2).

文明之间的对话，求同存异、兼容并蓄、和平共处、共生共荣，能极大地增强我国的软实力，并将实现沿线国家赞同和支持中国的价值观，愿意向中国学习，追随中国以达到我国发展、开放与繁荣程度的局面，互学互鉴、互利互荣，最终实现“一带一路”倡议的宏大愿景。因此，文化贸易是“一带一路”倡议实施的“软”支撑。对于此论断，本节具体分为五个层面来论述。发展文化贸易，增强实施“一带一路”倡议的文化影响力、文化吸引力、文化说服力、文化生产力和文化竞争力，此模型简称文化贸易助力“一带一路”倡议的五力模型（见图 1-2）。

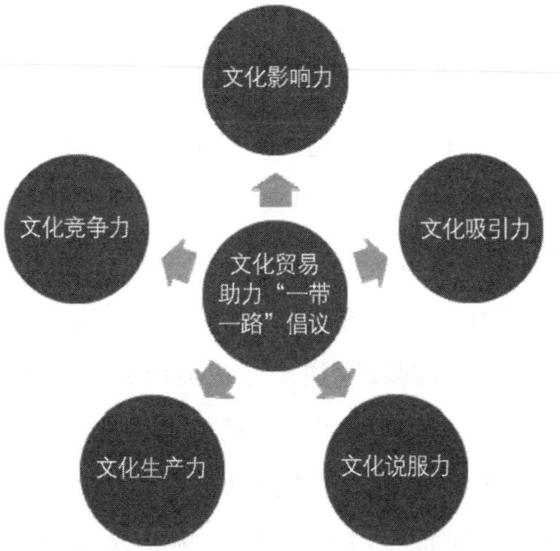


**图 1-2　文化贸易助力“一带一路”倡议的五力模型**

## 一、发展文化贸易增强了“一带一路”倡议的文化影响力

文化影响力是指文化知识、文化价值观念、文化产品和文化服务对他国产生的影响力。通过提升文化影响力，能够显著提高我国对“一带一路”沿线国家和民族思想和行为的影响程度，加强彼此间的政治互信、经济融合和文化包容，这会使中国在世界舞台上发挥越来越重要的作用，推进“一带一路”倡议的顺利实施。

根据文化影响力的内涵，通过发展文化贸易增强文化影响力的途径主要有以下三个方面。

### (一)传播文化知识的影响

根据联合国教科文组织(UNESCO)发布的《2009 年联合国教科文组织文化统计框架》,教育和培训被视作涉及所有的文化领域及相关领域的横向领域(见图 1-3)。当然,文化统计框架并没有涉及教育的所有属性,只是当教育被作为一种传递文化价值和文化技能的因素时才纳入统计。学习活动以及评论的过程,有利于文化的发展、理解和接受(如艺术和舞蹈学校、文学评论)。教育是一个文化世代相传的过程,也是人们学会欣赏文化活动或产品,或是对它们作出价值判断(如评论)的一种方式。教育是一个社会化的过程,在这一过程中,文化得以传播,并激发出一种敢于挑战现有文化形式的创造性。文化教育和培训能够帮助个人获取创造和生产文化产品所需的技能,教会人们如何去评价消费文化产品和服务的结果,或参加某项文化活动的社会效益。教育还可以通过一个正式或非正式体系传递构成社群认同的非物质文化。因此,在所有的文化领域以及整个文化周期中,跨国、跨文化的教育和培训起着十分重要的作用。

与“一带一路”沿线国家的教育往来与交流极大地扩展了中国文化传播的广度,为文化贸易的顺畅进行奠定了坚实的基础。截至 2016 年 6 月 30 日,各省市在海外联合办学共 1023 所,上海市的海外联合办学数量最多,达到 120 所[①]。根据国务院新闻办新闻发布会的数据,截至 2016 年底,“一带一路”沿线国家在华留学生达 20 多万,2012 年以来,我国共有 35.19 万人赴“一带一路”沿线国家留学[②]。求知的渴望和文化的交流理应“不以路遥而辍步,不因山高而畏行”。

### (二)文化价值观念传播的影响

文化价值观念是指人们在社会实践过程中经过长期的熏陶、教育所形成的对周围的客观事物(包括人、事、物)的意义、重要性的评价和看法,包括价值取向、价值追求、价值标准等。不同国家和民族的价值观念各有不同。赤裸裸的价值观念传播一般不能产生良好结果。因此文化价值观念的传播主要是通过

① 一带一路专题介绍[EB/OL].[2017-06-28].https://www.yidaiyilu.gov.cn/ztindex.htm.

② 中国与“一带一路”参与地互派留学生超 50 万[EB/OL].(2017-05-15)[2017-06-28].http://opinion.haiwainet.cn/n/2017/0515/c353596-30914203.html.

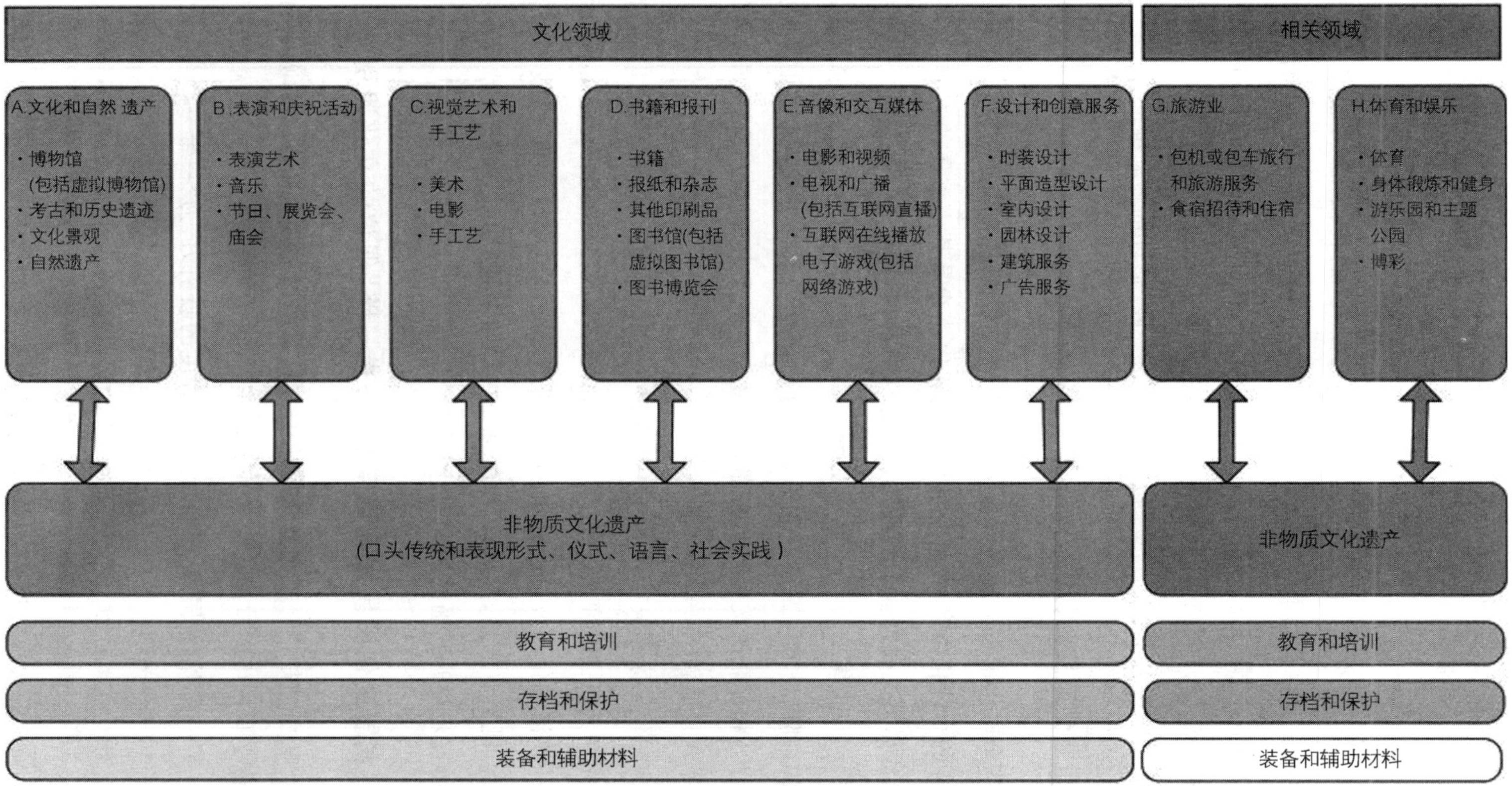


图 1-3 联合国教科文组织文化统计框架涵盖的领域

人与人、组织与组织的相互交流，甚至是特定的文化产品来实现的①。

发展文化贸易，能够推动我国文化价值观念的传播。例如胡键提出我国传统的人文精神即“重天道”“法自然”“尚人道”的人本主义、反省自求提升自我的内省主义、“尚中贵和”的“中和”思想、“克己复礼”的礼仪主义。这是“中国品格”所在，也是“中国元素”的精华，不仅能彰显中国文化软实力的柔性，而且也能为中国文化软实力提供源源不断的动力②。这些“中国元素”在新的历史条件下经过全新阐释，一方面有助于我国国内社会整合价值和规范，另一方面我们也希望能被国际社会广泛接受，以助力“一带一路”倡议的顺利推进。

### （三）文化产品贸易和文化服务贸易的影响

经济全球化带来了文化全球化。在文化全球化的诸多表现中，文化产品和文化服务的全球化生产、全球化营销和全球化消费是其中重要的方面。客观说来，美国凭借其文化产业和贸易的发展繁荣极大地增强了国际影响力。正如德国《时代》周报主编约瑟夫·约菲（Josef Joffe）所说：“美国文化，无论通俗的还是高雅的，都向外散射着只有罗马帝国时代才得以一见的炽热，而且方式新颖迂回。罗马和苏联的文化影响力都无法超越它们武力直接控制的范围，美国的软实力才真正造就了一个日不落帝国。”③

美国文化学家多夫曼（Dorfman）曾指出：“可口可乐可不是简单的事，在它背后顶着整个上层建筑。”④推而广之，文化产品和服务的背后，也蕴含着整个上层建筑和政治文化的吸引力和影响力。我国通过与“一带一路”沿线国家发展文化贸易，既出口产品，又出口价值，经过一段时间的积累，文化产品和服务的贸易能够逐步提升我国的影响力，推动“一带一路”倡议的顺畅进行。

## 二、发展文化贸易增强了实施“一带一路”倡议的文化吸引力

文化吸引力是指一个国家或民族的文化对国内外民众有很强的吸引力，能使其对该文化产生一定的认同感或归属感。通过发展文化贸易，我国文化将逐渐对“一带一路”沿线国家人民产生一定程度的吸引力，为“一带一路”倡议的实

---

① 沈红宇.当代中国文化软实力问题研究[D].北京：中共中央党校，2013：47.

② 胡键.文化软实力研究：中国的视角[J].社会科学，2011(5).

③ JOFFE J. Who's afraid of Mr. Big? [J]. The National Interest, 2001(2).

④ 李丹.冷战后美国对华的意识形态斗争[J].中共福建省委党校学报，2001(10).

施与推进奠定文化认同和价值认同基础。

文化认同是产生文化吸引力的前提条件。文化认同是指文化群体或文化成员承认群内新文化或群外异文化因素的价值效用符合传统文化价值标准的态度。经过认同的新文化或异文化因素将被接受、传播①。文化认同是民族认同、国家认同的重要基础，而且是最深层的基础。“一带一路”倡议致力于亚欧非大陆及附近海洋的互联互通，涉及多种文化的交流和互鉴，作为民族认同和国家认同的重要基础的文化认同，显得尤为重要，发展文化贸易有助于“一带一路”沿线国家了解并熟悉中国元素、尊重并喜爱中国文化，认同并践行中国品格。

20 世纪 80 年代，“市场营销学之父”菲利普·科特勒（Philip Kotler）提出了“大市场营销（Megamarketing）”概念，即在原来的 4P（产品、价格、渠道、促销）组合的基础上，增加两个 P：政治力量（Political Power）、公共关系（Public Relations）。推而广之，不仅企业需要进行品牌形象塑造和市场营销，国家同样存在国家品牌和形象塑造的问题。在国家形象的品牌塑造过程中，文化能起到事半功倍的作用，能在潜移默化中提升国家形象，增强国家影响力。在这方面，英国一直非常重视文化产业及国际间的文化交流贸易在国家形象的品牌塑造中的作用。英国设有文化、媒体和体育部（DCMS），该部门负责保护和推动英国文化的发展及在全球范围的传播，重视文化遗产的传承和多元化发展，以确保英国成为创新的舞台，追求经济成功和伟大的文化。早在 2003 年，英国就针对中国的青年人发起过“创意英国”②的活动，试图将现代英国的创新、多元、环保、高科技形象推广给中国的青年人，2012 年又在中国举办“艺术英国”活动，后来在 2015 年与中国共同举办了“中英文化交流年”，不遗余力地展示英国文化、时尚、科技教育创新发展的多元格局，这些活动都在中国年轻人中具有了很强的文化吸引力，很多国内的大学毕业生喜欢英伦文化，在大学毕业后选择去英国留学。

近年来，随着文化贸易的发展，我国向“一带一路”沿线国家展示了我国文化的丰富魅力和包容多元的特点，既有东方古国的神秘与厚重底蕴，又经历着日新月异的革故鼎新，向世界回答了“我们是谁”的问题，在海外关注喜爱中国

① 冯天瑜.中华文化辞典[M].武昌：武汉大学出版社，2001：18.

② 百度文库.创意英国的文化营销[EB/OL].（2010-05-14）[2018-06-20].https://wenku.baidu.com/view/2974878da0116c175f0e48ab.html.

文化的人群中形成了越来越强的认同感。

## 三、发展文化贸易增强了实施“一带一路”倡议的文化说服力

约瑟夫·奈在关于“软实力”的论述中曾提到，软实力是一种能力，一种依靠吸引力而非通过威逼或利诱手段来达到目标的能力。一个国家完全有可能因为他国的追随、支持而得偿所愿。有些国家仰慕一个国家的价值观并处处效仿，渴望达到与其不相上下的繁荣和开放程度①。约瑟夫关于软实力概念的核心在于核心价值观的吸引力，内心希望通过“好莱坞、哈佛大学、微软、迈克尔·乔丹”等软实力来实现美国的国家利益。他在说到美国的软实力时指出：“当你有足够的魅力使人仰慕你的理念，并且追随你之所想时，就无须再动用大棒来驱使他们，诱惑往往比强迫更有效。诸如民主、人权、个人机遇等价值观念都具有很强的诱惑作用。”②

文化说服力在软实力发挥作用过程、即“影响他人以取得你所希望的结果”过程中的意义不言而喻。通过文化说服力，使传播对象熟悉、认同、仰慕、支持中国的价值观念和倡议主张，双方互学互鉴、互利互荣，共同推进“一带一路”的伟大倡议。发展文化贸易能够使“一带一路”沿线国家和地区更加了解和认同中国文化，这是增强文化说服力的重要砝码。

“一带一路”倡议自 2013 年 9 月提出到现在，得到了 100 多个国家和国际组织的积极响应，50 多个国家已经与中国签署了相关合作协议，在沿线 20 多个国家建立了 56 个经贸合作区，得到了包括联合国、亚太经合组织等国际组织的认同。六年多来，“一带一路”倡议由抽象到具体，从国家领导人的宏图伟略逐渐落地，不仅在政府机构、大学讲堂、学术论坛上被广泛讨论，也成功地深入了各个新自由贸易区里，成为实现“中国梦”的重要方式之一。

文化贸易所带来的中国文化、中国发展模式、中国价值观念，以及通过文化贸易产品和服务所展现的我国当前发展、开放与繁荣的现状，极大地增强了我国的文化说服力，在“一带一路”倡议由愿景变为现实的过程中起到了直接有效的积极作用。未来，我们应当继续重视这种软实力对我国外交和海外战略的重要作用，进一步推动与“一带一路”沿线国家地区的文化贸易发展。

---

① 奈.软实力.[M].马娟娟，译.北京：中信出版社，2013：9.

② 叶自成，陈昌煦.从美国“软实力”到中国“柔实力”[J].国际观察，2015(2).

## 四、发展文化贸易增强了实施"一带一路"倡议的文化生产力

文化生产力融合精神的价值体系、物质的符号体系、行为的制度体系，是硬实力和软实力的综合体现。文化生产力概念是中国领导层和理论界根据中国社会实践进行创新而形成的理论成果，是文化自信和理论自信的体现①。我们应当进一步认识文化建设与经济建设、政治建设、社会建设和生态文明建设的互动关系，通过发展文化贸易带动、夯实文化生产力，为"一带一路"倡议奠定坚实的文化基础。

第一，从文化发展传承的物质符号方面来看，"一带一路"倡议下的各国在文化遗产与古迹、历史人文旅游等各方面都有可供挖掘和梳理的文化产品和服务贸易；从全球化和区域经济一体化的角度出发，"一带一路"倡议下的各国能更好地对文化生产力进行规划引导。第二，从形而上的精神符号方面来看，各国各地区都有自己引以为傲的精神文明和成果，在"一带一路"倡议背景下彼此之间进行交流互鉴，有助于进一步激发文化生产力，打造智慧丝绸之路。第三，从进行文化贸易的主体企业组织来看，"一带一路"倡议提出后，各大图书出版社、影视集团、动漫企业、游戏企业等文化产业的生力军纷纷组织创作以"一带一路"为主题的作品，或以"一带一路"沿线国为目标的市场推广营销方案等，在推动中华文化"走出去"方面起到了积极的带动作用，调动了文化生产力，夯实了"一带一路"倡议的文化基础。

## 五、发展文化贸易增强了实施"一带一路"倡议的文化竞争力

客观来说，代表当代中国价值观和大众流行文化层面的文化软件贸易仍有不足。提到中国文化，世人皆云历史悠久，源远流长。但令人遗憾的是，塑造了中华文明的古老智慧，创造了中国奇迹的当代中国人的精神理念，仍未能像西方文明一样被广泛了解和接受。简而言之，我国丰富的文化资源和文化精神尚未能有效地转化为文化竞争力。约瑟夫·奈曾经指出，中国没有完善的文化市场、强大的文化产业和文化支撑组织，没有像好莱坞那样的文化产业，中国的大学教育难以与美国媲美，特别缺乏像美国那样数量众多的非政府组织所创造的

① 熊澄宇.人民日报大家手笔：文化生产力彰显文化自信[EB/OL].(2016-10-20)[2018-03-25].http://opinion.people.com.cn/n1/2016/1020/c1003-28792262.html.

丰富文化软实力①。诚然,当前中国文化产业和文化贸易已有了快速发展,但要使世界人民真正了解中华文化独一无二的理念、智慧、气度和神韵,在完善文化市场、健全文化支撑体系、发展非公组织文化生产力等方面仍有很大进步空间。发展文化贸易能够增强实施"一带一路"倡议的文化竞争力。

首先,从宏观层面看,向"一带一路"沿线国家出口的文化产品和服务,可以展示习近平总书记在讲话中提出的"中国历史底蕴深厚、各民族多元一体、文化多样和谐的文明大国形象,政治清明、经济发展、文化繁荣、社会稳定、人民团结、山河秀美的东方大国形象,坚持和平发展、促进共同发展、维护国际公平正义、为人类做出贡献的负责任大国形象,对外更加开放、更加具有亲和力、充满希望、充满活力的社会主义大国形象"②,从而能够增强实施"一带一路"倡议的文化层面的竞争力。

其次,从中观企业层面来谈,文化竞争力是指一个企业整套的共享的观念、信念、价值和行为规则的总和,能使企业内部形成一种共同的行为模式,而这种共同的行为模式能够成为企业文化最强大的力量,如果这种文化被传递给客户,将成为企业在市场中的竞争力。实现"一带一路"伟大倡议,需要无数怀抱中国梦、愿意兼顾企业当前发展与国家发展倡议、愿意为人类和平与发展做出更大贡献的企业走出国门,深入到亚欧大陆腹地建功立业。在这个长期的建设过程中,企业的文化竞争力在整合员工心力、拓展当地市场、推动项目建设、与当地企业竞争合作等多方面都具有极其重要的作用,某种程度上甚至决定了企业是否能够顺利走出国门适应当地的成败。

再次,在微观个人层面上,民心相通是"一带一路"建设的社会根基。"一带一路"倡议构建的亲诚惠容、民心相通的美好图景,离不开广泛的文化交流、人才交流、学术合作、媒体合作和商务合作,文化贸易能够为这些合作奠定坚实的民意基础。

实现"一带一路"倡议描绘的政治互信、经济融合、文化包容美好蓝图,不仅需要文化贸易为其提供影响力、吸引力、说服力,同样需要文化贸易带来的强大的文化生产力和竞争力。在世界文化之林,中华文化的竞争力需要通过源源不

---

① 黄锦辉,丁忠毅.中国国家软实力研究评述[J].社会科学,2010(5).

② 人民网-中国共产党新闻网.习近平谈国家文化软实力:增强做中国人的骨气和底气[EB/OL].(2015-06-25)[2017-09-05].http://cpc.people.com.cn/xuexi/n/2015/0625/c385474-27204268.html.

断地出口高质量的文化产品和服务获得持续的影响力。在“各美其美，美人之美，美美与共”的文化产业合作与竞争中，逐步找到中华文明在世界文化版图中的定位，不仅能够推动国内文化产业的大发展大繁荣，也能为“一带一路”倡议的蓝图增添文化贸易领域别开生面的文化大餐。

## 第二节 “一带一路”倡议为中国文化产业发展带来了新机遇

“一带一路”倡议不仅带来政治互信和经济融通，也带来文化的互融互惠，更是我国文化产业发展升级千载难逢的新契机。截至 2019 年 10 月底，中国已与 137 个国家和 30 个国际组织签署了 197 份“一带一路”合作文件①。随着“一带一路”的深入建设，整个沿线地区的亚欧国家形成开放融合的大文化市场成为可能，各国对中国文化产品和文化服务的需求将逐渐增加，这为我国文化产业发展提出了高质高效的升级要求，也是我们借机开拓海外文化市场的新机遇。

### 一、进一步消除文化产业的投资和贸易壁垒，推进投资和贸易便利化

由于文化产业具有独特的精神属性和社会属性，文化产品和服务凝聚着价值观、意义和生活方式，这关乎我们如何看待这个世界，以及确定什么是真正有意义的事物，也有助于保持国家、民族和社区稳定，因此世界上绝大多数国家在文化领域都设置了投资和贸易壁垒。例如，美国电影协会（MPAA）于 2015 年发布过全球部分国家影视行业贸易壁垒报告，报告显示亚非欧拉美主要国家大多会设置配额制、外资投资限制等贸易壁垒②。

“一带一路”倡议能够推动消除文化产业的投资和贸易壁垒，推进投资和贸易便利化。除了中国—东盟自由贸易协定外，中国与新加坡、巴基斯坦、格

① 中国已与 137 个国家、30 个国际组织签署 197 份“一带一路”合作文件[EB/OL].（2019-11-15）[2020-08-28]. http://www.xinhuanet.com/fortune/2019-11/15/c_1125237972.htm.

② MPAA. MPAA comments to USTR regarding the 2015 national trade estimate report on foreign trade barriers[EB/OL].（2014-10-29）[2017-10-10]. https://www.mpaa.org/wp-content/uploads/2015/12/2015-MPAA-NTE-Report-Compiled.pdf.

鲁吉亚、马尔代夫也都签署了自贸协定,这不仅把相互贸易和投资带上了制度性合作的快车道,而且为促进我国自贸区战略推进、提升整体贸易自由化水平作出了突出贡献。在设施联通方面,中国参与的“一带一路”沿线国家基础设施建设工程,占到了中国承包全球工程的一半以上,这也说明了设施联通合作对于中国企业拓展发展空间和解决许多国家设施落后问题的重要性,设施联通对于改善相关地区的贸易投资人员往来交通情况也产生了很大影响。

## 二、“一带一路”倡议能够有效促进我国贸易方式和结构转型

当今世界面临着产业结构调整和贸易结构方式转型升级的基本态势,实际上各国的对外贸易都有从资源贸易到产品贸易、再到服务贸易的贸易升级要求。从理论上来说,这与全球经济的不断发展带来的人均收入不断提高有很大关系。根据林德的需求贸易说,国家之间的贸易主要取决于代表性消费者的需求,而该需求又由代表性消费者的收入决定。人均收入水平较高的国家,往往在文化、休闲、娱乐等领域有更多需求,这些国家推动了文化贸易的快速增长,也使贸易结构得到了优化升级。马斯洛需求层次理论也可以解释这个过程,随着国家经济增长和人均收入的提高,人们的需求会转向社交、尊重和自我实现等更高层级上来,人们对于文化产品和服务的需求会不断增加,从而带动文化产业和文化贸易的发展。

## 三、促进文化创新与科技创新,有助于实现新旧结构动能转换

近年来我国文化贸易发展迅速,但在选择贸易伙伴上思路较为传统,文化“走出去”目标相对比较局限。“一带一路”倡议给我国发展文化贸易打开了思路,沿线和合作国家给文化贸易提供了文化创新与科技创新的广阔空间。

文化因不同而精彩,文明因互鉴而升华。“一带一路”倡议有助于加快建立和开放我国与“一带一路”国家的合作平台,支持开展国际技术交流、探索技术合作模式,以技术、标准、产品、品牌、知识产权、差异化服务等优势和特点参与国际竞争。国内有实力的企业通过项目合作、海外并购、联合经营、设立分支机构等方式开拓“一带一路”沿线市场,讲好中国故事,打造一批反映当代中国、面向国际市场的优秀数字文化产品及服务。

“一带一路”文化贸易推动了文化科技创新的深度融合。以电影产业为例，蓝光、互联网、数字影院、虚拟现实、云计算、大数据、人工智能等新技术在过去十年快速发展、推动电影产业“升级”的同时，也影响了全球观众，尤其是年轻一代的观影习惯。例如，通过建立“虚拟影院”或设立“虚拟电影节”连接“一带一路”沿线各电影生产国①。

与此同时，国内外经济形势持续发生深刻变化，我国当前经济结构出现重大变化，居民消费加快升级，创新进入活跃期，能不能深刻认识、紧紧抓住并切实用好新时代的重大历史机遇，直接决定发展的高度和质量②。从国际上看，新旧动能转换成为世界经济复苏繁荣的关键。全球金融危机爆发以来，世界经济进入长周期深度调整阶段，深层次结构性矛盾集中显现，潜在增长率持续下降，全球经济一体化进程曲折，面临诸多不确定性因素。同时，创新正成为全球经济增长的新引擎，新一轮科技革命和产业变革加速孕育、集聚迸发，特别是信息技术、生物技术、制造技术、新材料技术、新能源技术等广泛渗透到各领域，正在引发国际产业分工深刻变化，重塑世界经济格局。主要发达国家和新兴经济体纷纷调整发展战略，超前部署面向未来的创新行动，积极抢占发展制高点③。对我国当前的贸易环境来说，同“一带一路”国家发展文化贸易，推进文化创新与科技创新相结合，就是转换动能，转型升级，是经济结构向高级阶段进阶翻越高山的必经之路，是经济发展向高质量跃迁打赢硬仗的有效途径，应当格外重视。

## 第三节　“一带一路”背景下中国文化“走出去”的路径

准确把握“一带一路”倡议精神，全方位提升我国文化领域开放水平，秉承立足周边、辐射“一带一路”、面向全球的合作理念，构建文化交融的命运共同

① 丝路国家电影人为“一带一路”电影发展“开良方”[EB/OL].（2017-06-21）[2017-09-28]. http://www.huaxia.com/zhwh/whjl/5365370.html.

② 齐鲁网.人民日报评论：山东新旧动能转换，是责任更是机遇[EB/OL].（2018-03-09）[2018-05-01].http://news.iqilu.com/shandong/yaowen/2018/0309/3854426.shtml.

③ 山东省新旧动能转换重大工程实施规划发布（全文）[EB/OL].（2018-02-22）[2018-05-01].http://news.163.com/18/0222/11/DB8CTQJT00018AOP.html.

体，助推“一带一路”沿线国家和地区积极参与文化交流与合作，传承丝路精神，促进文明互鉴，实现亲诚惠容、民心相通，推动中华文化“走出去”，扩大中华文化的国际影响力，这是中国文化“走出去”的路径。

## 一、深入研究沿线国家文化市场状况，确立文化贸易的标杆国家和细分产业

“知己知彼，百战不殆。”“一带一路”沿线国家包括东亚蒙古国、东盟 10 国、西亚 18 国、南亚 8 国、中亚 5 国、独联体 7 国和中东欧 16 国等 60 多个国家和地区，各国和地区之间国情不同，语言、风俗文化不一，不可能存在放之四海而皆准的文化贸易策略，必须深入研究沿线国家和地区文化市场的状况，确立文化贸易的标杆国家和重点推进产业、项目。可以设立一套评价标准体系来对“一带一路”沿线国家进行综合评测打分，综合 GDP/人均 GDP、文化距离、地理距离、世界价值观调查结果、语言文化圈等诸多因素，衡量每一个国家与中国进行文化贸易的潜力，确定重点贸易对象，推动重点贸易项目和产业。

所研究的沿线国家文化市场概况应当包括但不限于：各国文化产业细分行业贸易壁垒、外商投资壁垒、知识产权保护力度、文化产业和贸易规模、结构、特点及趋势，对中国文化的认同程度等。

根据学者的研究成果，全球文化贸易的优势国家，无不在研究目标市场国家和地区方面狠下功夫，以求知己知彼，获得最大效益。比如 2011 年几十位日本政界、学界、企业界著名人士通过“酷日本官民有识之士会议”，联名提交了重要报告《为了让文化和产业、日本和海外紧密联系》，日本方面经过长期的跟踪研究，提出以日本竞争力、对方市场潜力为纵横坐标，以“强、中、弱”为三大接受度，明确提出日本对外文化贸易的一级重点市场——中国；二级重点市场——美国、韩国等；三级重点市场——英国、法国、德国、印度和巴西等，经过长期的努力，最终实现 2025 年日本文化产品海外销售额占文化生产总产值的 15%。

而韩国文化内容振兴院则在长期跟踪研究基础上，把文化出口的对象地区和文化出口的重点产业联系起来，明确划分四大目标市场，集中攻略对象：日本、中国大陆（重点出口电子游戏、动画等）；渐进强化对象：北美、欧洲（重点出口广电、出版等）；竞争力维持对象：东南亚（出口动画、电子游戏等）；新兴市场

开发对象:其他亚洲地区、南美、非洲(出口电影、漫画等)。韩国的人口数量为5125万人,国土面积和经济总量有限,这就迫使韩国在发展文化产业时必须考虑海外市场,在进行对外文化贸易时必须提高文化出口的精准度。以“韩流”为代表的韩国文化出口产品,在经历了短暂低潮后,加快调整步伐,逐步克服了内外危机,对中国等重点市场国家的出口2012年以后逐步提升,这种持之以恒、跟踪研究的作风,值得我们认真地借鉴,以切实推动“一带一路”背景下我国文化贸易的发展。

## 二、打造扶持“走出去”的重点民族文化品牌

文化和旅游部在“一带一路”沿线国家和地区打造“欢乐春节”“丝绸之路文化之旅”等重点交流品牌以及互办文化节(年、季、周、日)等活动,扩大了文化交流规模。与“一带一路”沿线国家和地区共同遴选“丝绸之路文化使者”,通过智库学者、汉学家、翻译家交流对话和培养青年人才,促进思想文化交流,推动了中外文化经典作品互译和推广。此外,积极探索与“一带一路”沿线国家和地区开展同源共享的非物质文化遗产的联合保护、研究、人员培训、项目交流和联合申报。中国政府提出要加大“一带一路”文化遗产保护力度,促进与沿线国家和地区在考古研究、文物修复、文物展览、人员培训、博物馆交流、世界遗产申报与管理等方面开展国际合作,鼓励地方和社会力量参与文化遗产领域的对外交流与合作。

“一带一路”国家文化艺术形式多姿多彩,为讲好“一带一路”故事,实现民心相通,中国政府设立了“一带一路”艺术合作扶持计划,鼓励中外文化机构、艺术人才联合创作,善于利用中外国际艺术节日、文化展示平台等资源,推介和展示优秀民族文化作品。中国政府通过搭建中外艺术人才创作交流平台,提升了艺术人才的专业水准和综合素质,为丝路主题艺术创作储备人才资源。具体“一带一路”文化交流品牌建设见专栏1[①]。

① 本章部分内容和专栏参考文化部《“一带一路”文化发展行动计划(2016—2020年)》。

**专栏1 "一带一路"文化交流品牌建设①**

1."丝绸之路文化之旅"计划

打造"丝绸之路文化之旅"品牌,到2020年,实现与"一带一路"沿线国家和地区文化交流规模达30,000人次、1,000家中外文化机构、200名专家和100项大型文化年(节、季、周、日)活动。联合沿线国家和地区共同开发"丝绸之路"文化旅游精品线路及相关文创产品。邀请"一带一路"沿线国家和地区知名艺术家来华举行"意会中国"采风创作活动,推动沿线国家的国家级艺术院团及代表性舞台艺术作品开展交流互访,形成品牌活动。

2."丝绸之路文化使者"计划

开展与"一带一路"沿线国家和地区的智库交流与合作,举办青年汉学家、翻译家研修活动,邀请800名著名智库学者、汉学家、翻译家来华交流、研修。实施"一带一路"中国文化译介人才发展计划。与周边国家举办文化论坛。与沿线国家和地区合办代表国家水准和民族特色的优秀艺术家互访、文化艺术人才培训和青少年交流活动。培养150名国际青年文物修复和博物馆管理人才。

3."一带一路"艺术创作扶持计划

支持与"一带一路"沿线国家和地区文化机构在戏剧、音乐、舞蹈、美术等领域开展联合创作,在国内"一带一路"沿线区域实施"中华优秀传统艺术传承发展计划",通过国家艺术基金对"一带一路"主题艺术创作优秀项目予以支持。

4."一带一路"文化遗产长廊建设计划

与"一带一路"沿线国家和地区共同实施考古合作、文物科技保护与修复、人员培训等项目,实施文物保护援助工程。举办以"丝绸之路文化遗产"为主题的研讨交流活动。推进海上丝绸之路申遗以及世界文化遗产"丝绸之路:长安—天山廊道的路网"扩展项目。

品牌意味着信任、利润和长久。近年来,出版业越来越重视品牌的重要性。为推出更多讲好中国故事、传播中国声音、阐释中国特色的外向型精品图书,切实提升国家文化软实力,国家新闻出版广电总局启动了经典中国国际出版工程、丝路书香工程、中国当代作品翻译工程等对外翻译出版工程项目,让海外读者通过中国图书认识中国、了解中国、理解中国。2014年12月获批立项的丝路书香工程,5年资助40多个语种、1200多种图书翻译出版。30多家企业的近

① 中华人民共和国发展与改革委员会.文化部"一带一路"文化发展行动计划(2016—2020年)[EB/OL].(2016-12-29)[2018-06-20]. http://www.ndrc.gov.cn/fzgggz/fzgh/ghwb/gjjgh/201707/t20170720_855005.html.

60个项目“走出去”，在渠道开拓、平台建设、资源整合、加强合作方面进行了有益探索。这些工程鼓励企业创新“走出去”模式，扩大中国对外版权输出和输出的规模，增强中华文化的国际影响力，推动我国出版向“一带一路”相关国家全面“走出去”。五洲传播出版社目前在15个国家设立18个“中国书架”，之后不少国家的书店抛出橄榄枝，希望设立“中国书架”，销售中国题材图书，项目的规模和品牌效应显现①。

品牌战略在出版业的成果充分彰显了品牌在注意力经济时代的意义。推而广之，在文化产业的各个细分门类，我们均应强化品牌意识，打造“走出去”的重点民族文化品牌，例如前文提到的“欢乐春节”“丝绸之路文化之旅”等重点交流品牌以及互办文化节（年、季、周、日）等活动。体育旅游品牌领域实现一年有影响、两年上规模、三年创品牌，在“一带一路”相关区域形成一批精品体育旅游赛事、特色运动休闲项目、有竞争力的体育旅游企业和知名体育旅游目的地②。

## 三、完善文化交流合作机制，建设沿线国家中国文化中心，完善“一带一路”文化交流合作平台

### （一）健全“一带一路”文化交流合作机制

我国与“一带一路”沿线国家和地区政府、民间文化交流合作机制进一步健全，部际、部省等工作机制进一步完善，形成政府统筹、社会参与、市场运作的整体发展机制和跨地区、跨部门、跨行业的文化交流合作协调发展态势。

我国积极与“一带一路”沿线国家和地区签署政府间文件，深化人文合作委员会、文化联委会等合作机制，为“一带一路”文化发展提供有效保障。加强上海合作组织成员国文化部部长会晤、中国—中东欧国家文化部部长会议、中阿文化部部长论坛、中国与东盟“10＋1”文化部部长会议等高级别文化磋商。推动与沿线国家和地区建立非物质文化遗产交流与合作机制。与沿线国家和地区建立文化遗产保护和世界遗产申报等方面的长效合作机制。支持国家艺术

① 丝路书香工程五年初显成效[EB/OL].（2019-06-11）[2019-03-03].http://www.cbbr.com.cn/article/128954.html.

② “一带一路”体育旅游发展行动方案（2017—2020年）[EB/OL].（2017-07-07）[2018-05-18].http://www.sohu.com/a/155282667_505618.

基金与沿线国家和地区的同类机构建立合作机制。

完善部省合作机制，鼓励各省区市在文化交流、遗产保护、文艺创作、文化旅游等领域开展区域性合作。发挥海外侨胞以及港澳台地区的独特优势，积极搭建港澳台与“一带一路”沿线国家和地区文化交流平台。充分考虑和包含以妈祖文化为代表的海洋文化，构建21世纪海上丝绸之路文化纽带。引导和扶持社会力量参与“一带一路”文化交流与合作。具体“一带一路”文化交流合作机制建设见专栏2。

**专栏2 “一带一路”文化交流合作机制建设①**

1.“一带一路”国际交流机制建设计划

积极贯彻落实我国与“一带一路”沿线国家和地区签订的文化合作(含文化遗产保护)协定、年度执行计划、谅解备忘录等政府间文件，加强我国与“一带一路”沿线国家和地区文化交流与合作机制化发展，推动成立“丝绸之路国际剧院联盟”“丝绸之路国际图书馆联盟”“丝绸之路国际博物馆联盟”“丝绸之路国际美术馆联盟”“丝绸之路国际艺术节联盟”“丝绸之路国际艺术院校联盟”等，与“一带一路”沿线地区组织和重点国家逐步建立城际文化交流合作机制。

2.“一带一路”国内合作机制建设计划

建立“一带一路”部省对口合作机制，共同研究制定中长期合作规划，在项目审批、资金、人才、技术等方面予以支持，建立对口项目合作机制和目标任务考核机制，研究提出绩效评估办法。

### (二)完善“一带一路”文化交流合作平台

中国在“一带一路”沿线各国设立中国文化中心，作为推动促进文化交流的桥头堡，形成布局合理、功能完备的设施网络。中国政府鼓励各级文化机构着力打造以“一带一路”为主题的国际艺术节、博览会、艺术公园等国际交流合作平台，鼓励和支持各类综合性国际论坛、交易会等设立“一带一路”文化交流板块。各级文化主管部门逐步建立“丝绸之路”文化数据库，打造公共数字文化支撑平台。具体“一带一路”文化交流平台建设见专栏3。

① 中华人民共和国发展与改革委员会.文化部“一带一路”文化发展行动计划(2016—2020年)[EB/OL].(2016-12-29)[2018-06-20]. http://www.ndrc.gov.cn/fzgggz/fzgh/ghwb/gjjgh/201707/t20170720_855005.html.

**专栏 3 "一带一路"文化交流合作平台建设①**

1."一带一路"沿线国家中国文化中心建设计划

落实《海外中国文化中心发展规划(2012—2020 年)》,优先在缅甸、马来西亚、印度尼西亚、越南、匈牙利、罗马尼亚、保加利亚、哈萨克斯坦、白俄罗斯、塞尔维亚、拉脱维亚、土库曼斯坦、以色列等"一带一路"沿线国家设立中国文化中心。

2."一带一路"文化交流合作平台建设计划

将"中国新疆国际民族舞蹈节""丝绸之路国际艺术节""海上丝绸之路国际艺术节""丝绸之路(敦煌)国际文化博览会""厦门国际海洋周""中国海洋文化节"等活动打造成国际交流合作平台,建设"海上丝绸之路(泉州)艺术公园"和"中阿友谊雕塑园"等重点项目平台。

鼓励中国—亚欧博览会、中国—阿拉伯国家博览会、中国—东盟博览会、中国西部国际博览会、中国(深圳)国际文化产业博览交易会、中国西部文化产业博览会等综合性平台设立"一带一路"文化交流板块。

## 四、打造"一带一路"线上文化交流与文化贸易平台,丰富拓展文化贸易渠道,推动"文化+科技+贸易"的创新融合

我们应当顺应"互联网+"发展趋势,推进文化贸易与新兴科技创新融合发展,打造"一带一路"线上文化交流与文化贸易平台,加强与"一带一路"国家在文化资源数字化保护与开发中的合作,积极利用"一带一路"文化交流与贸易线上平台推介文化创意产品,推动动漫游戏产业、数字文化产业面向"一带一路"国家发展。文化企业可以通过 VOD 视频点播、社交媒体、虚拟电影院、虚拟电影节等形式丰富拓展文化贸易渠道,推动"文化+科技+贸易"的创新融合。具体"一带一路"文化产业发展见专栏 4。

① 中华人民共和国发展与改革委员会.文化部"一带一路"文化发展行动计划(2016—2020 年)[EB/OL]. (2016-12-29) [2018-06-20]. http://www.ndrc.gov.cn/fzgggz/fzgh/ghwb/gjjgh/201707/t20170720_855005.html.

**专栏 4 “一带一路”文化产业发展**[①]

| |
|---|
| 1.“丝绸之路文化产业带”建设计划<br>鼓励国内“一带一路”沿线文化企业跨区域经营，实现文化旅游互为目的地和客源地，建设具有代表性的特色文化产品生产和销售基地。运用文化产业项目服务平台，加强对丝绸之路文化产业重点项目征集发布、宣传推介、融资洽谈、对接落地等全方位服务。将国内“一带一路”沿线区域符合条件的城市纳入扩大文化消费试点范围，逐步建立促进文化消费的长效机制。<br>2.动漫游戏产业“一带一路”国际合作行动计划<br>发挥动漫游戏产业在文化产业国际合作中的先导作用，面向“一带一路”各国，聚焦重点，广泛开展合作。搭建交流合作平台、开展交流推广活动，促进互联互通，构建产业生态体系。发挥中国动漫游戏产业创新能力强、产业规模大的优势，培育重点企业，实施重点项目，开展国际产能合作，实现中国动漫游戏产业与沿线国家合作规模显著扩展、水平显著提升，为青少年民心相通发挥独特作用。<br>3.“一带一路”文博产业繁荣计划<br>推进“互联网＋中华文明”及“文物带你看中国”项目，提高“一带一路”文化遗产与旅游、影视、出版、动漫、游戏、建筑、设计等产业结合度，促进文物资源、新技术和创意人才等产业要素的国际流通。 |

## 五、推进“一带一路”国际合作，鼓励骨干文化企业和社会资本在沿线国家投资

“一带一路”地缘经济趋势正在改变企业投资环境。主导世界空间格局演变的因素已由过去的地理环境、地缘政治逐步过渡到人文环境、地缘经济，国家间相互交往过程中所考虑的主要因素也由原来的军事安全转变为经济发展。我国企业对“一带一路”沿线国家投资稳步增长，中国—中南半岛、中蒙俄及中巴经济走廊方向成投资重点。商务部公布数据显示，2013—2018 年，中国企业对沿线国家直接投资超过 900 亿美元，年均增长 5.2%。在沿线国家新签对外承包工程合同额超过 6,000 亿美元，年均增长 11.9%。在此基础上，应当逐步引导、鼓励和推动骨干文化企业和社会资本在沿线国家和地区投资。

---

① 中华人民共和国发展与改革委员会.文化部“一带一路”文化发展行动计划(2016—2020 年)[EB/OL].(2016-12-29)[2018-06-20]. http://www.ndrc.gov.cn/fzgggz/fzgh/ghwb/gjjgh/201707/t20170720_855005.html.

文化企业可以围绕演艺、电影、电视、广播、音乐、动漫、游戏、游艺、数字文化、创意设计、文化科技装备、艺术品及授权产品等领域，开拓完善国际合作渠道，积极推广民族文化品牌。中国政府鼓励文化企业在“一带一路”沿线国家和地区投资，鼓励国有企业及社会资本参与“一带一路”文化贸易，依托国家对外文化贸易基地，推动骨干和中小文化企业的联动整合、融合创新，带动文化生产与消费良性互动。

# 第二章
# 当代国际文化贸易发展概况、特点及趋势

本节使用了联合国教科文组织(UNESCO)关于国际文化贸易的分类标准,即将国际文化贸易具体分为国际文化产品贸易和国际文化服务贸易。

## 第一节 国际文化产品贸易发展概况、特点及趋势

2015年,全球文化产品出口贸易额达到5097.53亿美元(见表2-1),几乎是2002年贸易额的2.5倍。虽然金融危机影响了文化产品的创作、生产和分销,但文化产品的贸易业绩总体上保持增长态势,2002年至2015年间的平均增长率超过7%,这进一步证明了文化产业在全球经济中扮演着重要角色。

然而,尽管增长率良好,但2014—2015年间市场状况恶化,导致贸易额下降近12%,这反映了全球商品贸易普遍放缓的趋势。

**表2-1 2002—2015年全球文化产品出口贸易额**

(单位:亿美元)

| 年份 | 2002 | 2003 | 2004 | 2005 | 2006 | 2007 | 2008 |
|---|---|---|---|---|---|---|---|
| 出口额 | 2,084.93 | 2,320.26 | 2,631.94 | 2,915.92 | 3,174.13 | 4006.20 | 4,391.73 |
| 年份 | 2009 | 2010 | 2011 | 2012 | 2013 | 2014 | 2015 |
| 出口额 | 3,772.84 | 4,197.66 | 4,915.36 | 5,198.94 | 5,317.88 | 5,771.91 | 5,097.53 |

数据来源:联合国贸发会创意经济数据库

## 一、经济危机对全球文化产品贸易的影响

联合国教科文组织数据研究院对 2002—2015 年全球文化产品的流动进行了统计分析。文化产品和服务属于特殊商品，具有符号价值、美学价值、艺术价值和文化价值。各国文化产品和服务贸易规模反映了不同国家文化产业的竞争力和文化产品的供需状况，文化贸易推动了各国的经济增长。例如，中国在过去 20 多年中保持了两位数的经济增长速度，文化产品和服务起了核心作用。

然而，各国逐步开放国内文化市场时，也有必要采取一些措施保护国内市场，以保护文化的多样性和确保本土文化产品不会被国外产品所取代。此外，价值链的全球化扩展意味着某一产品的生产并不一定在特定国家完成，在数字化时代，文化产品的实物形态在国与国之间流动，但文化产品所代表的价值观和理念等则可以通过网络传播。

2008 年的金融危机严重影响了世界经济的发展，导致 2009 年全球贸易额下降，2011—2013 年，国际贸易增速明显低于经济危机前的增速。文化产品贸易也受到金融危机的影响，在 2009 年出现明显下跌。

2015 年，全球文化产品出口额达 5,097.53 亿美元，进口额达 4,543.95 亿美元。2015 年，全球文化产品出口额与 2002 年的 2,084.93 亿美元相比增长了近 2.5 倍。图 2-1 和图 2-2 将 2002—2015 年文化产品进出口额的发展变化进行了对比，文化产品的出口较少受到金融危机的影响。2008—2009 年，文化产品出口总额下降了 14.09%。从 2010 年开始，文化产品出口额开始增长，然而，从 2011 年开始，文化产品出口增速大幅放缓，2011—2012 年增长 5.77%，2012—2013 年增长 2.29%，2013—2014 年增长 8.54%，2014—2015 年出现了负增长，为 -11.68%。2011—2015 年，文化产品出口额总体呈现下降趋势(见图 2-1)。

2008—2009 年，文化产品进口额大幅下降，年增长率为 -18.51%。然而，经济危机后的文化产品的进口贸易难以恢复，2010—2011 年，文化产品进口额年平均增长率为 10.42%，2011—2013 年增长率均维持在 0.38%，2014—2015 年年平均增长率为 -7.38%，明显低于金融危机前文化产品进口额的增长率(见图 2-2)。

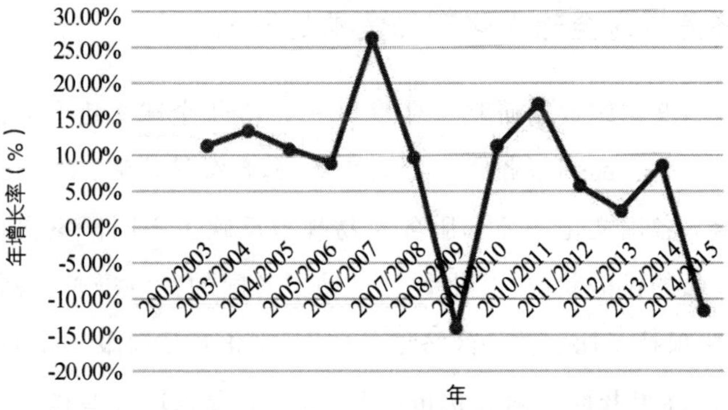


**图 2-1　2002—2015 年全球文化产品出口额年增长率**

数据来源:联合国贸发会创意经济数据库

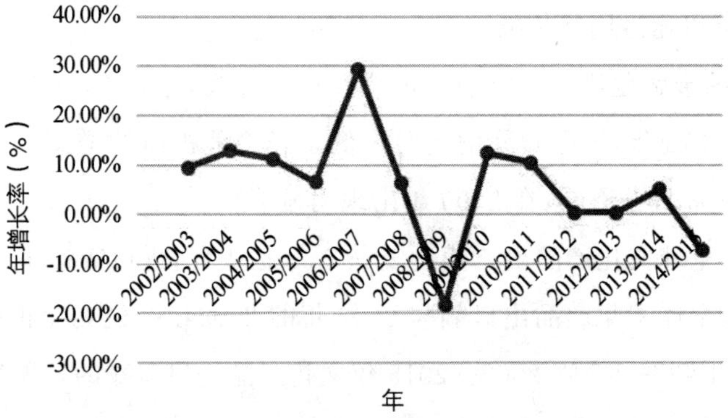


**图 2-2　2002—2015 年全球文化产品进口额增长率**

数据来源:联合国贸发会创意经济数据库

## 二、国际文化产品贸易结构

### (一)全球文化产品贸易的地区结构

2015 年前三大文化出口区域分别是东亚、南亚和东南亚地区、欧洲和美国。中美洲和南美洲文化出口额占比为 1.45%,相比于 2002 年的 2.57%下降高于 1%。阿拉伯国家联盟、大洋洲和撒哈拉沙漠以南非洲等国家和地区在文化产品出口中发挥的作用甚微,其占比不足 1%。2015 年,大洋洲文化出口额占比仅有 0.26%,撒哈拉沙漠以南非洲文化出口额占比仅为 0.17%(见图 2-3 和图 2-4)。

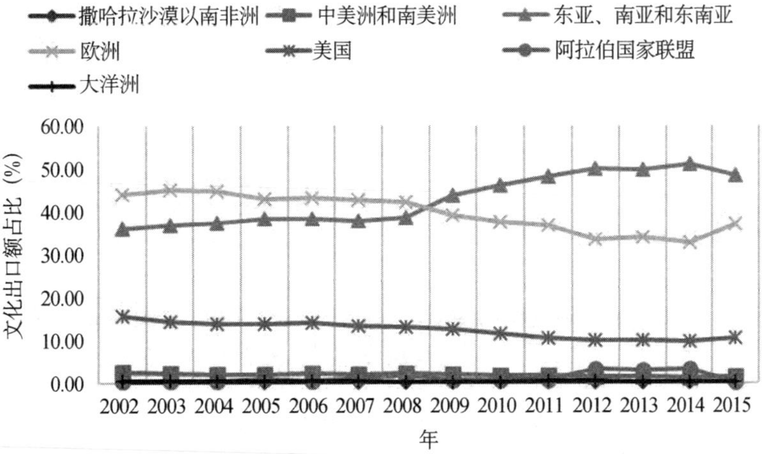


**图 2-3　2002—2015 年世界各地文化产品出口份额**

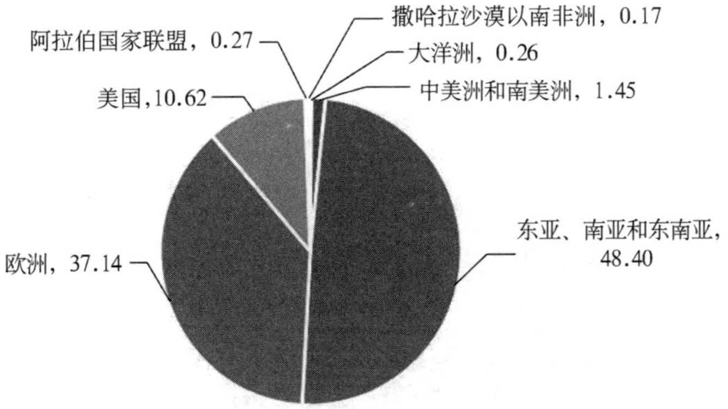


**图 2-4　2015 年文化产品出口额的地区分布(%)**

数据来源:联合国贸发会创意经济数据库

2002—2015 年,欧洲地区文化进口额占比维持在 40%左右,并且 2008—2009 年文化产品进口额占比维持在 44%—45%,一直是文化产品进口占比最高的地区。同期,东亚、南亚和东南亚地区文化进口额占比总体呈现上升趋势,但 2015 年有所下降,从 2014 年的 18.96%下降至 2015 年的 16.38%。美国文化进口额占比总体呈现下降趋势,2015 年有略微上升,从 2014 年的 26.47%上升至 2015 年的 29.76%(见图 2-5)。

2015 年,欧洲地区文化产品进口额占全球文化产品进口额的比重为 43.79%,美国文化产品进口额占比为 29.76%。东亚、南亚和东南亚地区文化产品进口额占比位列第三,中美洲和南美洲以 3.43%的文化进口额占比位列第四名(见图 2-6)。

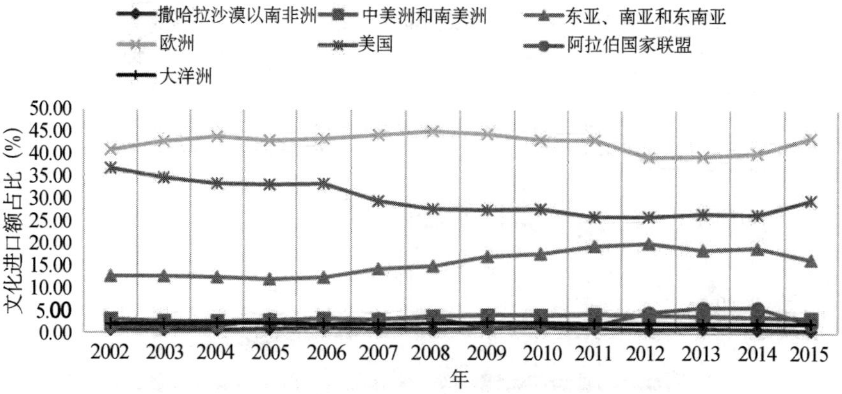


**图 2-5　2002—2015 年世界各地文化产品进口份额**

数据来源：联合国贸发会创意经济数据库

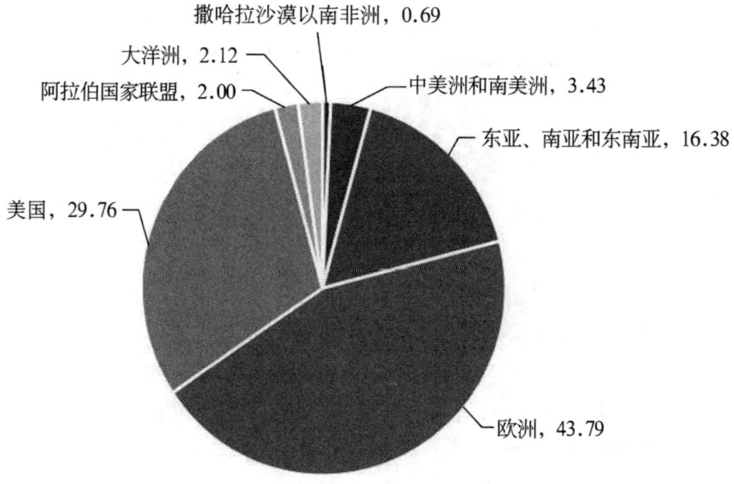


**图 2-6　2015 年文化产品进口额的地区分布(%)**

数据来源：联合国贸发会创意经济数据库

## (二) 不同收入水平国家的文化贸易比较

表 2-2 和表 2-3 列出了 2015 年度不同收入水平国家各类文化产品的出口额和进口额。图 2-7 表明，2002—2015 年，高收入国家的文化产品出口份额明显下滑，从 2002 年的 72.08%下降到 2015 年的 54.78%，并从 2013 年开始维持比较平稳的出口份额。与此同时，中高收入国家的出口份额增长超过 1.7 倍，从 2002 年的 22.76%上升到 2015 年的 39.46%。同时，出口额以超过 4 倍的速度

增长，从 2002 年的 474.49 亿美元增长到 2015 年的 2,011.72 亿美元，这在很大程度上源于中国文化产品出口的快速增长。2008 年的金融危机主要影响了高收入和中高收入国家，它们的文化产品出口份额分别下降了 20%和 12%。

**表 2-2　2015 年不同收入水平国家文化产品出口额**

（单位：亿美元）

| | 工艺品 | 视听产品 | 设计品 | 新媒体产品 | 乐器 | 出版物 | 视觉艺术品 |
|---|---|---|---|---|---|---|---|
| 高收入国家 | 112.97 | 188.82 | 1543.43 | 203.94 | 26.00 | 278.69 | 438.44 |
| 中高收入国家 | 211.04 | 26.39 | 1446.48 | 165.02 | 16.76 | 52.34 | 93.70 |
| 中低收入国家 | 21.29 | 1.57 | 170.81 | 2.99 | 0.20 | 3.94 | 2.82 |
| 低收入国家 | 1.26 | 0.01 | 1.57 | 0.00 | 0.02 | 0.06 | 0.28 |
| 总计 | 346.56 | 216.79 | 3162.28 | 371.95 | 42.97 | 335.03 | 535.24 |

**表 2-3　2015 年不同收入水平国家文化产品进口额**

（单位：亿美元）

| | 工艺品 | 视听产品 | 设计品 | 新媒体产品 | 乐器 | 出版物 | 视觉艺术品 |
|---|---|---|---|---|---|---|---|
| 高收入国家 | 225.88 | 140.58 | 2357.05 | 379.71 | 39.62 | 259.13 | 508.12 |
| 中高收入国家 | 42.29 | 56.07 | 245.38 | 73.82 | 6.41 | 41.37 | 11.71 |
| 中低收入国家 | 13.55 | 13.31 | 48.32 | 8.41 | 0.76 | 17.65 | 1.96 |
| 低收入国家 | 1.81 | 1.11 | 5.78 | 1.83 | 0.06 | 2.59 | 0.20 |
| 总计 | 283.53 | 211.07 | 2656.52 | 463.77 | 46.85 | 320.74 | 521.99 |

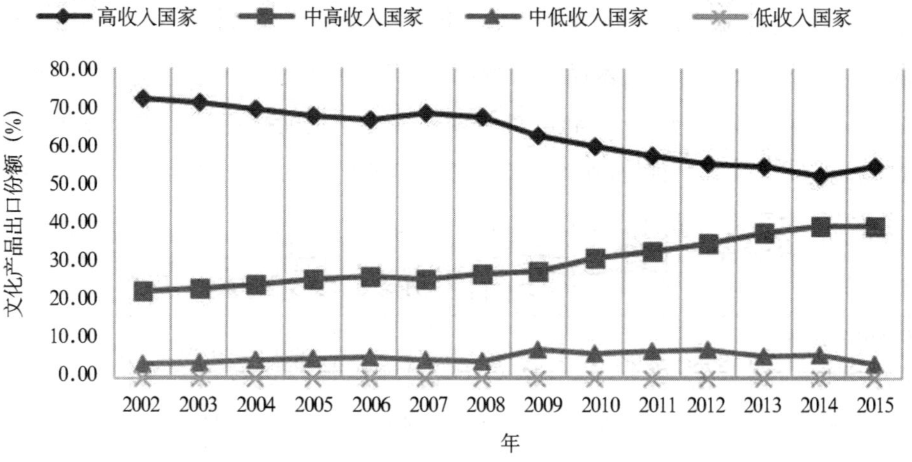


**图 2-7　2002—2015 年不同收入水平国家文化产品出口份额比较(%)**

2002—2015 年，高收入国家的文化产品进口占据主导地位，从 2002 年的 2068.97 亿美元增长到 2015 年的 3910.08 亿美元。2002—2015 年，高收入国家文化产品进口份额减少了 4.9%（见图 2-8），而同期文化产品出口份额减少了 17.28%。2015 年，高收入国家文化产品进口份额占比为 86%。在这一时期，其他收入水平国家的文化进口份额较小。

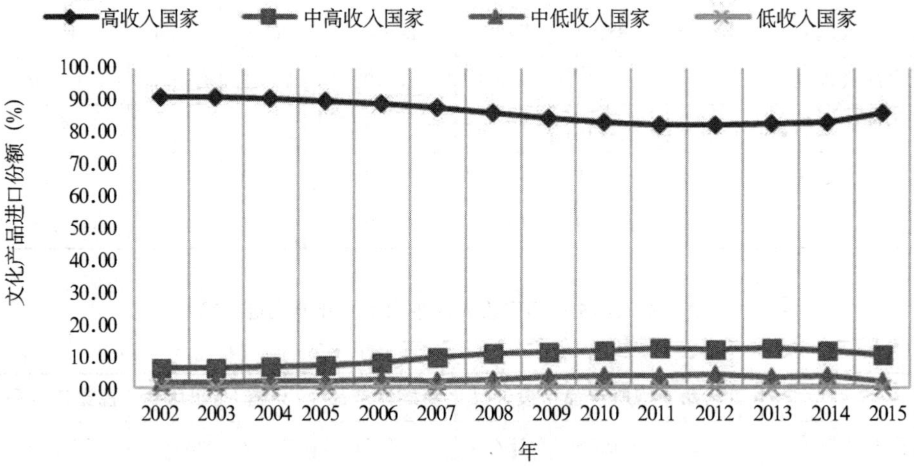


**图 2-8 2002—2015 年不同收入水平国家文化产品进口份额比较（%）**

数据来源：联合国贸发会创意经济数据库

根据联合国教科文组织数据研究院的文化产业统计框架，文化产品包括以下 7 类：工艺品、试听产品、设计品、新媒体产品、乐器、出版物和视觉艺术品。表 2-4 显示：2002—2015 年，新媒体产品出口额年增长率为 284.47%，进口年增长率为 268.05%；视觉艺术品出口额年增长率约为 236%，进口额增长率约为 197%；图书等出版物的出口和进口年增长率为 7 类文化产品年增长率的最低值，分别为 11% 和 2.21%；视听产品和设计品的出口和进口年增长率较为显著，工艺品和表演艺术品的出口和进口的年增长率较为缓和。

**表 2-4 2002—2015 年不同门类文化产品贸易的年增长率（%）**

| 2002—2015 年增长率 | 工艺品 | 视听产品 | 设计品 | 新媒体产品 | 乐器 | 出版物 | 视觉艺术品 |
|---|---|---|---|---|---|---|---|
| 出口 | 79.33 | 113.05 | 169.20 | 284.47 | 55.73 | 11.00 | 236.07 |
| 进口 | 34.60 | 77.56 | 107.74 | 268.05 | 44.85 | 2.21 | 197.32 |

数据来源：联合国贸发会创意经济数据库

除此之外，根据联合国贸发会创意经济数据库的数据，可以分析出各类文化产品的市场趋势(见表 2-5)。2002—2015 年，设计品在文化产品的出口中始终占据主导地位，市场份额位居第一。出版物的出口贸易额从 2002 年的 303.26 亿美元上升到 2015 年的 336.61 亿美元，但是出口占比从 14.55%(第二位)下降到 6.60%(第五位)。

新媒体产品的出口由 2002 年的 109.74 亿美元提高到 421.94 亿美元，在国际文化产品的出口中占比由 5.26%(第五位)上升到 8.28%(第三位)。

视觉艺术品的出口额从 2002 年到 2015 年增长超过了 3 倍，市场份额由 2002 年的 7.66%(第四位)上升到 2015 年的 10.53%(第二位)。

工艺品、音像品和乐器在国际文化产品的出口贸易额中占比较小，并且市场份额在 2004—2015 年呈现下降趋势，2015 年的出口贸易额分别为 357.20 亿美元(占比 7.01%)、218.75 亿美元(占比 4.29%)和 43.87 亿美元(占比 0.86%)。

**表 2-5　2002 年和 2015 年各类文化产品出口额和市场份额**

| | 全部文化产品 | 工艺品 | 视听产品 | 设计产品 | 新媒体产品 | 乐器 | 出版物 | 视觉艺术品 |
|---|---|---|---|---|---|---|---|---|
| 2002年出口额(亿美元) | 2084.93 | 199.18 | 102.68 | 1182.10 | 109.74 | 28.17 | 303.26 | 159.79 |
| 2002年市场份额(%) | 100.00 | 9.55 | 4.92 | 56.70 | 5.26 | 1.35 | 14.55 | 7.66 |
| 2015年出口额(亿美元) | 5097.53 | 357.20 | 218.75 | 3182.16 | 421.94 | 43.87 | 336.61 | 537.00 |
| 2015年市场份额(%) | 100.00 | 7.01 | 4.29 | 62.43 | 8.28 | 0.86 | 6.60 | 10.53 |

数据来源：联合国贸发会创意经济数据库

### (三)全球文化产品贸易的国别结构

在2002年至2015年期间，发展中国家对文化产品贸易的参与度明显高于发达国家，这主要受中国文化产品贸易快速增长的推动。中国内地、中国香港、印度，新加坡，中国台湾、土耳其、泰国、马来西亚、墨西哥和菲律宾是文化产品贸易十大发展中国家(地区)。亚洲国家在前十名中的统治地位清楚地表明了它们在刺激和促进全球文化经济方面的重要作用。发达国家文化产品贸易前十强分别是:美国、法国、意大利、英国、德国、瑞士、荷兰、波兰、比利时和日本。

东南亚国家联盟(东盟)和欧盟共同主导了文化产品的出口。2002年，欧洲文化产品出口额占全球的44%，占据主导地位(见图2-4);然而到2014年下降到32.72%，2015年微增至37.14%。2015年，来自欧盟的文化产品出口额为1710亿美元，而2002年为850亿美元，贸易额翻了一番。2002—2015年间欧盟文化产品出口年平均增长率为5.5%。文化创意产业在欧盟地区雇用了近1200万人。

同期，东亚、南亚和东南亚地区在全球文化产品出口中的地位有所上升，其文化产品出口额在全球的占比从2002年的35.92%上升至2014年的50.96%，2015年略微下降至48.4%(见图2-5)。2015年中国仍然是文化产品的主要出口国，2002—2015年期间，中国文化创意产品出口的年平均增长率为14%。中国的突出表现推动了全球创意经济的发展，有迹象表明，未来中国在电影、电视和人工智能等领域的实力将不断增强。此外，2015年，中国文化产品出口额是美国的4倍，总额达1,685亿美元。由于出口数量大，中国还拥有世界上最高的文化贸易顺差1,540亿美元。美国除2012—2014年外，其文化产品出口额占比均维持在10%以上，其他国家和地区在世界文化产品出口中的占比较小。

图2-9列出了2015年文化产品出口十强的国家和地区。中国内地以1,680亿美元的出口额位列第一。图2-10列出了2015年文化产品进口十强的国家和地区，美国以1,050亿美元的文化产品进口额位列第一，中国内地以130亿美元位列第八。

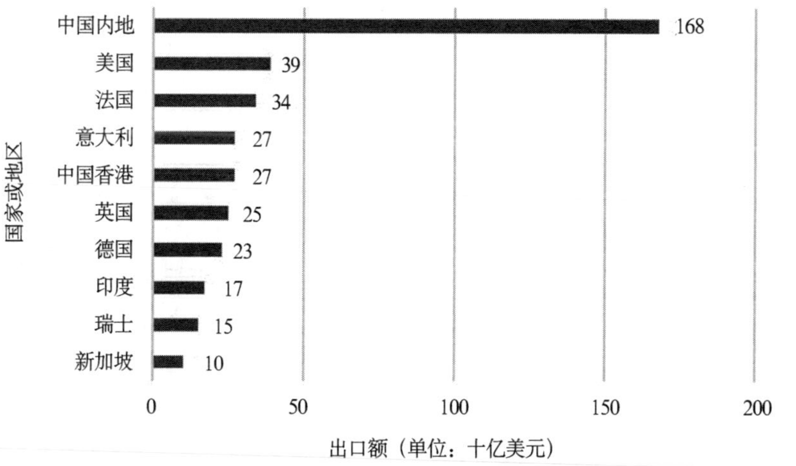


**图 2-9　2015 年文化产品出口十强国家和地区**

数据来源：联合国贸发会创意经济数据库

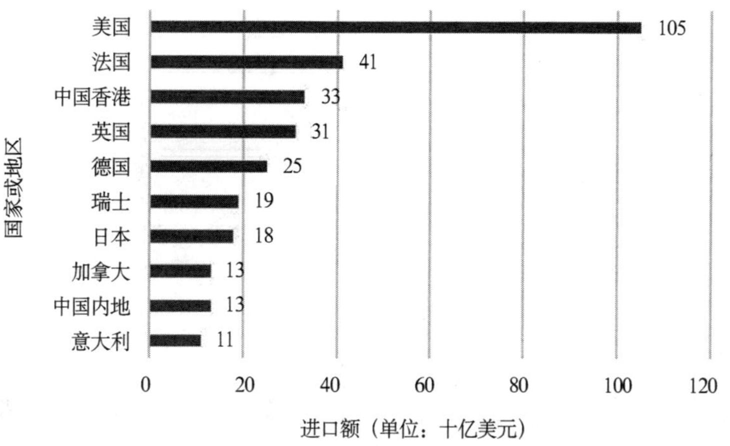


**图 2-10　2015 年文化产品进口十强国家和地区**

数据来源：联合国贸发会创意经济数据库

图 2-11 和图 2-12 分别列出了 2002 年和 2015 年文化产品进出口贸易顺差和逆差前十的国家和地区。2002 年，中国内地的全球贸易顺差最高。由于出口大幅增加，这一趋势继续，顺差额从 2002 年的 290 亿美元增加到 2015 年的 1540 亿美元。相反，美国 2002 年的贸易逆差为 520 亿美元，2015 年高达 650 亿美元。

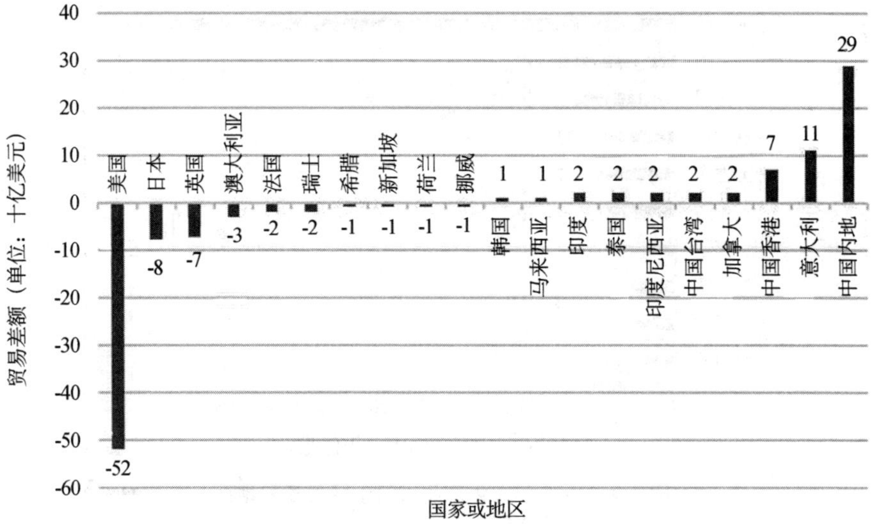


**图 2-11　2002 年文化产品进出口贸易顺差和逆差前十的国家和地区**

数据来源：联合国贸发会创意经济数据库

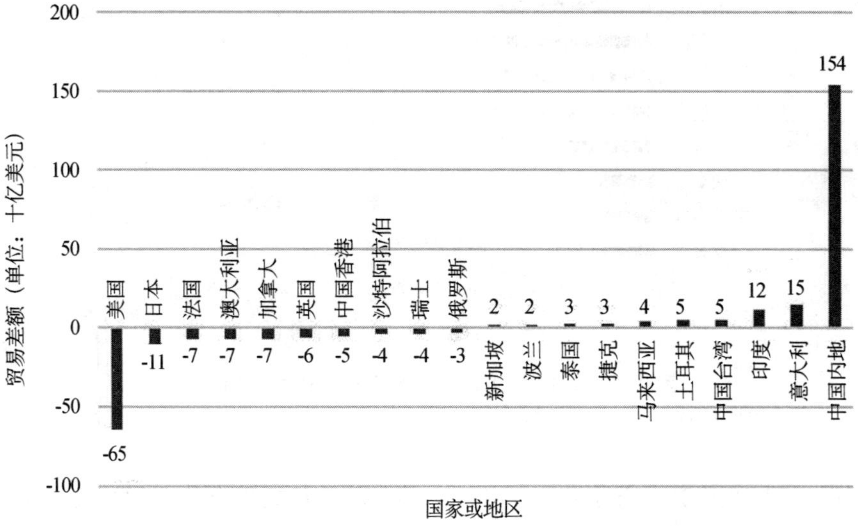


**图 2-12　2015 年文化产品进出口贸易顺差和逆差前十的国家和地区**

数据来源：联合国贸发会创意经济数据库

表 2-6 和表 2-7 分别列出了 2015 年发达国家文化产品出口贸易二十强和发展中国家文化产品出口贸易十强。发达国家中，美国的文化产品出口额最高，为 4050 万美元。发展中国家中，文化产品出口额最高的是中国内地。

**表 2-6　2015 年发达国家文化产品出口贸易二十强**

（单位：百万美元）

| 排序 | 国家 | 出口额 | 排序 | 国家 | 出口额 |
|---|---|---|---|---|---|
| 1 | 美国 | 40.504 | 11 | 捷克 | 6.277 |
| 2 | 法国 | 34.446 | 12 | 加拿大 | 6.188 |
| 3 | 意大利 | 26.672 | 13 | 西班牙 | 5.968 |
| 4 | 英国 | 25.926 | 14 | 澳大利亚 | 4.513 |
| 5 | 德国 | 25.882 | 15 | 丹麦 | 3.202 |
| 6 | 瑞士 | 14.980 | 16 | 瑞典 | 2.920 |
| 7 | 荷兰 | 9.391 | 17 | 葡萄牙 | 1.409 |
| 8 | 波兰 | 7.434 | 18 | 斯洛伐克 | 1.356 |
| 9 | 比利时 | 7.056 | 19 | 爱尔兰 | 1.329 |
| 10 | 日本 | 6.631 | 20 | 匈牙利 | 1.324 |

数据来源：联合国贸发会创意经济数据库

**表 2-7　2015 年发展中国家文化产品出口贸易十强**

（单位：百万美元）

| 排序 | 国家或地区 | 出口额 | 排序 | 国家或地区 | 出口额 |
|---|---|---|---|---|---|
| 1 | 中国内地 | 168.507 | 6 | 土耳其 | 8.690 |
| 2 | 中国香港 | 27.872 | 7 | 泰国 | 6.105 |
| 3 | 印度 | 16.937 | 8 | 马来西亚 | 6.066 |
| 4 | 新加坡 | 10.277 | 9 | 墨西哥 | 5.447 |
| 5 | 中国台湾 | 8.671 | 10 | 菲律宾 | 1.010 |

数据来源：联合国贸发会创意经济数据库

表 2-8 列出了 2015 年各类文化产品出口贸易 20 强，全球文化产品出口市场比较集中。图 2-13 展示了 2015 年前十大文化产品出口国家和地区的市场份额，这 10 个国家和地区依次为中国内地、美国、法国、中国香港、意大利、英国、德国、印度、瑞士和新加坡。其中，中国内地的市场份额为 33.05％，美国的市场份额为 7.95％，法国的市场份额为 6.76％。中国香港、意大利、英国和德国文化产品出口市场份额均在 5.00％—5.50％之间。印度文化产品出口的市场份额为 3.32％。

**表 2-8　2015 年文化产品出口贸易二十强**

（单位：百万美元）

| 排序 | 工艺品 | | 视听产品 | | 设计品 | | 新媒体产品 | | 乐器 | | 出版物 | | 视觉艺术品 | |
|---|---|---|---|---|---|---|---|---|---|---|---|---|---|---|
| | 国家和地区 | 出口额 | 国家和地区 | 出口额 | 国家和地区 | 出口额 | 国家和地区 | 出口额 | 国家和地区 | 出口额 | 国家和地区 | 出口额 | 国家和地区 | 出口额 |
| 1 | 中国内地 | 17,383.18 | 德国 | 3,158.49 | 中国内地 | 122,356.59 | 中国内地 | 14,096.68 | 中国内地 | 1,499.36 | 德国 | 4,130.57 | 法国 | 14,541.11 |
| 2 | 土耳其 | 2,753.75 | 新加坡 | 2,941.82 | 意大利 | 23,590.66 | 中国台湾 | 4,998.72 | 美国 | 589.75 | 美国 | 3,953.992 | 美国 | 11,706.35 |
| 3 | 中国香港 | 1,759.04 | 美国 | 2,304.95 | 中国香港 | 19,657.58 | 美国 | 3,670.65 | 德国 | 541.79 | 英国 | 3,535.95 | 英国 | 9,433.07 |
| 4 | 印度 | 1,591.64 | 日本 | 1,626.68 | 美国 | 16,900.00 | 中国香港 | 2,856.64 | 日本 | 480.95 | 中国内地 | 3,185.63 | 中国内地 | 8,894.39 |
| 5 | 比利时 | 1,565.78 | 荷兰 | 1,370.82 | 法国 | 16,077.67 | 德国 | 2,136.60 | 荷兰 | 269.90 | 加拿大 | 2,431.71 | 瑞士 | 1,843.98 |
| 6 | 美国 | 1,399.12 | 中国内地 | 1,091.94 | 印度 | 14,663.73 | 新加坡 | 1,938.07 | 法国 | 188.53 | 中国香港 | 1,614.24 | 德国 | 1,432.19 |
| 7 | 中国台湾 | 1,063.27 | 波兰 | 1,063.82 | 德国 | 13,480.97 | 荷兰 | 1,288.99 | 英国 | 142.73 | 法国 | 1,563.00 | 中国香港 | 892.23 |
| 8 | 德国 | 1,029.21 | 中国香港 | 1,063.75 | 瑞士 | 12,105.23 | 英国 | 1,194.32 | 意大利 | 92.87 | 波兰 | 1,236.79 | 日本 | 682.81 |
| 9 | 荷兰 | 915.66 | 英国 | 978.48 | 英国 | 10,266.10 | 马来西亚 | 1,169.21 | 中国台湾 | 89.50 | 荷兰 | 1,128.12 | 意大利 | 627.83 |
| 10 | 意大利 | 884.55 | 奥地利 | 943.55 | 土耳其 | 5,792.32 | 捷克共和国 | 1,024.61 | 墨西哥 | 73.82 | 意大利 | 1,072.25 | 新加坡 | 396.04 |
| 11 | 法国 | 550.16 | 马来西亚 | 845.45 | 泰国 | 5,323.49 | 法国 | 894.70 | 加拿大 | 53.15 | 比利时 | 1,001.47 | 瑞士 | 362.60 |
| 12 | 西班牙 | 467.98 | 法国 | 634.01 | 新加坡 | 4,288.33 | 日本 | 836.66 | 马来西亚 | 53.02 | 西班牙 | 957.16 | 加拿大 | 337.27 |
| 13 | 英国 | 407.44 | 爱尔兰 | 582.19 | 荷兰 | 4,066.65 | 波兰 | 831.44 | 瑞典 | 45.90 | 俄罗斯联邦 | 846.98 | 比利时 | 264.06 |
| 14 | 泰国 | 355.02 | 捷克共和国 | 478.15 | 西班牙 | 3,976.22 | 墨西哥 | 662.91 | 比利时 | 41.54 | 捷克共和国 | 689.50 | 奥地利 | 248.75 |
| 15 | 日本 | 295.01 | 瑞典 | 424.53 | 波兰 | 3,931.52 | 奥地利 | 590.21 | 捷克共和国 | 40.35 | 瑞典 | 628.38 | 西班牙 | 229.72 |
| 16 | 奥地利 | 289.09 | 墨西哥 | 323.89 | 捷克共和国 | 3,902.87 | 加拿大 | 434.19 | 西班牙 | 32.05 | 新加坡 | 623.81 | 印度 | 181.42 |
| 17 | 波兰 | 259.88 | 中国台湾 | 196.62 | 马来西亚 | 3,729.00 | 比利时 | 377.83 | 奥地利 | 30.38 | 瑞士 | 458.30 | 中国台湾 | 176.08 |
| 18 | 加拿大 | 251.73 | 意大利 | 160.66 | 墨西哥 | 3,679.26 | 爱尔兰 | 258.65 | 中国香港 | 28.82 | 奥地利 | 426.20 | 丹麦 | 133.80 |
| 19 | 墨西哥 | 221.84 | 瑞士 | 153.67 | 比利时 | 3,658.03 | 斯洛伐克 | 254.88 | 瑞士 | 24.83 | 墨西哥 | 374.02 | 巴西 | 125.44 |
| 20 | 丹麦 | 171.55 | 比利时 | 148.01 | 加拿大 | 2,534.72 | 意大利 | 247.76 | 波兰 | 22.69 | 日本 | 311.83 | 墨西哥 | 111.41 |

数据来源：联合国贸发会创意经济数据库

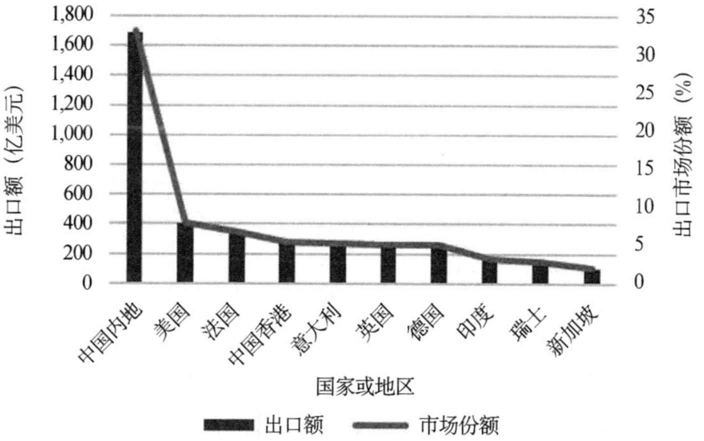


**图 2-13　2015 年前十大文化产品出口国家和地区的出口额和市场份额**

数据来源：联合国贸发会创意经济数据库

图 2-14 展示了 2015 年前十大文化产品进口国家和地区的市场份额，这十大国家依次为：美国、法国、中国香港、英国、德国、瑞士、日本、中国内地、加拿大和意大利。其中，美国的进口市场份额为 23.27%，法国的市场份额为 9.12%，中国香港的市场份额为 7.31%，中国内地文化产品进口的市场份额为 3.25%。

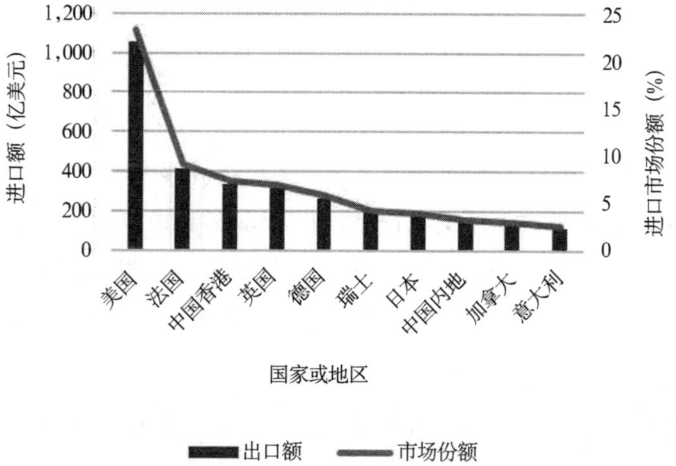


**图 2-14　2015 年前十大文化产品进口国家和地区的进口额和市场份额**

数据来源：联合国贸发会创意经济数据库

## 三、国际文化产品贸易的发展特点

### (一)以文化硬件产品贸易为主,软件为辅

当前的国际文化贸易还是以硬件为主,软件为辅。这种产品结构使得发展中国家和新兴国家在文化贸易结构中占据重要地位,尤其中国作为世界文化产品贸易第一大国,国际贸易主要还是以具有制造业属性的产品为主,还是以发挥中国作为“世界工厂”的传统优势为主,而真正蕴含中国文化、信仰、价值观和生活方式的文化软件贸易占比不多,这应当是未来我国提升贸易结构的重点突破环节。

### (二)互联网融合特点明显

融合互联网特性的文化产品贸易发展快速,受互联网冲击的文化产品贸易遇到瓶颈。例如视觉艺术和工艺品出口额迅速提升,占比由2004年的49%提高到2013年的71%,而庆典产品、图书报刊两个类别比重有明显下滑。这为文化产品贸易的发展指明了方向,要充分与互联网技术融合,推动产业升级和业态更新。推动数字出版和虚拟现实技术在庆典、节、展的应用,能够有效提升这两类产品的贸易发展。

### (三)贸易市场的高度垄断性

文化产品贸易呈现了较强的垄断性。从地区分布来看,北美和欧洲、南亚和东亚文化产品贸易占据了文化产品出口的84%和进口的88%;从参与贸易国家收入水平来看,高收入和中上等收入的国家出口份额占比93%,仅高收入国家进口份额已高达85%。根据马斯洛需求层次理论和恩格尔系数等理论,高收入国家的国民随着收入提高,对于娱乐休闲享乐以及尊重、自我实现等方面的需求也有所提高,这会增加文化贸易的消费。加之文化产业已经形成规模效应,部分产业的集中度较高,在国际上处于寡头垄断地位,这加剧了贸易市场的垄断性。

### (四)与其他产业的强烈交融性

文化贸易产品跟饮食茶酒、服装、旅游、教育等行业密切融合,不仅延伸了文

化贸易自身的产业链，也带动了其他多种产业的发展。以风靡亚洲的“韩流”为例：据统计，韩国文化产业出口每增加 100 美元，就能使韩国商品出口增加 412 美元。韩国汉阳大学文化创意系教授安昶炫认为，所有韩国影视作品从前期策划就极为注重“一源多用”。韩国开发制作电视剧等文化产品时，会把韩国的传统文化、饮食、服饰、旅游等捆绑在一起在剧中集中展现，这样，观众对该剧的消费也会是全方位的。而好莱坞的“火车头”理论也有异曲同工之意，电影产业不止带动了电影产业整个价值链各环节的发展，也带动了整个国民经济相关产业的发展。

## 四、我国文化产品贸易的发展趋势

当前我国文化产品贸易呈现出平台形成、渐成规模、渠道丰富、品牌凸显的发展趋势，“文化中国”“艺术中国”“书香中国”“时尚中国”蓝图初成。

### （一）平台形成

中国北京国际文化创意产业博览会、北京国际设计周、北京国际电影节、北京国际图书节、北京艺术博览会、ChinaJoy、上海国际电影节等大型文化交易平台的作用日渐凸显，除此之外，完美世界、华韵尚德等文化企业也在打造自己的贸易平台，促进国际间文化交流与商业合作。按照文化部印发的《文化部“一带一路”文化发展行动计划（2016—2020 年）》制定的行动目标，应进一步加快在“一带一路”沿线国家和地区设立中国文化中心，形成布局合理、功能完备的设施网络；以“一带一路”为主题的各类艺术节、博览会、交易会、论坛、公共信息服务等平台建设逐步实现规范化和常态化①。

### （二）渐成规模

面向国际文化市场的文化产业发展格局初步形成，文化企业规模不断壮大，文化贸易渠道持续拓展，服务体系建设初见成效。

### （三）渠道丰富

我国各类骨干和中小文化企业通过新设、收购、合作等方式，在境外开展文

① 中华人民共和国发展与改革委员会.文化部“一带一路”文化发展行动计划（2016—2020 年）[EB/OL].（2016-12-29）[2018-06-20]. http://www.ndrc.gov.cn/fzgggz/fzgh/ghwb/gjjgh/201707/t20170720_855005.html

化领域投资合作,初步构建了国际营销网络,扩大了境外优质文化资产规模,并纷纷借助电子商务等新型交易模式拓展国际业务,联动整合、融合创新,带动文化生产和消费良性互动。

(四)品牌凸显

骨干文化企业已经初步形成了民族文化品牌。随着"一带一路"倡议的推进,文化品牌将进一步扩大在沿线国家的影响,充分发挥各品牌的载体作用,塑造中国文化产品的国际形象。

## 第二节　国际文化服务贸易发展概况、特点及趋势

### 一、全球文化服务贸易概况

根据联合国贸发会 2018 年发布的创意经济报告:文化服务是文化经济的重要组成部分,虽然衡量和估算文化服务的经济贡献更为复杂,然而,它很可能成为未来增长最快领域之一。首先,文化服务随着数字技术和共享经济的发展而不断增长;其次,文化服务对抗经济下行的能力更强;最后,文化服务与新兴的电子商务活动密切相关。报告中分析了 2011—2015 年 38 个发达经济体文化服务贸易的发展状况①。发达经济体的文化服务贸易在 2011—2015 年间发展比较稳定,发达国家 2011—2015 年文化服务贸易的年均增长率为 4.3%,是所有服务贸易增长率的两倍多。由于这种较高的增长率,文化服务在服务贸易总额中的份额从 2011 年的 17.3%稳步增加到 2015 年的 18.9%。尽管 2014 年全球服务贸易发展放缓,但仍保持积极增长趋势。在此期间,这些国家的文化服务贸易在总服务贸易额中的占比增加了 1.6%(见表 2-9)。

---

① 38 个发达国家是:澳大利亚、奥地利、比利时、保加利亚、加拿大、塞浦路斯、捷克、丹麦、爱沙尼亚、芬兰、法国、德国、希腊、匈牙利、冰岛、爱尔兰、以色列、意大利、日本、拉脱维亚、立陶宛、卢森堡、马耳他、荷兰、新西兰、挪威、波兰、葡萄牙、罗马尼亚、斯洛伐克、斯洛文尼亚、西班牙、瑞典、瑞士、美国、英国、百慕大和法罗群岛。

表 2-9　2011—2015 年 38 个发达经济体文化服务贸易额占比

| 年度 | 2011 | 2012 | 2013 | 2014 | 2015 |
|---|---|---|---|---|---|
| 占比 | 17.3% | 17.6% | 17.6% | 18.2% | 18.9% |

从传统意义上讲，文化服务是指满足人们文化兴趣及需要的行为。这种行为一般不以货物的形式出现，而是政府、私人机构和半公共机构对社会文化实践提供的文化支持。这种文化支持包括举行各种演出、组织各种文化活动、推广文化信息和文化收藏品(如图书馆、博物馆和文献资料中心)等。联合国贸发会创意经济数据库中的文化服务包括：广告和市场调查、建筑工程和技术服务、研发服务、个人文化娱乐服务。由于数据库中多数国家数据不全，而且现有数据多是 2003—2012 年的数据，无法反映现实情况，故本书文化服务贸易数据使用联合国贸发会服务贸易数据库中的个人文化娱乐服务和知识产权使用费。个人文化娱乐服务包括视听及相关服务、其他文化娱乐服务。视听及相关服务指与电影制作、无线广播和电视节目制作以及音乐录音等相关的服务，其他文化娱乐服务指教育、医疗及其他服务。知识产权使用费包括研发成果和商标使用费，计算机软件和视听及相关产品的复制或分销许可费用。

图 2-15 展示了 2005—2017 年不同收入水平国家知识产权使用费出口市场

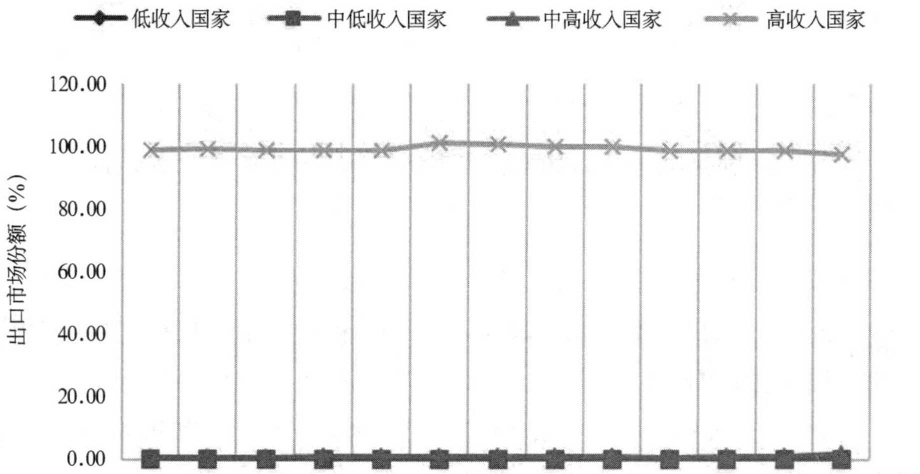


图 2-15　2005—2017 年不同收入水平国家知识产权使用费出口市场份额

数据来源：联合国教科文组织数据研究院

份额。2005—2017 年,高收入国家一直保持着 97%—98%的出口市场份额;中高收入国家知识产权使用费的出口市场份额呈现轻微上升的状态,最高市场份额出现在 2017 年,为 1.91%;全球范围内的知识产权服务出口由高收入国家主导。从图 2-15 中可以看出金融危机对知识产权出口的影响不明显。

2005—2017 年期间,全球个人娱乐文化服务出口市场仍然由高收入国家占据主导地位,其市场份额在 80%—87%区间内波动;中高收入国家个人娱乐文化服务出口市场份额呈现"下降—上升—下降"的波动趋势;中低收入国家和低收入国家在个人娱乐文化服务出口的市场中占较小比例(见图 2-16)。

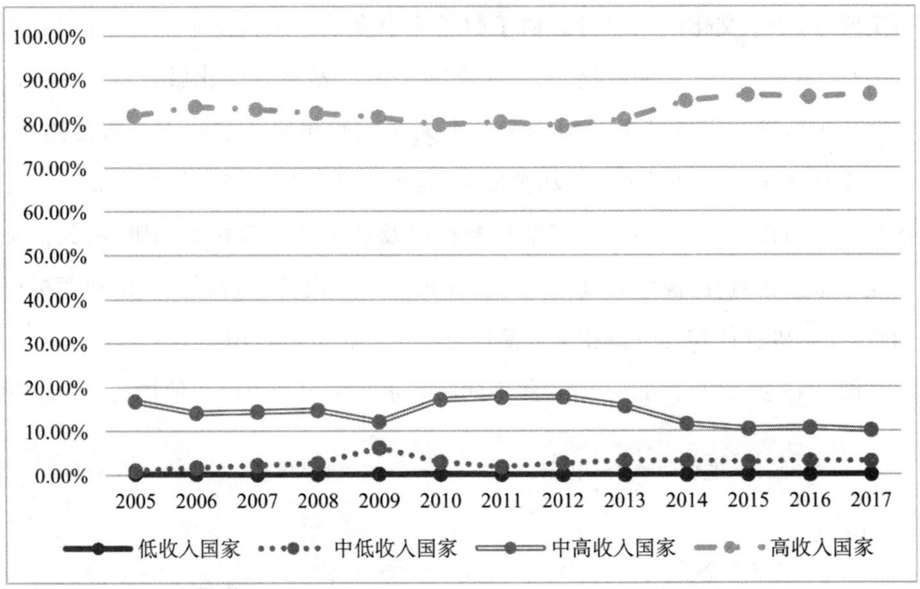


**图 2-16 2005—2017 年不同收入水平国家个人娱乐文化服务出口市场份额**

数据来源:联合国教科文组织数据研究院

2017 年知识产权使用费出口额前十位的国家如图 2-17 所示,这些国家为美国、瑞士、日本、列支敦士登、德国、英国、法国、爱尔兰、新加坡和韩国。其中,美国知识产权使用费出口额为 1,279.34 亿美元,瑞士为 549.22 亿美元,日本为 417.22 亿美元。2017 年个人娱乐文化服务出口额前十位的国家分别为英国、马耳他、法国、卢森堡、德国、加拿大、荷兰、土耳其、印度和比利时。英国、马耳他和法国的出口额相近,均在 39 亿美元左右(见图 2-18)。

此外,根据联合国贸发会 2019 年发布的创意经济报告,美国、中国、印度、

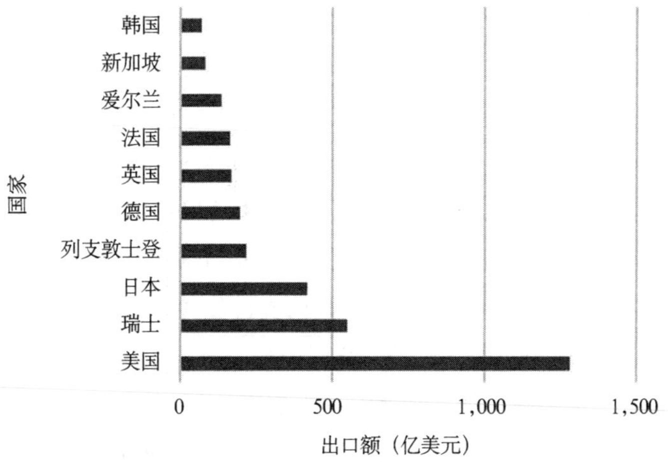


**图 2-17　2017 年知识产权使用费前 10 个国家的出口额**

数据来源：联合国贸发会创意经济数据库

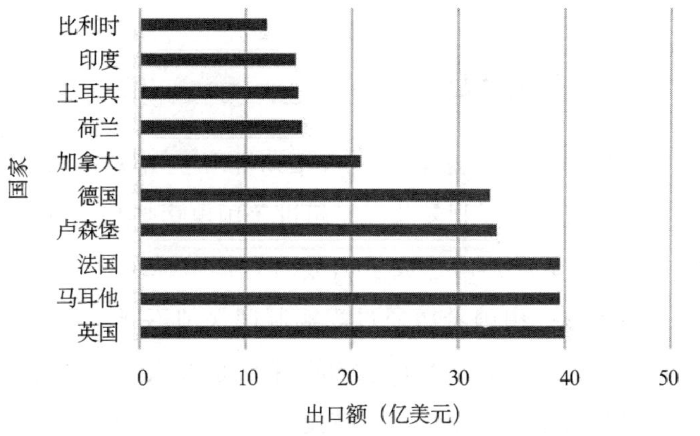


**图 2-18　2017 年个人娱乐文化服务前 10 个国家的出口额**

数据来源：联合国贸发会创意经济数据库

瑞士、德国和巴西的文化服务呈现以下特征。

(一)以美国为首的发达国家的技术创新

美国文化传媒和娱乐市场比亚洲、欧洲、拉丁美洲、中东或北非更大，美国电影业 2015 年的收入为 103 亿美元，票房收入比 2014 年增长 7%。

美国市场的发展对全球创意产业的产出影响很大，随着技术创新的发展，人工智能已经帮助编写流行民谣、模仿伟大画家的风格，并在电影制作中支持创意决策。很明显，随着数字内容和交付平台不断渗透所有形式的媒体和表达，人工智能的作用将会进一步扩大。IBM Watson 认知平台被用于制作 20 世纪福克斯公司恐怖电影《摩根》的电影预告片，在 IBM 研究员兼 IBM 研究院多媒体与视觉经理 John Smith 的带领下，该项目让 Watson 分析了数百部现有恐怖电影预告片的视觉效果、声音和构图，Watson 随后从已完成的摩根电影中选择场景进行编辑，再整理到预告片中，极大地提高了制作效率和视觉效果。

凭借数字技术和创意的优势，英国电视节目成为 Netflix 和 iTunes 平台上最受欢迎的欧盟电视内容。2015 年，英国的信息技术、软件和计算机服务的收入近 130 亿美元，增长率为 11%；其次是电影、电视、视频、广播和摄影，这些行业的收入将近 70 亿美元。此外，2014 年，英国创意产业的就业人数增长了 6.4%，达到 190 万人，远远超过英国全行业平均 2.1%的就业增长率。

根据欧洲视听观察站的数据分析，原产于欧盟 28 个成员国的 Netflix 八大类电视节目中，英国有 160 个（占所调查的欧盟电视节目的 44%），法国有 72 个（占 20%），德国有 52 个（占 14%）。

### （二）中国电影市场的崛起

近年来，中国电影市场蓬勃发展，每天平均推出 22 部新电影。2015 年中国票房比 2014 年增长近 50%，未来有可能超过美国电影票房。阿里影业公司与斯皮尔伯格的安布林娱乐公司达成全面战略合作一揽子协议，双方将共同投资、共同制作发行电影。中国希望通过配额制度保护不断增长的电影产业，每年将进口大制作电影的数量限制在 34 部。中国也在人工智能方面投入巨资，科技巨头阿里巴巴、百度和腾讯也大规模投入开发人工智能。

中国制造也试图融入全球价值链，作为“中国制造 2025”计划的一部分，中国设计师正在努力从模仿者转变为创新者。中国纺织和服装协会副主任陈大鹏表示，与法国或意大利不同，中国的时尚产业在互联网兴起的时代起飞发展，这使得业内人士更容易拥有“互联网心态”和计算机技能，能更好地利用技术手段传播中国文化。

### （三）印度的动画和视觉特效行业

印度动画和视觉特效行业（VFX）2016 年增长 16.4%，达到 82 亿美元（595

亿卢比),其中视觉特效行业增长 31%,是主要的推动力量,动画行业保持稳定的增长率 9%。此外,各州政府正在实施各项政策鼓励创意产业发展。如马哈拉施特拉邦政府划拨土地成立国家动画、游戏、漫画和视觉特效中心,卡纳塔克邦政府主张将数字艺术教育纳入某些艺术学校的课程中,特伦甘纳在海德拉巴成立一个创意孵化中心,支持动画和视觉特效行业发展。这些将使印度动画和视觉特效行业有效地与成熟的美国和加拿大市场,以及正在发展的韩国、法国、中国和马来西亚等新兴市场竞争。

视觉效果是电影制作中不可或缺的部分。印度电影产量是世界上最大的,印度每年以 20 多种语言制作 1500—2000 部电影。截至 2015 年,印度共有 2000 多家多屏影院。2016 年,印度电影票销售超过 22 亿张,该国成为世界领先的电影市场。相比之下,2016 年排名第二的中国售出约 12.5 亿张电影票。

### (四)瑞士的"机器人硅谷"

3D 机器人公司首席执行官克里斯安德森称,瑞士现在是"机器人硅谷",苏黎世拥有谷歌在加利福尼亚州以外最大的园区,拥有近 2,500 名工程师,其中包括 250 多名人工智能专家,带动了周边的劳动力总数达到 5,000 人。

瑞士拥有先进发达的高科技制造和建筑服务等设计行业,其他行业正在兴起。瑞士的视频游戏场景正在蓬勃发展。瑞士游戏设计虽然还处于初期阶段,但在不到十年的时间里,它已经从初创行业发展成为具有出口竞争力的成熟行业。Pro Helvetia 是促进瑞士艺术和文化发展的国家基金会,致力于推动瑞士创意产业的发展,它在 2010 年启动了第一个视频游戏支持计划,为游戏设计、软件设计和虚拟现实等提供资金和支持。

### (五)巴西的视听产业

巴西目前拥有全球第十一大电影票房市场,2014 年总票房达 8 亿美元。预计到 2020 年底,巴西将拥有全球第五大视听市场。这种增长的关键是美国和巴西电影业之间的紧密联系与合作。在 2010—2014 年期间,两国合作制作了 100 多部电影,这些联合制作不仅促进了文化交流,而且带动了两国创意经济发展。2014 年巴西的视听行业创造了 168,880 个直接就业岗位和 327,482 个间接就业岗位。

巴西的创意产业发展潜力巨大，目前约有5.5%的巴西人(1,100万人)在与创意产业相关领域工作，包括320,000家创意公司和数百万新工作岗位。相比之下，农业部门雇用了15%的巴西人，但数字正在迅速萎缩。农业占巴西国内生产总值的5.6%，而创意产业占2.6%，后者在过去十年中增长了近70%。在巴西创意产业中，时尚是主导行业，其次是音乐、电影和网络媒体行业，这些都是巴西创意经济增长的基础。

## 二、国际文化服务贸易的发展特点

### (一)贸易市场呈现高度垄断性

国际文化服务贸易比产品贸易呈现了更高的垄断性，从收入水平来看，高收入国家分别占文化服务贸易出口的90%和进口的93%。文化服务贸易相较产品贸易属于更高层面的业态，因此高收入国家垄断了绝大多数市场。

### (二)数字内容服务出口稳步增长

文化服务贸易中，视听和互动媒体服务贸易占比较大，随着互联网技术的应用推进，视听和互动媒体也开始进行数字化进程。数字音乐、视频网站、电子游戏等行业发展如火如荼，取得了传统文化产业难以企及的增长速度和规模。

### (三)动漫游戏的贸易规模迅速增长

动漫游戏行业的受众群体数量大、年轻化，产品传播效率高，此行业近年来获得飞速发展。游戏业的快速发展使国际市场规模迅速扩大，加上游戏业拥有统一的人机交互语言体系和类型精品标准，受文化折扣的影响较小，在steam、IOS、GooglePlay等全球电子游戏平台的推动下，贸易规模迅速增长。以中国为例，2017年中国自主研发的游戏海外收入已达82.8亿美元，是同年中国电影海外票房收入的13倍，且自2008年以来保持着年均72%的增长率，是文化产业各细分门类服务贸易规模最大的板块。

### (四)贸易渠道多样，海外市场规模不断扩大

文化服务贸易的各类节展数量、类型、规模和影响力逐渐增加，尤其随着数

字化内容的丰富，全球范围的在线文化服贸平台成为文化服务贸易的重要渠道。数字音乐、数字出版、移动游戏、在线视频等发展迅猛，成为各自行业的发展亮点与趋势，赢得了大量的用户时间。互联网技术增强了贸易的便利性，推动海外市场规模不断增长。

## 三、我国文化服务贸易的发展趋势

当前我国文化服务贸易呈现出平台增加、结构优化、业态更新的发展趋势，平台化、核心化、数字化逐渐成为我国文化服务贸易发展的亮点，这些趋势也是文化服务贸易发展弯道超车的重要机遇和工作重点。

### （一）平台增加

中国（北京）国际服务贸易交易会、中国国际进口博览会、北京国际图书节、北京艺术博览会、中国国际动漫游戏博览会（CCG）、上海演出交易博览会等大型文化交易平台的作用日渐凸显。

### （二）结构优化

文化服务贸易的发展状况不但体现了我国服务贸易转型升级的特点，其内部结构也在不断优化，影视及相关产业为代表的文化服务贸易核心层贡献最大。2018 年，我国文化服务出口结构持续优化，进口增势保持良好。文化服务出口 72.9 亿美元，较上年增长 18.2%。其中，处于核心层的文化和娱乐服务、著作权等研发成果使用费、视听及相关产品许可费 3 项服务出口总额达 18.7 亿美元，较上年增长 21.4%。文化服务进口 273.4 亿美元，较上年增长 17.7%，其中，视听及相关产品许可费、广告服务、文化和娱乐服务成为增长较快的领域。

### （三）业态更新

随着互联网技术的发展，我国文化相关企业紧扣数字出版、数字发行、电子商务、大数据应用、虚拟现实等新兴热点领域的发展脉搏，在文化创新和科技创新的双轮驱动下，开展版权贸易，加快了我国文化服务“走出去”的步伐。

# 第三章
# “一带一路”沿线国家文化市场研究

本章对“一带一路”沿线国家和地区的文化市场进行了基本介绍和研究，主要包括东南亚地区、中亚南亚西亚地区、中东欧地区、蒙古、俄罗斯的文化市场，梳理了各地区的区域特征、总体产业环境、文化产业发展、文化贸易等方面的概况与特征，并详细介绍了各地区有代表性的国家如新加坡、泰国、俄罗斯、捷克、匈牙利、波兰的具体情况。

通过对“一带一路”沿线国家和地区文化市场的研究，我们希望能够确定推动中国与“一带一路”沿线国家文化合作与贸易的现实可行路径，寄望创新性地开展跨文化合作，在保护文化多样性基础之上，促进各国优秀文明互学互鉴，真正实现民心相通。根据每一个国家的特色打造有针对性的文化交流、合作与贸易项目，这个问题有待理论探讨和实践推进。

探索我国与“一带一路”沿线各国在政策沟通、设施联通、贸易畅通、资金融通、民心相通五个层面合作的方法，知己知彼正是万里长征的第一步。让各国人民相逢相知、互敬互信，增进沿线各国人民的人文交流与文明互鉴，也是推动文化贸易不断的纵深发展的基石。

## 第一节　东南亚文化市场研究

“一带一路”沿线的11个东南亚国家①，地处三大洲两大洋的十字交叉口，

---

① 东南亚11国，分别是印度尼西亚，文莱，越南，泰国，缅甸，马来西亚，菲律宾，老挝，柬埔寨，新加坡，东帝汶。

长期受不同的宗教信仰和历史文化所影响，东南亚具有独特的文化特征和研究意义。作为中国的南邻，长期以来，东南亚国家都与中国保持密切文化联系，具有共同发展追求。2013 年，中国国务院总理李克强在参加中国—东盟博览会时强调，21 世纪海上丝绸之路，将为中国与东南亚各国的经济合作、人文交流和文明互鉴做出重大贡献。本节我们将着重探究东南亚文化市场的特色。

## 一、总体产业环境透视

### （一）概述

东南亚地区各国经济、社会和政治发展不平衡，语系不同，宗教信仰交汇相融，形成了独特的地域文化。东南亚主要国家成立了东南亚国家联盟，简称东盟（ASEAN）[①]，以共同促进该地区经济增长、社会进步和文化发展。

在产业发展上，东南亚各国的文化贸易发展较不均衡，可比性较低，因此，本节在探讨文化产业贸易时，一方面把东南亚地区作为一个整体，探究该区域文化市场在国际上的发展状况与经济地位；另一方面关注其中每个个体的特色，研究在多样性的文化前提下，不同国家在创意产业上的领先优势和文化战略。

### （二）文化市场分类

长期以来，东南亚文化在世界范围内已经取得了不容小觑的影响力。其独特的民俗文化、服饰饮食、建筑风格、家居养生等，吸引了大量文化旅游者，许多音乐、舞蹈、艺术设计作品也在国际性比赛中脱颖而出。本节将参考联合国教科文组织（UNESCO）的分类标准，将东南亚文化市场分为六个领域。

#### 1.文化和自然遗产领域

截至 2016 年 7 月，第 40 届世界遗产大会上，东南亚 9 个国家共计 37 项文化及自然遗产列入世界级遗产名录，还有印度尼西亚的皮影戏和佩剑、柬埔寨宫廷舞蹈、越南锣钲文化空间、丰富的历史遗迹和古城镇等，这些都象征着东南亚地区的文化发展和历史价值。各国政府亦在积极采取相关文化政策，推动文

① 东盟：东南亚 11 国中，除了“东帝汶”其他都属于“东盟”成员。

化与自然遗产的传承和发展，例如，结合经济效应，提倡文化产业的可持续发展，将文化符号融入相关产品的生产价值链，促进旅游业发展和建立文化品牌。同时，东南亚国家致力于结合现代科学技术，将已经消失的文化元素还原。通过使用一系列多媒体硬件设施，结合对应的表现载体，例如舞台表演、音像作品等，将过去存在而现在消失的历史文化内容展现出来。另外，东南亚国家也将保护非物质文化遗产的规定，融入了政策保护和相关法律法规，例如越南2009年通过了《文化遗产法》，各国相继批准《保护非物质文化遗产公约》等。

2.表演与庆祝活动领域

东南亚国家的舞蹈、戏剧、音乐等许多艺术作品，都与印度教、佛教等文化信仰有关，也常用于跟宗教相关的节日庆典中，如印度尼西亚的加隆安节，老挝的塔銮节等。将音乐舞蹈与人们的生活紧密结合，将音乐舞蹈等表演艺术应用于宗教仪式，婚丧喜庆，在东南亚国家成为一种普遍现象。最初，各国间的艺术表演特色分明，但随着社会历史发展，邻近国家之间相互影响，各国在表演艺术上相互融合，产生了许多新类型，如马来西亚的戏曲，泰国的人妖秀，老挝的木偶戏等。另外，在硬件基础建设上，东南亚各国修建了一些剧院，例如圣淘沙、蒂芬妮剧院，以及各国的大剧院等。

3.视觉艺术和手工艺领域

由于多数东南亚国家都有过被西方国家殖民的历史，加上各国宗教信仰多元复杂，相关艺术风格也表现在东南亚艺术作品创作上，在市场上获得的关注度不断上升。2014年中国香港佳士得拍卖夜场，刷新个人成交记录的11位艺术家中，4位都来自东南亚。经过近十年的发展，东南亚艺术市场的国际地位稳步上升，成为亚洲艺术极具价值和潜力的新投资标的。

另外，东南亚手工艺品精美繁多，色彩艳丽。虽然各国家间差异不大，但都有各自的偏好，例如印尼的银器、泰国的纸伞花环、缅甸的木雕等。东南亚地区的旅游业发展也促进了手工艺品的销售与出口。东南亚手工艺作品精致丰富，但随着手工技艺现代化、机械化，纯手工艺品的产量较低，较难满足市场需求，再加上年轻人传承传统手工制品的意识薄弱，东南亚的手工艺品的发展也面临极大的挑战。

4.图书和出版领域

相比其他文化领域，东南亚的新闻、图书出版行业表现稍为逊色，虽然新加坡教育资源相对较好，但小书商正在逐步减少，取而代之的是连锁书店（如Popular和MPH）或国外大型书店（例如Kinokuniya[①]），如今已占据70%—80%的市场 。在东南亚国家，人们普遍不习惯把阅读书籍作为休闲或乐趣，更倾向于一种目的性阅读，因此会出现较多商业类、学术类、宗教类的书籍。得益于旅游业的兴盛，各国的出版业出现了多元文化共存的状态，这也刺激了图书及出版行业的发展，进口图书的占比相当高。但由于语言翻译的问题，为了降低文化折扣，许多外国出版社直接将图书翻译权和出版权一起销售给泰国出版商，因此东南亚现存的许多出版社，都主要从事图书翻译业务。

5.视听与互动传媒领域

在大部分东南亚国家，传统电视与广播市场仍居主导地位，例如印尼、泰国、越南、菲律宾等，在这些地区，约六成的数字媒体受众是通过点播的方式观看电视节目，节目类型也主要是本土片，其他流媒体的使用率在不断增加。然而，新加坡在电视与广播上的依赖度较低，人们更倾向于观看互联网视频，YouTube成为新加坡最受欢迎的网站，网络观看成为人们视听需求的新潮流。

音像传媒领域在东南亚的发展近年来呈现积极趋势，尤其在华语视频市场。东南亚华侨人数占世界华侨的七成，这带动了当地运营商对华语产品的强烈需求。例如2017年5月在新加坡举行的BroadcastAsia，以VR/AR、移动设备浏览、摄影、视频内容分析、IP实时转播等核心技术趋势为亮点，吸引了全球近七百家知名企业的参与，强化了东南亚地区在视听与互动传媒领域的优势及整体市场占有率。

6.设计与创意服务领域

东南亚地区许多原创时尚品牌，如服装、家具、建筑设计，以简约、朴实、自然古典的元素为主，形成一种独特的“东南亚风格”。家具多采用实木和藤织材料，线条既较接近现代风格，又富有禅意。东南亚的艺术发展同时受西方美学及华人传统书画影响，多样化的文化背景，为设计师的创作带来许多灵感与启发。另外，在时装设计方面，东南亚地区有许多小众的设计品牌，在纺织品和皮革行业的独立经营较多，因此具有较强的个性化优势。设计创意在泰国发展得

① Kinokuniya，或纪伊国屋，是一家1927年创立于日本东京的书店，是全球知名的国际连锁书店品牌，海外分店遍布东南亚、澳洲、美国等。

较好，在曼谷举行的国际时装展和国际皮革展 BIFF&BIL，面向国际参展商，为东南亚地区的设计产业创造了巨大的交易额。

由此可见，东南亚文化市场涉及的领域丰富，但文化产品和一般产品在经济属性上是有区别的。文化产品的核心包含了一种精神要素和艺术价值，这种内在价值赋予了东南亚文化市场独有的市场特性，即文化产品的外部性、同伴效应和公共物品属性，这些特性为政府对文化市场的干预提供了一种解释。

### （三）文化市场特性

#### 1.文化外部性

文化产品具有较强外部性，会产生文化知识的溢出效应，文化产品被消费时往往还能带动国民经济其他产业的发展。例如，自 2010 年中国和柬埔寨文化部共同打造的歌舞剧《吴哥的微笑》，从上演至今，成为人们旅行中不可错过的一部分。全剧以吴哥王朝为背景，展示了王朝兴衰、生命轮回、善与恶、和平追求，演出不仅具有经济效应，更重要的是演出具有文化渗透价值，传扬柬埔寨深厚的文化韵味和宗教信仰。

#### 2.产业集聚效应

东南亚的文化创意产业，形成了很多产业集聚区，以艺术品行业为例，形成了新加坡的吉尔曼军营艺术区（Gillman Barracks 或 GB）、泰国的创意设计中心等，在一种相互影响的艺术氛围中激发了人们的创作力和灵感。例如 GB 就有来自世界各地的画廊[①]、公共博物馆、艺术博览会等，借助文化市场的聚集效应，形成一个文化生态系统。

#### 3.公共物品属性

文化公共物品，在使用上具有非排他性与非竞争性，但是容易带来“搭便车”的情况，例如数据库，音乐播放等，会导致在供给上缺乏效率。因此有些文化公共服务还要靠政府提供，例如东南亚各国的公共图书市场，免费电视台等，主要由政府部门向整个社会供应，目的不在营利，而主要在于发展文化事业和提高国民文化素质。

---

① GB 画廊，共 13 家，来自 10 个国家，例如 Mizuma 画廊、OTA Fine Arts 以及 Future Perfect 等。

## （四）文化市场规模

近年来，东南亚文化市场在国际上的影响力不断提升，东南亚当代艺术的国际势力迅速成长。例如纽约古根海姆美术馆，2013 年推出东南亚国家主题的《无国别：南亚与东南亚当代艺术展》；2015 年 HUGO BOSS 亚洲艺术新锐艺术大奖上，获奖者有来自菲律宾的艺术家谷口玛丽亚（Maria Taniguchi）；马来西亚、新加坡、泰国都是具有大量艺术家的国家，创造的优秀作品比例较高。因此，本部分通过分析东南亚地区文化产品进出口贸易数据统计、文化创意产业规划政策，以及知识产权相关附加值的市场状况，探讨东南亚文化市场的经济地位，以下的数据对比涉及世界范围内以及东南亚国家之间的比较。首先，将东南亚各国娱乐与传媒支出占本国 GDP 比重增长率、文化产品进出口额与其他国家对比，反映东南亚整体在全球文化市场上的地位和表现情况。其次，针对东南亚各个国家的发展情况，比较各国娱乐与媒体产值 2015 年增长比率、互联网渗透率与上网时数、知识产权相关产业、各国的文化贸易进出口总额，讨论各国在不同文化类型市场上的倾向和侧重。

### 1.东南亚地区与世界其他地区文化产品进出口额比较

从表 3-1 和表 3-2 可以看出，东南亚地区对全球文化产品贸易，起到举足轻重的作用，并且重要性不断在增长。数据显示，东南亚主要国家组成的东盟文化贸易出口额为 235 亿美元，进口额 143 亿美元，长期处于顺差，在国际文化市场上占有重要地位。

**表 3-1 2009—2013 世界范围不同地区文化产品出口额**

（单位：百万美元）

| 地区 | 2009 | 2010 | 2011 | 2012 | 2013 | 2014 | 2015 |
|---|---|---|---|---|---|---|---|
| 加勒比海 | 314 | 305 | 276 | 258 | 280 | 369 | 61 |
| 欧洲 | 147,893 | 158,006 | 180,096 | 173,234 | 179,798 | 188,850 | 189,338 |
| 美洲 | 47,040 | 48,907 | 51,922 | 51,542 | 52,944 | 55,811 | 54,152 |
| 南美国家联盟 | 2,417 | 2,227 | 2,445 | 2,378 | 2,316 | 2,103 | 1,586 |
| 大洋洲 | 1,203 | 1,319 | 1,820 | 1,684 | 1,577 | 1,480 | 1,319 |
| 东亚、南亚、东南亚 | 164,624 | 193,142 | 236,905 | 259,927 | 264,558 | 294,152 | 246,695 |
| 东盟 | 23,784 | 30,354 | 32,671 | 31,400 | 32,045 | 35,528 | 23,462 |
| 非洲 | 2,221 | 2,641 | 2,848 | 2,709 | 2,876 | 2,356 | 1,297 |
| 世界 | 377,284 | 419,766 | 491,536 | 519,894 | 531,788 | 577,191 | 509,753 |

数据来源：联合国贸发会 UNCTAD

**表 3-2　2009—2013 世界范围不同地区文化产品进口额**

（单位：百万美元）

| 地区 | 2009 | 2010 | 2011 | 2012 | 2013 | 2014 | 2015 |
|---|---|---|---|---|---|---|---|
| 加勒比海 | 983 | 990 | 947 | 903 | 905 | 1,011 | 367 |
| 欧洲 | 166,946 | 181,749 | 201,022 | 184,105 | 185,816 | 197,201 | 198,979 |
| 美洲 | 102,977 | 117,159 | 121,502 | 121,552 | 125,499 | 129,890 | 135,235 |
| 南美国家联盟 | 7,096 | 8,576 | 10,559 | 10,739 | 10,172 | 9,370 | 7,139 |
| 大洋洲 | 8,473 | 9,483 | 10,062 | 9,958 | 9,851 | 10,298 | 9,632 |
| 东亚、南亚、东南亚 | 63,700 | 74,255 | 90,658 | 93,944 | 86,569 | 93,030 | 74,448 |
| 东盟 | 12,005 | 15,755 | 18,159 | 19,608 | 20,141 | 21,572 | 14,337 |
| 非洲 | 6,441 | 7,747 | 7,205 | 6,837 | 8,021 | 7,092 | 5,254 |
| 世界 | 373,931 | 420,074 | 463,845 | 465,630 | 467,386 | 490,624 | 454,395 |

数据来源：联合国贸发会 UNCTAD

东盟国家不仅文化产品贸易总量快速增长，各细分行业的文化产品贸易也持续稳定发展，尤其在设计和视听产品方面，分别出口 140 亿美元和 39 亿美元（见表 3-3）。

**表 3-3　2015 年全球各区域文化产品细分门类出口额**

（单位：百万美元）

| 地区 | 手工艺品 | 视听产品 | 设计 | 新媒体 | 表演艺术 | 出版 | 视觉艺术 |
|---|---|---|---|---|---|---|---|
| 加勒比海 | 1 | 0 | 51 | 0 | 0 | 3 | 6 |
| 欧洲 | 7,593 | 10,821 | 109,488 | 10,675 | 1,453 | 19,669 | 29,639 |
| 美洲 | 2,087 | 2,850 | 24,324 | 4,898 | 703 | 6,982 | 12,308 |
| 南美国家联盟（UNASUR） | 117 | 37 | 990 | 124 | 7 | 167 | 144 |
| 大洋洲 | 38 | 86 | 652 | 190 | 8 | 224 | 121 |
| 东亚、南亚、东南亚 | 22,652 | 6,372 | 173,693 | 25,430 | 1,726 | 6,131 | 10,692 |
| 东盟（ASEAN） | 611 | 3,906 | 14,059 | 3,355 | 89 | 911 | 531 |
| 非洲 | 182 | 54 | 751 | 89 | 4 | 132 | 86 |

数据来源：联合国贸发会 UNCTAD

在进口贸易上，东南亚对设计产品存在较高需求，进口额为 89 亿美元。同时，由于东亚南亚地区居民对电视电台的依赖度较高，因此该地区对视听产品和新媒体的进口额分别为17.4亿美元和13.5亿美元。相比之下，表演艺术、图书出版、手工艺品的进口量较低，但依然在世界上处于绝对重要的地位(见表3-4)。

**表3-4 2015年全球各区域文化产品细分门类进口额**

(单位：百万美元)

| 地区 | 手工艺品 | 视听产品 | 设计 | 新媒体 | 表演艺术 | 出版 | 视觉艺术 |
|---|---|---|---|---|---|---|---|
| 加勒比海 | 24 | 2 | 272 | 21 | 2 | 35 | 10 |
| 欧洲 | 10,636 | 10,042 | 111,664 | 16,632 | 1,978 | 16,323 | 31,703 |
| 美洲 | 10,553 | 2,889 | 81,367 | 15,408 | 1,586 | 8,387 | 15,046 |
| 南美国家联盟(UNASUR) | 813 | 268 | 3,923 | 1,070 | 157 | 741 | 167 |
| 大洋洲 | 609 | 348 | 6,278 | 970 | 138 | 934 | 355 |
| 东亚、南亚、东南亚 | 3,641 | 6,704 | 43,892 | 10,751 | 563 | 4,653 | 4,245 |
| 东盟(ASEAN) | 684 | 1,741 | 8,895 | 1,352 | 148 | 953 | 564 |
| 非洲 | 723 | 360 | 2621 | 634 | 29 | 801 | 86 |

数据来源：联合国贸发会UNCTAD

2.国别比较

(1)娱乐与媒体产值2015年增长比率

调查显示，东南亚国家的媒体行业发展迅速，主要集中于网络、游戏、视听服务与互动传媒上。相比之下，音乐和出版行业的发展情况处于相对劣势，平均每个国家的增加值仅占2%—4%(见表3-5)。

**表3-5 东盟多国娱乐与媒体产值2015年增长比率**

| 国家 | 支出比例增长率 | 网络支出 | 电子游戏 | 视听娱乐 | 音乐 | 出版 | 娱乐传媒开支(百万美元) |
|---|---|---|---|---|---|---|---|
| 印度尼西亚 | 13% | 21% | 8% | 15% | 4% | 4% | 12,672 |
| 越南 | 10% | 13% | 5% | 12% | 2% | 3% | 3,103 |
| 菲律宾 | 8% | 12% | 7% | 9% | 5% | 2% | 5,675 |
| 新加坡 | 5% | 9% | 5% | 3% | 2% | 2% | 5,148 |
| 泰国 | 5% | 8% | 7% | 6% | 5% | 2% | 9,005 |
| 马来西亚 | 4% | 8% | 6% | 3% | 4% | 2% | 7,321 |

资料来源：普华永道发布的《Global Entertainment and Media Outlook 2016—2020》

(2)互联网渗透率与上网时数

互联网的普及是文化新兴市场快速发展的基础因素。新加坡是东盟国家中互联网渗透率最高的国家,高达82%,但网民网上网时间较少。印尼和菲律宾是人口大国,但发展相对较落后,互联网渗透率只有三四成(见表3-6),人们依赖网络的程度却相对较高,因此娱乐传媒行业改善空间大,这可以视为对表3-5中增长率较高的原因的一种解释。

**表3-6　东盟六国互联网渗透率与上网时数比较**

| | 印尼 | 越南 | 菲律宾 | 新加坡 | 泰国 | 马来西亚 |
|---|---|---|---|---|---|---|
| 人口总数(万人) | 25,500 | 9,000 | 10,080 | 540 | 649 | 3,050 |
| 互联网渗透率(%) | 34 | 50 | 46 | 82 | 56 | 68 |
| 手机每日上网时数(小时) | 3.5 | 2.4 | 3.2 | 2.1 | 3.9 | 3.6 |
| 电脑每日上网时数(小时) | 4.7 | 4.6 | 5.2 | 4.6 | 4.7 | 4.6 |

数据来源:根据We Are Social 2016年1月发布的报告整理而成。

(3)知识产权相关产业总额

在知识产权保护方面,东南亚国家商标申请的总量约17万项,专利与产品设计量大约1万多项,其中新加坡在专利申请、产品设计方面最为突出,此类项目在东南亚占重要地位。另外,印度尼西亚、泰国、越南在商标注册方面表现更有优势(见表3-7)。

**表3-7　知识产权相关产业发展情况**

| 国家 | 专利(项) | 商标(项) | 产品设计(项) | GDP总值(十亿美元) |
|---|---|---|---|---|
| 印度尼西亚 | 1,174 | 39,016 | 2,690 | 861 |
| 泰国 | 1,405 | 38,434 | 3,939 | 395 |
| 马来西亚 | 2,293 | 20,232 | 867 | 296 |
| 菲律宾 | 663 | 15,943 | 600 | 292 |
| 越南 | 679 | 31,806 | 1,677 | 193 |
| 新加坡 | 6,137 | 23,561 | 2,636 | 292 |
| 文莱 | 39 | 201 | 7 | 12 |
| 总计 | 12,390 | 169,193 | 12,439 | 2,359 |

资料来源:根据世界知识产权组织(WIPO)、世界银行统计数据整理所得

(4)东南亚各国文化贸易进出口总额

根据联合国贸发会统计,东南亚各国中,文化贸易方面的出口普遍大于进口。

新加坡、泰国的文化贸易进口与出口的排名情况较为一致，如东南亚文化产品出口大国新加坡，在进口方面也排首位，泰国列第二位。东南亚文化贸易发展呈现一定程度的不平衡，柬埔寨、菲律宾的文化贸易进出口额都很低，印尼、新加坡、泰国和越南在文化贸易上存在明显顺差(详情可见图 3-1 和图 3-2)。

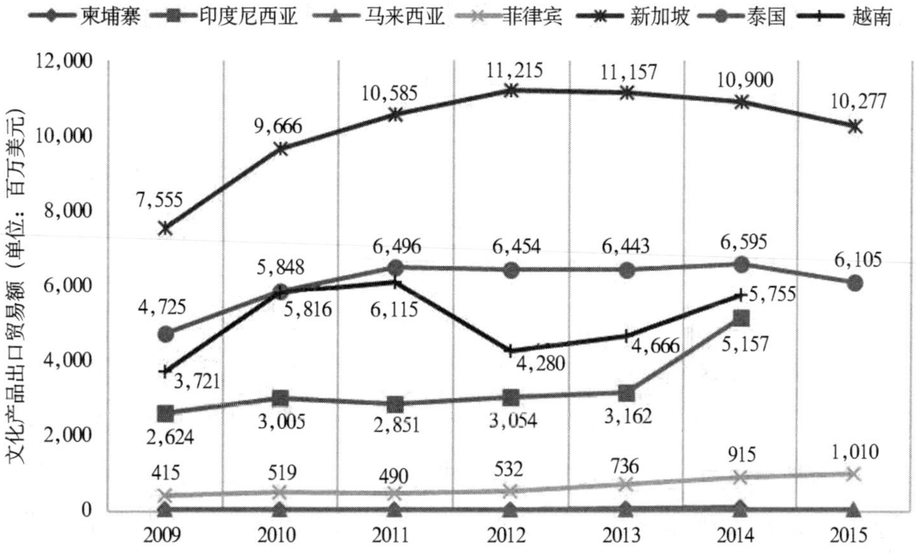


**图 3-1　2009—2015 东南亚国家文化贸易出口总额**

数据来源：联合国贸发会 UNCTAD

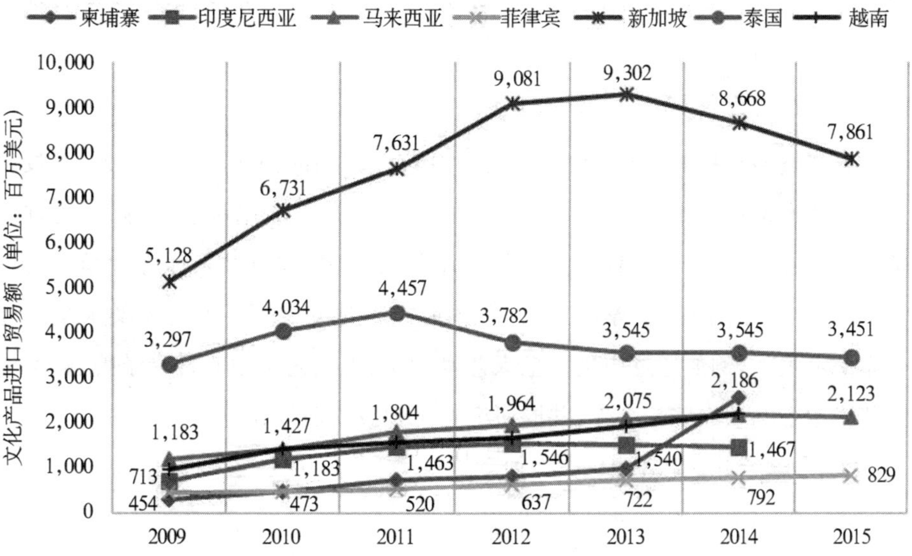


**图 3-2　2009—2015 东南亚国家文化贸易进口总额**

数据来源：联合国贸发会 UNCTAD

## 二、重点国家文化产业状况分析

文化竞争力的提升对综合国力的影响越来越大，东南亚国家在文化市场上整体有不错的表现，但是各国文化产业发展重点不同，也实行了各具特点的扶持政策。本节重点关注和探讨新加坡、马来西亚、泰国、印度尼西亚四国的情况。

### （一）新加坡

新加坡曾被定义为“文化沙漠”。新加坡政府着力发展文化产业，近十年不断推出各类文化活动和文化建设，例如2010年的“文化自由港”（Singapore Freeport）、2011年的“艺术登陆新加坡”（Art Stage Singapore）、2012年的吉尔曼艺术区（Gillman Barracks），使之逐步成为东南亚区域的艺术中心。

对于新加坡这样人口较少、面积较小的国家，仅靠本地市场需求推动是不够的，政府的文化政策支持能够使其在短时间内取得很好的成果。但新加坡创意产业发展也面临着较大的问题。新加坡在艺术生态方面的资源较为欠缺，社会偏向重商轻文，传统文化的渗透力较弱，还有国内的高消费水平带来了消费门槛高。

新加坡在过去十五年，分三个阶段实行了“文艺复兴城市”（Renaissance City Plan）战略①，旨在推动国家产业从工业化向知识经济体升级，主要表现在以下几个方面。

1.创新能力培养

新加坡拥有相对丰富的教育资源。为培养公民的创新和设计能力，学校引入文化艺术课程及相关专业的老师，戏剧文学、媒体、艺术和设计等，成为许多学校的核心课程之一。另外，在大学的学科设置中，政府鼓励地方大学设置创意、文化等与媒体相关的学科，积极和国际上其他知名创意及艺术类大学建立合作交流关系，例如通过与伦敦皇家艺术学院、美国艺术中心设计学院、帕萨迪纳艺术中心等领先院校合作，共同研究这个领域的前沿趋势。

---

① “文艺复兴城市”战略，英文Renaissance City Plan，分三个阶段进行：第一阶段（1999—2005）：“艺术的全球城市”；第二阶段（2005—2007）：着重塑造文化产业，发展艺术与文化；第三阶段（2011—2015）：“文化艺术全球城市”。

2.刺激文化需求

为了将艺术引入人们的日常生活，新加坡政府在相关基础建设和资源投放上实行了一系列计划，除巨资打造的国家美术馆外，还建立起“艺术激励”计划，将有品味和意义的设计及景观引入社区；将纪念馆类的建筑（如博物馆、图书馆、档案馆）发展成艺术、文学、科技等元素的学习体验空间；挑选发展好的“创意小镇”，鼓励公营、私营和个体居民共同努力，提高全民的文化艺术共同参与感；同时借鉴澳洲和苏格兰的经验，开发虚拟文化资源网络，创造出一种网络艺术新形式。

3.社区文化建设

新加坡政府希望让文化艺术进入大众生活，不只是高雅艺术，还有其他广泛的选择，例如通过举办艺术节、开展社区艺术巡展等，鼓励大众参与。另外，还引入“艺术联系计划”，让社会上处于文化艺术边缘的群体也能受益，不受年龄、身体障碍、收入的限制。还有专门针对青少年的“青年接触艺术”计划，政府与以青年工作为中心的社会组织合作，开发了一系列艺术项目。

4.文化人才培养

新加坡会定期举办各种类型国家级的赛事来集中发掘人才，鼓励有抱负的艺术家参加相关比赛并为其提供展示平台，设立专项国家奖和相关艺术奖等，对人才进行认定并提高其国际知名度。实施“导师培育计划”和“优秀人才培育计划”，实现更多知识交流，并给予专业能力发展更多支持，将个人技能和职业资格培训连接起来。

5.艺术资源开发

新加坡政府十分重视艺术资源的开发，例如引入“艺术工作室”计划，为艺术家和有关团体提供工作室、排练场地等。通常这些工作空间都聚集在文化资源丰富的艺术区，充分利用外部规模经济效应，促进思想和知识的相互交流。在整合信息资源平台的基础上，建立起知识分享与传播的专门网站，例如一些提供不同艺术形式和广泛信息的共享网站，接收使用者的观点、留言和评论，再由专家回复留言等。

新加坡最终成功推动了文化创意领域的改革和飞速发展，并成为国际文化中心城市之一，其发展历程和政策规划对其他东南亚国家有标杆性的参考价值和借鉴意义。

（二）马来西亚

马来西亚是个拥有多元种族、人口结构和宗教文化背景的国家，多元发展的趋势使其形成了现代艺术的独特面貌。国家人口众多、庞大的市场内需、相应的资金投入，为文化产业发展奠定了良好基础，接踵而至的本地文化产业投资、商业画廊、替代空间为本地艺术家创造了不少机遇与空间。

相对于政府干预较多的新加坡，马来西亚的政府对文化产业的支持较少，社会偏向重商轻文。因此自文化创意产业发展以来，硬件设备较为匮乏，正规的画廊和艺术空间不多，许多展览或活动更多依赖于私人画廊、艺术家、当地会馆、报社或外国文化中心等举办。

根据马来西亚 Rogue Art 出版的《Narratives in Malaysian Art 3-基础建构》调查，一半的受访者认为政府应加强在发展文创产业方面的作用，并认为国家美术馆应扮演更重要的角色，市场对马来西亚政府当下的表现仍抱有更高的期望。同时调查显示，市场普遍认为需要增加的辅助资源依次为艺评人、策展人、美术史学者和修复专才。目前马来西亚缺乏文化艺术市场方面的人才，正在起步的文化市场体系，仍有很大的改善空间。

马来西亚艺术博览会迅速成长，带动了拍卖行业的发展。根据艺术博览会销售数据，截至 2014 年，艺术博览会的销售额已达到马币 20.1 万元（约合人民币 32 万）。随着博览会销售额的稳步增长，国内外艺术界人士也增强了信心，这促进了拍卖行的合作，带动了约两千万马币的年销售量。但大量二手市场的交易也削弱了传统画廊的竞争力，同期致使多家画廊停业。

报刊印刷行业在马来西亚的传播媒介中地位最高，竞争激烈，以民营为主，但多数有各自的政党、社团组织偏好。境内报社约 50 家，使用 8 种文字，主要有马来文、中文、英文、印地文等。马来西亚的官方电视台“马来西亚广播电视台”（RADIO TELEVISYEN MALAYSIA，简称 RTM）由政府新闻部管制，经费主要靠政府提供、广告费的收入和社会赞助，节目类型主要为新闻、宗教类，也有少量电视短剧。其他私营电视台主要有三家：第三电视台（TV3）、城市电视（METRO VISION）和国民电视（NTV），私营电视台的总收视率超过 70%，远超官方电视台，这些电视台主要靠广告收入维持运转。整体来说，电视台的节目制作量不高，类型较单一，各电视台都需要外购其他国家的节目来丰富银幕。例如购进日本 NHK 的自然人文类纪录片、美国 FOX 制作的电视剧，娱乐综艺类节目主要采购自中国。随着技术的不断进步，马来西亚广播电视制作步向数字化潮流，RTM 全台初步实现了数字化制作与播出，其他私营电视台也积极和境外的数字媒体公司合作，加快电视节目数字化进程。

互联网的覆盖率在马来西亚增长速度很快，2016 年统计数据显示互联网用户约 2135 万，渗透率已超过七成，在移动内容的开发和创新上具备极大的潜质。

### （三）泰国

近年来泰国政府引入一些重大的文化创意方面的计划，例如主要针对手工艺品和农产品的“一乡一品”（One Tambon One Product），针对文化创意与时尚设计的“曼谷时尚之都”（Bangkok Fashion City）和“泰国创意设计中心”（Thailand Creative and Design Centre）等，希望借文化创意产业的发展，推动国内的产业转型升级，提升长期竞争力。

泰国的文化创意产业近年迅速发展，在游戏、动画、视觉特效、电影、音乐、电子书方面都有持续的增长。尤其在电影业方面，泰国政府鼓励国产片的拍摄制作，给予资金及税收优惠政策。政府积极引进国际大型电影公司的投资，带来了技术进步，培养了相关人才，使泰国能够完成完整的电影产业链服务。同时，减免摄影器材的进口关税，相关制作产品的市场供给也大幅提升。根据泰国电影办公室的数据统计，2014 年度泰国影片[①]数量高达 631 部，创造价值高达 19.35 亿泰铢。[②] 泰国的电视节目制作类型较为丰富，主要包括剧情片、纪录片、音乐影片、广告片等。同时，泰国电影办公室隶属于观光部，电影产业与旅游观光行业互相结合，电影成为旅游景点的宣传渠道之一，为泰国旅游业带来经济利益。

此外，数码内容的发展也带动了泰国文创产业的成长。2010 年数码内容协会成立，主要结合国内游戏动画、视觉特效、数码影片、电子书籍、音乐等内容，将数码科技应用到生活服务，共同发展国际市场。泰国移动互联网覆盖率和数码内容规模一直保持增长趋势，电影院线引入了大型触控模式购票机，支持一

---

① 统计的影片不止剧情片，还包括纪录片、广告、音乐视频、纪录片等。

② 杜伟华. 泰语：泰国文化和身份的象征[EB/OL].（2016-01-24）[2018-07-04].http://www.cssn.cn/mzx/sjmz/201603/t20160324_2937534.shtml.

整套从场次查询、预订到付款、取票的数字自助化服务。

(四)印度尼西亚

20世纪八九十年代,印度尼西亚的经济飞速发展,各类艺术空间相继出现,印度尼西亚的艺术区分别位于日惹、万隆和巴厘岛,随着历史变迁和经济发展,艺术发展重心曾有过转移,也造就了不同地区独有的文化特色。

印度尼西亚政府也同样重视创意经济的发展,例如文物保护并大力发展旅游业。根据南博网的数据,印度尼西亚文化创意产业2012年收入589亿美元,增长较快,约占印尼GDP的7%,成为国民经济的支柱性产业。文化创意产业逐渐成为印度尼西亚的重要产业之一,这得益于经济增长趋势、民众文娱消费能力提升;同时,印度尼西亚人口结构较年轻,"新思维"为创新创意产品的生产奠定了基础;此外,来自政府的政策鼓励,为产业发展环境提供了更有利的平台。

传统电视行业在印度尼西亚仍居主导地位,是人们获取新闻资讯和娱乐休闲的主要方式。就普及率来说,观看电视的人数高达整个国家人口的97%,带来极高的广告收入。印度尼西亚主要的两家电视频道分别是RCTI (Rajawali Citra Televisi Indonesia) 和 SCTV (Satu Untuk Semua),前者主要以播放剧情片和娱乐节目为主,后者属于商业电视台,两家电视台都拥有较广受众面,覆盖了约2亿观众。

基于庞大的人口基数和互联网的快速普及,印度尼西亚成为亚洲地区互联网使用增长率较快的地区。Detikcom是印度尼西亚主要的网络媒体公司,专注于网络新闻经营,所拥有的门户网站包括detiknews.com,detikhot.com,detiksport.com,detikfinance.com和detiknet.com,日点击量十余万次。

印尼的手工艺品和家具生产在地区出口上居显著地位,得到印度尼西亚家具协会和政府的大力支持。印尼雅加达国际会展中心每年举办的"印度尼西亚国际家具及木工机械展",吸引来自百余个国家的数千位国际买家的参与,为家具设计师和印尼工匠创建良好的商业平台。

印度尼西亚政府也持续支持电影与动画创意产业的发展。例如在芝马墟市(Cimahi)的电影和动画创意产业园项目上,政府就投入了大量政策与资金支持,以吸引创意工作者加入电视电影产业。

## 三、影响文化产品市场供求的因素

### (一)需求因素和收入水平

东南亚地区的文化需求和收入消费水平,是支持当地文化产业发展的重要因素。其中如印度尼西亚、菲律宾这样的人口大国,本身就存在庞大的内需,尤其在手工艺术品、视听娱乐方面,是支持文化产业发展的重要基础①。对传统文化的认同感方面,一般来说,民族归属感越高,对本身的文化产品需求就越高。例如泰国,本地电视广播在国内极受欢迎,作为唯一一个未被殖民过的东南亚国家,泰国对自身文化有一种忠诚与荣誉感,这也与皇室带领下的民族团结和统一有关,文化产品在本地消费市场更容易被认同。此外,随着经济的发展、人均收入水平的提高,消费者开始追求文化精神娱乐产品。如表 3-8 所示,东南亚地区的整体收入分布都有改善的趋势,其中新加坡和马来西亚的涨幅较为明显,推动了当地文化产品市场发展。

**表 3-8　东南亚各国居民人均收入分布**

(单位:美元)

| 国家 | 2010 年 | 2011 年 | 2012 年 | 2013 年 | 2014 年 |
|---|---|---|---|---|---|
| 新加坡 | 44,790 | 48,330 | 51,390 | 54,580 | 55,150 |
| 马来西亚 | 8,150 | 8,840 | 9,820 | 10,420 | 10,660 |
| 泰国 | 4,320 | 4,620 | 5,210 | 5,360 | 5,410 |
| 印度尼西亚 | 2,540 | 3,020 | 3,600 | 3,760 | 3,650 |
| 菲律宾 | 2,740 | 2,620 | 2,960 | 3,270 | 3,440 |
| 东帝汶 | 3,000 | 4,080 | 3,940 | 4,250 | 3,120 |
| 越南 | 1,270 | 1,390 | 1,560 | 1,740 | 1,890 |
| 老挝 | 980 | 1,090 | 1,270 | 1,450 | 1,600 |
| 柬埔寨 | 740 | 810 | 880 | 950 | 1,010 |

全球化背景下,外来文化产品在东南亚地区的市场表现也颇为突出,如电视节目、演出等,菲律宾主要的广播电视节目来自其他欧美国家。

① 石惠敏.东南亚主要国家传媒产业发展概况[M]//崔保国.中国传媒产业发展报告(2015).北京:社会科学文献出版社,2015:412.

（二）文化产品供给侧因素

东南亚文化产品独具特色，在产品创造、传播、营销方面，影响供应的因素有许多，以下将分别从政策法律（P）、经济（E）、社会（S）、技术（T）方面整体进行分析。

1.东南亚文化产业政治法律环境

东南亚地区的多元文化背景和各成员国独特的历史记忆，加上各国对建设共同体的现实需要，使东盟国家在文化战略上达成了一定的共识。

早在1976年的东盟会议上，即通过了《东盟协调一致宣言》，正式定义了"社会"及"文化与信息"。同盟国之间具体计划如1997年首脑会议的《东盟2020年愿景》、1998年《河内行动计划》和2007年《东盟宪章》，提出设立一个专门负责东盟社会文化事务的理事会等，都不断强调了文化产业的重要性，以及各国对文化发展的重视。

因此，从同盟国的文化结构来看，其战略性政策主要可分为以下几个方面：首先，东盟国家认可本身在全球层面上的整体性，不同宗教、古遗址、文化习俗都能在东南亚地区得到良好的保护。政府积极宣扬地区整体的紧密关系和共同发展，例如2015年东盟10国间达成零关税的贸易协定，共同建立自由化、透明度高的东盟投资区，东盟国家共同拍摄合拍片，举办电影周，书展等[①]。

此外，成员国除了集体文化战略外，在本国的文化市场上也各有政策重点。根据MPAA发布的影视贸易壁垒报告，印度尼西亚、马来西亚、菲律宾、新加坡、泰国、越南在电影业都采用较严格的保护政策，例如影院放映量、进口配额等限制，以保护本国的文化产业。

2.行业经济环境

在经济层面上，虽然东盟国家间的贫富悬殊较大，但整体而言经济发展迅速，成为全球经济中心之一，在世界贸易中也有着举足轻重的影响。新加坡着力发展创意驱动型经济，马来西亚希望打造区域经济中心，菲律宾具有服务外包行业的优势，柬埔寨努力改善制造业技术含量，泰国更倾向于发展"十大未来产业"，包括数码和医疗，最大经济体印度尼西亚也在经济方面逐步向外扩张，

① 周士新.东盟的文化战略与中国的政策选择[J]. 教学与研究，2016（11）.

鼓励私人投资。各国根据本身资源和优势发展各有侧重面，但在区域整体层面上，为东南亚的全面经济发展带来了正面积极的景象。根据加拿大自由市场研究所 Fraser Institute 发布的《2017 年世界经济自由度报告》①，东南亚国家得分在中等偏上，菲律宾、印尼、马来西亚、柬埔寨、老挝都在 7 分上下，高于发展中国家的平均分 6.61 分。

因此，在文化市场上，东盟主要国家所具备的新媒体后发优势，随着该区域经济增长越来越明显。谷歌和淡马锡控股在发布的东南亚网络经济报告中指出，预期东南亚的网络经济市场价值 2025 年将达到 2,000 亿美元。中国菜鸟网络下一个区域性发展重点，也定在了东南亚地区。网络与通信技术的发展，对东南亚地区的文化创意行业的发展将起到重要作用。

3.社会环境

从社会环境来看，东南亚各国在宗教信仰、生活语言、地域环境上，都各有其独特性，这为整体社会环境带来了不同文化元素的碰撞与融合。

东南亚的文化结构多元，经过战乱时期华人移居、殖民时期的文化植入和邻近国家之间的文化交融，不同宗教教堂汇聚一地也很常见。此外，相对来说对艺术创作者的限制较少，艺术家的发挥创意的空间较大，对出版、影视行业的规管较少，这也更利于文化产品的多样化。但根据 2016 年全球国家自由度调查报告显示，东南亚国家普遍仅处于中等自由，这反映了文化产品市场受到社会自由度的负面影响。

4.技术环境

东南亚国家以发展中国家为主，在电子与数码技术上，仍相对较为落后，除了新加坡、马来西亚和泰国，其他地区数字媒体技术起步较晚、发展缓慢。

因此在文化影音产品供应上，东南亚各国在输出数量及内容上差异较大。新加坡、马来西亚和泰国作为区域内的领先者，分别在国内成立专门委员会，致力推动影像技术的发展。新加坡的易通公司、中国阿里云公司和新加坡国立大学曾合作搭建一个电子数据分析平台，推动媒体数字技术发展；马来西亚政府新颁布的“数字马来西亚总体规划”，同样也意识到数字经济是未来发展的新方

---

① 这是 Fraser Institute 发布的第 21 版报告。该机构对全球 159 个国家在政府规模、物权法、货币和自由贸易等方面进行的调查认为，通常来说，经济自由度越高的国家，就越繁荣。

向；互联网技术在东南亚地区的发展也受到重视，网络渗透率越来越高，印度尼西亚、越南、菲律宾等国的互联网基础建设得到飞速发展，但仍有很大改善空间。在可见的未来，东南亚文化市场的技术升级具有较大发展潜力。

## 四、东南亚文化市场运营模式

### （一）文化和自然遗产

东南亚各国都很重视非物质文化遗产的保护，截至 2015 年，东南亚地区已经有 19 项文化项目列入“人类口头和非物质遗产代表作名录”，在保护文化及自然遗产的同时，各国文化持有者积极采取各种措施对遗产进行传承和发展。

首先，文化与自然遗产的运用模式，主要通过政府投资、民间组织募集资金，或参与各种团体、企业合作的方式，为保护和发展遗产提供经济支持。2013 年越南北宁人委会批准了“2013—2020 年保护与弘扬贝宁官贺民歌和筹歌等非物质文化遗产价值”提案。省政府斥资 650 亿越盾（约合 320 万美元）扶植民间艺人、演出及研究。民间募集资金主要出现在一些经济相对不发达的地区，如 2001 年福特基金为越南的“水木偶剧团”的重新整顿提供了资金支持，2002 年联合国教科文组织为柬埔寨提供 3.5 万美元的扶持资金，用于遗产的保护与普查。

一些著名文化景点也通过科学管理方式进行保护和传承，如通过成立相关的负责委员会进行管理并对公众开放，包括资料研究、建立数据库、建立遗产名录、设立博物馆等。迄今为止，东南亚各国都设有专门的文化和自然遗产保护机构，如菲律宾的文化中心、国家博物馆，缅甸的文化遗产保护协会，泰国非物质文化遗产基金会等，负责管理相关的文化或自然遗产项目，开展活动、资金运营等。

同时，发展文化及自然遗产创新产业也是个新趋势，例如结合戏剧演出、音乐、舞蹈、工艺品等，开发文化和自然遗产相关产品。在推动文化与自然遗产的传承与商业发展方面，文旅融合是一个重要的驱动因素。马来西亚旅游局通过许多纪念日举行的相关节庆活动（例如文化艺术节，融合马来西亚传统舞蹈、戏剧，展示传统美食、服饰等）来发展文化经济。菲律宾当地设立文化村，开发民俗文化旅游业，例如各类游览活动、工艺品展览、品尝民俗小吃、舞蹈。柬埔寨在 2001 年兴建了民俗文化村，以吴哥为中心，展示了高棉民族的各种生活习俗与特色，如传统婚嫁、舞蹈游戏、村寨特色等。

### （二）表演与庆祝活动

东南亚国家的表演艺术类文化产品在全球文化产品出口量上，仅次于欧美国家，位居世界第二。各个国家本身的民族表演艺术，在表现形式和内容上既保持了本身独有的特色，又适当融合了新元素，成为文化旅游中重要的表演项目。

在运作模式上，东南亚一部分国家的表演艺术极具地方色彩，但更偏向民间艺术，例如由拉茶改编而成的马来西亚歌舞、柬埔寨口头非遗皇家舞剧、越南文化演艺产业常见的水上木偶戏、才子弹唱、锣钲音乐等。另一类运作模式，像新加坡、泰国，则是将演出项目带向商业化、国际化，例如圣淘沙是一个大型的文化娱乐生态园，2004 年兴建的“音乐舞蹈喷泉”，应用激光科技、3D 立体动画，结合芭蕾音乐的喷泉演出，还有岛内的《时光之翼》《仙鹤芭蕾》等专场舞台演出，成功利用了圣淘沙的文化艺术背景和星级表演平台，每年吸引大量游客观赏，在传播文化的同时创造出可持续发展商业模式。泰国的“人妖秀”著名秀场如克里普索、金东尼、蒂芬妮等，国际知名度较高，成为旅游者必去景点之一。

### （三）视觉艺术和手工艺

东南亚艺术品市场近年来发展迅速，在各大拍卖会、艺术展会上屡创佳绩。来自东南亚的艺术作品在全球市场进行展出，受到各国藏家的青睐，逐渐建立起东南亚当代视觉艺术市场完善的商业模式。

首先，国际各大艺术展会与拍卖会是东南亚艺术作品的关键平台。2014 年大都会博物馆展出了以东南亚“失落的王国”为主题的特展。2017 年纽约亚洲艺术周春季拍卖会，开办了一个以印度、东南亚风格为主题的纽约邦瀚斯拍卖会 。佳士得和苏富比在全球其他地区的拍场上，东南亚艺术家的作品近年也多次成为焦点，多次刷新纪录（见表 3-9）。

表 3-9　中国香港拍卖场上刷新纪录的东南亚艺术家

| 拍卖年份 | 拍品名称 | 国籍 | 成交价（万港元） | 拍卖公司 |
|---|---|---|---|---|
| 2015 | 亨德拉·古拿温·摩诃婆罗多:“班度的骰子” | 印尼 | 2,648 | 中国香港苏富比 |
| 2015 | 勒迈耶 :“舞者” | 比利时裔印尼 | 2,048 | 中国香港苏富比 |
| 2015 | 卡洛斯·维亚鲁斯·弗朗西斯科:“穆斯林的婚礼” | 菲律宾 | 850 | 中国香港苏富比 |
| 2015 | 阿曼德·萨达利:“带一丝金色的板块,白色背景” | 印尼 | 392 | 中国香港苏富比 |
| 2014 | 安妮塔·马赛赛·何:“捕鸡” | 菲律宾 | 964 | 中国香港苏富比 |
| 2014 | 米高·诃瓦卢毕亚斯:“峇里典礼筹备” | 墨西哥 | 844 | 中国香港苏富比 |
| 2014 | 黎谱:“站在山顶远眺” | 越南 | 652 | 中国香港佳士得 |
| 2014 | 阮潘正:“槟榔小贩” | 越南 | 316 | 中国香港佳士得 |

资料来源:雅昌艺术市场监测中心(AMMA)统计报告。

其次,东南亚地区许多美术馆通过与相关国际机构合作,形成的品牌效应。例如新加坡美术馆,曾与法国蓬皮杜艺术中心、英国泰特美术馆等国际性展馆联合办展览,将东南亚视觉艺术带向全球市场,促进文化的交流与启发。

### (四)图书和出版

东南亚图书与出版行业仍存在较大的进步空间,并且普遍存在购买力不足及版权保护不力的问题。在印刷与出版行业的商业模式上,主要有图书进出口贸易、文化展销会、版权贸易、外商合作、实体店铺营运等方式。

在图书进出口贸易方面,东南亚的进出口业务近年来持续增长,在金额上突破 33 亿美元,出口超过 44 亿美元。整体来看,从中国出口到东南亚的书籍类型,最受欢迎的主要包括汉语类学术教材、名人传记、旅游指南、小说、生活实用技能类(烹饪、针灸)等书籍。期刊方面较受欢迎的是《读者》《青年文摘》《知音》等文学性杂志①。

在国际图书展销会方面,东南亚国家合作组织了很多不同的图书展销会,例如在曼谷举行的泰国-中国图书文化展、新加坡世界书展、吉隆坡的马来西亚

① 郑妍.中国出版业开拓东南亚市场现状、问题及对策[J]. 东南亚纵横，2010(4).

海外华文书市[1]。柬埔寨和越南也曾举办中国图书展销会，东南亚国家自办的展销会华文书籍占比较大。在图书“走出去”层面，伦敦书展、法兰克福书展、美国纽约书展等国际大型知名图书展会上，都有来自东南亚的参展商，并且数量逐年递增。

在版权贸易方面，我国与东南亚的图书版权贸易已经有几十年历史，越南、柬埔寨与中国版权贸易洽谈会中，越南与我国的湖南出版投资有限公司、广西教育出版社、广西美术出版社等签约，共输出图书版权十余种。

在国际合作方面，东南亚国家和周边邻近国家积极建立战略合作关系，加快走向世界的步伐。例如新加坡最大的图书出版社之一——大众控股有限公司，早年便与中国出版对外贸易总公司合资成立“现代大众图书有限公司”，借助双方成熟的采购、分销、物流配送等系统，提升东南亚图书在海外市场的发行规模和影响力。

在实体店铺经营方面，东南亚地区私人经营的独立书店不多，只有少数特色书店，人们的阅读习惯也不强，因此实体店铺主要是大众书局、纪伊国屋。它们在几个东南亚国家都有分店，采取连锁性的营运模式，偶尔举办专题活动或者书展，形成寡头垄断的格局。

### （五）视听与互动传媒

东南亚的电影、动画及其他互动传媒产业是相对新兴的行业，在大部分国家，动画电影行业都是在近 30 年才开始发展。产业发展伊始，东南亚电影业承担了海外制片厂的外包工作，凭借其较低劳动力成本和语言优势，大量影片公司以分包的方式开始经营。例如印度尼西亚多家动画工作室主要负责日本动画的油墨色彩上色工艺；还有菲律宾动画制作公司、河内动画制片厂，为美国、韩国、日本等提供低价劳动力，同时也促进了各国国内视听产业的发展。[2]

再加上多国政府一直积极采取配额、荧幕时长等限制措施，抑制国外项目对本地产业的冲击，在 MPAA 关注的电影行业壁垒方面，全球特定国家中有六个都来自东南亚。目前，东南亚国家的电影视听行业，仍然属于需要保护的“幼稚产业”。在这方面，泰国政府给予税收优惠、赞助动漫节；新加坡建立培育计

① 李实.马来西亚和新加坡的出版业[J].出版经济，2003(4).

② 兰特，杨璐潞.东南亚动画电影一瞥[J].电影评介，2009(14).

划，鼓励外国公司创立工作室，或给予动画师各种政策支持；马来西亚建立多媒体超级走廊等。东南亚各国视听及互动传媒行业的发展，很大程度上仍然依赖着政府的保护和扶持。

随着科技进步和网络发展，东南亚的视听产业与国际市场建立了更广泛的合作关系。例如马来西亚制作的电影动画，被多次翻译成其他语言出口到邻国，或马来西亚与其他国家共同投资合拍电影。东南亚国家的视听行业虽有进步，但整体电影票房和国际收视率仍旧不高，国际竞争力不强。

### (六)创意设计与服务

东南亚的设计风格，在家居、室内设计、服装、建筑方面逐渐受国际化潮流的影响，极简派和多元化相融合，强调藤、麻、木等天然元素，成为一种潮流文化新符号，也受到国际市场的认可。从设计与创意方面文化产品进出口数据来看，东南亚地区居于世界前列。

在过去几十年里，东南亚地区一直是"OEM 工厂"[①]的代名词，产品以模仿为主，缺乏独立的风格和设计理念。直到东南亚设计开始结合自身文化特色确立独立风格，从模仿到创新，才在国际市场站稳脚跟。此外在面对国际市场竞争时，东南亚设计产品在高科技和新材料方面处于弱势，尤其在电子智能技术和自动化研发方面，和欧美国家的家居产品相比，还有很大的进步空间。

在家居设计方面，以泰国的设计为首，东南亚创立了不少本土设计品牌，并积极参与相关会展，例如泰国、马来西亚、越南、新加坡等东南亚国家都举办过国际家具展，是发布家居设计新产品的重要平台。新加坡国际家具展览会已经创办 34 届，每年有四百多家参展商，两万多名采购商，由于其规模大和知名度高，成为东南亚中小企业开拓欧美及亚太地区市场重要的国际平台。

在服装设计方面，2015 年上半年，欧盟在东南亚及中东地区的服装订单增幅在 29.6%—53.4%之间，东南亚服装纺织业开始转型，进行战略性调整，从 OEM 转向 ODM[②]。例如 2016 年的广交会上，东南亚公司带来多种自主设计的牛仔品种参展，向各国采购商展示，事后向特定目标商户寄送样本和设计款式，

---

① "OEM 工厂"即 Original equipment manufacturer(原始设备制造商)，基本含义是定牌生产合作，俗称"代工"。

② ODM 即 Original design manufacture(原始设计商)，指一家厂商根据另一家厂商的规格和要求，自主进行设计的产品。

并完成订单。东南亚的服装行业，由过去依赖样板进行复制生产，逐渐演变成主动提供设计样板，并能根据国内外的服装流行趋势进行创意设计。

### 小　结

自“一带一路”倡议提出以来，东南亚各国都积极参与，并合作开办不同文化交流活动，形成中国与东南亚国家之间的文化产业区域生态圈。中国与东南亚各国历来有着紧密的联系，华人文化在东南亚各国占有重要地位。二战时有许多南下的华人，目前在东南亚大约三四千万，他们与东南亚各国民众共同创造了丰富的物质和精神财富，并将中国文化传播到东南亚地区。中国与东南亚在饮食、民俗、语言等文化背景方面，都有相近相容之处，这为文化贸易的共同发展奠定了基础。

地理方面，作为东南亚国家最大的邻国，中国有丰富的市场资源及相对成熟的基建设施。而许多东南亚国家经济起步较晚，对改善国内基础建设有巨大的需求，加之随着中国以5G、人工智能、工业互联网、物联网为代表的新型基础设施建设热潮兴起，“一带一路”倡议的推进无疑为中国与东南亚都带来了共同发展的契机，使文化交流成为社会发展进步的长远支撑。

中国作为文化大国，寄望在可见的将来，在政府、企业、民间团体的共同努力下，通过文化交流与贸易将中华文化的精髓和价值传扬出去，让中华文化与东南亚文化交织共融，为地区间的长远发展奠定文化基础。

## 第二节　中东欧文化市场研究

中东欧地区是一个地缘政治概念，泛指欧洲大陆地区受苏联控制的前社会主义国家，冷战时期的东欧国家，再加上波罗的海三国（立陶宛、拉脱维亚、爱沙尼亚）、乌克兰、白俄罗斯、摩尔多瓦等除俄罗斯外苏联的欧洲部分成员国，具体包括：波兰、捷克、斯洛伐克、匈牙利、斯洛文尼亚、克罗地亚、罗马尼亚、保加利亚、塞尔维亚、黑山、马其顿、波黑、阿尔巴尼亚、爱沙尼亚、立陶宛、拉脱维亚，共16个成员国。

## 一、中东欧总体产业环境透视

### （一）概述

从地理位置上看，中东欧地区是连接中国与西欧的快捷之路——从陆路经中欧班列抵达欧洲各国，从海路经中欧海陆快线连接欧洲铁路网，是“一带一路”倡议和“16+1合作”的重要伙伴。中国与中东欧国家分处欧亚大陆两端，虽相距遥远，但关系基础牢固。中国与塞尔维亚、波兰和匈牙利建立了全面战略伙伴关系，与捷克和马其顿建立了战略伙伴关系，与罗马尼亚和保加利亚建立了全面友好合作伙伴关系，中东欧国家成为中国对外关系与国际合作中突出的新亮点。

从整体“一带一路”国家和地区的经济增长率来看，中东欧国家在沿线国家中处于偏低的水平。其中波兰、捷克、罗马尼亚、匈牙利、斯洛伐克五国占中东欧16国GDP比重较高，分别为35%、14%、13%、9%、7%。2016年斯洛伐克、捷克、罗马尼亚、马其顿、波兰的GDP增长率在4%左右。

本节引用世界经济论坛发布的《2017—2018全球竞争力报告》（*The Global Competitiveness Report 2017—2018*）来介绍中东欧16国的竞争力。在这份报告中，中国的全球竞争力得分为5分，排名第27位。中东欧16国的竞争力得分与排名见表3-10。

**表3-10　中国与中东欧15国全球竞争力排名**

| 排名 | 国家/地区 | 得分 | 排名 | 国家/地区 | 得分 |
|---|---|---|---|---|---|
| 27 | 中国 | 5.00 | 59 | 斯洛伐克 | 4.33 |
| 29 | 爱沙尼亚 | 4.85 | 60 | 匈牙利 | 4.33 |
| 31 | 捷克 | 4.77 | 68 | 罗马尼亚 | 4.28 |
| 39 | 波兰 | 4.59 | 74 | 克罗地亚 | 4.19 |
| 41 | 立陶宛 | 4.58 | 75 | 阿尔巴尼亚 | 4.18 |
| 48 | 斯洛文尼亚 | 4.48 | 77 | 黑山 | 4.15 |
| 49 | 保加利亚 | 4.46 | 78 | 塞尔维亚 | 4.14 |
| 54 | 拉脱维亚 | 4.40 | 103 | 波黑 | 4.15 |

数据来源：世界经济论坛发布的《2017—2018全球竞争力报告》

全球竞争力(GCI)的重要衡量因素之一是商品市场效率(Goods market efficiency),GCI 指标又分为 16 项具体指标,其中关税、非关税壁垒、外国企业的现状、FDI 规则、进口占 GDP 比例等因素与本书所讨论的贸易问题高度相关。图 3-3 列出了中东欧国家在 GCI 指标中单项指标商品市场效率的表现,中东欧明显落后于西欧国家。商品市场效率是保加利亚的第五大发展障碍,其单项排名落后于 GCI 总排名 20 位。波黑、塞尔维亚此指标也大幅落后于 GCI 总指标。而阿尔巴尼亚在此单项指标中颇有竞争力,领先其总排名 20 位。此外,爱沙尼亚、波兰、捷克、立陶宛等国的贸易关税排名大多居于世界前列,有很强竞争力。而中国在关税方面排名为 118 位。

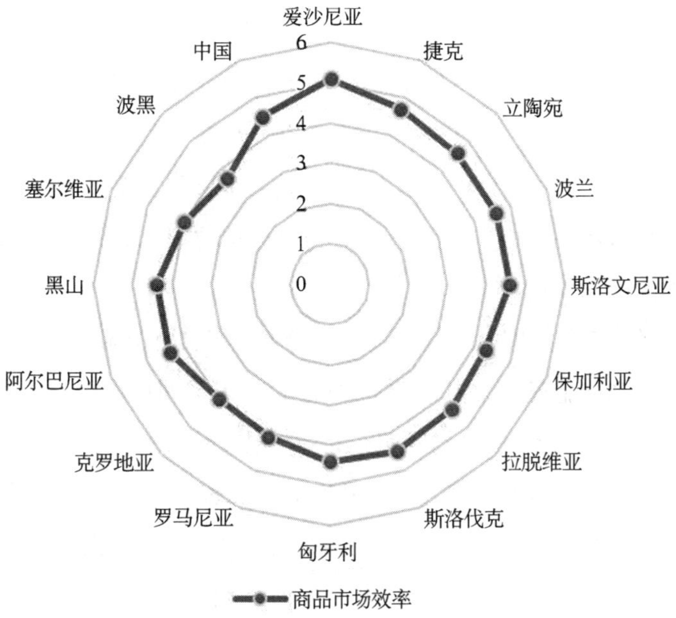


**图 3-3 全球竞争力指数 GCI(2017—2018)——中国与中东欧 15 国商品市场效率指标排名**

数据来源:世界经济论坛发布的《2017—2018 全球竞争力报告》

与此同时,要推动我国与中东欧国家之间的商品贸易发展,基础设施也是影响竞争力的关键因素,根据《2017—2018 全球竞争力报告》,基础设施是保加利亚第 4 大、波兰和罗马尼亚第 7 大显著的发展障碍,波兰是世界第 36 位最具竞争力的国家,仅在基础设施方面排名第 53 位。

“一带一路”倡议为扩大和深化中国和中东欧国家间的贸易和投资合作提

供了新机遇，从主要依赖进口的国家，到成为生产技术，金融和基础设施开发方面的投资合作伙伴，中东欧国家很可能在与中国的合作中建立新的贸易格局。

(二)“16＋1 合作”框架

2011 年，在匈牙利首都布达佩斯举办的第一届中国—中东欧国家经贸论坛，拉开了“16＋1 合作”的序幕。“16＋1 合作”是中国与中东欧 16 国共同创建的合作平台，是中东欧友好合作的创举，发展前景广阔。“16＋1 合作”坚持以企业为主、政府推动、市场化运作，遵循国际通行规则，实现了互利共赢，是中东欧关系的重要组成部分和有益补充，助推了中东欧关系的发展。

过去几年，中国与中东欧的各个次区域的合作均取得重要进展。以中欧班列为牵引，地方合作成为“16＋1 合作”的新抓手和亮点。匈牙利总理欧尔班也表示，中东欧国家愿以开放的态度与各国合作，中国就是中东欧最重要的合作伙伴。“16＋1 合作”发展涵盖经贸、互联互通、人文等各领域，不仅有利于中东欧国家发展，也成为欧中互利双赢合作的有效机制和重要部分。在“16＋1 合作”这个平台上，不同的中东欧国家纷纷展示自身的特色和潜质，积极发挥在各个领域合作的推动作用。

“16＋1 合作”为推进中东欧的互联互通打下了良好基础，通过该框架，中国积极推进海上和陆上丝绸之路在欧洲的建设。一系列硬联通项目纷纷在中东欧地区落地，与之配套的软联通项目也持续推进，形成了层次丰富、效果显著的基建合作。在“一带一路”框架下，中国和中东欧贸易合作进中求稳，投资合作增长迅猛、成果突出。“16＋1 合作”框架坚持以灵活、市场化、务实合作为主攻方向，积极为“一带一路”保驾护航，出台多项金融工具，提供多项资金保障，形成了一系列金融安排，成为“一带一路”倡议下金融合作的新亮点。“16＋1 合作”还积极推进“一带一路”倡议下的民心相通，形成了一系列民间交流和交往的新举措，丰富了中国和中东欧民间交流的渠道。

当前世界政治秩序和经济格局正发生变化，本着平等相待、相互尊重的精神，中东欧 16 国会把深化对华互利合作当作发展机遇，积极参与“一带一路”倡议，为中国企业投资兴业创造更好环境，推动中东欧与中国交流合作的长远发展。

除了政治、经贸合作之外，中国与中东欧的文化艺术合作也引人瞩目。

2015 年，第二届“中国—中东欧国家文化合作论坛”在保加利亚首都索菲亚召开，并发布《中国—中东欧国家 2016—2017 年文化合作索菲亚宣言》。2016 年，中国中东欧国家艺术合作论坛召开，提供了让双方了解彼此文化、讨论未来合作远景的机遇和平台，从而在未来可以展开更紧密的文化交流，增进国与国之间的了解、理解和友谊，为其他领域的合作奠定民意基础。

## 二、中东欧文化市场概况

### (一)文化典藏资源丰富

波兰、捷克、斯洛伐克、匈牙利、斯洛文尼亚、克罗地亚、罗马尼亚、保加利亚、塞尔维亚、黑山、马其顿、波黑、阿尔巴尼亚、爱沙尼亚、立陶宛和拉脱维亚，位于欧洲中部和东部的这 16 个国家，汇聚着人类历史上顶尖级的科学、文化和艺术。古典音乐家肖邦、李斯特和德沃夏克，科学家居里夫人、特斯拉，文学作家卡夫卡、米兰・昆德拉、裴多菲、显克维奇、密茨凯维奇、辛波丝卡，网球明星德约科维奇……这些名字跨越时间和地域，在人类历史的长河里熠熠生辉[①]。中东欧地区的文化遗产资源丰富，其中捷克、保加利亚、克罗地亚、罗马尼亚、斯洛伐克 5 国的世界遗产均在 7 处以上，克罗地亚、爱沙尼亚的非物质文化遗产较为丰富。

### (二)与中国文化市场有很强的相似相容性

中东欧国家价值观相对较为保守，看重生存价值，而在经济积累和个人成就方面又强调世俗理性，与中国文化市场有很强的相似相容性。世界价值观调查(WVS)[②]是世界银行资助的由美国密歇根大学执行的世界性调查，旨在了解全球社会文化、道德、宗教和政治方面的价值取向。世界价值观的调查结果显示，当被问及在一份家庭鼓励孩子学习的各项素质的清单中，包括礼貌、独立、辛勤工作、责任心、想象力、对他人的宽容和尊重、节俭、决心和毅力、宗教信仰、无私、服从，你认为哪一项最重要时，大多数中东欧国家认为儿童最重要的

---

① 腾讯文化.中东欧十六国文化拼图[EB/OL].(2016-09-04)[2018-03-11]. http://cul.qq.com/a/20160904/006532.htm#p=1.

② WVS. Database[EB/OL].(2017-09-28)[2018-03-22].http://www.worldvaluessurvey.org/wvs.jsp.

素质是对他人的宽容和尊重以及想象力。当被问及被调查人是否属于教育、艺术、教育或文化组织，以及是否愿意为上述组织做无偿志愿工作时，阿尔巴尼亚、马其顿和斯洛文尼亚三国从事该类工作的人数占比较多。中东欧国家中，保加利亚、爱沙尼亚、立陶宛、拉脱维亚、斯洛文尼亚对电视媒体信心十足，斯洛文尼亚、立陶宛同时也对报纸媒体抱有信心。

学者 Ronald Inglehart 和 Christian Welzel 将文化因素归为两种文化维度：传统权威与世俗理性（TSR），生存价值与自我表达价值（SSE），并在 WVS 和 EVS 数据的基础上算出了各个国家的 TSR 和 SSE 数值。此研究涉及的调查领域比较全面，其中包括政治、经济、种族、性行为、性别角色、家庭价值观、公共身份、公民参与、道德、环境保护、科学技术。TSR 文化维度反映的是那些认为上帝、国家和家庭的权威很重要并且被期望（传统权威）与那些强调个人主义和自我表达的社会（世俗理性）之间存在差距。SSE 文化维度反映重视个人的生存、工作（生存价值）的社会与更注重生活质量的社会（自我表达价值），比如妇女的解放、种族平等这样的社会的差距。中东欧国家如爱沙尼亚、拉脱维亚、塞尔维亚等普遍更看重生存价值和世俗理性。在倾向于生存价值的社会中，相比于自主性，个人更关注生存以及经济和人身安全，一般而言，这种文化更可能会认为外国人和外界、多种种族和文化的改变都是一种威胁，服从传统的性别角色和独裁的政治。

具体到文化市场，中东欧国家会更偏好强调生存价值和世俗理性的文化产品与服务，中国在世界价值观调查文化地图中恰好也处于强调生存价值和世俗理性的位置，所以中国的文化产品和服务与中东欧国家的需求偏好在价值观层面是相似相容的，中国与中东欧国家有极为广阔的贸易空间。

### （三）旅游市场空间广阔

中东欧国家拥有丰富的旅游资源，景色十分美丽独特，而且这些国家历史悠久、文化丰富，与中国又有着深厚的友谊。欧洲传统上就是全球游客最热衷的旅游目的地。2015 年全球有 12 亿人出国旅游，欧洲接待了 6.07 亿。世界旅游组织（UNWTO）报告显示，2016 年北欧和中欧游客人数增长最多，分别为 6％和 4％。

2015 中国-中东欧国家旅游合作促进年启动。随着中国人生活水平的提高，在诸如《花样姐姐》等旅游性综艺节目的介绍宣传造势下，中国人出境游出现个性化、多元化的倾向。中国游客已经越来越不满足于传统的旅游产品和旅行方式，旅游呈现更多个性化趋势，那些曾经的小众目的地、另类行程及玩法，如今备受追捧。中国人赴中东欧旅行的人数也在不断增加。随着与中东欧经贸关系的发展，大部分中东欧国家已正式实施中国公民组团出境旅游谅解备忘录，双方人员往来增长迅速，发展潜力巨大。中国国家旅游局统计数据显示，中国与中东欧旅游交往人数增长较快，2011 年，中东欧 16 国来华旅游 22.9 万人次，同比增长 6％；中国公民首站赴中东欧 16 国达 7.5 万人次，同比增长 16％。

中东欧开始成为中国游客的“新大陆”。克罗地亚旅游部部长达尔科·洛伦钦在出席 2014 中国国际旅游交易会时表示，克罗地亚十分重视中国旅游市场，为开拓中国市场，克罗地亚旅游部在今年推出了针对中国市场的“克罗地亚365”计划。克罗地亚接待的中国游客数量在不断增长，仅 2014 年就同比增长了 40％。捷克地方发展部副部长克拉拉·多斯塔洛娃女士曾表示，捷克视中国为最重要的市场之一，为了吸引更多中国游客到访，捷克正致力于打造为中国游客量身定制的旅游线路和项目，并积极与波兰、奥地利、德国等邻国进行旅游合作，共同策划更丰富的旅行产品以满足中国游客的需要。中东欧国家旅游产品在中国市场上的发展前景非常良好，充满潜力①。

### (四)电影市场独具特色，但仍以进口片为主

电影业被称为“一带一路”倡议的前置产业，即电影作为了解和沟通的桥梁，具有增加理解、通达民心的作用，能为其他产业顺利实现跨国合作创造前提条件，应该作为率先走出去参与国际合作的产业之一②。

中东欧大多数国家的电影市场规模增长幅度存在差异，罗马尼亚、保加利亚、立陶宛、爱沙尼亚、塞尔维亚增长较快，而斯洛文尼亚的票房收入反而有所下降。波兰(219 百万欧元)是 2016 年中东欧国家中票房规模最大的国家，其次是捷克(74 百万欧元)和匈牙利(64 百万欧元)(见表 3-11)。

① 聚焦网. 图解中国游客的欧洲地图：法国仍是最爱 中东欧看涨[EB/OL].(2016-08-08)[2018-03-11]. http://www.cbfau.com/cbf-201533158.html.

② 王纲，陈艳君. “一带一路”视角下中国电影产业跨国发展研究[J]. 当代电影，2018(1).

**表 3-11 2010—2016 年中东欧国家电影票房收入**

（单位：百万欧元）

| 国家 | 2010 | 2011 | 2012 | 2013 | 2014 | 2015 | 2016 |
|---|---|---|---|---|---|---|---|
| 波兰 | 176.85 | 160.65 | 174.60 | 160.11 | 170.11 | 192.99 | 219.38 |
| 罗马尼亚 | 26.19 | 28.85 | 32.58 | 35.90 | 41.31 | 45.73 | 53.22 |
| 捷克共和国 | 59.75 | 46.92 | 50.72 | 51.93 | 52.74 | 61.77 | 74.43 |
| 斯洛伐克 | 18.03 | 17.25 | 17.55 | 19.00 | 20.87 | 23.73 | 29.02 |
| 保加利亚 | 16.60 | 18.75 | 17.37 | 20.46 | 22.22 | 23.79 | 25.27 |
| 匈牙利 | 45.49 | 36.51 | 41.13 | 45.42 | 46.28 | 55.50 | 64.04 |
| 拉脱维亚 | 8.39 | 8.43 | 9.83 | 10.31 | 10.18 | 11.17 | 12.21 |
| 立陶宛 | 9.34 | 10.93 | 11.75 | 13.14 | 14.37 | 15.39 | 17.73 |
| 斯洛文尼亚 | 12.81 | 12.98 | 12.00 | 11.09 | 9.54 | 10.35 | 11.88 |
| 爱沙尼亚 | 7.80 | 10.05 | 11.43 | 11.81 | 12.76 | 15.57 | 17.67 |
| 克罗地亚 | 11.80 | 13.63 | 15.76 | 16.15 | 15.75 | 15.67 | 16.77 |
| 塞尔维亚 | 5.66 | 6.96 | 6.65 | 6.76 | 9.48 | 9.56 | 10.30 |

数据来源：欧洲视听观察组织①

从观影人次来看，2016 年波兰的观影人次为 5207 万人，此外捷克、匈牙利、罗马尼亚观影人次也超过 1000 万，分别为 1562 万、1462 万、1303 万。其他国家观影人次在百万级别（见表 3-12）。

**表 3-12 2010—2016 年中东欧国家电影观影人数**

（单位：万人）

| 国家 | 2010 | 2011 | 2012 | 2013 | 2014 | 2015 | 2016 |
|---|---|---|---|---|---|---|---|
| 波兰 | 3,748.6 | 3,871.9 | 3,847.8 | 3,631.4 | 4,038 | 4,469.5 | 5,207.1 |
| 罗马尼亚 | 650.9 | 723.5 | 834.9 | 904.8 | 1,017.2 | 1,116.7 | 1,303.4 |
| 捷克共和国 | 1,353.7 | 1,079 | 1,118.2 | 1,105.8 | 1,155.9 | 1,295.8 | 1,562.2 |
| 斯洛伐克 | 391.3 | 360.4 | 343.6 | 372.6 | 412.9 | 461.5 | 566.7 |
| 保加利亚 | 397.8 | 472.3 | 410.8 | 479.4 | 498.6 | 541.3 | 558.5 |
| 匈牙利 | 1,097.5 | 980 | 949 | 1,014.5 | 1,099.6 | 1,301.9 | 1,461.6 |

① 欧洲视听观察组织. 2017 欧洲电影年报［EB/OL］.［2018-10-05］. http://www.mediasalles.it/ybk2017/index.html.

续表

| 国家 | 2010 | 2011 | 2012 | 2013 | 2014 | 2015 | 2016 |
|---|---|---|---|---|---|---|---|
| 拉脱维亚 | 210.6 | 206.1 | 228.6 | 237.8 | 231.1 | 235.8 | 251.6 |
| 立陶宛 | 252.2 | 304.7 | 304.9 | 325.7 | 323.5 | 333 | 366.8 |
| 斯洛文尼亚 | 289.2 | 291 | 274.2 | 233.7 | 192.9 | 210.2 | 234.3 |
| 爱沙尼亚 | 213.1 | 247.1 | 258.7 | 255.9 | 260 | 309.3 | 329.1 |
| 克罗地亚 | 335.5 | 355.8 | 406.4 | 415.7 | 408 | 434.8 | 429.5 |
| 塞尔维亚 | 206.2 | 262.5 | 237 | 236.8 | 315.7 | 316.2 | 324.9 |

数据来源：欧洲视听观察组织。

票房收入是跟电影银幕数量高度相关的，所以电影票房增长较快的国家往往电影银幕基础设施建设也较好。罗马尼亚的电影银幕数增长速度最快（见表3-13）。

**表 3-13　2010—2016 年中东欧国家电影银幕数量**

（单位：块）

| 国家 | 2010 | 2011 | 2012 | 2013 | 2014 | 2015 | 2016 |
|---|---|---|---|---|---|---|---|
| 波兰 | 1,075 | 1,122 | 1,162 | 1,233 | 1,243 | 1,276 | 1,364 |
| 罗马尼亚 | 194 | 241 | 264 | 264 | 292 | 339 | 386 |
| 捷克共和国 | 888 | 853 | 828 | 847 | 841 | 853 | 920 |
| 斯洛伐克 | 248 | 225 | 200 | 188 | 197 | 227 | 241 |
| 保加利亚 | 140 | 138 | 140 | 161 | 187 | 196 | 209 |
| 匈牙利 | 395 | 395 | 380 | 316 | 325 | 330 | 336 |
| 拉脱维亚 | 63 | 63 | 63 | 66 | 64 | 58 | 61 |
| 立陶宛 | 81 | 84 | 83 | 84 | 84 | 84 | 71 |
| 斯洛文尼亚 | 108 | 111 | 110 | 112 | 106 | 115 | 104 |
| 爱沙尼亚 | 74 | 74 | 70 | 66 | 78 | 81 | 77 |
| 克罗地亚 | 118 | 156 | 163 | 165 | 159 | 171 | 173 |
| 塞尔维亚 | 110 | 117 | 117 | 102 | 114 | 118 | 118 |

数据来源：欧洲视听观察组织。

从票价来看，中东欧国家电影票价普遍在3—5欧元之间，比中国略便宜一些（见表3-14）。

**表 3-14　2010—2016 年中东欧国家电影票价**

（单位：欧元）

| 国家 | 2010 | 2011 | 2012 | 2013 | 2014 | 2015 | 2016 |
|---|---|---|---|---|---|---|---|
| 波兰 | 4.72 | 4.15 | 4.54 | 4.41 | 4.21 | 4.32 | 4.21 |
| 罗马尼亚 | 4.02 | 3.99 | 3.90 | 3.97 | 4.06 | 4.09 | 4.08 |
| 捷克共和国 | 4.41 | 4.35 | 4.54 | 4.70 | 4.56 | 4.77 | 4.76 |
| 斯洛伐克 | 4.61 | 4.79 | 5.11 | 5.10 | 5.05 | 5.14 | 5.12 |
| 保加利亚 | 4.17 | 3.97 | 4.23 | 4.27 | 4.46 | 4.40 | 4.52 |
| 匈牙利 | 4.14 | 3.73 | 4.33 | 4.48 | 4.21 | 4.26 | 4.38 |
| 拉脱维亚 | 3.98 | 4.09 | 4.30 | 4.34 | 4.40 | 4.74 | 4.85 |
| 立陶宛 | 3.70 | 3.59 | 3.85 | 4.04 | 4.44 | 4.62 | 4.83 |
| 斯洛文尼亚 | 4.43 | 4.46 | 4.38 | 4.75 | 4.95 | 4.93 | 5.07 |
| 爱沙尼亚 | 3.66 | 4.07 | 4.42 | 4.62 | 4.91 | 5.03 | 5.37 |
| 克罗地亚 | 3.52 | 3.83 | 3.88 | 3.89 | 3.86 | 3.60 | 3.90 |
| 塞尔维亚 | 2.74 | 2.65 | 2.81 | 2.85 | 3.00 | 3.02 | 3.17 |

数据来源：欧洲视听观察组织。

中东欧国家电影虽然富有民族特性和地区特色，例如反映波黑内战及其战争创伤的巴尔干电影，但总体来看，中东欧国家如世界上绝大多数国家和地区一样，本土电影的市场份额较低（见表 3-15）。2016 年中东欧国家国产电影份额在 3%—30%之间，捷克电影和波兰电影作为其中的翘楚，也分别仅占 29.5%和 25%，这些国家对进口片的市场好感也为中国电影“走出去”提供了一定的贸易空间。

**表 3-15　2010—2016 年中东欧国家国产电影市场份额**

| 国家 | 2010 | 2011 | 2012 | 2013 | 2014 | 2015 | 2016 |
|---|---|---|---|---|---|---|---|
| 波兰 | 14.4% | 30.4% | 16.0% | 19.9% | 27.1% | 18.7% | 25.0% |
| 罗马尼亚 | 2.5% | 1.4% | 3.6% | 2.8% | 2.2% | 1.9% | 3.3% |
| 捷克共和国 | 34.8% | 28.5% | 24.3% | 24.2% | 23.1% | 18.4% | 29.5% |
| 斯洛伐克 | 1.9% | 4.8% | 2.4% | 3.6% | 5.7% | 6.5% | 4.8% |
| 保加利亚 | 11.2% | 14.2% | 6.0% | 0.9% | 2.8% | 1.8% | 3.2% |
| 匈牙利 | 4.2% | — | 2.0% | 1.4% | 3.7% | 4.2% | 3.4% |

续表

| 国家 | 2010 | 2011 | 2012 | 2013 | 2014 | 2015 | 2016 |
| --- | --- | --- | --- | --- | --- | --- | --- |
| 拉脱维亚 | 6.9% | 4.5% | 4.9% | 6.0% | 7.6% | 4.4% | 7.4% |
| 立陶宛 | 3.2% | 9.7% | 0.5% | 15.7% | 23.1% | 14.0% | 19.1% |
| 斯洛文尼亚 | 6.8% | 4.5% | 4.8% | 10.9% | 5.5% | 2.4% | 10.2% |
| 爱沙尼亚 | 2.0% | 6.9% | 7.6% | 5.9% | 4.7% | 11.3% | 10.5% |
| 克罗地亚 | — | 2.8% | 5.1% | 10.6% | 3.7% | 3.0% | 4.2% |
| 塞尔维亚 | 9.2% | 32.3% | 19.6% | 9.3% | 30.0% | 22.1% | 17.7% |

数据来源：欧洲视听观察组织（European Audiovisual Observatory）发布的《2017 欧洲电影年报》。

### （五）出版业国际交流合作稳步推进

出版交流是文化交流的重要表现形式。中国与中东欧国家之间一直保持着良好的文化交流关系。2006 年在保加利亚建立中东欧国家首家孔子学院以来，中国在中东欧国家已设立孔子学院 29 所，孔子课堂 44 个。这为中国与中东欧之间的人文交流合作打下了良好的基础。

2014 年，中国和中东欧国家共同制定和发表的《贝尔格莱德纲要》，其中就有“支持中国—中东欧国家开展文学作品互译出版合作项目”这一纲领性条文。2014 年底，国家新闻出版广电总局组织实施“丝路书香 ”工程 ，下设丝路国家图书互译合作子项目。2016 年，中东欧 16 国作为整体担任北京国际图书博览会主宾国。另外，中国外文局、外文出版社和其他出版社与中东欧地区多家出版机构建立了通畅的联系渠道和良好的合作机制，并已完成了开设波兰华沙中国图书中心、举办塞尔维亚中国主题图书月、设立中东欧国家“中国图书海外编辑部”等多个国际合作项目。捷克与中国外文局合作出版了《习近平谈治国理政》等精品图书。

深化中国与中东欧国家的出版合作关系、加大双方的图书版权贸易、设立出版发行机构、常态化地举办中国—中东欧书展等路径，将打牢中国与中东欧国家的人文基础，助力中国与中东欧乃至沿线相关国家和地区的经贸合作，最终实现互联、互通、合作、共赢[①]。

① 张艺兵.“一带一路”背景下的中国—中东欧出版交流与合作[J]，出版发行研究，2017(8).

## 三、重点国家文化市场介绍

### (一)捷克

捷克斯洛伐克地处欧洲中部，面积78,866平方公里，东靠斯洛伐克，南邻奥地利，西接德国，北毗波兰。首都布拉格，496平方公里，人口128万。5—6世纪，斯拉夫人西迁到今天的捷克和斯洛伐克地区，公元830年在该地区建立了大摩拉维亚帝国。9世纪末、10世纪上半叶在今捷克地区成立了捷克公国。1419—1437年，捷克地区爆发了反对罗马教廷、德意志贵族和封建统治的胡斯运动。1620年，捷克被哈布斯堡王朝吞并。第一次世界大战后奥匈帝国瓦解，捷克与斯洛伐克联合，于1918年10月28日成立捷克斯洛伐克共和国。根据联合国教科文组织的数据，捷克共有1061万人口，其中90%以上为捷克族，GDP总额为3,710亿美元，人均GDP为32,167美元(见表3-16)。2017年捷克GDP增长率为4.5%，通胀率2.5%，失业率4%，属于中等发达国家，工业基础雄厚。外贸在捷克经济中占有重要位置，国内生产总值85%依靠出口实现。2015年，捷对外贸易总额为2,992亿美元，其中捷方出口1,579亿美元，进口1,413亿美元。2015年，捷克实际吸引外资约39.1亿美元。1993—2015年，累计吸引外资1,495.2亿美元。主要投资国为德国、荷兰、奥地利、英国、瑞士、美国。

**表3-16 捷克社会基本经济指标**

| | |
|---|---|
| 总人口数(千人) | 10,611 |
| 人口年增长率(%) | 0.1 |
| 15—24岁人口(千人) | 1,033 |
| 14岁及以下人口(千人) | 1,615 |
| 农村人口(占总人口百分比) | 27 |
| 总生育率(每名妇女生育率) | 1.5 |
| 婴儿死亡率(每千名婴儿) | 2 |
| 出生时预期寿命(年) | 79 |
| 按平价购买力计算每天支出3.10美元以下的中度贫困人口(占人口的百分数) | 0.3 |
| 人均GDP－PPP(平价购买力)美元 | 32,167 |
| 年均GDP增长率(%) | 2.6 |
| GDP(十亿美元)－PPP(平价购买力) | 371 |

数据来源:联合国教科文组织

1.文化教育旅游领域

捷克实行九年制义务教育。高中、大学实行自费和奖学金制，但国家对学生住宿费给予补贴。著名大学有查理大学、捷克技术大学、马萨里克大学、布拉格经济大学和帕拉茨基大学。2015 年，捷克共有 69 所大学，其中 28 所公立大学，41 所私立大学。大学在校生 32.7 万，其中外国留学生 4.2 万。位于首都的查理大学是中欧最古老的学府，创办于 1348 年，现有 17 个院系（其中 3 个在外地）。创办于 1707 年的捷克技术大学，在中欧同类大学中也拥有最悠久的历史。2015 年捷克旅游业产值约 102 亿美元。游客主要来自德国、斯洛伐克、美国、波兰、英国、俄罗斯、意大利等国。主要旅游城市有布拉格、捷克克鲁姆洛夫、卡洛维伐利等。

2.新闻出版和广播电视领域

2016 年捷克全国发行各种报纸、杂志 5234 种，主要报纸有《今日青年阵线报》《权利报》《经济报》《人民报》等。捷克通讯社（捷通社）为国家商业性通讯社，在国外有 12 个分社，与 20 多个国家的通讯社有业务联系。广播电台领域，2015 年捷克公共电台播音约 15.7 万小时，私人电台播音约 64.5 万小时。2015 年，捷克国家电视台播放时间约 44,260 小时，私人电视台播放时间约 116.8 万小时①。

3.电影市场

2015 年捷克电影数量为 56 部，影院数量为 469 个，银幕数为 689 个，座位数 132,929 个。2015 年捷克电影平均票价为 128.8 捷克克朗，平均观影人次为 1.35 次（见表 3-17）。捷克的影院基础设施建设发展迅速，2015 年已有室内数字银幕 458 块，每十万居民拥有银幕 7.2 块（见表 3-18）。

**表 3-17　2009—2015 捷克电影业基本数据**

| | 2009 | 2010 | 2011 | 2012 | 2013 | 2014 | 2015 |
|---|---|---|---|---|---|---|---|
| 电影数量 | 45 | 37 | 45 | 46 | 45 | 61 | 56 |
| 电影发行商 | 21 | 25 | 25 | 29 | 30 | 20 | 22 |

① 外交部. 捷克国家概况[EB/OL].(2018-03-20)[2018-06-27]. http://www.fmprc.gov.cn/web/gjhdq_676201/gj_676203/oz_678770/1206_679282/1206x0_679284/

续表

| | 2009 | 2010 | 2011 | 2012 | 2013 | 2014 | 2015 |
|---|---|---|---|---|---|---|---|
| 室内电影院数量 | 516 | 501 | 473 | 482 | 475 | 473 | 469 |
| 银幕数 | 695 | 688 | 668 | 633 | 684 | 685 | 689 |
| 座位数 | 150,925 | 157,647 | 146,813 | 140,768 | 135,610 | 134,687 | 132,929 |
| 全国发行的电影比例 | 35.4 | 37.8 | 34.5 | 34.1 | 32.4 | 26.4 | 34.6 |
| 电影人均支出 | 131.1 | 156.1 | 125.8 | 132.2 | 148.9 | 152.9 | 174.3 |
| 当地货币计算的平均票价 | 100.3 | 110.6 | 112.1 | 114.1 | 128.8 | 126.5 | 128.8 |
| 人均观影频次 | 1.31 | 1.41 | 1.12 | 1.16 | 1.16 | 1.21 | 1.35 |

数据来源：联合国教科文组织。

**表 3-18　捷克影院基础设施情况**

| | 2009 | 2010 | 2011 | 2012 | 2013 | 2014 | 2015 |
|---|---|---|---|---|---|---|---|
| 室内数字银幕数(块) | 50 | 132 | 299 | 383 | 430 | 441 | 458 |
| 每十万居民拥有的银幕数(块) | 7.3 | 7.2 | 6.9 | 6.6 | 7.2 | 7.2 | 7.2 |
| 单屏幕影院占比(%) | 95.3 | 94.8 | 94.5 | 92.3 | 94.1 | 90.5 | 89.6 |
| 拥有 2—7 块银幕的影院占比(%) | 4.7 | 1.8 | 1.9 | 1.9 | 2.1 | 5.7 | 6.6 |
| (8+)多屏幕影院占比(%) | … | 3.4 | 3.6 | 3.7 | 3.8 | 3.8 | 3.8 |

数据来源：联合国教科文组织。

捷克电影市场的影片类型以虚构片(fiction)为主，2015 年占比为 60.7%，纪实片(documentary)和动画片(animation)为辅，占比分别为 35.7%和 3.6%。从影片资金来源上看，国产片占比超过半壁江山，2015 年为 51.8%，另外 48.2%的电影属于国际联合制作，比例大幅提升。捷克电影市场的行业集中度较高，2015 年 TOP3 电影发行商占据了 70%的市场份额。排名前三的发行商分别为 CinemArt、Falcon 和 Forum Flim，其中最后一家为海外发行商。

2015 年，捷克电影观影人次排行 TOP10 基本都是进口片，虚构片占据了绝大多数市场份额，《小黄人》《五十度灰》《星球大战 7：原力觉醒》分列前三位[①]（见表 3-19）。

① UNESCO.Czechia[EB/OL].[2018-3-20]. http://uis.unesco.org/en/country/cz? theme=culture

**表 3-19　捷克 2015 年电影观影人次 TOP10 排行**

| 电影名称 | 语言 | 类型 | 观影人次 |
|---|---|---|---|
| 小黄人 | 英语\|西班牙语 | 动画片 | 830,984 |
| 五十度灰 | 英语 | 科幻片 | 557,291 |
| 星球大战 7:原力觉醒 | 英语 | 科幻片 | 478,261 |
| 幽灵党 | 英语 西班牙语 意大利语 德语 法语 | 科幻片 | 420,420 |
| 精灵旅社 2 | 英语 | 动画片 | 344,981 |
| 侏罗纪世界 | 英语 | 科幻片 | 344,871 |
| 复仇者联盟 2:奥创纪元 | 英语 | 科幻片 | 338,170 |
| 速度与激情 7 | 英语 | 科幻片 | 309,864 |
| 复仇者联盟 2:奥创纪元 | 英语 | 科幻片 | 294,883 |
| 火星救援 | 英语\|普通话 | 科幻片 | 289,146 |

数据来源:联合国教科文组织。

4.文化贸易领域

捷克的文化产品贸易和服务贸易均有较大发展。2013 年,捷克文化产品出口额为 11.7 亿美元,进口额为 7.97 亿美元,顺差为 3.78 亿美元。2012 年,捷克文化服务贸易呈逆差态势,出口额为 4.92 亿美元,进口额为 7.84 亿美元,逆差为 2.92 亿美元(见图 3-4)。

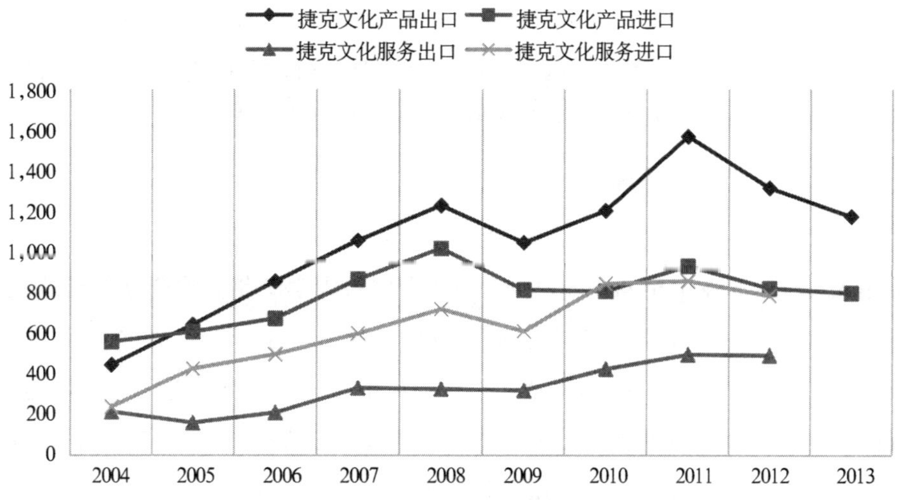


**图 3-4　捷克文化贸易数据(单位:百万美元)**

数据来源:联合国教科文组织

在联合国教科文组织关于文化产品分类的六大板块中，A 大类文化和自然遗产出口中，捷克居于世界第 20 位，2013 年出口 1824 万美元，2004—2013 年的增长率为 396.73％。B 大类节庆和会展出口领域，捷克居于世界第 12 位，2013 年出口 5.89 亿美元，2004—2013 年增长率为 262％。D 大类图书出版业出口，2013 年捷克居于世界第 12 位，出口额 4.09 亿美元，2004—2013 年增长率为 133.59％。F 大类设计和创意服务出口中，捷克居于世界第 11 位，2013 年出口额为 453 万美元，2004—2013 年增长率为 19.66％。

(二)匈牙利

匈牙利是中欧内陆国，面积有 93,030 平方公里，人口有 979.8 万，主要民族为匈牙利(马扎尔)族，约占 90％。首都布达佩斯，人口有 175.9 万。东邻罗马尼亚、乌克兰，南接斯洛文尼亚、克罗地亚、塞尔维亚，西靠奥地利，北连斯洛伐克，边界线全长 2246 公里。2016 年匈牙利服务业就业人数 281.2 万，约占全国就业人数的 63.6％。2017 年匈牙利进出口总额为 1933.1 亿欧元。外贸进口额 925.4 亿欧元，比上年增长 11.1％；出口额 1,007.7 亿欧元，比上年增长 8.4％；外贸顺差 82.3 亿欧元。匈牙利同欧盟国家的进出口贸易额分别占匈牙利进出口总额的 84.7％和 88.4％，同其他国家的进出口贸易额分别占 15.3％和 11.6％。2017 年 1—11 月，匈牙利从中国进口 13,472 亿福林，出口中国 6865 亿福林。2016 年匈牙利吸引外资总额 32 亿欧元，主要集中在加工业、汽车制造业、贸易、运输和通信、金融、房地产等行业。欧洲国家是外资主要来源地，其中德国为匈牙利第一大外资来源国，其次为卢森堡、荷兰、奥地利和法国。亚洲地区主要对匈牙利投资国为韩国、日本、中国、新加坡和印度。目前，匈牙利全国有 3 万多家外商投资企业。

1.文化教育旅游领域

匈牙利实行 12 年制义务教育，幼儿免费入托，小学免费教育。学制：小学 8 年，中学(包括职业中学)4 年，大学 4—6 年，医科大学 7 年。除公办学校外，还有教会学校、私立学校和基金会学校。1986 年 9 月实施新教育法，扩大各类学校业务上和经济上的自主权，促使学校生活民主化。1993 年通过了第一部高等教育法。2015 年教育预算支出 14,805 亿福林，文化预算支出 3657 亿福林。匈牙利旅游业比较发达。2016 年旅游外汇收入 17,245.4 亿福林。全年接待外国游客 5,289 万人次。2017 年全国共有三星级以上饭店 402 家，总床位 8 万张，其中五星级饭店10家，四星级饭店214家。主要旅游景点：布达佩斯、巴拉顿湖、多瑙河湾、马特劳山。

2.新闻出版和广播电视领域

匈牙利发行量较大的全国性报纸主要有：《人民自由报》，1942年创刊，日发行量8.8万份；《民族体育报》，1903年创刊，9.0万份；《匈牙利民族报》，1938年创刊，5.6万份；《匈牙利新闻报》，1968年创刊，2.7万份；《人民之声报》，1873年创刊，3.1万份；《世界经济报》，1969年创刊，1.2万份。主要国营通讯社为1880年成立的匈牙利通讯社。主要杂志有《世界经济周刊》《布达佩斯时代周刊》。主要广播电台包括科苏特广播电台，裴多菲广播电台和巴尔托克广播电台，均为国营电台；此外还有尤文图斯广播电台、多瑙广播电台，均为商业电台。主要国营电视台有匈牙利电视台(MTV)，1957年成立；多瑙河电视台，1992年成立。主要私营电视台有RTL Klub电视台，1997年成立；TV2电视台，1997年成立①。

3.电影市场

2015年匈牙利电影数量为41部，影院数量为121个，银幕数为354个，座位数62,962个。2015年匈牙利电影平均票价为1,346.8福林，平均观影人次为1.4次(见表3-20)。匈牙利的影院基础设施建设发展迅速，2015年已有户内数字银幕332块，每十万居民拥有银幕4块(见表3-21)。

**表3-20　2009—2015匈牙利电影业基本数据**

| | 2009 | 2010 | 2011 | 2012 | 2013 | 2014 | 2015 |
|---|---|---|---|---|---|---|---|
| 电影数量 | 27 | 24 | … | 32 | 38 | … | 41 |
| 电影发行商 | 15 | 25 | … | … | … | 34 | 37 |
| 室内电影院数量 | 171 | 177 | 173 | 140 | 125 | 102 | 121 |
| 银幕数 | 408 | 411 | 395 | 360 | 345 | 326 | 354 |
| 座位数 | 78,789 | 76,667 | … | … | … | 57,276 | 62,962 |
| 全国发行的电影比例 | … | 11.3 | … | … | … | 7 | 8.6 |
| 电影人均支出 | 1,083.8 | 1,163.4 | 1,303.2 | 1,324.2 | 1,495.6 | 1,577.5 | 1,880.4 |
| 以当地货币计价的平均票价 | 1,075.6 | 1,143.2 | 1,247.4 | 1,263.2 | 1,335.6 | 1,371.9 | 1,346.8 |
| 人均观影频次 | 1.01 | 1.02 | 1.04 | 1.05 | 1.12 | 1.15 | 1.4 |

数据来源：联合国教科文组织

① 外交部.匈牙利国家概况[EB/OL].(2018-03-20)[2018-06-27]. http://www.fmprc.gov.cn/web/gjhdq_676201/gj_676203/oz_678770/1206_679858/1206x0_679860/.

**表 3-21 匈牙利影院基础设施情况**

| | 2009 | 2010 | 2011 | 2012 | 2013 | 2014 | 2015 |
|---|---|---|---|---|---|---|---|
| 室内数字银幕数 | 31 | 31 | 56 | 250 | 288 | 307 | 332 |
| 每十万居民拥有的银幕数 | 4.5 | 4.5 | 4.3 | 4 | 3.8 | 3.6 | 4 |
| 单屏幕影院占比 | 68.4 | 70.1 | … | … | … | 56.9 | 54.5 |
| 拥有 2-7 块荧幕的影院占比 | 24 | 22.6 | … | … | … | 31.4 | 35.5 |
| (8+)多屏幕影院占比 | 7.6 | 7.3 | … | … | … | 11.8 | 9.9 |

数据来源:联合国教科文组织。

匈牙利电影市场的影片类型以虚构片(fiction)为主,2013 年占比为 84.2%,纪实片(documentary)为辅,占比为 15.8%。从影片资金来源上看,国产片占绝大多数,2013 年为 84.2%,另外 15.8%的电影属于国际联合制作。匈牙利电影市场的行业集中度较高,2015 年前三大电影发行商占据了 68%的市场份额。排名前三的发行商分别为 InterCom Zrt.、UIP Duna Nemzetközi Film Kft.和 orum Hungary Filmforgalmazó Kft.,所占份额分别为 31%、20%、17%,均为国内发行商。

2015 年,匈牙利电影票房排行前十的影片基本都是进口片,虚构片占据了绝大多数市场份额,《星球大战 7:原力觉醒》《小黄人》《侏罗纪世界》分列前三位①(见表 3-22)。

**表 3-22 匈牙利 2015 年电影票房 TOP10 排行**

| 名称 | 产地 | 语言 | 类型 | 票房 |
|---|---|---|---|---|
| 星球大战 7:原力觉醒 | 美国 | 英语 | 科幻片 | 833,535 |
| 侏罗纪世界 | 英国\|美国 | 英语 | 科幻片 | 467,711 |
| 速度与激情 7 | 美国 | 英语 | 科幻片 | 391,700 |
| 复仇者联盟:奥创纪元 | 美国 | 英语 | 科幻片 | 377,832 |
| 五十度灰 | 美国 | 英语 | 科幻片 | 358,000 |
| 火星救援 | 英国\|美国\|德国 | 英语\|普通话 | 科幻片 | 289,791 |
| 精灵旅社 2 | 美国\|英国 | 英语 | 动画片 | 288,246 |
| 飓风营救 3 | 美国 | 英语\|俄语 | 科幻片 | 259,981 |
| 女间谍 | 美国 | 英语\|法语\|意大利语\|德语 | 科幻片 | 256,490 |

数据来源:联合国教科文组织

① UNESCO. Hungary[EB/OL].[2018-3-20]. http://uis.unesco.org/en/country/cz? theme=culture

4.文化贸易

匈牙利的文化服务贸易规模超过文化产品贸易。2012 年,匈牙利的文化服务贸易出口额为 20.1 亿美元,进口额为 17.4 亿美元,顺差 2.7 亿元。文化产品贸易出口额为 2.6 亿美元,进口额为 3.5 亿元,逆差 0.9 亿元(见图 3-5)。

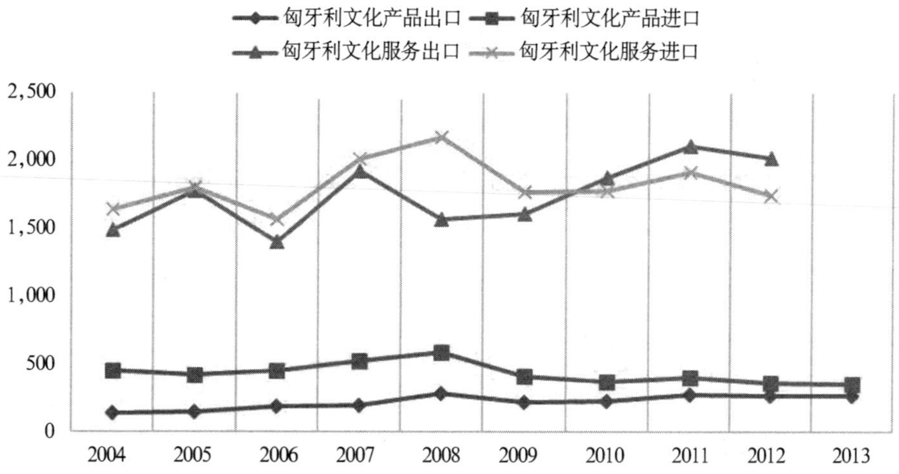


**图 3-5　匈牙利文化贸易数据(单位:百万美元)**

数据来源:联合国教科文组织

(三)波兰

波兰位于欧洲中部,西与德国为邻,南与捷克、斯洛伐克接壤,东邻俄罗斯、立陶宛、白俄罗斯、乌克兰,北濒波罗的海。海岸线长 528 公里。面积共有 312,679 平方公里,人口共有 3,843 万,其中波兰族约占 97.1%。首都在华沙,人口 176 万。波兰是中东欧地区发展最快的国家之一。加入欧盟后,经济更是突飞猛进,2007 年,增幅达 6.5%。同时,公共财政赤字持续增加、劳动人口大量流失、失业率较高等问题也较突出。2009 年,受国际金融危机影响,经济明显下滑,但仍好于欧盟多数国家,为欧盟内唯一实现正增长的国家。2010 年,经济继续增长,增幅为 3.8%,居欧盟前列。吸引外资 142 亿美元。世界银行和国际金融公司联合发布的《2013 年营商环境年度报告》指出,波兰是自 2005 年以来营商环境改善速度最快的欧盟经济体。2015 年,经济增长 3.6%,经济总量居欧盟成员国第 8 位。2016 年 GDP 为 4,673 亿美元,人均 GDP 为 12,309 美元,经济增长率为2.8%，经济总量居欧盟成员国第10位。2017年，波兰经济增长4.6%。波兰主要进口石油、汽车、钢铁、合成材料及工业成品油等；主要出口汽车、内燃机、橡胶制品、铝制品、农产品等。2016年，波兰进口额为1,984亿美元，出口额为2037亿美元，顺差53亿美元；中国是波兰的进口第二大贸易伙伴，占比12%。2016年波兰吸引外国直接投资152.2亿欧元，主要投资国为德国、法国、美国、法国、英国等①。

1.旅游领域

2016年接待外国游客1,694万人次，游客多来自德国、英国、乌克兰、意大利、法国、俄罗斯、西班牙、以色列、瑞典、白俄罗斯、荷兰、立陶宛等。主要旅游胜地有首都华沙、沿海城市革但斯克、索波特和什切青，以及托伦、奥尔什丁、南部古城克拉科夫、山城扎科帕内、克雷尼察和东部的比亚沃维扎森林区等。

2.新闻出版和广播电视领域

2016年，波兰全国出版发行各类报纸杂志共7154种，其中主要的综合类报纸及其平均日发行量为：《选举报》，23.0万份；《事实日报》，41.0万份；《超级快讯》，23.7万份；《共和国报》，6.5万份；《法律日报》，5.4万份。此外，还有《政治周刊》《直言周刊》《论坛报》《新闻周刊》等。国家主要通讯社有波兰通讯社(PAP)、广播新闻社(IAR)。国家主要电台和电视台是波兰广播电台(Polskie Radio)和波兰公共电视台(TVP)。1990年10月，众议院通过关于允许开办私营电台和电视台的法令，截至2016年底，共有291家广播电台，其中全国性电台8家；有23家电视台，其中全国性电视台20家。

3.电影市场

2015年波兰电影数量为42部，影院数量为444个，银幕数为1,276块，座位数271,011个。2015年波兰电影平均票价为18兹罗提(约为32人民币)，平均观影人次为1.31次(见表3-23)。波兰的影院基础设施建设发展迅速，2015年已有室内数字银幕1,200块，每十万居民拥有银幕3.6块(见表3-24)。

① 外交部.波兰国家概况[EB/OL].[2018.03.20].http://www.china-ceec.org/chn/zjzdo/.

**表 3-23　2009—2015 波兰电影业基本数据**

| | 2009 | 2010 | 2011 | 2012 | 2013 | 2014 | 2015 |
|---|---|---|---|---|---|---|---|
| 电影数量 | 49 | 60 | 51 | 47 | 31 | 32 | 42 |
| 电影发行商 | … | … | … | … | … | … | … |
| 室内电影院数量 | 448 | 438 | 448 | 447 | 469 | 463 | 444 |
| 银幕数 | 1,061 | 1,076 | 1,122 | 1,162 | 1,243 | 1,243 | 1,276 |
| 座位数 | 248,181 | 248,029 | 249,390 | 257,849 | 271,781 | 266,479 | 271,011 |
| 全国发行的电影比例 | … | … | … | … | … | … | … |
| 电影人均支出 | 19.5 | 20.1 | 20.4 | 19 | 20.3 | 20.7 | 23.5 |
| 以当地货币计价的平均票价 | 17.5 | 18.7 | 18.1 | 17.7 | 19.2 | 17.6 | 18 |
| 人均观影频次 | 1.11 | 1.08 | 1.13 | 1.07 | 1.05 | 1.18 | 1.31 |

数据来源：联合国教科文组织发布的波兰概况。

**表 3-24　波兰影院基础设施情况**

| | 2009 | 2010 | 2011 | 2012 | 2013 | 2014 | 2015 |
|---|---|---|---|---|---|---|---|
| 室内数字银幕数 | … | 378 | 778 | 921 | 1,074 | 1,116 | 1,200 |
| 每十万居民拥有的银幕数 | 3 | 3.1 | 3.2 | 3.3 | 3.5 | 3.5 | 3.6 |
| 单屏幕影院占比 | 75.9 | 74.2 | 73 | 71.1 | 68.4 | 67.8 | 63.3 |
| 拥有 2—7 块银幕的影院占比 | 13.4 | 14.8 | 15.6 | 17.4 | 19.8 | 20.5 | 23.9 |
| (8+)多屏幕影院占比 | 10.7 | 11 | 11.4 | 11.4 | 11.7 | 11.7 | 12.8 |

数据来源：联合国教科文组织发布的波兰概况。

波兰电影市场的影片类型以虚构片(fiction)为主，2015 年占比为 88.1%，纪实片(documentary)为辅，占比为 11.9%。从影片资金来源上来看，国产片占绝大多数，2015 年为 78.6%，另外 21.4%的电影属于国际联合制作。

2015 年，波兰电影观影人次排行 TOP10 中有 3 部是国产片，7 部是进口片，虚构片和动画片占据了绝大多数市场份额，《给圣诞老人的信 2》《星球大战 7：原力觉醒》《五十度灰》分列前三位[①](见表 3-25)。

① UNESCO. Poland[EB/OL].[2018-3-20]. http://uis.unesco.org/en/country/cz? theme=culture.

表 3-25　波兰 2015 年电影观影人次 TOP10 排行

| 名称 | 产地 | 语言 | 类型 | 观影人次 |
|---|---|---|---|---|
| 给圣诞老人的一封信 | 美国 | 波兰语 | 科幻片 | 2,874,420 |
| 星球大战 7:原力觉醒 | 美国 | 英语 | 科幻片 | 2,058,857 |
| 五十度灰 | 波兰 | 英语 | 科幻片 | 1,814,116 |
| 幽灵党 | 波兰 | 英语 西班牙语 意大利语 德语 法语 | 科幻片 | 1,750,671 |
| 小黄人 | 美国 | 英语 西班牙语 | 动画片 | 1,669,881 |
| 马达加斯加的企鹅 | 美国 | 英语 | 动画片 | 1,634,542 |
| 精灵旅社 2 | 美国 | 英语 | 动画片 | 1,154,354 |
| 速度与激情 7 | 美国 | 英语 | 科幻片 | 995,199 |
| 头脑特工队 | 波兰 | 英语 | 动画片 | 952,617 |
| 迪斯科保罗 | 南非 | 波兰语 | 科幻片 | 877,369 |

数据来源:联合国教科文组织发布的波兰概况。

4.文化贸易

2003—2013 年间,波兰文化贸易规模不断扩大,其间受到金融危机的影响,2009 年波兰的文化贸易额有所减少,之后快速反弹。波兰文化产品贸易呈顺差状态,2013 年出口额为 13.8 亿美元,进口额为 8.8 亿美元,顺差为 5 亿美元。而波兰文化服务贸易则呈显著逆差状况,2012 年出口额为 7.7 亿美元,进口额为 20 亿美元,逆差为 12.3 亿美元,波兰人民对世界文化服务存在大量需求(见图 3-6)。

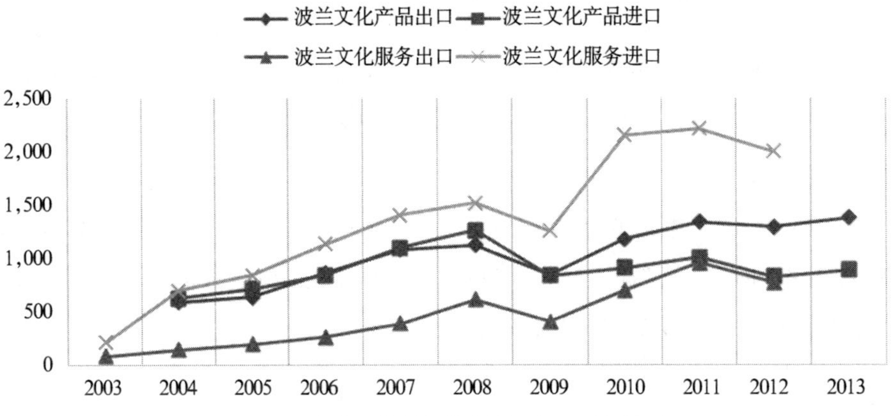


图 3-6　波兰文化贸易数据(单位:百万美元)

数据来源:联合国教科文组织发布的波兰概况

## （四）波黑

波黑位于巴尔干半岛中西部，南、西、北三面与克罗地亚毗连，东与塞尔维亚、黑山为邻。大部分地区位于迪纳拉高原和萨瓦河流域。南部极少部分濒临亚得里亚海，海岸线长约21.2公里。波黑面积为5.12万平方公里，人口为382万，其中波黑联邦占62.5%，塞尔维亚族共和国占37.5%。主要民族为波什尼亚克族（即原南时期的穆斯林族），约占总人口43.5%；塞尔维亚族，约占总人口31.2%；克罗地亚族，约占总人口17.4%。三族分别信奉伊斯兰教、东正教和天主教。官方语言为波什尼亚语、塞尔维亚语和克罗地亚语。首都为萨拉热窝，人口有29万。根据联合国教科文组织的数据，波黑GDP总额为430亿美元，增长率为3.1%，人均GDP为10,510美元（见表3-26）。2016年波黑进出口贸易总额为255.7亿可兑换马克（约合130.7亿欧元），其中，出口94.1亿可兑换马克（约合48.1亿欧元），进口161.6亿可兑换马克（约合82.6亿欧元）。主要出口商品有再生资源、电力及文化娱乐类产品等。主要进口商品有矿产品、石油、通信产品、农产品、工业制成品等。重要贸易伙伴为：德国、意大利、克罗地亚、塞尔维亚、斯洛文尼亚等[①]。

**表3-26　波黑社会经济基本指标**

| | |
|---|---|
| 总人口数（千人） | 3,517 |
| 人口年增长率（%） | −0.5 |
| 15—24岁人口（千人） | 460 |
| 14岁及以下人口（千人） | 500 |
| 农村人口（占总人口百分比） | 60 |
| 总生育率（每名妇女生育率） | 1.3 |
| 婴儿死亡率（每千名婴儿） | 5 |
| 出生时预期寿命（年） | 77 |
| 按平价购买力计算每天支出3.10美元以下的中度贫困人口（占人口的百分数） | 0.4 |
| 人均GDP−PPP（平价购买力）（美元） | 10,510 |
| 年均GDP增长率（%） | 3.1 |
| 偿债总额（占国民总收入的百分比） | 15.8 |
| GDP−PPP（平价购买力）（十亿美元） | 43 |

数据来源：联合国教科文组织发布的波黑概况

① UNESCO. Bosnia and Herzegovina[EB/OL].[2018-3-20]. http://uis.unesco.org/en/country/ba?theme=culture.

1.文化教育旅游领域

波黑教育体制符合国际教育体制标准。根据2016年的统计，教育支出占国内生产总值的比例为4.41％。2017年全国共有27所高校，2016至2017学年在校学生数量10.03万人。主要高校为萨拉热窝大学、巴尼亚卢卡大学和莫斯塔尔大学等。2016年萨拉热窝大学入学学生数量为5302人，巴尼亚卢卡大学为4757人，莫斯塔尔大学为3158人。2016年波黑入境旅游人数114.8万人次，同比增长11.6％，过夜天数237.6万天，同比增长10.9％。游客主要来自克罗地亚、塞尔维亚、土耳其、意大利和斯洛文尼亚等国。其中，中国游客13,266人次，同比增长33.4％。旅游设施主要有旅馆、浴场、私人小旅馆、汽车宿营地、温泉和疗养地等。主要旅游点是萨拉热窝、巴尼亚卢卡和莫斯塔尔。

2.新闻出版和广播电视领域

波黑全国共发行各类报刊138种，主要报刊有《每日之声报》《解放报》《独立报》《塞族之声报》《自由波斯尼亚周刊》等。全国有电视台48家，主要电视台有波黑国家电视台、波黑联邦电视台、塞族共和国电视台等。全国有电台131个①。

3.电影市场

电影业是波黑对中波两国合作寄予厚望的领域。面对中国快速扩张的电影市场规模，波黑电影人非常期待两国电影合作的美好未来。设立于1995年的萨拉热窝电影节不仅是波黑的电影界盛事，也成了欧洲最大的电影节之一，对东南欧有一定的影响力。中国功夫巨星李小龙至今还是很多波黑人的偶像，在波黑莫斯塔尔市的中央公园里，竖立着一座中国功夫巨星李小龙的铜像。这座铜像于2005年11月底李小龙65周年诞辰之际揭幕，由波黑雕刻家伊万·菲约利奇创作，造型是李小龙经典的格斗动作。铜像基座上刻有李小龙的英文名字Bruce Lee和他的生卒年份，下面写着“你的莫斯塔尔”字样。波黑前驻华大使科瓦切维奇说，之所以在莫斯塔尔竖立李小龙铜像，是因为这位中国“功夫皇帝”是全体波黑人民崇拜的英雄，是正义和勇敢的象征②。

---

① 外交部.波斯尼亚和黑塞哥维那国家概况[EB/OL].[2018-03-20].http://www.fmprc.gov.cn/web/gjhdq_676201/gj_676203/oz_678770/1206_678988/1206x0_678990/.

② 毛莉.波黑驻华大使的一连串希望[N].中国文化报，2010-11-20(4).

2015 年波黑电影数量为 14 部，银幕数为 38 块，座位数 4,300 个。波黑电影票价较低，2014 年平均票价为 4.9 第纳尔，平均观影人次为 0.26，市场仍有很大上升潜力（见表 3-27）。

**表 3-27　2009—2015 年波黑电影业基本数据**

| | 2009 | 2010 | 2011 | 2012 | 2013 | 2014 | 2015 |
|---|---|---|---|---|---|---|---|
| 电影数量 | 6 | 5 | 7 | 2 | 11 | 24 | 14 |
| 电影发行商数量 | — | — | — | — | — | 9 | 9 |
| 室内电影院数量 | — | 30 | — | 37 | 32 | 10 | 11 |
| 银幕数 | 38 | 40 | 34 | — | — | 38 | 38 |
| 座位数 | — | — | — | — | — | 4,300 | 4,300 |
| 全国发行的电影比例 | — | — | — | — | — | 2.1 | — |
| 电影人均支出 | — | 1 | 0.7 | 0.9 | 1.4 | 1.3 | — |
| 当地货币计算的平均票价 | — | 6 | 4 | 4.2 | 4.9 | 4.9 | — |
| 人均观影频次 | 0.13 | 0.16 | 0.16 | 0.22 | 0.28 | 0.26 | — |

波黑电影市场的影片类型以纪实片（documentary）为主，虚构片（fiction）为辅。从影片资金来源上看，国产片占比较高，2015 年为 71.4%，另外 28.6%的电影属于国际联合制作。波黑电影市场的行业集中度较高，2014 年 TOP3 电影发行商占据了 89.2%的市场份额。

2015 年，波黑电影票房排行 TOP10 基本都是进口片，虚构片占据了主要的市场份额，《五十度灰》《小黄人》《速度与激情 7》分列前三位（见表 3-28）。

**表 3-28　2015 年波黑电影票房 TOP10**

| 影片名称 | 语言 | 类型 | 票房 |
|---|---|---|---|
| 五十度灰 | 英语 | 科幻片 | 216,746 |
| 小黄人 | 英语\|西班牙语 | 动画片 | 207,088 |
| 速度与激情 7 | 英语 | 科幻片 | 196,160 |
| *Gorsilo* (*Goršilo*, *jesi li to došao da me vidiš*) | 英语 | 科幻片 | 139,914 |
| 幽灵党 | 英语 西班牙语 意大利语 德语 法语 | 科幻片 | 137,939 |

续表

| 影片名称 | 语言 | 类型 | 票房 |
|---|---|---|---|
| 我们是世界冠军 | 英语\|西班牙语\|塞尔威亚语 | 科幻片 | 108,523 |
| 万物理论 | 英语\|法语\|拉丁语\|意大利语 | 科幻片 | 102,201 |
| 复仇者联盟 2:奥创纪元 | 英语 | 科幻片 | 92,721 |
| 飓风营救 3 | 英语\|俄语 | 科幻片 | 90,928 |
| Hiljadarka | 波斯尼亚语 \|塞尔维亚-克罗地亚语 | 科幻片 | 89,834 |

波黑本土电影虽然数量不多,但具有较高的艺术性和思想性。例如《无主之地》把时空关系牢牢限定在一天中一个象征着舞台的战壕内,召唤了各类极具象征性的角色粉墨登场,从而构成了一张战争全景的"缩微图"。在评论家艾米·柯宾(Amy Corbin)看来:"影片的特征在于演员处于世界舞台之上,他们轻松地切换语言,理解了彼此的生活是一种持续性地对边界的跨越。"[①]学者马里克·亨德里科斯基(Marek Hendeykowski)认为:"中东欧国家二战后的电影创作现象迥异于西欧国家,其主要阶段被标识为一系列节奏性的时间节点。"在电影创作上,世纪之交的几年,全球电影市场诞生了诸多以波黑内战为题材的战争影片,如《无主之地》(*No Man's Land*,2001)[②]、《生命是个奇迹》(*Zivot je cudo*,2004)、《见证》(*Svjedoci*,2003)等。仅就21世纪以来的前南地区而言,2000—2016年间,各国战争题材电影数量如下:波黑13部、塞尔维亚13部、克罗地亚20部、斯洛文尼亚4部、科索沃地区3部,而黑山与马其顿则一部都没有[③]。

4.文化贸易领域

波黑文化贸易额总体规模较小。21世纪以来,波黑文化产品出口有显著增加,2004—2013年增长率为119%。2013年波黑文化产品出口额为1,311万美元,进口额为6,784万美元,逆差为5,473万美元(见图3-7)。

---

① CORBIN A. No man's land[J]. Film quarterly,2006,60(1).

② 《无主之地》因其导演为波黑人而通常被视作波黑电影,但它实际上是由波黑、斯洛文尼亚、意大利、法国、英国、比利时六国联合制作,并受到了斯洛文尼亚国家电影基金会的资助,且主要在斯洛文尼亚境内拍摄,因而也有西方学者认为该片同样可隶属于斯洛文尼亚电影。

③ 王雪璞."惊惧"与"创伤"——论新世纪前南斯拉夫地区的战争电影创作[J].当代电影,2017(10).

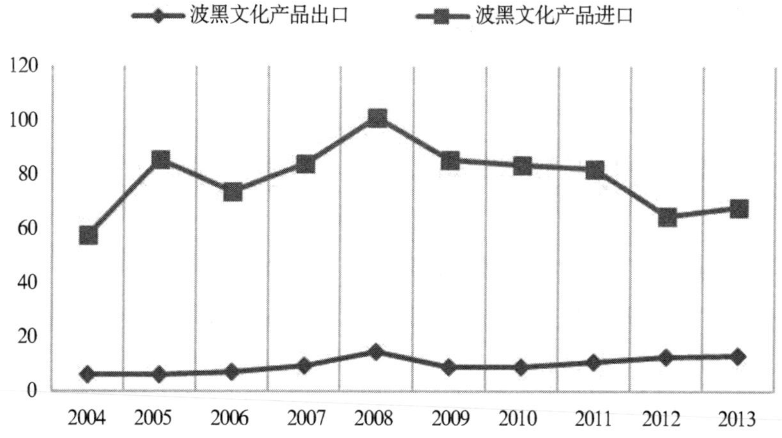


**图 3-7　波黑文化产品贸易数据(单位:百万美元)**

数据来源:联合国教科文组织

## 小　结

中东欧国家位于“一带一路”倡议同欧洲投资计划的对接区,是亚欧交流与合作的纽带。在“一带一路”倡议和“16＋1”框架的推动下,中国与中东欧国家在文化交流和贸易领域取得了一系列成果,《中国—中东欧国家合作苏州纲要》和《中国—中东欧国家2016—2017年文化合作索菲亚宣言》精神也在逐步推进落到实处,中国与中东欧国家文化交流合作与贸易步入了更加专业化、正规化和常态化的轨道。

中国—中东欧国家的合作与友谊,历久弥新。官方着力搭建对外文化贸易交流平台,注重对接中东欧16国以及“一带一路”沿线重点国家与地区。学界也陆续启动了“一带一路”沿线中东欧国家文化市场的研究项目。文化企业也分赴罗马尼亚、匈牙利等国,促进双方在技术、版权、内容制作等领域广泛开展交流合作。

中国与中东欧国家文化合作与贸易有哪些现实路径?如何保护文化多样性,促进各国优秀文化互学互鉴?如何创新开展跨文化合作?如何针对每一个国家的具体特征打造针对性的文化贸易项目?这些问题都有待理论探讨和实践推进。

民心相通是"一带一路"倡议的社会基础,"而文化产业、文化产品和服务的交流是实现民心相通的一把金钥匙"。中东欧国家也非常看重"一带一路"倡议带来的历史性机遇,罗马尼亚前总理维克托·蓬塔表示:"我认为这符合所有欧盟国家以及中国利益,就是要加强合作,一起努力,我们才能达成所有目标,发展我们的经济和贸易。罗马尼亚和这个地区永远是中国的重要伙伴,我认为通过投资、合作、贸易,我们可以给予人民更好生活。"[①]可见,加强中国—中东欧之间文化交流与贸易合作正在成为双方共同期待的美好愿景,这是着眼于促进中国和中东欧国家共同发展的,是立足于提升本国和地区广大民众福祉的,必将在更多领域获得更大的成功。

## 第三节　俄罗斯、蒙古文化市场研究

### 一、俄罗斯文化市场

#### (一)俄罗斯概况和经济贸易环境

俄罗斯横跨欧亚大陆,面积有 1,709.82 万平方公里。东西最长 9,000 公里,南北最宽 4,000 公里。邻国西北面有挪威、芬兰,西面有爱沙尼亚、拉脱维亚、立陶宛、波兰、白俄罗斯,西南面是乌克兰,南面有格鲁吉亚、阿塞拜疆、哈萨克斯坦,东南面有中国、蒙古和朝鲜。东面与日本和美国隔海相望。海岸线长 33,807 公里。人口共有 1.46 亿,民族 194 个,其中俄罗斯族占 77.7%。主要宗教为东正教,其次为伊斯兰教。2016 年,俄罗斯国内生产总值为 1.28 万亿美元,同比下降 0.2%,占全球 GDP 的 3.17%,人均 GDP 为 8,928.7 美元。截至 2017 年 8 月 4 日,外汇储备约 4,201 亿美元。

1.俄罗斯全球竞争力指数排名

《全球竞争力指数 2017—2018》报告中显示,俄罗斯的全球竞争力指数排名为第 38 位,较前一年提升五个位次,主要得益于宏观经济环境的改善。俄罗斯

① 环球网.中国-中东欧国家合作硕果累累"16+1"模式进入关键时期[EB/OL].(2015-11-24)[2018-03-25]. http://world.huanqiu.com/hot/2015-11/8036320.html

逐渐从 2015、2016 年的经济衰退中恢复，当然其经济还是高度依赖于能源出口。商品市场效率细分指标与贸易高度相关，得分为 4.2，排名第 80 位（见图 3-8）。其中贸易关税的排名为第 72 位，得分 5.1，下降趋势明显。

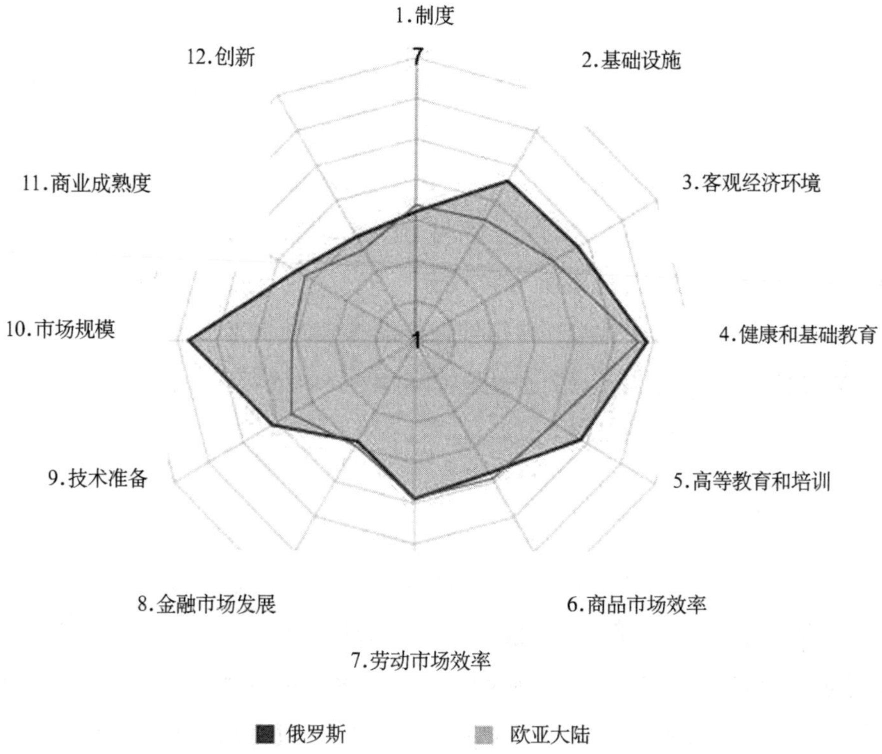


**图 3-8 俄罗斯全球竞争力指数细分指标得分**

2.俄罗斯全球营商环境指数排名

世界银行每年会统计分析全球 190 个经济体的营商环境、商业监管法规和产权保护，并发布全球营商环境报告。《2018 年营商环境报告：改革以创造就业》[①]是该年度报告的第 15 期，旨在衡量监管法规是否有助于推动或限制商业活动。该排名涵盖了 10 个领域：开办企业，办理施工许可证，获得电力，登记财产，获得信贷，保护中小投资者，纳税，跨境贸易，执行合同和办理破产。俄罗斯

① Doing business 2018：reforming to create jobs[EB/OL].(2017-10-31)[2018-03-22].http://chinese.doingbusiness. org/～/media/WBG/DoingBusiness/Documents/Annual-Reports/English/DB2018-Full-Report.pdf

在全球营商环境方面排名第35位，在登记财产（得分88.72）、获得信贷（得分75）与跨境贸易（得分69.2）领域有明显提升。总体来说，俄罗斯虽仍然存在部分官员腐败寻租、法律政策不确定性高等问题，但总体营商环境在逐渐改善，政府机构的办事效率正在提高，审批部门也开展了一站式服务，给外来投资者增强了信心。

中国多年来都是俄罗斯最大、最重要的贸易伙伴。目前中国是俄罗斯第一大出口市场和第一大进口来源地。2017年中俄双边贸易额为890.94亿美元，同比增长20.8%，其中中国出口428.97亿美元，增长14.8%，自俄进口411.97亿美元，增长27.7%。截至2016年底，中国累计对俄直接投资129.8亿美元，2017年1—12月，对俄非金融类直接投资7.5亿美元，同比增长36.8%。另一方面，截至2016年底，中国累计使用俄直接投资10亿美元，2017年1—12月使用俄直接投资2384万美元，同比增长377.8%①。中俄两国的传统经贸合作现状良好，文化贸易合作前景喜人。

### （二）文化旅游

俄罗斯地跨欧亚两洲，融合东西方两种文化，又经历过冷战及体制变迁，积累了丰富的人文旅游资源，知名景点包括莫斯科红场、圣彼得堡、大克里姆林宫、索契、奥斯特洛夫斯基故居、斯大林别墅、国家历史博物馆、特列季亚科夫画廊等。俄罗斯的芭蕾举世闻名，吸引了很多朝圣者前往观看，如《天鹅湖》《睡美人》《胡桃夹子》等。

2018年俄罗斯旅游署红色旅游路线协调委员会还为中国游客制定了5条红色旅游路线。根据俄旅游署发布的数据，2017年最受中国游客欢迎的旅游路线是参观莫斯科、莫斯科附近的弗拉基米尔和苏兹达尔以及圣彼得堡等城市②。

### （三）电影市场

2015年俄罗斯电影数量为121部，银幕数为4,021块。2015年俄罗斯电影平均票价为253.4卢布，平均观影人次为1.34次（见表3-29）。

---

① 中俄资讯网.专访徐金利——普京治下的俄罗斯营商环境[EB/OL].（2018-3-21）[2018-03-25].http://www.chinaru.info/zhongejingmao/lubuhuilv/52216.shtml

② 俄政府确定5条红色旅游路线吸引中国游客[EB/OL].（2018-03-12）[2018-03-23].https://www.russia-online.cn/News/000_3_1_33213.shtml

**表 3-29　2009—2015 俄罗斯电影业基本数据**

| | 2009 | 2010 | 2011 | 2012 | 2013 | 2014 | 2015 |
|---|---|---|---|---|---|---|---|
| 电影数量 | 78 | 133 | 111 | 109 | 139 | 124 | 121 |
| 电影发行商 | — | — | — | — | — | — | — |
| 室内电影院数量 | 807 | 855 | 925 | 1,025 | 1,101 | — | — |
| 银幕数 | 2,133 | 2,424 | 2,726 | 3,100 | 3,479 | 3,829 | 4,021 |
| 座位数 | — | — | — | — | — | — | — |
| 全国发行的电影比例 | — | — | — | — | — | — | — |
| 电影人均支出 | 170.3 | 234.2 | 249.3 | 287.6 | 326.5 | 332.9 | 339.7 |
| 当地货币计算的平均票价 | 169.9 | 197.4 | 213.6 | 234.1 | 240.3 | 246.1 | — |
| 人均观影频次 | 1 | 1.19 | 1.17 | 1.23 | 1.36 | 1.35 | — |

数据来源：联合国教科文组织。

俄罗斯的影院基础设施建设发展迅速，2015 年已有户内数字银幕 4021 块（见表 3-30）。

**表 3-30　俄罗斯影院基础设施情况**

| | 2009 | 2010 | 2011 | 2012 | 2013 | 2014 | 2015 |
|---|---|---|---|---|---|---|---|
| 室内数字银幕数 | 353 | 944 | 1,472 | 2,094 | 2,967 | 3,715 | 4,021 |
| 单屏幕影院占比 | — | — | 41.2 | — | — | — | — |
| 拥有 2—7 块荧幕的影院占比 | — | — | 50.7 | — | — | — | — |
| (8＋)多屏幕影院占比 | 6.9 | — | 8.1 | 8.9 | 10 | — | — |

数据来源：联合国教科文组织。

俄罗斯电影市场的影片类型以虚构片为主，2012 年占比为 98.2%，纪实片为辅，占比为 1.8%。从影片资金来源上来看，国产片占绝大多数，2015 年占比为 86%，另外 14%的电影属于国际联合制作。

2015 年，俄罗斯电影观影人次排行 TOP10 中，国产片与进口片各有 5 部，虚构片和动画片占据了绝大多数市场份额，《小黄人》《速度与激情 7》《复仇者联盟：奥创时代》分列前三位①（见表 3-31）。

① UNESCO. Russian Federation[EB/OL].[2018-3-20]. http://uis.unesco.org/en/country/cz? theme=culture

**表 3-31 俄罗斯 2015 年电影观影人次 TOP10 排行**

| 名称 | 产地 | 语言 | 类型 | 观影人次 |
|---|---|---|---|---|
| 小黄人 | 美国 | 英语\|西班牙语 | 动画片 | 4,324,170 |
| 速度与激情 7 | 美国\|加拿大 | 英语 | 科幻片 | 6,024,215 |
| 复仇者联盟 2:奥创纪元 | 俄罗斯 | 英语 | 科幻片 | 8,425,349 |
| 精灵旅社 2 | 英国\|美国 | 英语 | 动画片 | 5,008,414 |
| 头脑特工队 | 美国 | 英语 | 动画片 | 4,993,602 |
| 侏罗纪世界 | 美国 | 英语 | 科幻片 | 4,426,928 |
| 星球大战 7:原力觉醒 | 俄罗斯 | 英语 | 科幻片 | 4,186,841 |
| 火星人 | 俄罗斯 | 英语\|普通话 | 科幻片 | 4,170,441 |
| 疯狂外星人 | 俄罗斯 | 英语 | 动画片 | 5,090,136 |
| 五十度灰 | 俄罗斯 | 英语 | 科幻片 | 6,262,362 |

数据来源:联合国教科文组织。

（四）文化贸易领域

俄罗斯文化贸易规模波动幅度较大,2009 年受金融危机影响,文化产品和服务贸易额显著减少,此后逐步回升。2013 年,俄罗斯文化产品逆差较大,出口额 11.8 亿美元,进口额 20.6 亿美元,逆差高达 8.4 亿美元。2012 年俄文化服务贸易同样呈逆差状态,出口额为 11.9 亿美元,进口额 18.3 亿美元,逆差为 6.4 亿美元(见图 3-9)。

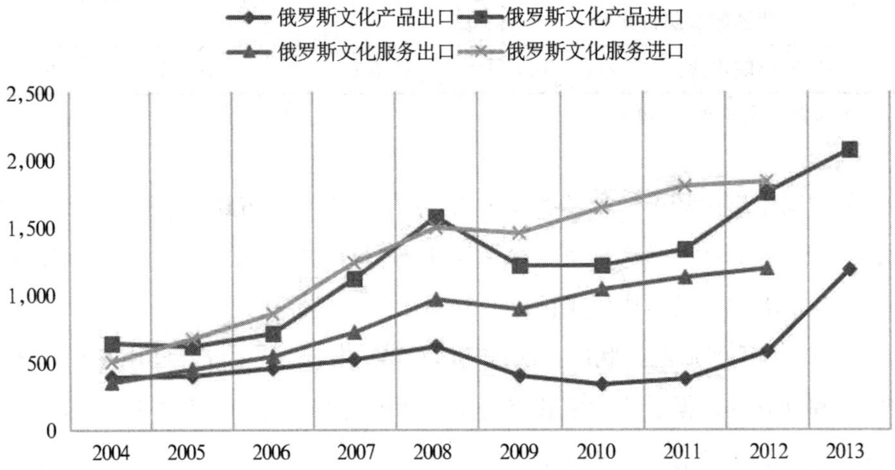


**图 3-9 俄罗斯文化贸易发展状况(单位:百万美元)**

数据来源:联合国教科文组织

## 二、蒙古文化市场

### (一)蒙古概况和产业贸易环境

蒙古是亚洲中部的内陆国，东、南、西面与中国接壤，北面与俄罗斯相邻。面积为 156.65 万平方公里，人口约为 312 万。喀尔喀蒙古族约占全国人口的 80%，此外还有哈萨克等少数民族。主要语言为喀尔喀蒙古语。居民主要信奉喇嘛教。蒙古 2015 年的国内生产总值为 118 亿美元，GDP 增长率为-1.6%。2016 年蒙古 GDP 为 110 亿美元，占全球 GDP 份额为 0.03%，人均 GDP 为 3,659.8 美元。蒙古主要产业包括矿业、农牧业、交通运输业、服务业等。国民经济对外依存度较高。曾长期实行计划经济，1991 年开始向市场经济过渡。1997 年 7 月，政府通过了“1997—2000 年国有资产私有化方案”，目标是使私营经济成分在国家经济中占主导地位。

近年来，蒙古积极发展同西方发达国家和亚洲国家的经贸合作，2016 年前三季度，蒙古国与世界 155 个国家和地区的贸易总额为 57.808 亿美元，同比减少 9.6%。其中，出口总额 33.328 亿美元，同比减少 5.9%；进口总额 24.48 亿美元，同比减少 14.3%；贸易顺差 8.848 亿美元。出口主要为矿产品、纺织品和畜产品等；进口主要有矿产品、机器设备、食品等。主要贸易伙伴为中国、俄罗斯、欧盟、加拿大、美国、日本、韩国等。

#### 1.蒙古全球竞争力指数排名

《全球竞争力指数 2017—2018》报告①显示，蒙古的全球竞争力指数排名为第 101 位，显著低于东亚国家平均水平。商品市场效率细分指标与贸易高度相关，得分为 4.0，排名第 111 位(见图 3-10)。其中贸易关税的排名为第 62 位，得分 4.2，较之前有一定进步。

---

① Mongolia[EB/OL].[2018-03-27].http://reports.weforum.org/pdf/gci-2017-2018/WEF_GCI_2017_2018_Profile_MNG.pdf.

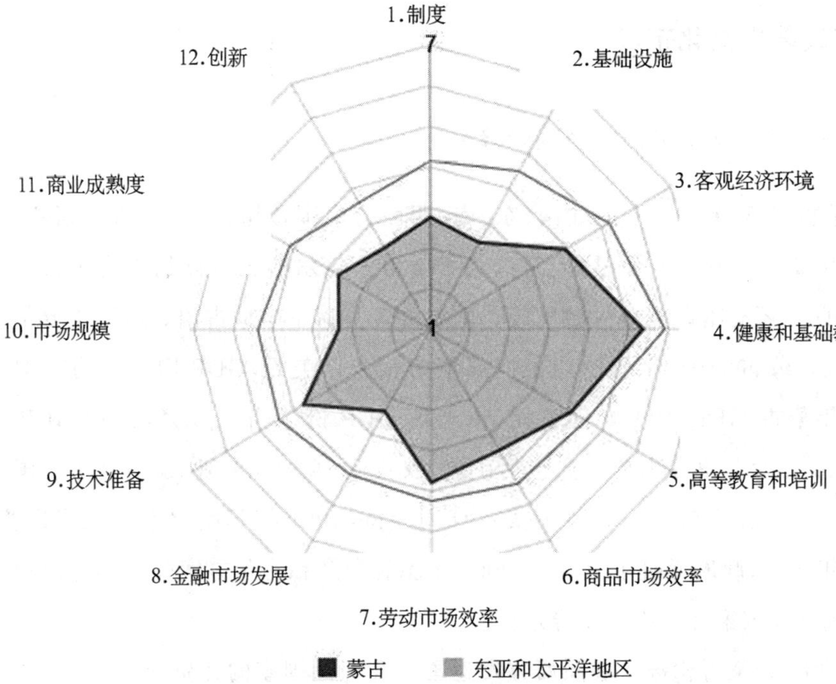


**图 3-10　蒙古全球竞争力指数细分指标得分**

2.蒙古全球营商环境指数排名

《2018 年营商环境报告:改革以创造就业》显示,蒙古营商环境世界排名第 62 位,较以往在获得信贷方面有明显提升,排名第 20 位,得分 80。而在纳税领域较以往有所退步,排名第 62 位,得分 77.32。

(二)文化旅游

蒙国内主要文化单位有:国家民间歌舞团、国家话剧院、国家歌剧舞剧院、国家杂技院、国家音乐馆、国家木偶剧院和博格达汗宫博物馆、乔依金喇嘛庙博物馆、造型艺术博物馆、国家历史博物馆、国家自然历史博物馆、文化遗产中心、国家图书馆、国家艺术画廊等。蒙古国人口少、地域辽阔,自然风貌保持良好,是世界上少数保留游牧文化的国家之一,旅游业发展前景广阔。每年 6—8 月是旅游旺季。

(三)新闻出版和广播电视

蒙古全国公开发行的报纸约 126 种、杂志 92 种、广播 76 家、电视台 150 家、网络媒体30多家。主要报刊有《日报》《世纪新闻报》《今日报》《真理报》《蒙古新闻报》等,这几种报纸是蒙古发行量最大的报纸。除《真理报》是蒙古人民党机关报外,其余均是自由刊物。此外还有《索云博报》(军报)、《乌兰巴托时报》、《人民权利报》等。蒙古通讯社(简称蒙通社)系官方通讯社,创建于1921年。该社与新华社、路透社、俄罗斯新闻社、塔斯社等有合作关系。国家公共广播电台是蒙古唯一非私营广播电台,也是蒙古最有影响力的新闻机构。此外还有TV9、TV5、TV25、乌兰巴托电视台、"鹰"、C1、TV8、NTV、教育、USB等较大的私营电视台。

(四)电影市场

2015年蒙古电影数量为41部,座位数为8,414个。2015年蒙古电影平均票价为5,753.3图格里克,平均观影人次为0.58次[①](见表3-32)。

**表3-32 2009—2015蒙古电影业基本数据**

| | 2009 | 2010 | 2011 | 2012 | 2013 | 2014 | 2015 |
|---|---|---|---|---|---|---|---|
| 电影数量 | 15 | 14 | 13 | 13 | 21 | 13 | 41 |
| 电影发行商 | — | 4 | 4 | 5 | 5 | 5 | 5 |
| 室内电影院数量 | 52 | — | — | — | — | — | — |
| 银幕数 | — | — | — | — | — | — | — |
| 座位数 | 9,907 | 8,354 | 7,526 | 6,972 | 8,231 | 8,922 | 8,414 |
| 全国发行的电影比例 | — | — | — | — | — | — | — |
| 电影人均支出 | — | 1,165.1 | 2,090.7 | 2,351.5 | 2,589 | 3,409.1 | 3,364.8 |
| 当地货币计算的平均票价 | — | 2,683.3 | 2,665.3 | 3,276.2 | 4,836.5 | 5,793 | 5,753.3 |
| 人均观影频次 | — | 0.43 | 0.78 | 0.72 | 0.54 | 0.59 | 0.58 |

数据来源:联合国教科文组织

蒙古电影市场的影片类型以虚构片为主,2015年占比为87.8%,纪实片和动画片为辅,占比分别为7.3%和4.9%。从影片资金来源上看,国产片占100%。

① UNESCO. Mongolia[EB/OL].[2018-03-27]. http://uis.unesco.org/en/country/mn? theme=culture

(五)文化贸易

蒙古文化贸易整体规模偏小,波动性较大。2013 年,蒙古文化产品贸易出口额为 9 万美元,进口额为 10.8 万美元,逆差为 1.8 万美元。2012 年蒙古文化服务贸易出口额为 111 万美元,进口额为 560 万美元,逆差为 449 万美元(见图 3-11)。

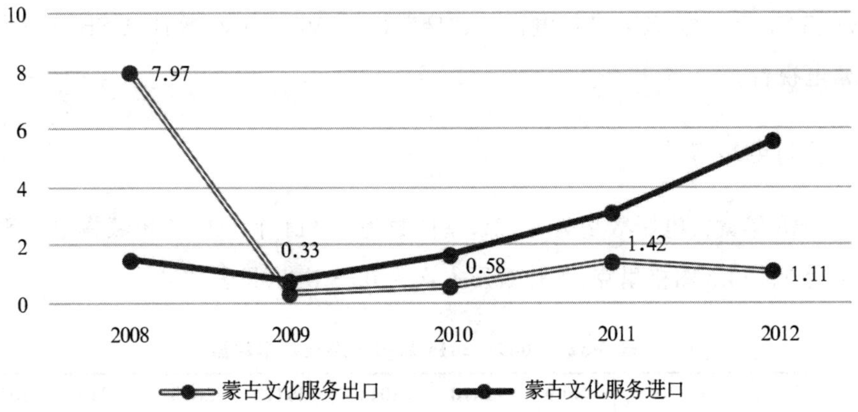


**图 3-11 蒙古文化服务贸易发展情况(单位:百万美元)**

数据来源:联合国教科文组织

# 第四章
# 中国与“一带一路”沿线国家的文化创意产品贸易

## 第一节 中国文化贸易发展状况及竞争力

### 一、文化贸易概念界定

关于文化贸易的概念，国内外学者专家众说纷纭，到目前为止依旧没有统一的关于文化贸易的概念界定。国际货币基金组织(IMF)把文化贸易界定为：居民和非居民之间关于个人、文化或娱乐服务方面的交易，具体包括声像及有关服务、其他文化和服务两大类型。联合国教科文组织在《1994—2003年文化商品和文化服务的国际流动》报告中将文化贸易产品定义为：传播思想、符号以及生活方式的消费品。

基于对相关文献的梳理和总结，本书将文化贸易的概念界定为：文化贸易是一种以文化商品进出口作为文化内容传递载体的行为，其中文化商品不仅包括有形的文化产品，也包括无形的文化服务。文化产品和文化服务是相辅相成的，前者承载着后者的隐性价值，后者体现着前者的内在品味。例如图书、电影的发行和版权的保护属于文化服务，此服务的顺利进行能够保证实体书籍、音像制品所包含的文化价值的保存、传播和销售。关于文化产品和服务的范围和内容，各国和不同的国际组织都有不同的概念界定。

(一)中国

根据商务部、中宣部、文化部、新闻出版广电总局、海关总署联合发布的《对外文化贸易统计体系(2015)》,文化产品进出口统计目录分为核心层与相关层,包括出版物、工艺美术品及收藏品、文化用品及文化专用设备 4 大类共 268 个 8 位海关商品编码;文化服务进出口统计目录也分为核心层与相关层,涵盖 6 大类,21 个中类,46 个小类。文化产品的核心层仅包含出版物,具体包括图书、报纸、期刊、音像制品及电子出版物和其他出版物,其他产品如工艺品与收藏品一律划归文化产品相关层。文化服务核心层包括:新闻出版服务、广播影视服务、文化艺术服务和文化信息传输服务;文化服务相关层包括:文化创意和设计服务、其他文化服务。

### (二)世界知识产权组织

世界知识产权组织于 2003 年发布了《版权相关产业经济贡献调查指南》(以下简称《指南》),按照版权在相关产业中的作用大小,把版权产业分为“核心版权产业”“相互依存的版权产业”“部分版权产业”“非专用支持产业”4 类。版权在这 4 类产业价值中的地位和作用各有不同,它们对于版权保护的依赖程度逐渐递减。版权相关产业所包含的产业门类与各国文化产业、创意产业细分门类大体一致,而且世界知识产权组织在《指南》中也明确说明,版权产业的称谓与文化产业、文化创意产业可以相互替代。

#### 1.核心版权产业

核心版权产业主要是指完全地创作、制作、表演、广播、传播或展览、发行分销作品及其他受保护客体的产业。该产业包括图书报纸期刊等出版业、音乐和演出业(音乐、戏剧制作、曲艺、舞蹈和杂技)、电影和录像、广播电视、摄影、计算机软件和数据库、视觉与图形艺术、广告服务、版权集体管理与服务等九大行业门类。核心版权产业的增加值主要来源于版权,如果没有对版权的保护,该产业的创意将不会发生。

#### 2.相互依存的版权产业

相互依存的版权产业指为核心版权产业提供便利设备的产业。该产业包括 CD 播放机、电视机、录像机、磁带播放机、电子游戏机以及其他类似设备,计算机和有关设备,乐器,照相机和电影摄影器材,复印机,空白录音介质,纸张等 7 大行业门类。

3.部分版权产业

部分版权产业是指部分活动与作品或其他受版权保护客体相关的产业。这些活动包括创作、制作和制造、表演、广播、传播以及展览或者发行和销售。该产业包括纺织品服装与鞋类,珠宝与钱币,其他工艺品,家具,家用物品、瓷器及玻璃,墙纸与地毯,玩具与游戏,建筑、工程和测量,室内设计,博物馆等10大行业门类。

4.非专用支持的版权产业

非专用支持的版权产业是指部分活动与促进作品及其他版权保护客体的广播、传播、发行或销售相关,且这些活动没有被纳入核心版权产业的产业,具体包括一般批发与零售、运输服务、电话与互联网三大行业门类。

在世界知识产权组织的倡议下,中国、美国、英国、澳大利亚、韩国、德国、芬兰、泰国、匈牙利、南非、不丹、巴基斯坦、加拿大、新加坡等30多个国家和地区对各自版权相关产业的经济贡献进行了调查、测算与分析,并在世界知识产权组织网站发布了年度报告,揭示了版权在各国经济增长中的重要作用以及以版权制度为基础的创新活动对于各国经济社会发展的重要意义。根据《版权相关产业经济贡献调查指南》的建议,各个国别报告采用产业增加值,产业增加值占GDP比重,该产业就业人数、占全国总就业人数比重,该产业出口贸易额、进口贸易额、进出口贸易额占比等指标,从产业增加值、就业、进出口贸易三个方面来衡量各国版权相关产业的经济贡献。

(三)联合国贸易和发展会议

根据联合国贸易和发展会议(UNCTAD)发布的《创意经济报告》,文化创意产品被分为7大类,包括:工艺品(节庆产品、地毯、纸制品、柳编制品、抽纱制品等)、视听产品(胶片、CD、DVD等)、设计(建筑模型、时尚设计产品、玻璃制品、室内设计、珠宝、玩具)、音乐制品(乐器、乐谱)、新媒体(数字媒介、游戏产品)、出版物(书籍、杂志等)、视觉艺术品(古董、绘画、摄影、雕刻等)。

创意服务包括:版权转让许可服务、广告和市场调查服务、视听服务、建筑工程和技术服务、研究开发服务、文化休闲娱乐服务。联合国贸发会的创意经济数据库中列出了2002—2015年世界各国创意产品进出口贸易额、2003—2012年世界各国创意服务进口贸易额。

### (四)联合国教科文组织

联合国教科文组织(UNESCO)的文化统计框架(Framework for Cultural Statistics,简称 FCS)是文化贸易分类的统计标准。2011 年联合国教科文组织颁布了最新的文化统计框架:《2009 年联合国教科文组织文化统计框架》(简称《2009FCS》)。《2009FCS》将文化领域归并为以下 6 大类:文化和自然遗产、表演和庆祝活动、视觉艺术和工艺品、书籍和出版物、音像和交互媒体、设计和创意服务,它们代表了最为核心的文化领域。《2009FCS》不仅划定了文化核心领域的范围,同时也提供了 6 大类文化产品精确到 5 位数的 HS 编码,如表 4-1 所示。

**表 4-1　文化产品国际贸易内容**

| 领域 | HS 2007 | 描述 |
|---|---|---|
| A.文化和自然遗产 | | |
| 古董 | 970500 | 具有动物学、植物学、矿物学、解剖学、历史学、人种学或钱币学意义的收藏品 |
| | 970600 | 超过 100 年的古董 |
| B.表演和庆祝活动 | | |
| 乐器 | 830610 | 钟、锣等 |
| | 920110 | 直立式钢琴 |
| | 920120 | 平台式钢琴 |
| | 920190 | 羽管键琴以及其他键盘弦乐器(钢琴除外) |
| | 920210 | 其他用琴弓演奏的弦乐器(比如小提琴、竖琴) |
| | 920290 | 吉他、竖琴以及其他弦乐器(键盘乐器和用琴弓演奏的乐器除外) |
| | 920510 | 铜管乐器(比如单簧管、风笛) |
| | 920590 | 管乐器(铜管乐器除外) |
| | 920600 | 打击乐器(比如鼓、木琴、铙钹、响板、沙球) |
| | 920710 | 除手风琴之外的键盘乐器 |
| | 920790 | 手风琴和无键盘的乐器,该类乐器必须依靠电能发声或放大声音 |
| | 920810 | 音乐盒 |
| | 920890 | 游乐场风琴、街头电子风琴、机械鸟鸣器、锯琴以及其他乐器;哨子、号角以及其他用嘴吹的指示乐器 |

续表

| 领域 | HS 2007 | 描述 |
|---|---|---|
| 录制媒介 | 852321 | 磁卡 |
| | 852329 | 用于录音或其他用途的磁性媒介(磁卡和 37 章中的产品除外) |
| | 852351 | 固态且不易丢失数据的存储设备 |
| | 852359 | 用于录音或其他用途的半导体媒介 |
| | 852380 | 用于录音或其他用途的唱片和其他媒介,无论其是否已经录制(包括生产唱片的母版和母带) |
| | 490400 | 印刷或手写的乐谱(无论是受约束的还是有插图的) |
| C.视觉艺术和手工艺 | | |
| 绘画 | 970110 | 完全手绘的油画、素描和蜡笔画,而不是 4906 所属的内容,也不是手工喷绘或装饰的作品、拼贴画和类似的饰板 |
| | 970190 | 拼贴画和类似的饰板 |
| | 491191 | 图片、设计和照片 |
| 其他视觉艺术 | 970200 | 原版的雕刻、印刷和石印品 |
| | 970300 | 任何材料制成的原版雕像和塑像 |
| | 392640 | 小雕像以及其他塑料装饰品 |
| | 442010 | 木质小雕像以及其他塑料装饰品 |
| | 442090 | 木质镶嵌细工和镶嵌木;装首饰、餐具或类似物件的木盒;木质家具 |
| | 691310 | 小雕像和其他钻石性陶瓷制品 |
| | 691390 | 小雕像和其他装饰性陶器(瓷器除外) |
| | 701890 | 玻璃制品(包括小雕像) |
| | 830621 | 由贱金属铸成、但镀有贵金属的小雕像以及其他装饰品 |
| | 830629 | 由贱金属铸成、未镀贵金属的小雕像以及其他装饰品(艺术品、收藏品和古董除外) |
| | 960110 | 已加工过的象牙和象牙制品 |
| | 960190 | 兽骨、龟甲、兽角、鹿角、珊瑚、珠母层和其他动物雕刻材料以及这些材料制成的物品(包括铸造品) |

续表

| 领域 | HS 2007 | 描述 |
|---|---|---|
| 手工艺 | 580500 | 哥白林、佛兰德斯、欧巴松、博韦等品牌商生产的手织挂毯和针织挂毯 |
| | 580610 | 窄幅机织物:起毛织物(包括毛巾织物和类似织物)和绳绒线织物 |
| | 580620 | 窄幅机织物:其他织物(所含纱线或橡胶线的重量超过5%) |
| | 580631 | 窄幅机织物:其他棉织品 |
| | 580632 | 窄幅机织物:其他人造纤维织物 |
| | 580639 | 窄幅机织物:用其他纺织材料制成的织物 |
| | 580640 | 有经纱而无纬纱、经贴合而成的织物(经线贴合带织物) |
| | 580810 | 织物镶边;无刺绣的织物装饰;非针织或钩织物 |
| | 580890 | 其他织物镶边;无刺绣的织物装饰;非针织或钩织物 |
| | 580900 | 金属线织物,和5605类产品中镀有金属的织物相似,它们在服装上用作装饰或类似目的 |
| | 581010 | 条纹或图案刺绣织物,其底坯不可见 |
| | 581091 | 条纹或图案刺绣织物:其他棉质刺绣 |
| | 581092 | 条纹或图案刺绣织物:其他人造纤维刺绣 |
| | 581099 | 条纹或图案刺绣织物:其他纺织材料刺绣 |
| | 581100 | 絮棉的纺织品 |
| | 600240 | 宽度不超过30厘米的针织物或钩织物(所含纱线的重量超过5%,不含橡胶线) |
| | 600290 | 其他宽度不超过30厘米的针织物或钩织物(所含纱线或橡胶线的重量超过5%) |
| | 600310 | 宽度不超过30厘米的羊毛或动物细毛针织物或钩织物 |
| | 600320 | 宽度不超过30厘米的棉质针织物或钩织物 |
| | 600330 | 宽度不超过30厘米的合成纤维针织物或钩织物 |
| | 600340 | 宽度不超过30厘米的人造纤维针织物或钩织物 |
| | 600390 | 其他宽度不超过30厘米的针织物或钩织物 |
| | 600410 | 宽度超过30厘米的针织物或钩织物(所含纱线的重量超过5%,不含橡胶线) |
| | 600490 | 其他宽度超过30厘米的针织物或钩织物(所含纱线或橡胶线的重量超过5%) |

续表

| 领域 | HS 2007 | 描述 |
| --- | --- | --- |
| 首饰 | 711311 | 银制首饰(无论镀有其他贵金属与否) |
| | 711319 | 由其他贵金属铸造的首饰(无论镀有贵金属与否) |
| | 711320 | 由贱金属铸造、镀贵金属的首饰 |
| | 711411 | 金匠或银匠打造银器(无论镀其他贵金属与否) |
| | 711419 | 金匠或银匠打造的其他贵金属首饰(无论镀有贵金属与否) |
| | 711420 | 金匠或银匠打造的镀有贵金属的贱金属首饰 |
| | 711610 | 天然或人工养殖的珍珠制的首饰 |
| | 711620 | 珍稀或半珍稀的宝石制品(天然的、合成的或按原样修复的) |
| 摄影 | 370510 | 已曝光或冲洗的感光片和胶卷(而非用于胶印的电影胶片) |
| | 370590 | 已曝光或冲洗的感光片和胶卷(不用于胶印) |
| D.书籍和出版物 | | |
| 书籍 | 490110 | 印刷版读物、手册、小册子以及类似的印刷品 |
| | 490191 | 辞典和百科全书等系列出版物 |
| | 490199 | 印刷版书籍、手册及类似印刷品 |
| 报纸 | 90210 | 报纸、杂志(无论是否带有插图或广告,每周出版四次) |
| | 490290 | 其他报纸、杂志 |
| 其他印刷品 | 490300 | 儿童图画或彩色书籍 |
| | 490591 | 装订成书的地图、水路图或类似的各种图表 |
| | 490510 | 全球地图、水路图或类似的各种图表 |
| | 490599 | 其他各种地图、水路图或类似的图表 |
| | 490900 | 印刷版或带有插图的明信片;印刷版的贺卡 |
| | 491000 | 各种印刷版的日历(包括日历座) |
| E.视听和交互媒体 | | |
| 胶片和游戏机 | 370610 | 已曝光和冲洗的电影胶片(无论其是否有音轨或只有宽于35毫米的音轨) |
| | 370690 | 已曝光和冲洗的电影胶片(无论其是否有音轨或只有宽度小于35毫米的音轨) |
| | 950410 | 电视游戏 |

续表

| 领域 | HS 2007 | 描述 |
|---|---|---|
| F.设计和创意服务 | | |
| 建筑和设计 | 490600 | 用于建筑、工程、工业、商业、地形学用途及类似用途的原版手绘图;手写文本;上述图文的影音版和复印件 |

内容来源:联合国教科文组织统计研究所《2009年联合国教科文组织文化统计框架》。

## 二、中国文化贸易规模分析

表4-2比较了2002—2015年中国文化贸易进出口额、贸易差额的总体情况[①]。数据显示中国文化贸易发展迅速,文化产品贸易额由2002年的345.3亿美元上升到2015年的1832.8亿美元,14年间增长了5倍多且为持续顺差,在我国文化贸易总额中占绝对比重。相较于文化产品贸易,中国文化服务贸易规模不大,但增长更为迅速,贸易额由2003年的10.47亿美元上升到2012年的82.14亿美元,10年间增长了7倍多(见表4-3)。

**表4-2 2002—2015年中国文化产品进出口情况**

(单位:亿美元)

| 年份 | 2002 | 2003 | 2004 | 2005 | 2006 | 2007 | 2008 |
|---|---|---|---|---|---|---|---|
| 文化产品出口额 | 320.0 | 381.8 | 450.6 | 548.5 | 619.0 | 776.3 | 902.9 |
| 文化产品进口额 | 25.3 | 29.9 | 33.0 | 36.1 | 39.7 | 94.4 | 98.6 |
| 进出口总额 | 345.3 | 411.7 | 483.5 | 584.6 | 658.7 | 870.7 | 1,001.5 |
| 贸易差额 | 294.7 | 351.9 | 417.6 | 512.4 | 579.3 | 861.9 | 804.3 |
| **年份** | **2009** | **2010** | **2011** | **2012** | **2013** | **2014** | **2015** |
| 文化产品出口额 | 797.2 | 1,017.8 | 1,290.3 | 1,506.5 | 1,666.2 | 1,914.1 | 1,685.1 |
| 文化产品进口额 | 93.8 | 113.7 | 140.5 | 141.1 | 139.7 | 145.1 | 147.8 |
| 进出口总额 | 890.9 | 1,131.5 | 1,430.9 | 1,647.6 | 1,805.9 | 2,059.2 | 1,832.8 |
| 贸易差额 | 703.4 | 904.0 | 1,149.8 | 1,365.3 | 1,526.5 | 1,769.0 | 1,537.3 |

① 本书所有数据来源于联合国贸易和发展会议《创意经济》统计数据库(UNCTAD.Stat Creative Economy)[EB/OL].(2016-12-22)[2018-05-03]. http://unctadstat.unctad.org/wds/ReportFolders/reportFolders.aspx

**表 4-3　2003—2012 年中国文化服务进出口情况**

（单位：百万美元）

| 年份 | 2003 | 2004 | 2005 | 2006 | 2007 | 2008 | 2009 | 2010 | 2011 | 2012 |
|---|---|---|---|---|---|---|---|---|---|---|
| 广告及市场调查服务出口 | 486 | 849 | 1,076 | 1,445 | 1,912 | 2,202 | 2,313 | 2,885 | 4,018 | 4,751 |
| 个人文化休闲娱乐服务出口 | 33 | 41 | 134 | 137 | 316 | 418 | 97 | 123 | 123 | 126 |
| 广告及市场调查服务进口 | 458 | 698 | 715 | 955 | 1,337 | 1,941 | 1,953 | 2,040 | 2,773 | 2,773 |
| 个人文化休闲娱乐服务进口 | 70 | 176 | 154 | 121 | 154 | 255 | 278 | 371 | 400 | 564 |
| 文化服务出口额 | 519 | 890 | 1,210 | 1,582 | 2,228 | 2,620 | 2,410 | 3,008 | 4,141 | 4,877 |
| 文化服务进口额 | 528 | 874 | 869 | 1,076 | 1,491 | 2,196 | 2,231 | 2,411 | 3,173 | 3,337 |
| 进出口总额 | 1,047 | 1,764 | 2,079 | 2,658 | 3,719 | 4,816 | 4,641 | 5,419 | 7,314 | 8,214 |
| 贸易差额 | −9 | 16 | 341 | 506 | 737 | 424 | 179 | 597 | 968 | 1,540 |

从图 4-1 可以看出，我国文化产品出口额远远大于文化产品进口额，存在大量顺差，而除了 2009 年因为美国次贷危机的影响文化产品出口及文化贸易总额有所下降之外，其余年份呈现出了稳定的上升趋势。

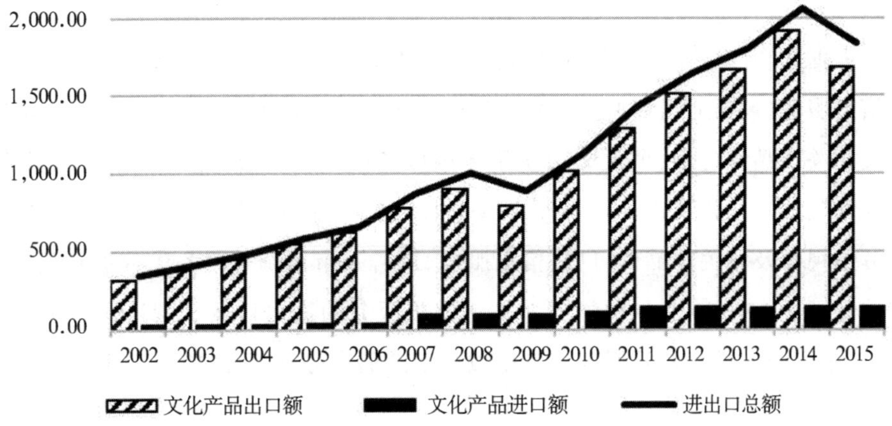


**图 4-1　2002—2015 年中国文化产品贸易总体情况(单位:亿美元)**

从图 4-2 可以看出，自 2004 年以来，我国文化服务贸易一直存在少量顺差，而从文化服务贸易总额上来看，其增长速度比文化产品服务总额的增速要更快。另外需要说明的是，由于收集数据困难，目前联合国贸发会议的数据库在文化服务项下只列了广告和市场调查服务、建筑工程和技术服务、文化休闲娱乐服务、研究开发服务四方面的内容，并没有把版权贸易列入其中。而在版权贸易方面我国长期存在较大逆差，图 4-2 因为版权贸易数据的缺失而掩盖了我国文化贸易逆差的事实情况。

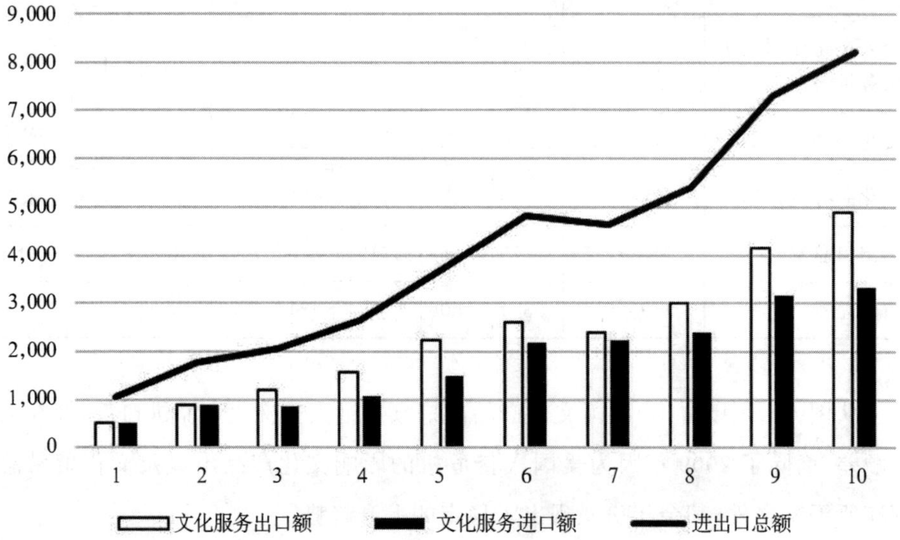


**图 4-2　2003—2012 年我国文化服务贸易总体情况(单位:百万美元)**

根据联合国贸发会服务贸易数据库中服务贸易所包含的门类，服务贸易中的信息服务(包括通讯社服务、数据库服务和搜索引擎服务等)、复制或分销视听及相关产品许可费、个人文化娱乐休闲服务(包括视听服务、医疗服务、教育服务和其他)、广告及市场调查服务属于核心文化服务。服务贸易数据中复制或分销视听及相关产品许可费、信息服务、广告及市场调查服务的数据缺失，本书整理了 2005—2017 年中国个人文化娱乐服务的进出口数据(见表 4-4)。近年来，中国个人文化娱乐服务一直呈贸易逆差的态势，而且逆差额不断增加。

表 4-4　2005—2017 年中国个人文化娱乐服务进出口额

（单位：百万美元）

| | 2005 | 2006 | 2007 | 2008 | 2009 | 2010 | 2011 |
|---|---|---|---|---|---|---|---|
| 出口 | 133.9 | 137.4 | 316.3 | 417.9 | 97.3 | 122.9 | 122.8 |
| 进口 | 154.0 | 121.5 | 153.7 | 254.6 | 278.4 | 370.8 | 399.6 |
| 差额 | -20.1 | 16.0 | 162.6 | 163.3 | -181.2 | -247.9 | -276.8 |

| | 2012 | 2013 | 2014 | 2015 | 2016 | 2017 |
|---|---|---|---|---|---|---|
| 出口 | 125.6 | 147.2 | 174.8 | 731.4 | 742.3 | 759.3 |
| 进口 | 564.5 | 782.7 | 873.5 | 1894.4 | 2140.5 | 2753.2 |
| 差额 | -438.9 | -635.6 | -698.7 | -1162.9 | -1398.2 | -1993.9 |

## 第二节　鼓励中国与“一带一路”沿线国家发展文化贸易的政策和措施

### 一、文化部出台《“一带一路”文化发展行动计划(2016—2020 年)》

中国与“一带一路”沿线国家文化贸易日益受到重视，国家不断出台大量相关政策措施来推进中国与“一带一路”沿线国家文化贸易的发展。为落实由国家发改委、商务部等联合发布的《推动共建丝绸之路经济带和 21 世纪海上丝绸之路的愿景与行动》，2017 年 1 月文化部发布了《“一带一路”文化发展行动计划(2016—2020 年)》(简称《行动计划》)提出了文化部要建立健全“一带一路”文化交流合作机制、完善“一带一路”文化交流合作平台、打造“一带一路”文化交流品牌、推动“一带一路”文化产业繁荣发展和促进“一带一路”文化贸易合作五项重点任务，切实推动文化交流、文化传播、文化贸易的创新发展①。随着“一带一路”建设进程加快，我国对外文化贸易发展也迎来了最好的时代。文化部在《行动计划》中，重点阐述了中国与沿线国家间文化贸易的发展目标、重点任务和合作模式，为中国与“一带一路”沿线国家间文化贸易发展指明了方向。

① 文化报.《文化部“一带一路”文化发展行动计划(2016—2020 年)》全文[EB/OL].(2017-01-06)[2020-12-13]. https://www.chinairn.com/hyzx/20170106/133546994-2.shtml.

(一)发展目标

文化部在《行动计划》中提出,我国要全方位提升文化领域对外开放水平,与沿线国家构建文化交融的命运共同体。我国要初步形成面向“一带一路”国际文化市场的文化产业发展格局,壮大文化企业规模,持续拓展文化贸易渠道,建设高效的文化贸易服务体系,在扩大文化贸易规模的基础上优化贸易结构。

(二)重点任务

文化部在《行动计划》中提出,文化企业要围绕演艺、电影、电视、广播、音乐、动漫、游戏、游艺、数字文化、创意设计、文化科技装备、艺术品及授权产品等领域,开拓完善国际合作渠道,促进“一带一路”文化贸易合作。

(三)合作模式

政府鼓励文化企业在“一带一路”沿线国家和地区投资,推广我国民族文化品牌;鼓励国有企业及社会资本参与“一带一路”沿线国家间的文化交流和贸易合作,依托国家对外文化贸易基地,推动骨干和中小文化企业的联动整合、融合创新,带动文化生产与消费良性互动;鼓励和支持各类综合性国际论坛、交易会等,设立“一带一路”文化交流板块,建立“丝绸之路”文化数据库,打造公共数字文化支撑平台。

## 二、国家新闻出版广电总局的丝路书香工程、丝绸之路影视桥工程

为贯彻落实习总书记提出的“一带一路”倡议,国家新闻出版广电总局组织实施了丝路书香工程和丝绸之路影视桥工程,充分发挥新闻出版和影视媒介在强化沿线国家间民心相通,服务国家外交大局,加强国际传播能力建设以及营造“讲信修睦、合作共赢、守望相助、心心相印、开放包容”的文化舆论氛围方面的独特作用。

(一)丝路书香工程

作为新闻出版业进入国家“一带一路”倡议的重大项目,丝路书香工程于2014年12月获批立项。实施丝路书香工程,旨在加快推动中国精品图书、汉语

教材在丝路国家出版发行，搭建我国对丝路国家的图书版权贸易平台、出版信息资讯平台，形成与丝路国家新闻出版资源互联互通、内容共同发掘、渠道共享共用的发展格局①。立项语种侧重周边国家语种和“一带一路”沿线国家主要语种。

随着“一带一路”倡议的提出和实施，我国与“一带一路”沿线国家间开展了丰富多样的图书出版项目合作。2013 年 5 月中国国家新闻出版广电总局与俄罗斯出版与大众传媒署签署《关于中俄经典和现代作品互译出版项目合作备忘录》，中俄双方在未来 6 年内将互相翻译出版 100 种文学经典作品；中国国家新闻出版广电总局与印度外交部签署《中印经典和当代作品互译出版项目合作备忘录》，双方约定 5 年内各自翻译出版对方国家 25 种图书。2014 年 2 月中国和塞尔维亚签署了《关于加强中塞作品互译项目的合作备忘录》，两至三年内互译并出版 15 部作品。2015 年 2 月，中国和白俄罗斯签署了《中白经典图书互译出版项目合作谅解备忘录》，中白双方将鼓励两国在出版领域的交流与合作，扩大两国优秀文学作品的翻译出版，2015—2020 年，双方每年至少各自翻译和出版对方国家 3—5 部优秀文学作品②。除上述国家外，近年来我国还与土耳其、古巴、伊朗、斯里兰卡、科威特、阿拉伯国家联盟等多个国家和国际组织签署协议，推动中外经典和当代文学作品的交流与传播，促进中国与其他国家人民之间相互了解和友谊。

此外，国家新闻出版广电总局从 2014 年开始实施三项“普惠”政策：在版权输出上实行普遍奖励制度，以调动民营企业和个体作者的积极性；经典中国国际出版工程全方位向外国出版企业和译者开放，以调动外国出版企业和译者的积极性；延伸中国出版物国际营销渠道拓展工程的资助链条，调动海外渠道商销售中国图书的积极性③。

### (二)丝绸之路影视桥工程

中国影视剧是开展中外人文交流、推动文明对话、促进和平友谊、深化务实合作的重要桥梁和纽带。国家新闻出版广电总局 2014 年 3 月启动“丝绸之路

① 佚名. 丝路书香工程[EB/OL].（2018-08-13）[2020-12-13]. http://ydyl.china.com.cn/2018-08/13/content_58318792.htm.

② 徐幼军. 我国与“一带一路”沿线国家图书出版合作项目的三大特色[J]. 全国新书目，2015(5).

③ 张洪波.“走出去”的耐久力——中国出版“走出去”：政策扶持是关键[J]. 出版广角，2014(15).

影视桥”工程，旨在推出一批“一带一路”题材的电影、电视剧、纪录片，重点支持以下 6 大类项目。

一是综合传播类项目，面向丝绸之路重点国家，开展节目创作或译配，举办媒体活动，搭建播出渠道和平台等；二是节目创作类项目，围绕丝绸之路主题，创作影视剧、纪录片、动画片等类型节目，策划开展大型或系列新闻报道等；三是节目译配类项目，针对丝绸之路沿线国家文化特点和内容需求，以本土化语言译配我影视精品；四是媒体活动类项目，立足民心相通，积极开展或参与跨国媒体活动、国际广播影视交流活动等；五是渠道平台类项目，拓展传统播出渠道，立足新兴媒体技术，构建新型内容分发平台；六是影视产业类项目，立足影视技术、设备和服务走出去，以技术标准、设备和服务出口带动节目出口。

## 三、商务部发布《服务贸易发展“十三五”规划》

为贯彻落实《中华人民共和国国民经济和社会发展第十三个五年规划纲要》和《国务院关于加快发展服务贸易的若干意见》，大力推动服务贸易的发展，2017 年 3 月商务部等 13 部门联合发布《服务贸易发展“十三五”规划》，提出“十三五”期间的服务贸易发展战略布局：统筹利用国际国内两个市场两种资源，着力优化境外市场布局、境内区域布局，形成内外联动、开放发展的服务贸易新格局。开拓“一带一路”沿线市场是我国境外市场布局的重点，我国要积极与“一带一路”沿线重点国家和地区签订服务贸易合作协议，扩大服务业相互开放；积极发展与“一带一路”沿线国家和地区文化贸易，扩大图书、影视剧、动漫、网络游戏等文化产品与服务出口，提升中华文化影响力；服务贸易企业要积极争取亚洲基础设施投资银行、丝路基金、金砖国家新开发银行、中国—东盟银行联合体、上海合作组织银行联合体的融资支持。此外，政府鼓励企业积极开展对东盟各国的服务业贸易投资合作，充分发挥广西对东盟合作优势，利用中国—东盟博览会等平台，重点加强与新加坡、印度尼西亚、马来西亚、泰国、菲律宾、越南等国在基础设施建设、旅游、文化、医疗保健、技术和知识产权、跨境电子商务、服务外包、港口等领域的合作；发挥云南对南亚合作优势，利用中国—南亚博览会，加强云南与南亚服务贸易合作。

## 四、教育部提出《推进共建“一带一路”教育行动》

为贯彻落实《关于做好新时期教育对外开放工作的若干意见》和《推动共建

丝绸之路经济带和21世纪海上丝绸之路的愿景与行动》,2016年7月教育部发布了《推进共建"一带一路"教育行动》,提出教育交流为沿线各国民心相通架设桥梁,人才培养为沿线各国政策沟通、设施联通、贸易畅通、资金融通提供支撑。倡议沿线各国携手行动起来,增进理解、扩大开放、加强合作、互学互鉴,谋求共同利益、直面共同命运、勇担共同责任,聚力构建教育共同体,全面支撑共建"一带一路"①。

教育部提出"一带一路"沿线各国教育特色鲜明、资源丰富、互补性强、合作空间巨大,中国的教育机构要主动对接沿线国家需求,重点推进三个方面合作。一是通过沟通协调教育政策、畅通教育交流合作渠道、加快推进语言互通、搭建民心相通桥梁、连通学历学位认证标准等举措,深入推进教育互联互通合作。比如在2016年,国家就公派了42个非通用语种的1036人出国学习培训;同时,接受了17万人来华学习汉语。二是通过实施"丝绸之路"留学推进计划、"丝绸之路"合作办学推进计划、"丝绸之路"师资培训推进计划和"丝绸之路"人才联合培养推进计划,深入开展人才培养培训合作,为民心相通培育使者。三是通过开展沿线国家双边多边人文交流高层磋商、发挥现有国际合作平台开展教育交流、实施"丝绸之路"教育援助计划和开展"丝路金驼金帆"表彰工作,全面拓展与深化教育人文交流,为民心相通系牢纽带。

## 五、外汇管理改革为"一带一路"营造良好的政策环境

国家外汇管理部门围绕《推动共建丝绸之路经济带和21世纪海上丝绸之路的愿景与行动》,深化外汇管理改革,为"一带一路"营造良好的政策环境。国家外汇管理部门进一步推动金融市场的双向开放,提升跨境贸易和投资的便利化水平,支持有能力、有条件的企业开展真实合规的对外投资活动,更好地服务"一带一路"建设②。

一是为"一带一路"搭建资金平台。国家外汇管理局积极拓展外汇储备多元化运用,通过股权、债权、基金等方式,多层次、大力度支持"一带一路"等倡议,2014年底中国外汇储备、中国投资有限责任公司、中国进出口银行、国家开

① 教育部. 教育部关于印发《推进共建"一带一路"教育行动》的通知[EB/OL]. (2016-07-15) [2020-12-14]. http://www.moe.gov.cn/srcsite/A20/s7068/201608/t20160811_274679.html.

② 潘功胜. 外汇管理助力"一带一路"建设[J]. 中国金融,2017(5).

发银行共同出资400亿美元成立丝路基金，首期资本金100亿美元中外汇储备出资占65%。此外，中国外汇储备还以多种形式支持了中非发展基金、中国欧亚基金、中阿基金等多双边基金，撬动其他资金进入“一带一路”项目，帮助大型项目更有力地筹措资金。二是不断深化服务贸易外汇管理改革。国家外汇管理局自2013年9月1日起在全国范围内实施服务贸易外汇管理改革，通过取消服务贸易购付汇核准、服务贸易小额交易无须审单、简化单证审核、清理整合法规、放宽境内机构服务贸易外汇收入境外存放条件、强化均衡管理和事后管理等措施大力推进服务贸易便利化，构建更加便利、规范、透明和高效的服务贸易外汇管理体系，有力支持“一带一路”建设。三是外汇管理改革为直接投资“开路”，助力跨境投资自由化、便利化。2015年2月，外汇局发布《关于进一步简化和改进直接投资外汇管理政策的通知》，外汇管理部门实施间接监管，取消FDI的外汇登记核准，改由银行直接审核办理。至此，境内企业“走出去”在汇兑环节上已经没有管制，基本实现可兑换，大大便利了中国企业参与国际经济技术合作和竞争①。四是发布“一带一路”国家外汇管理政策汇编。为推动共建“一带一路”高质量发展，国家外汇管理局发布《“一带一路”国家外汇管理政策概览》，从经常项目外汇管理、资本和金融项目外汇管理、个人外汇管理、金融机构外汇业务管理等方面，编译和梳理了“一带一路”沿线国家外汇管理政策情况，为“走出去”的市场主体提供政策参考。

## 第三节　中国与“一带一路”沿线国家文化创意产品贸易②

文化是“一带一路”的灵魂，文化传承与创新是各国经济贸易合作的“软”支撑。自20世纪90年代以来，随着全球创意经济实践的快速发展，文化创意产业的发展已经被许多国家和地区列为经济发展的战略产业和支柱产业，成为一个国家和地区转变经济发展方式、提升可持续发展能力的重要保证。与此同时，文化产品与服务在国际贸易中的地位不断提升，有力地促进了国际贸易的

① 徐燕燕. 中国直接投资外汇管理改革22年：助力跨境投资自由化便利化[EB/OL].(2018-12-05)[2020-12-14]. https://www.yicai.com/news/100073523.html.

② 此部分内容已发表于2017年第10期《国际贸易》，此处略有改动。

增长。2002 年全球文化创意产品贸易额已经占当年全球商品贸易总额的 6.71%，从 2002 年的 4359.62 亿美元跃升到 2015 年的 9641.48 亿美元[①]。2016 年联合国教科文组织在《文化贸易全球化：文化消费的转变——2004—2013 年文化产品与服务的国际流动》报告中指出，中国在 2010 年就已超越美国成为世界文化产品第一出口大国，并连续四年高居榜首。"一带一路"倡议对我国文化产业发展提出了新的要求，即在密切沿线国家经济合作与文化交流的同时，大力发展与沿线国家的文化贸易，推动中国文化产品和服务"走出去"，提高"一带一路"建设的文化认同，增强我国的软实力和国际话语权。

## 一、中国与"一带一路"沿线国家文化创意产品贸易概况

"一带一路"致力于亚欧非大陆及附近海洋的互联互通，是一个开放的国际区域经济合作网络，还没有精确的空间范围。为了研究方便，本书设定研究范围包括 64 个国家和地区：蒙俄 2 国、中亚 5 国、南亚 8 国、东南亚 10 国、中东欧 16 国、西亚北非 16 国以及独联体其他 7 国（如表 4-5）。

**表 4-5 "一带一路"沿线国家范围**

| 板块 | 64 个主要国家 |
|---|---|
| 蒙俄 2 国 | 蒙古、俄罗斯 |
| 中亚 5 国 | 哈萨克斯坦、吉尔吉斯斯坦、塔吉克斯坦、土库曼斯坦、乌兹别克斯坦 |
| 南亚 8 国 | 阿富汗、孟加拉共和国、不丹、印度、尼泊尔、马尔代夫、巴基斯坦、斯里兰卡 |
| 东南亚 10 国 | 文莱、柬埔寨、印尼、老挝、马来西亚、缅甸、菲律宾、新加坡、泰国、越南 |
| 中东欧 16 国 | 爱沙尼亚、拉脱维亚、立陶宛、捷克、斯洛伐克、匈牙利、波兰、罗马尼亚、保加利亚、斯洛文尼亚、克罗地亚、阿尔巴尼亚、波黑、塞尔维亚、马其顿、黑山 |
| 西亚北非 16 国 | 沙特阿拉伯、阿联酋、阿曼、伊朗、土耳其、以色列、埃及、科威特、伊拉克、卡塔尔、约旦、黎巴嫩、巴林、也门、叙利亚、巴勒斯坦 |
| 独联体其他 7 国 | 乌克兰、白俄罗斯、克鲁吉亚、阿塞拜疆、亚美尼亚、摩尔多瓦、塞浦路斯 |

2002 年以来，中国与"一带一路"沿线国家文化产品贸易增长迅速，尤其是

① 本节所有数据来源于联合国贸易和发展会议《创意经济》统计数据库（UnctadStat Creative Economy），http://unctadstat.unctad.org/wds/ReportFolders/reportFolders.aspx。

2008年金融危机之后，中国与“一带一路”沿线国家创意产品贸易步入快速发展时期。2010年，我国对“一带一路”沿线国家创意产品进出口总额为208.48亿美元，而到了2015年，增长到410.80亿美元，年均增长率为14.52%（见图4-3）。

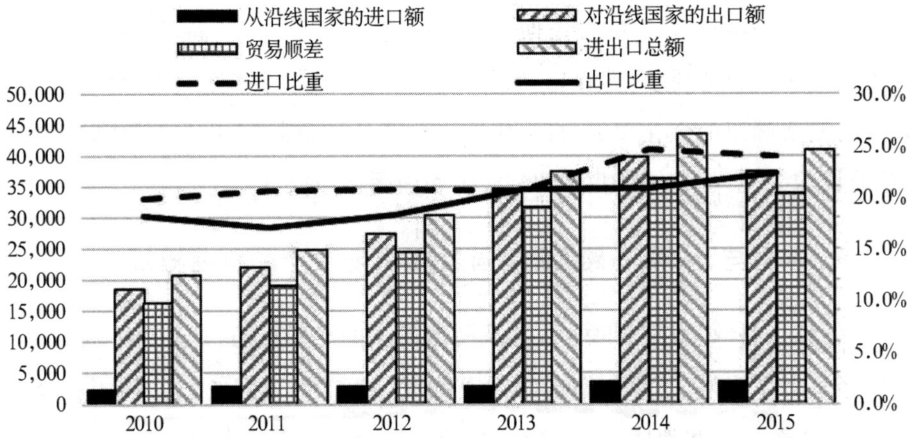


**图 4-3　2010—2015 年中国与沿线各国双边创意产品贸易额①(单位:亿美元)**

中国对“一带一路”沿线国家创意产品出口额从2010年的185.84亿美元，增长到2015年的375.38亿美元，年均增长率为15.10%。中国从“一带一路”沿线国家创意产品进口额却一直处于较低水平，从2002年的22.64亿美元，增长到2015年的35.43亿美元，年均增长率为9.37%。

中国在与“一带一路”沿线国家的创意产品贸易中一直处于贸易顺差的地位，2010—2014年的贸易顺差呈现出增长的态势，2015年贸易顺差为339.95亿美元，较2014年顺差额有所降低。2010—2015年中国对“一带一路”沿线国家创意产品出口额占中国创意产品总出口额的比重稳中有升，2015年为22.3%，进口比重2010—2014年稳中有升，2015年有所降低，达到24.0%，这说明中国与“一带一路”沿线国家的创意产品进出口贸易相互依赖程度在日益加深。

从“一带一路”沿线国家所处区域来看，中国与东南亚10国创意产品贸易联系最为紧密（见图4-4）。2015年，中国与东南亚10国创意产品进出口贸易总额占中国与沿线国家创意产品进出口贸易总额的44.76%，主要由于东南亚国家是中国周边外交的优先方向，国家关系总体良好，这有益于促进双边贸易发

① 注：进口比重＝中国从“一带一路”沿线国家创意产品进口额/中国创意产品总进口额；出口比重＝中国对“一带一路”沿线国家创意产品出口额/中国创意产品总出口额。

展;此外,中国-东盟自贸区的建立更是极大地促进了东南亚10国与中国的经贸联系。中国与西亚北非16国创意产品贸易总额占中国与“一带一路”沿线国家创意产品贸易总额的比重为25.68%,居于第二位;南亚8国居于第三位,比重达到10.71%。

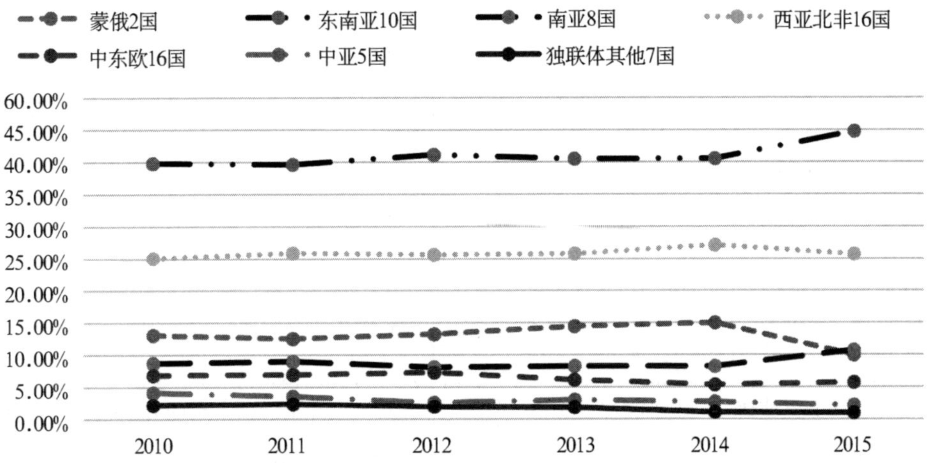


**图4-4　2010—2015年中国与七大区域创意产品贸易额占中国与沿线国家创意产品贸易总额比重**

## 二、中国与“一带一路”沿线国家双边创意产品贸易的市场结构

### (一)主要贸易伙伴

在中国与“一带一路”沿线国家的创意产品出口贸易中,东南亚是中国主要的出口区域。2010年,在占中国与沿线国家创意产品出口份额66.06%的前十位伙伴国中,5个是东南亚国家,其份额为28.50%(见表4-6);2015年,占中国与沿线国家创意产品出口份额70.38 %的前十位贸易伙伴国中,6个是东南亚国家,其出口份额提高到了38.16 %(见表4-7)。东南亚国家也是中国从沿线国家创意产品进口的主要来源地,2010年,有6个东南亚国家出现在中国从沿线国家创意产品进口额前十位中,分别是新加坡、泰国、菲律宾、马来西亚、印度尼西亚和越南,份额高达90.22 %;2015年,有7个东南亚国家出现在进口前十位,份额为83.29 %。

表 4-6　2010 年中国与“一带一路”沿线国家创意产品贸易十强

（单位：亿美元）

| 序号 | 国家 | 中国的出口额 | 在对沿线国家出口中的份额 | 在对全球国家出口中的份额 | 国家 | 中国的进口额 | 在从沿线国家进口中的份额 | 在从全球国家进口中的份额 |
|---|---|---|---|---|---|---|---|---|
| 1 | 俄罗斯 | 26.35 | 14.18% | 2.59% | 新加坡 | 16.05 | 70.90% | 14.11% |
| 2 | 阿联酋 | 17.17 | 9.24% | 1.69% | 泰国 | 1.38 | 6.09% | 1.21% |
| 3 | 新加坡 | 13.26 | 7.14% | 1.30% | 菲律宾 | 0.97 | 4.30% | 0.86% |
| 4 | 泰国 | 12.33 | 6.63% | 1.21% | 马来西亚 | 0.77 | 3.42% | 0.68% |
| 5 | 印度 | 11.91 | 6.41% | 1.17% | 印度尼西亚 | 0.63 | 2.80% | 0.56% |
| 6 | 马来西亚 | 11.91 | 6.41% | 1.17% | 越南 | 0.61 | 2.71% | 0.54% |
| 7 | 沙特阿拉伯 | 8.52 | 4.58% | 0.84% | 俄罗斯 | 0.34 | 1.50% | 0.30% |
| 8 | 印度尼西亚 | 8.43 | 4.54% | 0.83% | 波兰 | 0.30 | 1.32% | 0.26% |
| 9 | 菲律宾 | 7.02 | 3.78% | 0.69% | 印度 | 0.29 | 1.30% | 0.26% |
| 10 | 土耳其 | 5.86 | 3.15% | 0.58% | 土耳其 | 0.23 | 1.01% | 0.20% |
| 总计 | | 122.76 | 66.06% | 12.07% | 总计 | 21.23 | 95.35% | 18.98% |

在中国与全球国家创意产品进出口贸易中，2010 年中国与沿线前十位的贸易伙伴国的进、出口额占比为 18.98%和 12.07%，到了 2015 年，这个比重上升到了 21.64%和 15.68%，这说明中国与“一带一路”沿线国家创意产品贸易在不断加强，但潜力仍然很大，有进一步开拓市场的必要。

表 4-7　2015 年中国与“一带一路”沿线国家创意产品贸易十强

（单位：亿美元）

| 序号 | 国家 | 中国的出口额 | 在对沿线国家出口中的份额 | 在对全球国家出口中的份额 | 国家 | 中国的进口额 | 在从沿线国家进口中的份额 | 在从全球国家进口中的份额 |
|---|---|---|---|---|---|---|---|---|
| 1 | 新加坡 | 41.16 | 10.97% | 2.44% | 新加坡 | 13.28 | 37.48% | 8.98% |
| 2 | 俄罗斯 | 40.48 | 10.78% | 2.40% | 泰国 | 3.57 | 10.07% | 2.42% |
| 3 | 马来西亚 | 33.21 | 8.85% | 1.97% | 越南 | 3.56 | 10.06% | 2.41% |
| 4 | 阿联酋 | 32.67 | 8.70% | 1.94% | 缅甸 | 3.36 | 9.50% | 2.28% |
| 5 | 印度 | 25.84 | 6.88% | 1.53% | 马来西亚 | 2.32 | 6.55% | 1.57% |
| 6 | 沙特阿拉伯 | 21.99 | 5.86% | 1.31% | 菲律宾 | 1.90 | 5.36% | 1.29% |
| 7 | 越南 | 20.89 | 5.56% | 1.24% | 印度尼西亚 | 1.51 | 4.27% | 1.02% |
| 8 | 菲律宾 | 20.00 | 5.33% | 1.19% | 印度 | 0.88 | 2.50% | 0.60% |
| 9 | 泰国 | 14.12 | 3.76% | 0.84% | 波兰 | 0.87 | 2.45% | 0.59% |
| 10 | 印度尼西亚 | 13.87 | 3.69% | 0.82% | 以色列 | 0.72 | 2.04% | 0.49% |
| 总计 | | 264.23 | 70.38% | 15.68% | 总计 | 31.97 | 90.28 | 21.64% |

2015 年,"一带一路"沿线 64 个国家中,只有波黑一个国家与中国创意产品贸易处于顺差地位,其他国家都处于贸易逆差地位。与中国创意产品贸易表现为逆差的前十位贸易伙伴国依次为新加坡 、俄罗斯联邦、马来西亚、阿联酋、印度、沙特阿拉伯、越南、菲律宾、泰国、印度尼西亚(见表 4-8),其中 6 个是东南亚国家。可见,"一带一路"主要伙伴国多处于对中国创意产品净进口的地位。

**表 4-8　2015 年中国与"一带一路"沿线主要国家的创意产品贸易状况**

(单位:亿美元)

| 序号 | 国家 | 对中国出口额 | 从中国进口额 | 贸易余额 | 贸易地位 |
|---|---|---|---|---|---|
| 1 | 新加坡 | 13.28 | 41.16 | -27.89 | 逆差 |
| 2 | 俄罗斯联邦 | 0.20 | 40.48 | -40.28 | 逆差 |
| 3 | 马来西亚 | 2.32 | 33.21 | -30.89 | 逆差 |
| 4 | 阿联酋 | 0.01 | 32.67 | -32.66 | 逆差 |
| 5 | 印度 | 0.88 | 25.84 | -24.95 | 逆差 |
| 6 | 沙特阿拉伯 | 0.00 | 21.99 | -21.99 | 逆差 |
| 7 | 越南 | 3.56 | 20.89 | -17.33 | 逆差 |
| 8 | 菲律宾 | 1.90 | 20.00 | -18.10 | 逆差 |
| 9 | 泰国 | 3.57 | 14.11 | -10.55 | 逆差 |
| 10 | 印度尼西亚 | 1.51 | 13.87 | -12.35 | 逆差 |
|  | 合计 | 27.24 | 264.23 | -236.98 | 逆差 |

### (二)各类创意产品的前十大贸易伙伴

中国与"一带一路"沿线国家的创意产品贸易中,各类创意产品进出口的前十大贸易伙伴国见表 4-9、表 4-10、表 4-11、表 4-12、表 4-13、表 4-14 和表 4-15。可以看出,东南亚是各类创意产品进出口的主要地区。与 2010 年相比较,2015 年中国与各类产品的前十大贸易伙伴国的进出口额成倍地增加了,且中国在工艺品、设计、新媒体、出版物和视觉艺术方面与东南亚地区的贸易更为密切,而中国在视听方面与东南亚地区贸易有所放松。

**表 4-9　中国工艺品进出口前十大伙伴(单位:百万美元)**

| 2010 中国工艺品进出口前十大伙伴 | | | | 2015 中国工艺品进出口前十大伙伴 | | | |
|---|---|---|---|---|---|---|---|
| 国家 | 中国的出口额 | 国家 | 中国的进口额 | 国家 | 中国的出口额 | 国家 | 中国的进口额 |
| 阿联酋 | 266.22 | 泰国 | 14.06 | 越南 | 583.44 | 越南 | 26.82 |
| 俄罗斯 | 220.15 | 越南 | 13.29 | 印度 | 366.68 | 土耳其 | 18.76 |
| 越南 | 184.86 | 印度尼西亚 | 9.21 | 新加坡 | 339.18 | 印度 | 13.78 |
| 印度尼西亚 | 168.51 | 印度 | 5.59 | 马来西亚 | 337.89 | 泰国 | 12.47 |
| 马来西亚 | 159.98 | 埃及 | 5.20 | 俄罗斯 | 330.64 | 菲律宾 | 12.17 |
| 印度 | 141.50 | 菲律宾 | 5.14 | 阿联酋 | 330.46 | 埃及 | 7.88 |
| 土耳其 | 113.72 | 土耳其 | 4.99 | 印度尼西亚 | 312.09 | 伊朗 | 4.60 |
| 伊朗 | 96.30 | 马来西亚 | 1.79 | 菲律宾 | 265.65 | 印度尼西亚 | 3.71 |
| 新加坡 | 95.97 | 波兰 | 1.40 | 柬埔寨 | 243.13 | 马来西亚 | 3.03 |
| 泰国 | 88.32 | 蒙古 | 1.25 | 泰国 | 220.84 | 孟加拉国 | 2.14 |

**表 4-10　中国视听进出口前十大伙伴**

(单位:百万美元)

| 2010 中国视听进出口前十大伙伴 | | | | 2015 中国视听进出口前十大伙伴 | | | |
|---|---|---|---|---|---|---|---|
| 国家 | 中国的出口额 | 国家 | 中国的进口额 | 国家 | 中国的出口额 | 国家 | 中国的进口额 |
| 泰国 | 290.44 | 新加坡 | 1,550.10 | 泰国 | 269.10 | 新加坡 | 1,045.16 |
| 新加坡 | 100.38 | 以色列 | 16.02 | 马来西亚 | 53.45 | 马来西亚 | 104.81 |
| 马来西亚 | 45.32 | 马来西亚 | 13.63 | 科威特 | 50.21 | 以色列 | 27.34 |
| 匈牙利 | 41.08 | 俄罗斯 | 4.19 | 匈牙利 | 48.93 | 菲律宾 | 13.04 |
| 越南 | 28.33 | 乌克兰 | 3.50 | 印度 | 33.86 | 乌克兰 | 6.94 |
| 缅甸 | 22.16 | 印度 | 1.77 | 孟加拉国 | 27.31 | 俄罗斯 | 3.55 |
| 吉尔吉斯斯坦 | 18.84 | 泰国 | 1.75 | 新加坡 | 22.86 | 印度 | 1.57 |
| 巴基斯坦 | 14.22 | 菲律宾 | 0.59 | 尼泊尔 | 3.84 | 蒙古 | 0.83 |
| 哈萨克斯坦 | 9.42 | 匈牙利 | 0.49 | 伊朗 | 2.13 | 土库曼斯坦 | 0.74 |
| 阿联酋 | 290.44 | 捷克共和国 | 0.42 | 越南 | 1.25 | 巴基斯坦 | 0.71 |

**表 4-11　中国设计进出口前十大伙伴**

（单位：百万美元）

| 2010 中国设计进出口前十大伙伴 | | | | 2015 中国设计进出口前十大伙伴 | | | |
|---|---|---|---|---|---|---|---|
| 国家 | 中国的出口额 | 国家 | 中国的进口额 | 国家 | 中国的出口额 | 国家 | 中国的进口额 |
| 俄罗斯 | 2,227.28 | 泰国 | 97.76 | 俄罗斯 | 3,537.23 | 缅甸 | 334.63 |
| 阿联酋 | 1,237.07 | 菲律宾 | 85.60 | 新加坡 | 3,292.52 | 越南 | 310.95 |
| 新加坡 | 898.58 | 越南 | 46.96 | 阿联酋 | 2,589.63 | 泰国 | 272.39 |
| 马来西亚 | 865.51 | 印度尼西亚 | 30.72 | 马来西亚 | 2,560.90 | 波兰 | 81.95 |
| 泰国 | 801.24 | 波兰 | 27.22 | 沙特阿拉伯 | 1,871.23 | 印度尼西亚 | 66.83 |
| 印度 | 764.75 | 马来西亚 | 20.02 | 印度 | 1,678.07 | 印度 | 66.12 |
| 沙特阿拉伯 | 700.57 | 印度 | 19.23 | 菲律宾 | 1,581.70 | 捷克共和国 | 48.64 |
| 印度尼西亚 | 609.93 | 土耳其 | 17.79 | 越南 | 1,366.43 | 马来西亚 | 46.36 |
| 菲律宾 | 579.21 | 捷克共和国 | 14.67 | 印度尼西亚 | 903.11 | 菲律宾 | 44.76 |
| 土耳其 | 395.68 | 立陶宛 | 8.86 | 泰国 | 781.05 | 土耳其 | 34.30 |

**表 4-12　中国新媒体进出口前十大伙伴**

（单位：百万美元）

| 2010 中国新媒体进出口前十大伙伴 | | | | 2015 中国新媒体进出口前十大伙伴 | | | |
|---|---|---|---|---|---|---|---|
| 国家 | 中国的出口额 | 国家 | 中国的进口额 | 国家 | 中国的出口额 | 国家 | 中国的进口额 |
| 印度 | 177.74 | 马来西亚 | 40.95 | 阿联酋 | 180.93 | 新加坡 | 226.69 |
| 新加坡 | 170.96 | 新加坡 | 28.23 | 新加坡 | 180.05 | 菲律宾 | 119.40 |
| 阿联酋 | 125.33 | 泰国 | 22.00 | 印度 | 176.03 | 马来西亚 | 76.31 |
| 捷克共和国 | 79.42 | 印度尼西亚 | 10.21 | 马来西亚 | 108.66 | 泰国 | 66.96 |
| 匈牙利 | 64.62 | 菲律宾 | 5.74 | 印度尼西亚 | 79.87 | 以色列 | 35.52 |
| 俄罗斯 | 33.22 | 以色列 | 1.74 | 越南 | 45.07 | 越南 | 16.03 |
| 印度尼西亚 | 27.23 | 斯洛文尼亚 | 0.83 | 泰国 | 41.81 | 印度尼西亚 | 2.80 |
| 沙特阿拉伯 | 24.21 | 印度 | 0.45 | 菲律宾 | 36.74 | 斯洛文尼亚 | 0.83 |
| 巴基斯坦 | 17.61 | 沙特阿拉伯 | 0.44 | 波兰 | 33.33 | 印度 | 0.75 |
| 波兰 | 16.82 | 捷克共和国 | 0.40 | 土耳其 | 31.65 | 波兰 | 0.66 |

**表 4-13　中国音乐制品进出口前十大伙伴**

（单位：百万美元）

| 2010 中国音乐制品进出口前十大伙伴 | | | | 2015 中国音乐制品进出口前十大伙伴 | | | |
|---|---|---|---|---|---|---|---|
| 国家 | 中国的出口额 | 国家 | 中国的进口额 | 国家 | 中国的出口额 | 国家 | 中国的进口额 |
| 马来西亚 | 16.15 | 印度尼西亚 | 12.08 | 马来西亚 | 27.75 | 印度尼西亚 | 75.32 |
| 土耳其 | 12.86 | 捷克共和国 | 1.41 | 印度 | 27.52 | 捷克共和国 | 3.98 |
| 泰国 | 11.61 | 马来西亚 | 0.24 | 新加坡 | 23.01 | 泰国 | 0.65 |
| 俄罗斯 | 10.88 | 越南 | 0.17 | 阿联酋 | 18.13 | 越南 | 0.25 |
| 阿联酋 | 10.87 | 泰国 | 0.10 | 泰国 | 16.98 | 土耳其 | 0.21 |
| 菲律宾 | 9.92 | 以色列 | 0.09 | 菲律宾 | 15.97 | 尼泊尔 | 0.16 |
| 印度 | 9.71 | 尼泊尔 | 0.02 | 土耳其 | 15.09 | 波兰 | 0.13 |
| 印度尼西亚 | 8.95 | 埃及 | 0.02 | 印度尼西亚 | 12.86 | 印度 | 0.09 |
| 新加坡 | 8.16 | 土耳其 | 0.01 | 俄罗斯 | 10.90 | 爱沙尼亚 | 0.08 |
| 伊朗 | 4.97 | 印度 | 0.01 | 伊朗 | 10.00 | 马来西亚 | 0.05 |

**表 4-14　中国出版物进出口前十大伙伴**

（单位：百万美元）

| 2010 中国出版物进出口前十大伙伴 | | | | 2015 中国出版物进出口前十大伙伴 | | | |
|---|---|---|---|---|---|---|---|
| 国家 | 中国的出口额 | 国家 | 中国的进口额 | 国家 | 中国的出口额 | 国家 | 中国的进口额 |
| 俄罗斯 | 41.29 | 新加坡 | 23.50 | 马来西亚 | 32.19 | 新加坡 | 29.49 |
| 印度 | 28.54 | 俄罗斯 | 7.48 | 新加坡 | 29.29 | 俄罗斯 | 1.61 |
| 马来西亚 | 28.15 | 乌克兰 | 2.00 | 越南 | 27.63 | 印度 | 1.26 |
| 菲律宾 | 11.99 | 哈萨克斯坦 | 1.40 | 印度 | 22.40 | 马来西亚 | 1.18 |
| 越南 | 8.53 | 印度 | 1.38 | 印度尼西亚 | 18.66 | 印度尼西亚 | 1.16 |
| 巴基斯坦 | 6.83 | 泰国 | 0.78 | 阿联酋 | 18.46 | 波兰 | 0.99 |
| 沙特阿拉伯 | 6.76 | 马来西亚 | 0.45 | 菲律宾 | 17.28 | 泰国 | 0.84 |
| 泰国 | 6.25 | 波兰 | 0.24 | 俄罗斯 | 16.91 | 越南 | 0.65 |
| 菲律宾 | 6.22 | 以色列 | 0.15 | 沙特阿拉伯 | 13.79 | 捷克共和国 | 0.60 |
| 土耳其 | 4.42 | 菲律宾 | 0.13 | 泰国 | 9.80 | 斯洛伐克 | 0.53 |

**表 4-15　中国视觉艺术品进出口前十大伙伴**

（单位：百万美元）

| 2010 中国视觉艺术品进出口前十大伙伴 | | | | 2015 中国视觉艺术品进出口前十大伙伴 | | | |
|---|---|---|---|---|---|---|---|
| 国家 | 中国的出口额 | 国家 | 中国的进口额 | 国家 | 中国的出口额 | 国家 | 中国的进口额 |
| 俄罗斯 | 100.63 | 俄罗斯 | 13.79 | 印度 | 278.97 | 尼泊尔 | 8.34 |
| 伊朗 | 73.67 | 尼泊尔 | 2.23 | 新加坡 | 229.39 | 印度 | 4.84 |
| 阿联酋 | 68.09 | 泰国 | 1.52 | 马来西亚 | 200.15 | 泰国 | 3.07 |
| 印度 | 65.71 | 缅甸 | 0.95 | 阿联酋 | 129.52 | 越南 | 1.66 |
| 马来西亚 | 59.36 | 波兰 | 0.94 | 俄罗斯 | 121.32 | 印度尼西亚 | 1.54 |
| 沙特阿拉伯 | 46.08 | 印度 | 0.91 | 沙特阿拉伯 | 116.92 | 波兰 | 1.28 |
| 土耳其 | 43.66 | 印度尼西亚 | 0.82 | 伊朗 | 93.31 | 新加坡 | 0.73 |
| 新加坡 | 40.41 | 越南 | 0.72 | 孟加拉国 | 87.38 | 菲律宾 | 0.58 |
| 埃及 | 37.07 | 乌克兰 | 0.62 | 菲律宾 | 81.47 | 巴基斯坦 | 0.50 |
| 以色列 | 35.68 | 巴基斯坦 | 0.62 | 土耳其 | 80.90 | 俄罗斯 | 0.47 |

### （三）中国在前十大贸易伙伴国对外创意产品贸易中的地位

2015 年中国对“一带一路”沿线国家创意产品出口十强为：新加坡、俄罗斯、马来西亚、阿联酋、印度、沙特阿拉伯、越南、菲律宾、泰国、印度尼西亚。近年来，这十大贸易伙伴国从中国进口的比重都较高，且进口比重排在第一或第二位，而对中国的出口比重较低，出口比重几乎都排在三强以外（见表 4-16）。这说明在创意产品进口方面，这十大贸易伙伴国对中国较倚重，而在出口方面，中国是新加坡的第三大出口市场，其他国家对中国的出口还存在着较大的贸易潜力。

**表 4-16　2015 年中国在贸易伙伴国创意产品贸易中的地位**

| 国家 | 出口比重 | 出口名次 | 进口比重 | 进口名次 |
|---|---|---|---|---|
| 新加坡 | 9.8% | 3 | 16.8% | 2 |
| 俄罗斯 | 3.7% | 7 | 46.2% | 1 |
| 马来西亚 | 1.9% | 9 | 39.8% | 1 |
| 阿联酋 * | 0.2% | 35 | 16.0% | 2 |
| 印度 | 0.3% | 27 | 32.3% | 1 |
| 沙特阿拉伯 | — | — | 37.9% | 1 |
| 越南 * | 3.2% | 7 | 45.0% | 1 |
| 菲律宾 | 5.0% | 4 | 4.3% | 1 |
| 泰国 * | 1.8% | 14 | 5.9% | 1 |
| 印度尼西亚 * | 2.0% | 12 | 4.1% | 1 |

注：“ * ”表示由于 2015 年数据缺失，用 2014 年数据替代，出口比重、进口比重分别表示伙伴国对中国创意产品出口额、进口额占该国创意产品总出口额、总进口额的比重；出口名次、进口名次分别表示伙伴国对中国创意产品出口比重、进口比重的排名。

(四)中国与“一带一路”沿线国家创意产品贸易的相互依赖程度

为进一步揭示中国与“一带一路”沿线国家的贸易依赖关系，我们运用韩国学者 Baldwin 提出的 HM 指数(Hubness Measurement Index)来测算区域经济一体化网络中成员国之间相互贸易依赖程度，其计算公式为：

$$HM_j = \frac{x_{ij}}{x_i} \times \left(1 - \frac{m_{ij}}{m_j}\right)$$

公式中：$x_{ij}$ 和 $m_{ij}$ 表示 $i$ 国到 $j$ 国的出口额、进口额，$x_i$ 表示 $i$ 国的出口总额，$m_j$ 表示 $j$ 国的进口总额。$HM_j$ 主要用于衡量 $i$ 国对 $j$ 国市场的依赖程度，其取值范围为 0—1 之间；当 $HM_j$ 指数越靠近 1，表明 $i$ 国出口对 $j$ 国市场的依赖程度越大，反之亦然。

表 4-17 和表 4-18 分别计算了中国出口对“一带一路”沿线国家依赖度的 HM 指数和“一带一路”沿线国家出口对中国依赖度的 HM 指数。结果表明，中国出口对东南亚 11 国的依赖程度最高，其次是西亚北非 16 国、蒙俄 2 国。近五年来，随着“一带一路”倡议的深化，中国出口对沿线主要国家的依赖程度正在加深。而“一带一路”沿线国家出口对中国的依赖程度普遍较低，除了中亚 5 国外，他们对中国出口的依赖程度远低于中国对沿线国家出口的依赖程度，由此可见，中国与沿线国家相互之间的贸易依赖度呈现出明显的非对称性。

**表 4-17　2010—2015 年中国创意产品出口对“一带一路”沿线国家依赖度 HM 指数(%)**

| 年份 | 蒙俄 2 国 | 中亚 5 国 | 南亚 8 国 | 东南亚 10 国 | 中东欧 16 国 | 西亚北非 16 国 | 独联体其他 7 国 |
|---|---|---|---|---|---|---|---|
| 2010 | 2.63 | 0.85 | 1.74 | 5.35 | 1.32 | 5.06 | 0.44 |
| 2011 | 2.42 | 0.69 | 1.66 | 4.87 | 1.23 | 4.91 | 0.45 |
| 2012 | 2.65 | 0.53 | 1.55 | 5.78 | 1.35 | 5.10 | 0.40 |
| 2013 | 3.23 | 0.69 | 1.77 | 6.72 | 1.25 | 5.72 | 0.42 |
| 2014 | 3.39 | 0.62 | 1.75 | 6.53 | 1.09 | 6.07 | 0.25 |
| 2015 | 2.40 | 0.53 | 2.47 | 7.27 | 1.22 | 6.10 | 0.23 |

**表 4-18　2010—2015 年"一带一路"沿线国家创意产品出口对中国依赖度 HM 指数(%)**

| 年份 | 蒙俄 2 国 | 中亚 5 国 | 南亚 8 国 | 东南亚 10 国 | 中东欧 16 国 | 西亚北非 16 国 | 独联体其他 7 国 |
|---|---|---|---|---|---|---|---|
| 2010 | 2.26 | 23.21 | 0.21 | 3.03 | 0.46 | 0.30 | 0.71 |
| 2011 | 0.71 | 0.17 | 0.29 | 3.78 | 0.68 | 0.40 | 0.44 |
| 2012 | 1.10 | 0.17 | 0.34 | 2.35 | 0.78 | 0.17 | 0.32 |
| 2013 | 0.95 | 0.27 | 0.41 | 0.67 | 0.81 | 0.14 | 0.22 |
| 2014 | 0.49 | 0.04 | 0.52 | -0.04 | 0.90 | 0.09 | 0.62 |
| 2015 | 1.01 | 1.74 | 0.55 | -0.56 | 1.07 | 0.41 | 1.11 |

中国与"一带一路"沿线国家的创意产品贸易中，中国出口对东南亚 11 国的依赖程度最高，其次是西亚北非 16 国、蒙俄 2 国。近五年来，对十大贸易伙伴国的进、出口额占中国创意产品进口总额、出口总额的比重不断提高，说明中国与"一带一路"沿线国家创意产品的贸易在加强。主要伙伴国多处于对中国创意产品净进口的地位，沿线国家创意产品出口对中国市场的依赖程度远低于中国对他们的依赖程度，创意产品贸易非对称性依赖关系明显。

## 三、中国与"一带一路"沿线国家创意产品贸易的产品结构

### (一)出口产品结构

2010—2015 年中国对沿线国家出口的主要产品是设计和工艺品，2015 年设计和工艺品出口占当年中国对沿线国家创意产品总出口额的比重分别为 75.63%和 12.99%，而其他五类产品所占比重不到 12%。从表 4-19 中可以看出，这两类主要产品的出口结构相对稳定。从表 4-20 可以看出，除了视觉艺术品外，中国对东南亚地区其他各类产品的出口占比最高。2015 年中国对沿线国家视听、工艺品和视觉艺术品出口占中国各类产品出口总额比重分别为 47.64%、28.81%和 24.02%(见表 4-21)，均高于 22.3%(见图 4-3 中国对沿线国家出口占中国创意产品总出口额的比重)，说明中国的视听、工艺品和视觉艺术品在"一带一路"沿线国家的市场上具有显示性比较优势。

表 4-19 2010—2015 年中国对"一带一路"沿线国家创意产品出口结构(%)

| 年份 | 2010 | 2011 | 2012 | 2013 | 2014 | 2015 |
|---|---|---|---|---|---|---|
| 工艺品 | 13.08 | 13.35 | 13.06 | 12.97 | 13.17 | 12.99 |
| 视听 | 3.53 | 3.28 | 1.96 | 1.52 | 1.33 | 1.44 |
| 设计 | 71.52 | 71.56 | 69.45 | 70.50 | 74.37 | 75.63 |
| 新媒体 | 4.79 | 3.78 | 4.00 | 2.61 | 2.52 | 2.83 |
| 音乐制品 | 0.76 | 0.80 | 0.80 | 0.70 | 0.66 | 0.61 |
| 出版物 | 1.10 | 0.92 | 0.96 | 1.14 | 0.99 | 0.76 |
| 视觉艺术品 | 0.93 | 1.06 | 1.75 | 2.15 | 1.42 | 1.27 |

表 4-20　2015 年中国对沿线区域出口占中国各类产品出口总额比重(%)

| 区域 | 工艺品 | 视听 | 设计 | 新媒体 | 音乐制品 | 出版物 | 视觉艺术品 |
|---|---|---|---|---|---|---|---|
| 蒙俄 2 国 | 0.04 | 0.15 | 0.26 | 0.01 | 0.02 | 0.18 | 0.11 |
| 中亚 5 国 | 0.01 | 0.03 | 0.00 | 0.00 | 0.01 | 0.00 | 0.00 |
| 南亚 8 国 | 2.30 | 0.08 | 1.75 | 0.02 | 0.11 | 0.15 | 2.69 |
| 东南亚 10 国 | 6.78 | 39.00 | 19.20 | 14.66 | 32.32 | 3.73 | 1.67 |
| 中东欧 16 国 | 0.48 | 0.06 | 4.30 | 0.06 | 1.80 | 0.26 | 0.30 |
| 西亚北非 16 国 | 3.51 | 0.92 | 0.82 | 1.03 | 0.09 | 0.05 | 0.05 |
| 独联体其他 7 国 | 0.00 | 0.25 | 0.06 | 0.00 | 0.00 | 0.01 | 0.00 |
| 合计 | 13.12 | 40.49 | 26.39 | 15.78 | 34.35 | 4.38 | 4.82 |

表 4-21　2010—2015 年中国对"一带一路"沿线国家各类文化产品出口占总出口的比重(%)

| 年份 | 2010 | 2011 | 2012 | 2013 | 2014 | 2015 |
|---|---|---|---|---|---|---|
| 工艺品 | 23.44 | 23.74 | 24.81 | 28.11 | 31.34 | 28.81 |
| 视听 | 51.78 | 49.92 | 55.29 | 51.83 | 62.10 | 47.64 |
| 设计 | 18.74 | 16.92 | 18.12 | 20.09 | 19.93 | 23.08 |
| 新媒体 | 8.51 | 8.09 | 8.65 | 8.65 | 9.58 | 7.83 |
| 音乐制品 | 11.07 | 12.60 | 14.70 | 16.85 | 17.67 | 15.48 |
| 出版物 | 8.31 | 7.58 | 9.25 | 12.99 | 12.75 | 9.20 |
| 视觉艺术品 | 18.97 | 18.98 | 21.91 | 29.42 | 30.02 | 24.02 |

(二)进口产品结构

近年来,中国从"一带一路"沿线国家主要进口视听、设计和新媒体等产品,2015年设计、视听和新媒体进口额占中国从沿线国家创意产品进口总额的比重分别为43.04%、34.09%和15.44%(见表4-22),这三类产品加总占当年创意产品进口总额的比重高达92.57%以上,而工艺品、音乐制品、出版物、视觉艺术品这四类产品所占比重不到8%。2010—2015年,视听产品进口所占比重有所下降,设计和新媒体产品进口所占比重有所上升。从表4-23可以看出,中国从东南亚地区进口各类产品比重最高。2015年中国从沿线国家进口视听、音乐制品和设计产品占中国各类产品进口总额比重分别为40.48%、34.35%和26.39%(见表4-24),均高于24.0%(见图4-3中国从沿线国家进口占中国创意产品总进口额的比重),说明"一带一路"沿线国家的视听、音乐制品和设计产品在中国的市场上具有显示性比较优势。

**表4-22 2010—2015年中国从"一带一路"沿线国家创意产品的进口结构(%)**

| 年份 | 2010 | 2011 | 2012 | 2013 | 2014 | 2015 |
|---|---|---|---|---|---|---|
| 工艺品 | 3.11 | 3.11 | 3.33 | 4.01 | 3.50 | 3.32 |
| 视听 | 70.43 | 70.48 | 62.82 | 36.77 | 35.30 | 34.09 |
| 设计 | 18.13 | 18.48 | 21.23 | 27.88 | 39.63 | 43.04 |
| 新媒体 | 4.92 | 5.12 | 8.93 | 12.42 | 11.75 | 15.44 |
| 音乐制品 | 0.63 | 0.93 | 1.39 | 1.78 | 1.90 | 2.29 |
| 出版物 | 1.68 | 1.20 | 1.23 | 1.81 | 1.19 | 1.12 |
| 视觉艺术品 | 0.22 | 0.14 | 0.22 | 3.17 | 1.66 | 0.17 |

**表4-23 2015年中国从各区域进口各类产品占中国各类产品进口总额比重(%)**

| 区域 | 工艺品 | 视听媒体 | 设计 | 新媒体 | 音乐制品 | 出版物 | 视觉艺术品 |
|---|---|---|---|---|---|---|---|
| 蒙俄2国 | 1.94 | 0.05 | 2.90 | 0.23 | 0.73 | 0.54 | 1.37 |
| 中亚5国 | 0.31 | 0.23 | 0.64 | 0.03 | 0.00 | 0.04 | 0.51 |
| 南亚8国 | 4.46 | 5.98 | 2.21 | 1.45 | 2.32 | 1.19 | 4.85 |
| 东南亚10国 | 13.63 | 31.98 | 9.18 | 3.60 | 7.17 | 4.41 | 8.08 |
| 中东欧16国 | 1.68 | 4.50 | 1.26 | 0.40 | 0.89 | 0.45 | 1.28 |
| 西亚北非16国 | 6.36 | 0.01 | 0.04 | 2.05 | 4.17 | 2.34 | 7.69 |
| 独联体其他7国 | 0.42 | 0.01 | 0.24 | 0.07 | 0.11 | 0.07 | 0.23 |
| 合计 | 28.80 | 42.76 | 16.47 | 7.83 | 15.39 | 9.04 | 24.01 |

表 4-24 2010—2015 年中国从"一带一路"国家进口各类文化产品占总进口的比重(%)

| 年份 | 2010 | 2011 | 2012 | 2013 | 2014 | 2015 |
|---|---|---|---|---|---|---|
| 工艺品 | 6.90 | 8.00 | 8.46 | 9.85 | 12.34 | 13.12 |
| 视听 | 45.93 | 52.09 | 47.91 | 33.10 | 39.21 | 40.48 |
| 设计 | 14.38 | 12.35 | 14.01 | 15.99 | 25.45 | 26.39 |
| 新媒体 | 3.92 | 4.37 | 8.08 | 14.32 | 14.36 | 15.78 |
| 音乐制品 | 12.95 | 19.02 | 25.06 | 30.07 | 32.84 | 34.35 |
| 出版物 | 3.93 | 3.45 | 3.36 | 5.27 | 4.64 | 4.38 |
| 视觉艺术品 | 23.17 | 15.28 | 16.03 | 49.92 | 38.50 | 4.82 |

中国向"一带一路"沿线主要国家或地区出口的创意产品以设计和工艺品为主,进口则以视听、设计和新媒体产品为主,中国具有显示性比较优势的出口产品是视听、工艺品和视觉艺术品,沿线国家具有显示性比较优势的出口产品是视听、音乐制品和设计品。视听产品是双方均具有出口优势的创意产品,虽然双方视听产品的贸易额较小,但双方视听产品贸易具有较强的竞争性,其他创意产品贸易具有一定的互补性。

## 四、促进中国与"一带一路"沿线国家创意产品贸易的策略

"一带一路"不仅能够促进经济合作,也为文化传播创造了便利条件。"一带一路"倡议把中国文化创意产品和服务传播到"一带一路"沿线国家,加强了与当地人民的文化交流。沿线国家的民族文化多姿多彩,给中外文化创意产业的交流合作创造了历史性机遇,提供了丰富的文化创意资源和市场空间。"一带一路"沿线国家大多为新兴市场国家,随着经济的增长,对文化创意产品的需求将越来越大。与基础设施的互联互通相伴,沿线国家在承接中国资本的同时,也会对中国文化产品产生更多需求。因此,中国的文化企业应该适时把握机遇,大力推动与"一带一路"沿线国家的文化合作与贸易发展。中国为了从文化贸易的角度促进"一带一路"建设,提出如下政策措施。

### (一)积极参与区域经济合作,推动自由贸易区建立

自由贸易协定的签订是促进中国与"一带一路"沿线国家文化贸易发展的主要力量。东南亚 10 国与中国在创意产品贸易方面交往最为密切,这在很大

程度上得益于中国一东盟自由贸易区的建立，自由贸易区为中国和东南亚国家之间文化贸易往来提供了很多便利条件。因此，推动中国与“一带一路”沿线国家间自由贸易区的建立对于发展我国文化创意产品和服务出口具有重要意义，这不仅能为出口创造良好宽松的外部环境，也能更好地促进区域内人才、资本、信息等资源的相互交流和共享，从而创造出更多的财富，实现区域内的共同繁荣。因此，在国际形势风云变幻的浪潮下，我国需积极参与区域经济合作，推动建立与“一带一路”国家间的自由贸易区，打造开放、均衡、互利的区域经济合作架构，通过经济的互通有无和合作发展，促进区域内的贸易流量稳定增长。

### （二）应加强与“一带一路”沿线国家的文化交流合作，逐步缩小文化差距，促进双边文化产品和服务贸易的发展

习近平主席在2015年博鳌亚洲论坛指出，“一带一路”倡议秉承的是共商、共建、共享原则，不是封闭的，而是开放包容的；不是中国一家的独奏，而是沿线国家的合唱。因此，中国在推行“一带一路”倡议的过程中应重视增强国家之间价值观念的相互认同与融合，实行本土文化“走出去”与外来文化“引进来”相结合的策略。积极争取沿线国家的合作和投入，使沿线国家成为这一轮对外开放的利益相关者和坚定支持者，得到它们的真心支持，“一带一路”才能建设得更好，走得更远、更安全。借助“一带一路”倡议，积极打造区域文化交流合作的基础设施与平台，例如文化的传播服务平台、文化产业的投融资平台、文化遗产的保护传承渠道等，为文化的输出和引进提供物质保障。传递各国最新文化产业发展合作资讯，深化沿线国家间更多文化领域交流合作，把“民心相通”落到实处，逐步缩小区域内国家间的文化距离，促进中国与沿线国家间商贸往来，实现和谐发展、共同进步。

### （三）文化创意企业要借力政府的各项扶持政策，积极向丝路沿线国家“走出去”，承担文化传播重任

随着“一带一路”建设加快，2015年国家发改委、商务部等联合发布了《推动共建丝绸之路经济带和21世纪海上丝绸之路的愿景与行动》。为加强与“一带一路”沿线国家和地区的文明互鉴与民心相通，切实推动文化交流、文化传播、文化贸易创新发展，文化部制定了《“一带一路”文化发展行动计划（2016—2020年）》（简称《行动计划》），我国文化贸易发展也迎来了最好的时代。《行动

计划》在发展目标方面提出，文化产业及对外文化贸易渐成规模；在重点任务方面提出，要促进“一带一路”文化贸易合作。“一带一路”文化贸易拓展计划也被列入12项子计划中。国家在发展路线、发展平台、合作模式等各个方面都为中国与“一带一路”沿线国家间文化贸易发展指明了方向，为推进中国与“一带一路”沿线国家文化贸易进程提供了强有力的支持，扶持力度也越来越大。文化创意企业要用实际行动积极践行国家战略，借政府的政策、资金扶持，运用政府搭建的平台，完善自身的品牌建设，提升对外营销能力，采用市场化运作的方式，积极向丝路沿线国家“走出去”和“融进去”。

(四)文化创意企业要加大内容创新力度，因地制宜地输出不同的创意产品，优化出口产品结构

中国已是世界上最大的文化创意产品出口国，但出口产品的结构并不合理，产品主要集中在附加值较低的文化制造业领域，如设计类和工艺品等。中国出口的工艺品中首要的是珠宝(黄金和白银饰品)及配件，其次是绘画、雕塑、雕像、工艺品等，依赖于大规模、低成本的低端产品，文化影响与竞争力指数相对薄弱。与传统的农产品和工业制造品贸易不同，发展文化贸易的重要意义不仅在于出口规模的扩张，更在于它具有较强的政治、经济和文化效应。文化创意企业要深入研究沿线国家市场的文化消费心理和市场营销特点，加大内容创新力度，创作开发体现中华优秀文化、展示当代中国形象、面向国际市场的文化产品和服务，打造具有世界影响力的自主品牌产品，同时要积极开展科技创新，重视文化和科技融合发展，增加对文化出口产品和服务的研发投入，开发具有自主知识产权的关键技术和核心技术，提升文化创意产品出口的质量水平，不断优化出口结构。

## 第四节　中国与“一带一路”沿线国家间的出版贸易格局[①]

文化是“一带一路”的灵魂，文化传承与创新是各国经济贸易合作的“软”支撑。全球范围内国家形象的建构重心逐渐从政治话语、经济话语转向文化话

① 此部分内容已发表于2016年第10期《科技与出版》。

语，积极打造中国文化国家形象，构建具有中国特色的文化软实力是我们的当务之急。20世纪50年代，我国与苏联、东欧等社会主义国家的出版贸易，以及60年代初期，我国与第三世界国家的出版贸易和非贸易形式的文化活动，在树立国家形象、争夺国际话语权中做出了积极的贡献①。在新的历史时期，“一带一路”倡议再次引起世界瞩目，成为引领“一带一路”周边国家乃至世界经济、文化在更高层面融合的力作。出版企业要积极对外开拓，深化与“一带一路”沿线国家间的出版合作，以优质的出版产品和服务交流增进我国与沿线国家的相互理解。

## 一、中国与“一带一路”沿线国家出版贸易格局

根据联合国教科文组织的文化统计框架，核心文化产品包括：文化和自然遗产、演出和节庆、视觉艺术和工艺品、出版物、视听和交互媒介、设计。本书的出版贸易主要指图书、报纸期刊、其他出版物（包括儿童画报、成册的各种印刷的地图及类似图表、贺卡、挂历、日历等）贸易和图书版权贸易。数据来自联合国商品贸易数据库（United Nations COMTRADE database），笔者根据HS2007的分类对数据进行了精确至6级编码的整理及归总（见表4-1）②。

### （一）中国与“一带一路”沿线国家出版物贸易占比低

中国的文化产业起步较晚，虽然发展迅速，但文化产品贸易额在贸易总额中所占的比重仍然较小。中国对“一带一路”沿线国家的出版物出口绝对数额在逐年增加（见表4-25），但2011—2015年，占中国对64国全部商品出口额的比重在0.03%—0.04%之间，出版物进口占全部商品进口额的比重在0.01%左右，占比均非常低。此外，“一带一路”倡议将为中国与沿线国家加强贸易合作创造有利契机，中国与64国的贸易额不断增加，但是出版产业的合作程度远远低于其他领域，例如，2015年中国对64国出版物出口在中国出版物总出口中的占比为5.62%（见表4-25），远远低于中国对64国的货物出口在中国总出口中的占比25.54%③，说明中国与丝路国家间的出版贸易有进一步大力发展的空间。

---

① 冯洁. 新中国对外出版贸易软实力与国家形象的构建（1949—1966）[J]. 科技风，2014(2).

② UNESCO. The globalisation of cultural trade: a shift in consumption[R]. International flows of cultural goods and services 2004-2013, UNESCO Institute for Statistics, 2016.

③ 根据联合国商品贸易数据库（United Nations COMTRADE database）数据计算

表 4-25　中国与“一带一路”沿线国家出版物贸易情况

| 年份 | 2011 | 2012 | 2013 | 2014 | 2015 |
|---|---|---|---|---|---|
| 对 64 国出口额(亿美元) | 1.29 | 1.78 | 2.20 | 2.00 | 1.48 |
| 中国出版物出口总额(亿美元) | 23.62 | 25.20 | 25.79 | 26.80 | 26.40 |
| 对 64 国出口占比(%) | 5.44 | 7.07 | 8.55 | 7.46 | 5.62 |
| 对 64 国进口额(亿美元) | 0.27 | 0.27 | 0.39 | 0.35 | 0.33 |
| 中国出版物总进口额(亿美元) | 4.09 | 4.53 | 5.00 | 5.27 | 5.48 |
| 对 64 国进口占比(%) | 6.64 | 6.07 | 7.87 | 6.68 | 6.02 |
| 对 64 国出版物贸易差额(亿美元) | 1.02 | 1.51 | 1.81 | 1.65 | 1.15 |

### (二) 中国与“一带一路”沿线国家的出版物贸易总体上呈顺差格局

2011—2013 年中国与“一带一路”沿线 64 国的出版物进出口贸易小幅增长，2013—2015 年又小幅下降，出口额略大于进口额，出版物贸易总体呈顺差格局，2013 年顺差最大，达到 1.81 亿美元(见表 4-26)。在三大类出版物中，图书和其他出版物贸易呈顺差态势，报纸贸易呈小额逆差态势。虽然中国与“一带一路”沿线 64 国的出版物贸易呈顺差格局，但总体贸易额较低，与出版大国地位极不相称。在全球图书市场中，美、英、法、德、日等少数国家，其人口只占世界人口的 10%，但其图书销售额和版权贸易量却占到了全世界的 50% 以上，其中美国为 22%，法国为 14.7%。而拥有世界 1/5 人口的中国，图书销售总额和版权贸易量却仅仅占世界份额的 0.2%[①]。我国出版贸易状况与世界出版大国地位极不相称，与我国和平崛起的文化大国的地位也极不相称。

表 4-26　中国与“一带一路”沿线国家图书、报纸、其他出版物贸易情况

(单位：10 万美元)

| 年份 | 2011 | 2012 | 2013 | 2014 | 2015 |
|---|---|---|---|---|---|
| 图书出口额 | 681.43 | 1080.02 | 1390.21 | 1151.33 | 772.42 |
| 图书进口额 | 228.94 | 249.53 | 363.39 | 324.95 | 304.64 |
| 图书贸易差额 | 452.49 | 830.49 | 1026.82 | 826.38 | 467.79 |
| 报纸出口额 | 5.74 | 8.78 | 11.73 | 9.07 | 6.74 |
| 报纸进口额 | 38.44 | 21.67 | 24.99 | 23.19 | 19.04 |
| 报纸贸易差额 | -32.70 | -12.90 | -13.27 | -14.12 | -12.30 |
| 其他出版物出口额 | 598.61 | 692.30 | 801.84 | 838.29 | 705.40 |
| 其他出版物进口额 | 4.46 | 3.44 | 4.98 | 3.46 | 6.59 |
| 其他出版物贸易差额 | 594.15 | 688.86 | 796.86 | 834.83 | 698.81 |

① 韩英，章军杰. 贸易逆差、区域失衡与文化安全：入世以来我国图书版权贸易问题与反思[J]. 东岳论丛，2012(9).

### (三)从区域板块来看,中国与东盟出版物贸易占比最大

2010 年中国—东盟自由贸易区建立,全面实施"零关税"促进了中国与东盟间出版物贸易的大发展。2013 年中国向东盟国家出版物出口额达到 1.09 亿美元(见表 4-27),出口占比达到 50%,中国向西亚的出口占比从 2011 年的 14% 增加到 2015 年的 22%。中国向蒙俄的出口逐年小幅下降,出口额由 2011 年的 0.46 亿美元降到 2015 年的 0.15 亿美元。而在出版物的进口贸易中,2013 年中国从东盟进口额达 0.37 亿美元(见表 4-28),2011—2015 年从东盟的进口占比平均在 90% 以上。

**表 4-27　中国向六大区域出版物出口额**

(单位:百万美元)

| | 2011 | 2012 | 2013 | 2014 | 2015 |
|---|---|---|---|---|---|
| 中亚 5 国 | 4.82 | 6.21 | 5.52 | 4.85 | 5.07 |
| 蒙俄 | 45.66 | 40.98 | 39.98 | 38.38 | 14.58 |
| 东南亚 11 国 | 37.84 | 75.24 | 109.21 | 92.52 | 68.79 |
| 南亚 8 国 | 9.44 | 14.68 | 21.99 | 17.43 | 14.82 |
| 中东欧 16 国 | 11.68 | 13.15 | 15.49 | 12.56 | 11.15 |
| 西亚 18 国 | 17.20 | 25.10 | 25.03 | 31.60 | 32.29 |

**表 4-28　中国从六大区域出版物进口额**

(单位:百万美元)

| | 2011 | 2012 | 2013 | 2014 | 2015 |
|---|---|---|---|---|---|
| 中亚 5 国 | 0 | 0 | 0 | 0 | 0 |
| 蒙俄 | 1.21 | 1.15 | 1.40 | 2.27 | 1.37 |
| 东南亚 11 国 | 24.92 | 25.65 | 36.96 | 31.66 | 29.32 |
| 南亚 8 国 | 0.38 | 0.38 | 0.50 | 0.58 | 1.27 |
| 中东欧 16 国 | 0.32 | 0.09 | 0.30 | 0.42 | 0.85 |
| 西亚 18 国 | 0.35 | 0.20 | 0.18 | 0.23 | 0.22 |

出版物方面,中国从中亚 5 国进口额几乎为零,出口额也很少,说明中国与中亚国家之间基本没有翻译出版过图书,彼此间文化交流较少。中国从蒙俄、南亚、中东欧、独联体、西亚国家的进口额也很小,中国与六大板块间的出版物贸易不平衡。南亚、西亚、中亚等一些国家对中国的理解还停留在改革开放之前的阶段,还有一些国家和地区只能借助西方媒体的信息认识中国,与此同时,

我国对“一带一路”沿线国家的了解也不够全面，这影响了阐述和传播“一带一路”工作的有效性。

(四)图书版权贸易主要集中于中俄和中新之间，区域结构明显失衡

近年来，随着我国综合国力的逐渐提升和国家扶植奖励出版业“走出去”政策的出台，我国新闻出版业的国际传播力、竞争力、影响力大大增强，“走出去”的形式由过去单一的出版物实物出口贸易、赠送版权等领域扩大到版权输出、合作出版、海外投资等领域，而且近年来图书版权贸易严重逆差的状况有明显好转，引进输出比由2012年的2.47∶1降到2017年的1.61∶1。但是，我国图书版权贸易在全球区域分布上呈现明显的外部失衡状态。2011—2017年位于我国图书版权引进前三位的国家和地区是美国、英国、日本，在此期间从这些国家和地区引进的商务图书版权，占我国图书版权引进总数的60%(见表4-29)；位于我国图书版权输出前三位的国家和地区是中国台湾、韩国、中国香港，在此期间向这些国家和地区输出的图书版权占我国图书版权输出总数的40%。我国与“一带一路”沿线国家间的图书版权引进和输出地主要是俄罗斯和新加坡，与其他沿线国家间的版权贸易很少，近年来与俄罗斯的版权贸易持续增长，与对新加坡的版权贸易波动较大。在“一带一路”倡议布局下，出版企业应积极探索图书版权贸易发展的新路径，积极参与文化传播和图书版权贸易。

## 二、进一步扩大中国与“一带一路”沿线国家出版贸易的策略

“一带一路”倡议把中国图书出版传播到“一带一路”沿线国家、加强与当地人民的图书出版合作和文化交流，提到了一个全新的高度。“一带一路”沿线国家的民族文化多姿多彩，给中外出版业的交流合作创造了历史性机遇，为出版工作提供了丰富的选题资源和市场空间。新闻出版业要借此东风，不断寻觅拓展“走出去”的新商机。

(一)出版企业要借力政府的各项扶持政策，积极向“一带一路”沿线国家“走出去”

版权贸易本质上是基于文化文本运行的知识传播活动，在国际文化交流中是显现文化软实力的重要表征，其显著的外部特征是政府进行规制尤其是激励

表 4-29　2011—2017 年我国图书版权引进和输出品种量汇总表

（单位：种）

| 国家（地区） | 2011 年 | | 2012 年 | | 2013 年 | | 2014 年 | | 2015 年 | | 2016 年 | | 2017 年 | |
|---|---|---|---|---|---|---|---|---|---|---|---|---|---|---|
| | 引进 | 输出 | 引进 | 输出 | 引进 | 输出 | 引进 | 输出 | 引进 | 输出 | 引进 | 输出 | 引进 | 输出 |
| 美国 | 4,553 | 766 | 4,944 | 1,021 | 5,489 | 753 | 4,840 | 734 | 4,840 | 887 | 5,201 | 932 | 6,217 | 592 |
| 英国 | 2,256 | 422 | 2,581 | 606 | 2,521 | 574 | 2,655 | 410 | 2,677 | 546 | 2,873 | 290 | 2,835 | 421 |
| 德国 | 881 | 127 | 874 | 352 | 707 | 328 | 807 | 304 | 783 | 380 | 888 | 262 | 933 | 421 |
| 法国 | 706 | 126 | 835 | 130 | 772 | 184 | 754 | 313 | 959 | 138 | 1,069 | 110 | 1,133 | 172 |
| 俄罗斯 | 55 | 40 | 48 | 104 | 84 | 124 | 97 | 177 | 86 | 135 | 101 | 356 | 90 | 306 |
| 加拿大 | 133 | 15 | 122 | 104 | 111 | 46 | 160 | 67 | 151 | 81 | 142 | 87 | 156 | 222 |
| 新加坡 | 200 | 131 | 265 | 173 | 310 | 171 | 211 | 248 | 240 | 262 | 260 | 184 | 249 | 254 |
| 日本 | 1,982 | 161 | 2,006 | 401 | 1,852 | 292 | 1,736 | 346 | 1,724 | 285 | 1,911 | 353 | 2,101 | 327 |
| 韩国 | 1,047 | 446 | 1,209 | 282 | 1,472 | 656 | 1,160 | 623 | 826 | 619 | 1,024 | 576 | 168 | 490 |
| 中国香港 | 345 | 366 | 413 | 440 | 354 | 402 | 181 | 277 | 159 | 311 | 208 | 486 | 139 | 339 |
| 澳门 | 1 | 19 | 5 | 1 | 7 | 24 | 8 | 13 | 1 | 31 | 1 | 56 | 0 | 87 |
| 中国台湾 | 1,295 | 1,644 | 1,424 | 1,781 | 1,100 | 1,714 | 1,171 | 2,284 | 1,052 | 1,643 | 949 | 1,848 | 917 | 1,909 |
| 其他 | 1,254 | 1,695 | 1,389 | 2,173 | 1,846 | 2,037 | 1,762 | 2,292 | 1,960 | 2,680 | 1,960 | 2,788 | 2,216 | 5,130 |
| 合计 | 14,708 | 5,958 | 16,115 | 7,568 | 16,625 | 7,305 | 15,542 | 8,088 | 15,458 | 7,998 | 17,252 | 8,328 | 17,154 | 10,670 |
| 俄罗斯和新加坡占比 | 1.73% | 2.87% | 1.94% | 3.66% | 2.37% | 4.04% | 1.98% | 5.25% | 2.11% | 4.96% | 2.09% | 6.48% | 1.98% | 5.25% |

性规制的必然逻辑[①]。国家新闻出版主管部门为搭建我国对“一带一路”沿线国家的图书版权贸易平台、出版信息资讯平台，形成与丝路国家新闻出版资源互联互通、内容共同发掘、渠道共享共用的发展格局，扶持出版“走出去”的工程越来越多，扶持力度也越来越大。对各出版社来说，依靠出版社自身寻求“一带一路”沿线国家的国际合作，成本较高、难度较大。出版企业要用实际行动实践国家战略，借政府的政策、资金扶持，运用政府搭建的平台，完善自身的品牌建设和对外营销能力，采用市场化运作的方式，制定对接国际市场的工作实施方案。

### (二)出版企业要积极探索以多渠道的方式开展国际合作

出版企业已开始重视“引进来”与“走出去”齐头并进的产业发展路径，把开拓国外市场作为企业发展的内在动力与创新目标，积极探索与“一带一路”沿线国家多渠道开展国际文化交流和合作。

一是扎实做好图书输出和版权售卖。出版企业应注意研究国际图书版权市场的文化消费心理和市场营销特点，打造具有世界影响力的自主品牌产品，深入探索中国形象、中国故事、中国精神等中华文化的出版表现形式。我国边疆省份的出版机构已经率先在“一带一路”沿线国家出版发行当地语种的中国图书，宁夏黄河出版传媒集团大力挖掘回族优秀文化的民族特色，启动了“阿拉伯语十年千部经典著作翻译出版工程”和“中阿双百经典图书互译出版工程”，开启中阿版权贸易新篇章。该出版集团还与伊斯兰国家不少于100家出版机构结成战略合作伙伴关系，达成版权输出、图书翻译出版发行、合作出版发行、数字出版发行、图书文化交流等多方面的合作[②]。

二是通过合作出版、资产并购等方式创新“走出去”的内涵。出版企业在努力做好版权输出的同时，在资本层面也要寻求国际合作。例如，安徽少年儿童出版社和黎巴嫩数字未来公司在贝鲁特成立首家中黎合资企业——时代未来责任，借助黎巴嫩数字未来公司在中东及阿拉伯地区的影响力，倾力打造“丝路童书国际合作联盟”，把传统出版和数字出版相结合，利用数字出版平台开辟走出去“E丝路”，实现全媒体、全方位的文化传播[③]。作为国内少儿出版界“十二

① 张硕洋，洪九来．中国图书版权贸易“走出去”的成绩、困境及对策：基于对行业人士实证调查的分析[J]．中国版权，2016(3)．

② 张铸康，毕竞．黄河出版传媒集团：栉风沐雨谱华篇 昂首阔步新征程[N]．华兴时报，2011-12-31(12)．

③ 王利，安少社．“四步走”战略布局“一带一路”[N]．中国新闻出版广电报，2015-10-19(6)．

连冠”的浙江少年儿童出版社，2015 年宣布并购澳大利亚一家专业儿童书出版社——新前沿出版社，并购完成后，双方可共享优质资源、共享销售发行渠道、共享出版市场，力争每年有 50 种畅销新书实现跨国同步出版。

三是充分利用国际书展平台走向世界。出版企业特别要关注“一带一路”沿线国家的国际书展，关注这些国际书展的地域特性、文化特性和语言特性，配合我国“一带一路”建设，积极参与文化传播和图书版权贸易。在 2014 年伊斯坦布尔国际书展上，中国的 21 家出版单位推出了 650 多种图书，土耳其的青少年读者对中国文化类和对外汉语教材类图书表现出浓厚的兴趣，带动了土耳其语版的《当代中文》《汉语乐园》《快乐汉语》《跟我学汉语》等系列图书的热销①。此外，我们自身也要积极打造有品牌影响力的国际图书和版权贸易平台，把外方出版企业“引进来”，如北京国际图书展（BIBF）经过多年经营，现已跻身世界四大书展之一，吸引丝路沿线国家的出版企业积极参展。

### （三）出版企业要大力发展数字出版形式

随着“一带一路”相关国家信息通信网络的互联互通和技术标准相容性的逐步实现，出版企业可以通过信息网络技术更加便利地为上下游企业提供跨国服务。在“互联网＋”的时代，出版融合发展是大势所趋，出版业要运用先进的技术手段大力发展数字出版，配合数字印刷、移动阅读等应用，实现多渠道、多元化的产品输出，打造立体化传播体系。出版业通过一系列外向型优秀图书选题的翻译、出版、推广，以及期刊数据库、电子书、网络出版等数字出版产品和服务，采用版权输出和合作出版等方式，实现对外出版发行，进入丝路沿线国家主流发行渠道。出版业是内容产业，内容是根、编辑是本，版权是内容的法律赋形。出版业还要围绕经营版权这个生命线做大做强，注重版权资源的多元化开发，将优秀的版权资源与动漫、游戏、影视和其他衍生品的开发相结合，同时加大客户端等新技术产品的开发，用中国优秀的版权作品占领国际市场，实现版权和品牌价值的最大化。

### （四）加大培养翻译和版权贸易人才的力度

“一带一路”沿线国家数量多、语言和文化形态多种多样，多数国家除了社

① 徐幼军. 我国与“一带一路”沿线国家图书出版合作项目的三大特色[J]. 全国新书目，2015(5).

会中上流阶层会使用英语，绝大部分普通民众使用的是自己国家的官方语言。所以，中国图书的对外出版，关键是翻译人才队伍的建设。但“一带一路”国家绝大部分属于发展中国家，基本上不可能大规模、有组织、有计划地开展中国图书等文化产品的翻译出版活动①，这就要求我们重视翻译队伍建设，实施系列国家民族语言互译工程，立足国内，面向国外，培养一批高素质的翻译人才。同时，我们还要加大对海外出版机构翻译和编辑人才的培训力度，帮助他们深入了解中国文化、中国图书市场，从而加大彼此合作的可能性。此外，图书出版从题材的选择，到文字的翻译，从营销的方向到合作的模式，再到相关政策和法律的研读，对输入国文化和市场的了解，都离不开专业的版权贸易人才。而我国目前还缺少具有国际竞争力的龙头企业，缺乏跨文化传播和经营的版权贸易专门人才，这就需要政府、企业和高校一起协作创新人才培养模式，培养一批具有专业素质和国际眼光的版权贸易综合性人才。

“一带一路”倡议是国际合作的新平台，为沿线国家优势互补提供了新的发展机遇，既是贸易交流通道，又是人文交流通道。中国文化企业大力发展出版贸易，加强“一带一路”沿线各国文化交流和贸易往来，并以此为载体，将我国优秀文化及和谐发展、和平共处的理念传播出去，使不同文化背景、不同宗教信仰的各国、各地区、各民族人民增进交流、理解、沟通、尊重，增强“一带一路”建设的文化认同。

---

① 何明星.“一带一路”国家、地区中国图书翻译出版的现状与应对[J].出版广角，2015(10).

# 第五章
# 中国与“一带一路”沿线国家的核心文化服务贸易

## 第一节　中国与“一带一路”沿线国家的影视服务贸易

### 一、国际电影市场格局

#### （一）国际电影市场的票房格局

2019年全球电影票房市场达422亿美元，除去北美地区，其他地区票房市场308亿美元，占总票房市场的73%，比2018年增长了30亿美元，增长了约1%。2019中国（93亿美元，包括在线票务费）、日本（24亿美元）和韩国（16亿美元）是北美地区以外的三大票房市场，韩国在2019年超越英国，位列第三。美国电影协会将全球电影市场划分为四大研究区域：北美地区，欧洲、中东和非洲地区，亚太地区，拉丁美洲地区。2019年，北美票房市场为114亿美元（见图5-1），较2018年的纪录高点下降4%，2018年北美票房119亿美元，是北美票房创纪录的一年。2019年欧洲、中东和非洲（EMEA）的以美元计算的票房比2018年增长了2%，主要由德国、意大利和俄罗斯的票房增长推动。2019年，拉丁美洲的美元票房市场增长了3%，其中墨西哥和巴西的美元票房分别增长了13%和5%。2019年，亚太地区票房市场（178亿美元）较2018年增长4%，其中日本、印度和中国以美元计算的票房分别增长了19%、4%和1%。在2015—2019年全球电影四大区域市场中亚太地区增长优势明显，成为世界票房增长的重要贡献力量。

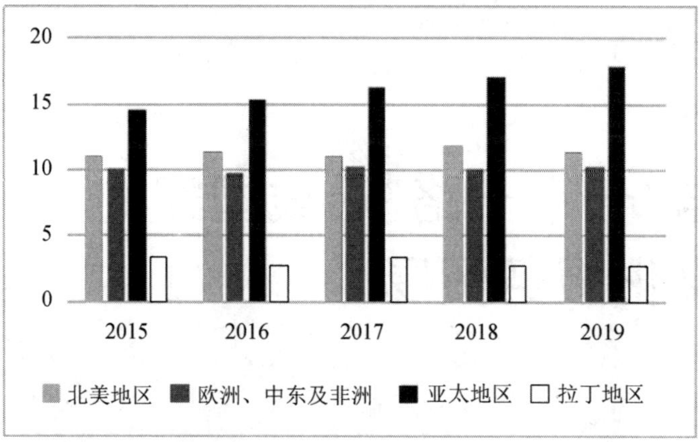


**图 5-1　按地区划分的国际票房市场(单位:十亿美元)**

数据来源:Theme Report 2019,MPAA

### (二)国际电影市场生产格局

近年来,全球电影产量总体保持向上向好的发展态势。全球十大电影生产市场格局基本稳定,2018 年是较为特殊的一年,全球十大电影市场的总产量下降了 1.6%(见表 5-1),主要是印度影片生产数量的下降所导致的。印度作为全球第一大生产市场,其电影生产数量的变化会对全球电影市场的生产格局产生影响。2019 年,同样因印度生产数量的大幅提升,增长率大幅提升。

**表 5-1　2015—2019 按故事片产量划分的全球十大市场(单位:部)**

| 排名 | 市场 | 2015 年 | 2016 年 | 2017 年 | 2018 年 | 2019 年 |
|---|---|---|---|---|---|---|
| 1 | 印度 | 1845 | 1903 | 1986 | 1813 | 2446 |
| 2 | 中国 | 686 | 944 | 970 | 1082 | 1037 |
| 3 | 美国 | 732 | 788 | 812 | 808 | 814 |
| 4 | 日本 | 581 | 610 | 594 | 613 | 689 |
| 5 | 韩国 | 232 | 339 | 494 | 454 | 502 |
| 6 | 意大利 | 185 | 224 | 235 | 273 | 325 |
| 7 | 法国 | 300 | 283 | 300 | 300 | 301 |
| 8 | 德国 | 236 | 256 | 247 | 247 | 265 |
| 9 | 阿根廷 | 185 | 200 | 220 | 238 | 265 |
| 10 | 西班牙 | 254 | 254 | 279 | 264 | 263 |
| 全球合计产量 | | 7648 | 7893 | 8026 | 7895 | 8652 |
| 世界增长率 | | 2.60% | 3.20% | 1.70% | -1.60% | 9.60% |
| 前 10 增长率 | | 0.10% | 10.80% | 5.80% | -0.70% | 13.40% |

数据来源:Focus 2020, World Film Market Trends

### （三）“一带一路”沿线主要电影市场

“一带一路”沿线国家多是经济欠发达的第三世界国家，沿线国家经济发展水平较低，基础设施不够完善，但是沿线国家民族文化异彩纷呈，各个国家的文化产业特别是影视产业却呈现百花齐放，多元共赏的特征。

从表 5-1 可见，印度是世界电影生产大国，有宝莱坞（Bollywood）、考莱坞（Kollywood）、托莱坞（Tollywood）、莫莱坞（Mollywood）和桑达坞（Sandalwood）等五大电影产业基地，这些基地形成了印度的电影工业体系。各地区的语言体系、电影风格、观众规模，以及电影消费模式都不尽相同，因此，各产业基地的电影产量与品质也存在较大差异。几大电影基地在博弈中成长，塑造了印度电影的独特品牌并奠定了印度电影的国际地位。近些年，五大电影基地为印度贡献出一批品质较高的影片，包括宝莱坞的《贫民窟的百万富翁》（*Slumdog Millionaire*，2008）、《三傻大闹宝莱坞》（*3Idiots*，2011）、《摔跤吧！爸爸》（*Dangal*，2017）等现象级影片。这些影片折射了印度的社会文化现实，彰显了印度电影工业的发展水准。2019 年印度电影票房收入较上一年增长 12.8%，达到 1152 亿卢比（16 亿美元），印度本土电影以 87%的市场份额主宰印度票房，美国和国际影片只创造了 13%的电影票房。

2019 年俄罗斯电影生产数量创下了历史新高，从 2018 年的 139 部增至 2019 年的 177 部。国家电影基金会和文化部主要对具有较大商业潜力的电影的制作和发行提供财政资金支持。俄罗斯电影票房在 2019 年出现反弹，影院上座率跃升 9.5%，达到创纪录的 2.19 亿人次，连续第三年稳坐欧洲观影人次第一的宝座。电影总票房增长了 10.3%，达到 555 亿卢布。

2019 年是波兰电影业发展趋势强劲的一年，影院上座率连续第六年保持增长，并创下 6060 万观影人次的历史新高，较 2018 年增长 1.5%。波兰电影票房总收入连续第三年超过 10 亿兹罗提（2.98 亿美元），较 2018 年增长了 1.8%。波兰本土电影仍然表现出色，在喜剧续集 *Miszmasz czyli Kogel Mogel 3* 和政治剧《政治》（*Politika*）的带动下，2019 年，波兰共有 4 部电影跻身前十大电影之列，市场份额达到 28.2%，为 2011 年以来的第二高水平。

作为古丝绸之路上古波斯文明的延续，伊朗电影一直属于世界电影市场中不可忽视的艺术宝库，政治和文化上的封闭所造成的困扰和引起的反抗，则多次通过电影形式展现。1997 年，阿巴斯的《樱桃的滋味》加冕戛纳金棕榈，让伊朗电影进入世界电影圈视野。近几年虽然伊朗电影《出租车》《推销员》《一次别离》等斩获国际电影节奖项，但伊朗的电影产业市场化程度不高，德黑兰一座城市大约有近百家影院，占了整个伊朗电影院数量的 1/3，多数城镇没有电影院，全国票房总收入较低。

## 二、中国与“一带一路”沿线国家的影视服务贸易合作

在“一带一路”倡议的引领下，我国与“一带一路”沿线市场服务进出口贸易稳步增长，“一带一路”在推动我国服务业“走出去”以及促进服务企业在当地的发展方面发挥了重要作用。中国已与全球 200 多个国家和地区建立了服务贸易往来，2018 年中国与“一带一路”沿线国家和地区服务进出口额达到了 1217 亿美元，占中国服务贸易总额的 15.4%。中国分别与中东欧国家和金砖国家签订了《中国—中东欧国家服务贸易合作倡议》《金砖国家服务贸易合作路线图》，已经有 14 个国家与中国国建立服务贸易双边合作机制。

影视作为一种艺术表现形式，借助视听元素更加有效地向观众展现一个国家的文化风貌与社会生活，传达文化意蕴与精神内核。影视服务贸易合作作为不同国家、地区间文化交流、互相借鉴的重要途径，增进各国平等互信，推动了世界文化交流起，同时也创造了巨大的经济效益。“一带一路”倡议绝非是经济的倡议，而是文明的倡议，中国要完全融进世界，真正构筑起了人类命运共同体，中国电影的全球发展计划因此也不是匹配于“走出去”了，而是匹配于人类命运共同体建设，是文明的融合与再造。中国电影应该与世界电影融合起来，不断从全世界的好电影当中发现营养、汲取营养。新闻出版广电总局自 2013 年起，实施了“丝绸之路影视桥工程”，到 2017 年 5 月中国已经与 60 多个相关国家签署了广播影视合作协议，通过制作专题节目、举办电影节展、合拍或进出口影视剧作、海内外机构间合作等方式，促进了沿线国家间文化交流和民心相通。

### （一）制作专题节目，传播丝路文化

为传播丝路文化，介绍沿线国家的风土人情、文化习俗、经济发展、科学教育、政策制度等，自 20 世纪 50 年代以来，国内外独立或合作拍摄的“丝绸之路”

主题纪录片有26部。这些纪录片的内容多集中在历史人文、文明发源、交通要塞、宗教民俗等主题,新时代的丝路概念纪录片则在介绍历史民俗、旅游景观的基础上,融入更多的经贸交往、信息交换的时代元素,表达“一带一路”这一新型全球化载体“共商、共建、共享”的时代内涵,如央视制作推出的《一带一路》《奇域:探秘新丝路》《新丝绸之路》《敦煌》,中日合拍纪录片《最后的沙漠守望者》等。

2016年4月18日,国务院新闻办公室发起成立“一带一路”媒体传播联盟,包括中国五洲传播中心、美国国家地理频道、探索频道、历史频道在内的17家媒体机构签署了联盟倡议书,为“一带一路”沿线国家媒体和文化机构间实现紧密合作,提供了一个切实可行而且富有长远发展潜力的平台。在联盟框架下开启了中外电视栏目合作播出、纪录片节目共同研发、媒体专业培训以及线下交流活动等项目,“丝路电视跨国联播网”是联盟启动后的首个重点项目,其周播纪录片栏目《丝路时间》在全球20多个国家本土主流电视台通过14种语言播出,覆盖40多个国家和地区的5亿观众,增进了沿途国家和中国的民间交往与互信。中央电视台、中央人民广播电台陆续推出了《丝绸之路经济带》《合作共赢·民心相通》《一带一路进行时》等节目,传播丝路文化。

### (二)举办电影节,带动文化交流

通过建立电影节、电影展等机构化平台,增进中国与“一带一路”沿线国家电影从业者的交流。2014年国家新闻出版广电总局创办了以海陆丝绸之路沿线国家为主体的“丝绸之路国际电影节”,每年举办一届,由陕西、福建两省轮流主办,目前已连续举办7届。丝绸之路国际电影节以电影为纽带,促进丝路沿线各国文化交流与合作,传承丝路精神,弘扬丝路文化,为“一带一路”建设创造良好的人文条件,经过七年的发展,规模和国际影响力逐渐扩大,已成为一年一度“一带一路”沿线国家和地区电影人的节日盛会、电影产业发展的引擎。首届“丝绸之路国际电影节”上共有11个国家的170多家片商参与了组委会举办的各类论坛、推介会和电影市场等活动。2020年10月以“丝路连接世界、电影和合文明”为主题的第七届丝绸之路国际电影节在西安举办,设置了欢迎活动、影片特别推荐、电影展映、电影论坛、电影市场、陕闽交接等6大主体活动和电影嘉年华等配套活动。作为“丝绸之路影视桥工程”的重点项目,丝绸之路国际电影节是贯彻落实国家“一带一路”战略的重要举措，已成为展示世界电影人至臻风华的“中国印记”，成为弘扬新时代丝路精神的“光辉符号”。

除了“丝绸之路国际电影节”，我国还在“北京国际电影节”“上海国际电影节”中创新引入了“一带一路”专题，使其成为我国两大电影节的亮点，通过电影架设中外文化交流的桥梁，加速多国之间的民心相通。北京国际电影节“一带一路”专题中包含了当前与中国交流合作最为密切的几个国家电影的专门展映，如聚焦于印度现实主义影片展映的“超越宝莱坞”、集合日本最新电影放映的“日本电影周”、力推印度尼西亚近年优秀作品的“印尼风情画”、选取荷兰近几年新锐导演代表作的“荷兰新生代”。此外，2016 年由中国、俄罗斯、巴西、印度、南非五国共同创办金砖国家电影节，目的是促进文化的可持续发展和扩大鼓励金砖国家人民间的文化交流，金砖五国通过电影增进了国家之间的文化交流、民族认识和经济合作。金砖国家电影节每年由金砖国家轮流举办。

（三）跨国影视合作制片，促进文明互鉴

当前中国电影正处于走向世界，与世界电影融合，共同构建人类命运共同体的新阶段。以前“中国电影走出去”是单向诉求，并没有对全球电影市场真正开放自己，而是通过极为有限的海外发行资源比较艰难地将国产电影带出去，国产电影海外票房普遍不高，电影走出去成效甚微。中外合拍中国电影与国际接轨的主要渠道之一，中国电影通过发展“中外合拍”模式，借鉴外方投资制作理念、借用外方的全球发行资源，深度融合中西方文化，通过讲述中国故事，最终探索为世界电影观众和全球电影市场拍电影。2002 年中国电影产业化改革以来，出台了大量促进电影产业化和鼓励境内外合作制片的政策措施，如《中外合作摄制电影片管理规定》、《内地与香港关于建立更紧密经贸关系的安排》（CEPA）、《海峡两岸经济合作框架协议》（ECFA）等。为拓展与世界各国的影视合作，我国与加拿大、意大利、新加坡、澳大利亚、法国、韩国等国家签订了相关的电影合拍协议，完善合拍机制。目前合拍片已经成为中国电影产业中至关重要的结构性力量，成为中国电影票房的绝对主力，也成为中国电影“走出去”工程最有效的方式。近年来，中外媒体机构合作创作了一批丝路题材的影视精品力作，如中印合拍电影《功夫瑜伽》、中捷合拍动画片《熊猫与小鼹鼠》、中俄合拍电视剧《晴朗的天空》和中英合拍纪录片《孔子》等，受到了观众欢迎。

近年来，中国和新西兰两国间的人际、旅游和文化交流合作不断深入，越来越多中国影视作品把在海外取景地点选在新西兰，新西兰优美的自然风光和纯朴民风给中国观众留下了美好印象，并带动更多中国民众到新西兰旅游。2014年11月中国和新西兰签署电视合拍协议，这是中国政府同外国政府签署的首个电视合拍协议，以利于双方的电视制作机构更方便地合作，并与本土制作一样获得政府的资金奖励和帮扶。这使新西兰电视作品更快速地进入中国市场，为两国人文交流注入新的动力。

中俄两国文化交流合作源远流长，两国观众有着共同的历史文化记忆，俄罗斯的很多文学名著和文化名人对中国人的影响非常大，许多诗歌、小说、歌曲、影视作品在中国深入人心，与此同时，中国传统文化对俄罗斯的影响也广泛而又深刻。2015年俄罗斯 Central Partnership 公司和中国电影集团(China film group)签署战略合作协议，双方将相互提供优秀的影片在对方国家播放，并将加大电影发行合作的力度。2017年中国与俄罗斯签署了电影合作协议，简化合拍电影在中俄两国获得国产片地位的程序。第三届中俄媒体论坛期间，中国华策集团与俄罗斯独立广播公司 CTC 传媒及俄罗斯最大私人传媒集团之一"国家传媒集团"(NMG)签署了战略合作协议，包括影视内容的共同开发和合作，也包括一些内容的版权交流和播出合作。作为"华流出海"的首倡者，华策在影视领域文化走出去的行动始于20世纪90年代，到2017年华策集团在"一带一路"沿线国家和地区发行的中国影视作品总小时数也已经达到了10,268小时，覆盖了超过20个国家和地区。

2014年9月中国与印度签署了《中华人民共和国国家新闻出版广电总局与印度共和国新闻广播部关于视听合拍的协议》，便于两国电影制作人有机会利用各自的艺术创意、技术资金以及市场资源，共同拍摄制作电影，同时也能帮助印度的音视频产品进入中国这个巨大的市场。印度电影工业非常发达，国产片票房市场份额占到90%以上，国产片打败好莱坞等外来影片的经验值得中国同行学习。2015年三部表现中国与印度友好交流题材的电影《大唐玄奘》《功夫瑜伽》《大闹天竺》的正式启动，《天将雄师》《一代宗师》《狼图腾》《夜莺》等优秀中国影片也已经或即将在印度发行。

从2015年10月到2016年年初，一批由中国与泰国和越南合作的影片出现在中国的电影市场，其中，中国电影人首次与泰国专业惊悚片团队深入合作的电影《索命暹罗之按摩师》，该片是依托泰国优质的惊悚电影品质为中国市场量身定制的一部独具异域色彩但又不乏中国文化元素的影视佳作。中越合拍的爱情喜剧《越来越囧》集合了爱情、时尚、幽默等多种元素，横跨越南、泰国、柬埔寨等国拍摄，这使《越来越囧》在博人一笑的同时更为不同国别的人群展示出一种浓郁的东南亚奇幻风情，影片的多元视角、开放意识、文化包容风格明显。该片集合了中越两国电影制作的比较优势，2016 年在国际华语电影节上斩获“国际华语电影节组委会推荐合拍片”“国际华语电影节组委会推荐男演员”奖项，并在全球创下较高的票房。

### (四)进出口影视作品，丰富人民的文化生活

近二十年来，我国逐渐开放影视市场，越来越多的外国优秀影视作品“走进来”，极大地扩展了我国观众的视野、丰富了人们的精神文化生活。越来越多的本国优秀影视作品“走出去”，2016 年全国影视节目出口总额超过 1 亿美元，影视产品和服务出口总额超过 6 亿美元。中国电影的海外票房和销售收入不断增长(见表 5-2)，达到了传播中国文化，提升我国文化软实力的目的。例如，《媳妇的美好时代》用斯瓦希里语译制后在坦桑尼亚播出，受众达到了 600 万，让坦桑尼亚百姓了解了中国百姓生活的酸甜苦辣；《平凡的世界》《生活启示录》《小别离》等一批中国电视剧在蒙古热播，成为当地人民了解现代中国的一扇窗口。《战狼 2》《红海行动》《流浪地球》《我和我的祖国》等体现出中国电影工业化水平的影片不断登陆海外院线。但是，由于种种原因，我国影视服务贸易存在较大的逆差，在国际市场中的影响力并不大，在国际影坛并未掌握话语权。这与我国文化大国的地位并不相称，充分说明了我国电影产业的改革还有很长的道路要探索。

中国电影走出去过程中，国产影片产量多，走出去的少；参加国外公益性放映活动、进入艺术院线的多，在商业院线亮相、取得票房佳绩的少。究其原因，海外销售渠道和网络建设相对滞后，是一大障碍。专门在海外市场做国产电影发行的公司不多，一些国产电影借中间商之手几经辗转才得以在海外市场露面。为了扭转这种局面，2016 年 1 月，由国家新闻出版广电总局电影局策划指导，华人文化控股集团、华狮电影发行公司共同搭建的“中国电影普天同映”国产电影全球发行平台在北京正式启动，中国电影在搭建海外推广平台上取得了

重大突破，实现了《西游记之孙悟空三打白骨精》《陆垚知马俐》《盗墓笔记》《28岁未成年》《拆弹专家》《悟空传》《战狼2》等国产电影的国际同期上映和海外规模性发行，进入了北美、欧洲、东南亚和大洋洲等全球四大洲、五十余座城市的主流院线市场。随着“一带一路”倡议的深入推进，中国电影机构将与沿线国家谋求更多合作，构建中国电影的全球营销发行网络。

“一带一路”既是经贸自由之路，也是文化交汇之路。越来越多中国影视机构从沿线国家引进影视剧，影视作品交流频繁良性互动。中国电影市场中的进口片，不再是美国好莱坞一家独秀，中国与“一带一路”沿线国家的文化交流日益增强。华谊公司 2017 年引进的印度电影《摔跤吧！爸爸》上映，在中国市场上赢得了票房和口碑，共获得了 12.95 亿元的票房收入。2018 年《神秘巨星》《小萝莉的猴神大叔》《起跑线》《巴霍巴利王 2：终结》《厕所英雄》等大批印度电影在中国市场上映，其中《神秘巨星》取得了 7.47 亿元的票房收入。“一带一路”倡议促进了中泰合拍片《扫毒》《杀破狼 2》《贪狼》《湄公河行动》等的诞生，以及合拍影片在中泰两地上映或者发行售卖。此外，泰国本土影片《天才枪手》《暹罗决》顺利登陆国内院线并大获好评。越南电影《二凤》、俄罗斯电影《最后一球》、波兰影片《冷战》《挚爱梵高》《303 中队》等纷纷进入中国院线，促进了中国电影市场的繁荣发展（见表 5-2）。

**表 5-2　2009—2019 年中国电影票房情况**

（单位：亿元）

| 年份 | | 2010 | 2011 | 2012 | 2013 | 2014 | 2015 | 2016 | 2017 | 2018 | 2019 |
|---|---|---|---|---|---|---|---|---|---|---|---|
| 国产影片海外票房 | | 35.2 | 20.5 | 10.6 | 14.1 | 18.7 | 27.7 | 38.3 | 42.5 | — | — |
| 国内电影票房 | 国产片 | 57.3 | 70.3 | 82.7 | 127.7 | 161.6 | 271.4 | 266.6 | 301.1 | 378.9 | 411.7 |
| | 进口片 | 44.4 | 60.8 | 88.0 | 90.0 | 134.8 | 166.3 | 190.5 | 258.0 | 230.8 | 230.9 |
| | 合计 | 101.7 | 131.5 | 170.7 | 217.7 | 296.4 | 440.7 | 457.1 | 559.1 | 609.8 | 642.7 |

### （五）广播影视技术合作，推动基础设施联通

当前，以互联网、物联网、大数据、云计算、人工智能等为代表的信息技术加速向各个领域渗透与融合，新一轮科技革命和产业变革正在向智能化演进。广播电视因科技而生，因科技而兴，我国的广电技术和服务已具备较高水平，具备

成熟的有线网络、空中网络、地面网络建设的技术和经验，能够以较低成本、较快速度和有效方式推动数字广播电视大范围的传输覆盖，因此，加强对“一带一路”沿线国家的广播影视技术支撑，有助于推动“一带一路”广播电视科技发展，促进各国间基础设施联通。

企业在技术合作方面，重视“通心工程”的质量和标准，通过打造“国际标准”来提升我国广播影视行业的国际竞争力。例如，2015 年 3 月，随着印度尼西亚第二大院线 Cinemaxx 旗下的雅加达 Karawachi 影城双“中国巨幕”厅的动工开建，“中国巨幕”技术向“一带一路”拓展。中影公司不断进行技术创新，融合了行业先进的 HDR(高动态范围)、HFR(高帧率)、VHC(高对比度)、精制母版制作、图像优化等多项专利技术，为观影者提供极佳的沉浸式观影体验，逐步缩小与市场领导者 IMAX 的差距。同时企业在技术合作中重视服务创新，不仅帮助“一带一路”沿线国家建立有线电视地面基站以及数字电视信号等，还加强“一带一路”沿线国家广播影视基础设施建设过程中的“通心工程”，提供互联网、移动终端、视频跨平台无缝衔接的新媒体优质内容与服务。例如，四达时代公司凭借过硬的技术、优质的服务和实惠的价格，让数字电视在非洲“飞入寻常百姓家”。秉承“让每一个非洲家庭都能买得起、看得起、看得好数字电视，共享数字电视的美好”的宗旨，十余年时间里，四达时代陆续在坦桑尼亚、肯尼亚、乌干达、尼日利亚等 30 多个国家开展数字电视运营业务，用户超过 1100 万。这不仅丰富了当地人们的精神文化生活，同时为他们打开了了解外面世界的窗口，增进了中非之间的相互了解。

### (六)中外影视人才的交流

越来越多的外国影视界人士对于推进文化交流、缩小文化差异发挥了积极的作用。比如 2016 年湖南卫视歌唱综艺类节目《歌手》的舞台上，来自哈萨克斯坦的年轻歌手迪玛希、马来西亚歌手茜拉、韩国歌手郑淳元纷纷献唱，通过参与中国的综艺节目逐渐为中国观众所了解，深受网民和观众的喜爱。芒果 TV 综艺节目《妻子的浪漫旅行》，把匈牙利作为浪漫旅行的一个目的地，该节目通过文化旅行情感类综艺的形式，带动了布达佩斯旅游业的发展，促进了文旅融合，向国人展示了中国与匈牙利共建“一带一路”倡议的丰硕成果。

## 第二节 中国与"一带一路"沿线国家的旅游贸易

从人文交流方面看，国际旅游有"和平使者、友谊桥梁"的美称，可以使旅游参与者加深对不同国家、不同民族和种族、不同文化、不同宗教信仰的理解，促进对旅游目的地国家的认同，消除误解。联合国教科文组织（UNESCO）和世界旅游组织（UNWTO）则强调，旅游业在传承和弘扬丝路文化的过程中发挥着举足轻重的作用，是促进交流、建立信任、友好合作的重要载体。丝绸之路成为世界文化遗产的重要品牌，同时，丝路文化品牌的建立也推动了丝路旅游的发展。2014 年 12 月，国家旅游局领衔编制的《丝绸之路经济带和海上丝绸之路旅游合作发展战略规划》，明确提出要创新区域旅游合作模式，整合各区域优势旅游资源，合作塑造丝路旅游大品牌，推进区域旅游一体化建设。丝绸之路上的区域旅游合作可以实现区域内资源整合、市场共享、信息互通，形成区域放大效应，还可以带动道路联通、贸易畅通、货币流通等多个目标的发展，是"丝绸之路经济带"建设的重要组成部分。2015 年 3 月，中国国家发展改革委联合国务院多部门发布《推动共建丝绸之路经济带和 21 世纪海上丝绸之路的愿景与行动》，正式从国家层面提出共建丝绸之路经济带的战略规划，旅游合作已成为促进沿线国家、地区贸易畅通与民心相通的重要建设内容。

### 一、"一带一路"沿线国家在全球旅游贸易合作中的总体格局

根据联合国贸易和发展会议的统计框架，服务贸易分为三大类：运输、旅游及其他服务；其他服务进一步分为：通讯、建筑、保险务、金融、知识产权使用费、计算机及信息服务、个人文化休闲娱乐服务、政府服务和其他商业服务。本节选取服务贸易中的旅游数据进行分析，数据来自联合国贸发会服务贸易数据库。

2010—2014 年，包括中国在内的"一带一路"沿线 65 国旅游贸易出口和进口额都呈不断增长态势，2014 年之后有小幅下降（见表 5-3 和表 5-4），2016 年"一带一路"沿线 65 国旅游出口贸易额达 3164.67 亿美元，进口额达 4772.64 亿美元，总体呈贸易逆差的格局。

表 5-3　2010—2016 年“一带一路”沿线各国旅游出口贸易额

（单位：百万美元）

| 区域 | 2010 | 2011 | 2012 | 2013 | 2014 | 2015 | 2016 |
|---|---|---|---|---|---|---|---|
| 蒙俄 2 国 | 9,074 | 11,484 | 10,936 | 12,185 | 11,974 | 8,666 | 8,104 |
| 中亚 5 国 | 1,167 | 1,566 | 1,783 | 2,053 | 1,891 | 1,961 | 1,978 |
| 南亚 8 国 | 17,635 | 21,456 | 21,936 | 23,534 | 25,917 | 27,685 | 29,370 |
| 东南亚 10 国 | 61,526 | 76,504 | 87,288 | 98,673 | 97,914 | 97,823 | 101,888 |
| 中东欧 16 国 | 46,971 | 52,584 | 50,320 | 53,071 | 55,093 | 49,032 | 52,466 |
| 西亚北非 16 国 | 80,661 | 76,489 | 79,857 | 82,346 | 90,729 | 88,238 | 67,555 |
| 独联体其他 7 国 | 8,512 | 10,482 | 12,985 | 13,954 | 10,734 | 9,683 | 10,660 |
| 中国 | 45,814 | 48,464 | 50,028 | 51,664 | 44,043 | 45,028 | 44,446 |
| 合计 | 271,360 | 299,029 | 315,133 | 337,480 | 338,295 | 328,116 | 316,467 |

数据来源：联合国贸发会数据库。

表 5-4　2010—2016 年“一带一路”沿线各国旅游进口贸易额

（单位：百万美元）

| 区域 | 2010 | 2011 | 2012 | 2013 | 2014 | 2015 | 2016 |
|---|---|---|---|---|---|---|---|
| 蒙俄 2 国 | 26,958 | 33,298 | 43,283 | 54,033 | 50,901 | 35,354 | 24,423 |
| 中亚 5 国 | 1,421 | 1,861 | 2,040 | 2,195 | 2,322 | 2,378 | 2,102 |
| 南亚 8 国 | 12,882 | 16,482 | 15,512 | 15,058 | 18,521 | 19,059 | 20,066 |
| 东南亚 10 国 | 40,115 | 45,401 | 50,892 | 54,014 | 58,655 | 56,797 | 56,806 |
| 中东欧 16 国 | 26,681 | 28,362 | 27,114 | 28,699 | 30,161 | 27,035 | 28,647 |
| 西亚北非 16 国 | 71,960 | 71,303 | 75,572 | 80,027 | 94,485 | 82,954 | 72,569 |
| 独联体其他 7 国 | 7,431 | 9,223 | 11,027 | 12,585 | 12,227 | 10,619 | 11,184 |
| 中国 | 54,880 | 72,585 | 101,977 | 129,876 | 227,311 | 249,842 | 261,467 |
| 合计 | 242,328 | 278,515 | 327,417 | 376,487 | 494,583 | 484,038 | 477,264 |

数据来源：联合国贸发会数据库。

### (一)“一带一路”沿线国家旅游贸易额占全球比重较高

从总体看，“一带一路”沿线国家旅游贸易额占全球比重较大，2005 年至 2016 年间所占比重增长了近 10 个百分点(见图 5-2)，且进出口结构从最初的顺差变为逆差。这说明“一带一路”沿线国家在全球越来越有吸引力，来这些国家和地区旅游的游客越来越多，多于“一带一路”沿线国家的游客去其他国家而产生的旅游贸易额。

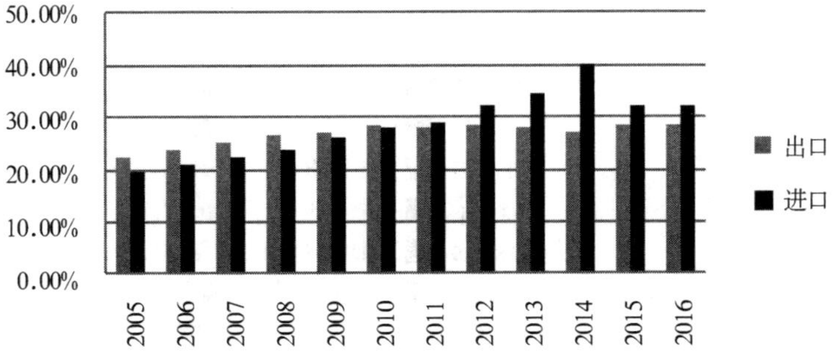


**图 5-2 “一带一路”沿线国家旅游贸易额占全球比重**

数据来源：联合国贸发会数据库

## （二）从区域来看，东南亚地区、西亚北非地区和东欧地区的贸易比重相对较大

在出口额方面，2016 年东南亚地区出口额最高，达到 1018.88 亿美元，占沿线国家贸易总额的 32.5%；泰国、新加坡、马来西亚等地均受到了世界各国游客的喜爱；其次为西亚北非 19 国和东欧 20 国，旅游出口额分别为 734.03 亿美元和 586.50 亿美元。阿联酋、土耳其、俄罗斯、波兰等地正在逐步开发其旅游产业，吸引了越来越多的国际游客。

在进口额方面，西亚北非地区贸易额为 765.18 亿美元，占贸易总额的 16%，其次为东欧地区和东南亚地区，占比分别为 12.3%和 11.9%。

## （三）从国别来看，中国、泰国、新加坡、印度、阿联酋的旅游贸易总量在沿线国家中居前五

从“一带一路”沿线各个国家的旅游进出口贸易总额来看，2016 年，中国的进出口贸易额最高，达到 3059.13 亿美元（见图 5-3）；其次为泰国，贸易额为 582.17亿美元；新加坡排名第三，贸易额为 404.88 亿美元；另外印度、阿联酋、俄罗斯等国，均小于 400 亿美元。

从出口额看，泰国、中国旅游出口额最高，超过 400 亿美元，其次为印度、阿联酋、土耳其、新加坡等国。从进口额看，中国进口额最高，为 2614.67 亿美元，

俄罗斯、新加坡等国家位列其后。

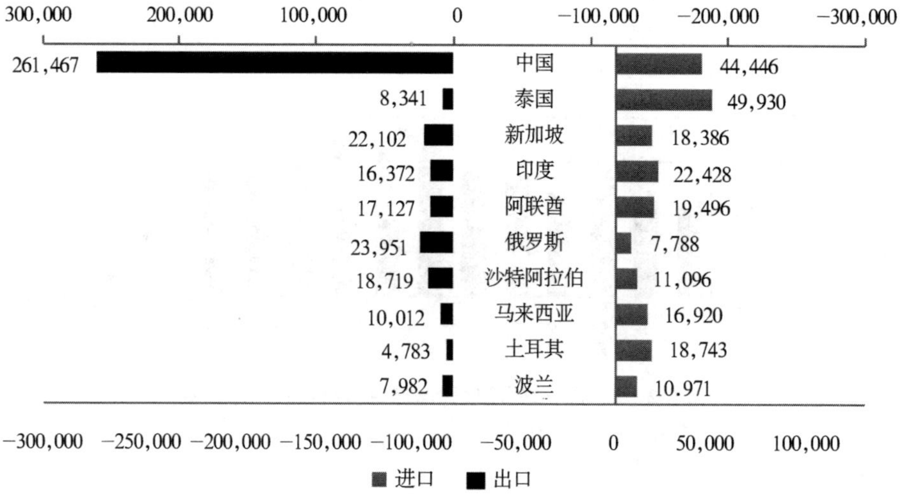


**图 5-3 2016 年"一带一路"沿线旅游进出口贸易额十强**

数据来源：联合国贸发会数据库

## 二、中国与东盟的旅游贸易合作

### (一)中国与东盟旅游贸易总体状况

2002 年 11 月中国—东盟自由贸易区建设正式启动，中国—东盟自由贸易区涵盖 18 亿人口，GDP 接近 6 万亿美元，贸易额达 4.5 万亿美元，是世界上由发展中国家组成的最大的自由贸易区。2015 年 12 月，中国与东盟十国正式签署中国—东盟自贸区升级谈判成果文件《中华人民共和国与东南亚国家联盟关于修订〈中国—东盟全面经济合作框架协议〉及项下部分协议的议定书》(以下简称《议定书》)，《议定书》是我国在现有自贸区基础上完成的第一个升级协议，涵盖货物贸易、服务贸易、投资、经济技术合作等领域，我国在建筑工程、证券、旅行社和旅游经营者等部门做出改进承诺，东盟各国在商业、通讯、建筑、教育、环境、金融、旅游、运输等 8 个部门的约 70 个分部门向我国做出更高水平的开放承诺，深化双边经贸合作。

2015 年，中国一东盟自贸区政策红利不断释放，以自贸区内各经济体旅游收入为代表，中国旅游业总收入突破 4 万亿元人民币，泰国旅游行业总收入达到2.23万亿泰铢，新加坡旅游收入达156亿美元，马来西亚2015年前11月旅游外汇收入已达210亿美元。

中国旅游贸易的巨大逆差很大一部分是中国与东盟各国旅游服务贸易时产生的巨大逆差。东盟各国作为我国“海上丝绸之路”重要的支点国家，是我国发展“一带一路”旅游服务贸易的重点。旅游服务贸易作为中国和东盟双边服务贸易中重要的组成部分，经过双边的共同努力，发展越来越成熟。中国赴东盟国家旅游的人数不断上涨，但是，东盟各国赴中国旅游的人数却有所减少，使得中国和东盟在旅游服务贸易方面处于逆差状态。

根据中国国家旅游局统计，2014年中国公民出国旅游目的地排名前9位的国家中，东盟国家占比过半，分别是泰国、越南、新加坡、马来西亚、印度尼西亚。在2015年，中国与东盟双边人员往来突破2364万人次，中国前往东盟旅行人数达1709万人次，东盟前往中国旅行人数达655万人次，泰国、新加坡在2015年连续四个季度位列中国旅行社出境旅游组织人次排名前十位目的地国家或地区之中，马来西亚3次位列其中，越南与印尼分别2次位列其中。中国也在逐步成为东盟各国旅游入境游最大客源国。

### （二）中国与新加坡的旅游贸易合作

自1990年中国和新加坡全面建立外交关系以来，伴随着中新经贸往来与产业合作的不断深化，中国已发展成为新加坡第一大贸易伙伴、第一大出口市场和第一大进口来源国，中新人文旅游交流持续发展。1996—2015年中新旅游互访规模均呈现整体波动增长趋势。从2003年开始旅新的中国游客在新加坡接待国际旅游者中占比一直保持10%及以上，最高水平时接近15%，我国游客已成为新加坡旅游产业发展和经济增长的重要力量。相对邻近的地理区位优势、成熟的“新马泰”旅游线路产品、广泛的市场营销基础、相对简便的出入境程序、居民收入和生活水平的显著改善等均是新加坡持续吸引我国出境旅游游客的重要原因。

新加坡旅游局2018年2月12日公布的报告显示，2017年入境新加坡的旅客从2016年的1640万增长到了1740万，增幅高达6.2%，增长的客源主要来自中国和印度。其中，中国游客首次突破300万人，并且超过印度尼西亚，成为新加坡最大的旅客来源国。2017年到新加坡旅游的中国人数比前年增加

13%，达到了322.7万人。中国游客带来的旅游收益更是连续三年称霸新加坡榜首，新加坡2017年全年旅游收益额有268亿新元，比2016年增加了11亿新元，涨幅达3.9%，其中来自中国游客的旅游收益比2016年还要多10%，达到30.83亿新元，中国游客在新加坡主要是购买保健品、糕点和奢侈品。2018年新加坡接待中国旅客约341.7万人次，比上年增长6%，中国连续第二年成为新加坡最大旅游客源地。

(三)中国与越南的旅游贸易合作

2009年《国务院关于进一步促进广西经济社会发展的若干意见》提出依托崇左大新跨国瀑布景区和凭祥友谊关景区构建中越国际合作区，这为中越双方开展边境旅游合作提供了新的契机。随后，如大新德天跨国瀑布景区、广西凭祥市友谊关景区、中越德天(板约)瀑布跨境旅游合作项目等顺利开展并取得丰硕成果。2010年中越两国旅游部门签署了《中国国家旅游局与越南社会主义共和国文化、体育与旅游部2010—2013年旅游合作协议》，双方将继续推动两国旅游部门和业界的交流，推动中国与越南、中越与东盟其他国家的邮轮旅游，继续推动双方边境省份之间、中国重点客源省份与越方的旅游合作。2015年中越两国政府签署了《关于合作保护和开发德天(板约)旅游资源的协定》，中越德天(板约)跨境旅游合作区由此成为中国首个跨境旅游合作区。2016年1月国务院发布《关于支持沿边重点地区开发开放若干政策措施的意见》，文件指出要不断深化与边境国家的旅游合作，支持广西东兴等有条件的地区与边境国家开展跨境旅游合作。随后国务院在已经试点的东兴国家重点开发试验区基础上，提出要进一步推进中国东兴—越南芒街跨境旅游合作区的建设。

在国家战略与边境地区区位优势的支持下，跨境旅游合作不断取得新突破，2018年越南接待中国游客500万人次以上，中国持续成为越南最大的旅游合作伙伴。然而在广阔的中越边境上，双方旅游合作空间还有待进一步深入挖掘。中越两国在“一带一路”框架下相互依存、相互发展。凭借着两国之间的友好关系，已经基本形成了较为完善的水陆交通运输网络，基本实现了两国公路、铁路和航空交通的对接，基础设施的互联互通将极大地促进两国旅游贸易合作的发展。

### (四)中国与柬埔寨的旅游贸易合作

2017 年 5 月由中国国家旅游局、中国商务部、柬埔寨王国旅游部、柬埔寨王国商业部共同主办的中柬商务旅游合作论坛在京举行，显示着中柬的旅游合作已经进入快车道，有望打造成为“一带一路”旅游合作新典范。2016 年，赴柬埔寨的中国游客人数为 83 万人次，同比增加 20%。2017 年以来，中国已跃居柬埔寨第一大游客来源国，是柬最大的国际航空市场，十余个中国城市与柬实现直航。云南、广西、甘肃等地方政府也在积极行动，以促进中柬旅游合作。

柬埔寨拥有灿烂的历史文化，旅游资源丰富独特，拥有吴哥窟等世界知名景点，是中国游客向往的旅游目的地。云南文投集团在柬埔寨吴哥成功打造的大型文化演艺项目《吴哥的微笑》迄今已演出超两千场，接待国际游客超百万人次，被中央六部委授予文化“走出去”重点项目。结合该项目，云南文投集团启动了丽江中济海项目，建设“中柬文化创意园”，进一步融入“一带一路”发展战略中。为吸引中国游客，柬埔寨旅游部出台 2016—2020 年吸引中国游客战略计划和中国市场“白皮书”，成立“柬埔寨—中国中心”，向中国游客推出落地签证、电子签证和 1 年、2 年、3 年多次签证等，增加直飞中国航班等，力争 2020 年至少接待中国游客 330 万人次。

### (五)中国与泰国的旅游贸易合作

中泰两国交流源远流长，两国文化交流和贸易合作日益活跃，2020 年是中泰建交 45 周年，成为中泰关系的一个亮点。自 2013 年以来，中国保持泰第一大贸易伙伴，仅次于美国、日本的第三大外资来源国，双方在互联互通、粤港澳大湾区、陆海新通道以及泰国“东部经济走廊”等框架内开展互利合作，共建高质量的“一带一路”。

泰国是“一带一路”沿线重要国家，是世界知名旅游目的地，也是旅游服务贸易发展最成熟的国家之一，旅游业是国民经济收入的支柱产业。自从 1988 年中国政府正式批准泰国成为中国公民自费出游的国际旅游目的地后，每年赴泰旅游的中国游客持续增多。2012 年后，中国已经成为泰国第一大旅游客源市场，2018 年中国赴泰游客首次突破 1000 万人次，约占赴泰外国游客总数的 28%。而泰国也成为中国排名前 15 名的旅游客源国之一，2017 年泰国游客占中国入境游客总数的1.8%。近年来随着泰国经济的持续发展和泰国人民消费能力的增强，在中国—东盟自由贸易区建设、“泛北部湾旅游圈”等区域旅游合作大发展的背景下，泰国游客赴华旅游未来仍将在我国入境旅游市场中占重要地位。

从中泰两国旅游贸易的整体情况来看，中国赴泰旅游的游客规模远远大于泰国赴华旅游的游客规模，双方存在严重的失衡现象，中国对泰国的旅游服务贸易逆差一直居高不下，且呈现越来越大的趋势。造成中泰旅游贸易逆差的主要原因：一是两国人口规模的差异较大，中国人口规模约为泰国的20倍（2020年泰国人口约6903万），在两国的经济实力、两国消费者旅游欲望等条件相同的情况下，中国赴泰旅游的绝对人数也必然会超过泰国赴华旅游的人数；二是随着中国经济实力不断增强，中国居民收入不断增加，旅游消费需求旺盛，与中国相比，泰国受金融危机以及国内政局动荡的影响，经济增长速度低于中国，经济实力和综合实力都与中国存在很大的差距；三是泰国旅游服务业发达，当地旅游资源丰富且性价比高，开发比较成熟，中国开放泰国旅游时间早，市场认知度较高。

近年来，两国政府已经举办了多次中泰旅游的推介会、研讨会，致力于发展两国的旅游合作。中国政府、旅游主管部门和驻泰国使领馆为引导中国游客文明出游做了大量的工作，采取了很多措施，编写了介绍泰国文化习俗、法律方面的书籍，让中国游客能够在泰国旅游期间尊重当地的文化风俗，文明旅游。泰国政府还专门成立了旅游研究机构，不断开发和推广新的旅游路线和新的旅游市场。中国有着丰富的自然和文化资源，未来要进一步加强旅游基础设施，不断优化旅游产业结构，打造多重文化旅游品牌，提升中国旅游服务贸易竞争力。

### 三、中国与中亚国家的旅游贸易合作

中亚5国包括哈萨克斯坦、吉尔吉斯斯坦、塔吉克斯坦、土库曼斯坦和乌兹别克斯坦，这些中亚国家1991年底独立，中国于1992年与他们建交，一直保持着良好的睦邻友好关系。2001年上海合作组织的成立，更是将中国与中亚国家的合作领域、合作层次和方式推向了一个新高点，为该区域内的国际旅游合作提供了稳定的社会政治环境。

中国与中亚5国间旅游资源丰富，具有表现形式多样的宗教石窟艺术、寺

庙、塔类建筑、皇家宫殿遗址、古城遗址等世界文化遗产。截至 2019 年 7 月，中国已有 55 项世界遗产，包括陕西秦始皇陵兵马俑、甘肃敦煌莫高窟、嘉峪关关城、承德避暑山庄及其周围寺庙和河南洛阳的龙门石窟等，中亚五国共有 15 项世界遗产。2014 年 6 月中国与哈萨克斯坦、吉尔吉斯斯坦联合申请的“丝绸之路：起始段和天山廊道的路网”在第 38 届世界遗产大会取得成功，这一项目申遗成功，将进一步加强中国和吉尔吉斯斯坦、哈萨克斯坦的文化交流，扩大三国之间在文物保护和文化旅游方面的合作。该项目属于文化线路类型，沿线包括城镇遗迹、商贸城市、交通以及宗教遗迹和关联遗迹等五类代表性遗迹 33 处，其中中国有 22 处，哈萨克斯坦、吉尔吉斯斯坦各有 8 处和 3 处遗迹。除了这些，帕米尔高原、巴尔喀什湖、里海、唐王朝经营西域的“安西四镇”之一的碎叶城、世界最大的山地湖泊之一的伊塞克湖等也都是世界著名的观光胜地。新疆与哈萨克斯坦、吉尔吉斯斯坦、塔克吉斯坦接壤，新疆共有 17 个对外开放口岸，丰富的旅游资源、具有独特优势的地理环境为中国与中亚开展旅游合作打下了良好的基础。

中亚各国以旅游促发展的政策目标一致。哈萨克斯坦是整个中亚旅游产业发展最好的国家，该国将旅游业列为重点发展的 7 大产业之一。吉尔吉斯斯坦的接待人数和收入仅次于哈萨克斯坦，该国在《2013—2017 年国家可持续发展战略》中，将旅游业定位为优先发展行业之一。乌兹别克斯坦出台政策鼓励私营经济和外资企业参与旅游业的投资经营，在 2016 年之前翻新建设途经主要旅游线路的国道，修复大约 200 处考古遗迹和建筑，对铁路系统进行现代化改建。塔吉克斯坦利用举办竞赛评比刺激行业内发展。土库曼斯坦在里海边上的土库曼巴什市建设自由经济区，吸引国内外的公司投资建设酒店和娱乐设施，推动该国旅游业的发展。

但是中国—中亚国际旅游区域合作缺乏有效的国家间协调机制，由于国家利益、法律政策、经济体制、意识形态、开放程度都不同，协调工作复杂而艰难。中国与中亚五国的旅游业实力不均，旅游进出口贸易额相差甚远，中亚五国的旅游业发展相对滞后，并且缺乏足够的资金、技术、人员支持，不对等的状态降低了双方合作的积极性。且中亚各国的基础设施建设尚不完善，一些宾馆、景区道路等基础的旅游设施还是在苏联时期建设的，功能单一且年久失修。交通工具发展也不成熟，费用较高。此外，中亚五国签证手续复杂，时间长，费用高，且成功的难度也非常大，这些原因都在一定程度上阻碍了双方的文化旅游合作交流。

## 四、中国与中东欧国家的旅游贸易合作

中东欧16国地处欧洲的东中部，自古就是东西方文化碰撞和交融之地。中国与中东欧国家虽然相距遥远，但两千多年前横贯欧亚大陆的“丝绸之路”将双方紧密联系在一起。公元13世纪，马可·波罗从故乡克罗地亚出发，通过丝绸之路，到东方游历中国大地，开启了东西方人民互相了解和交流的历史篇章。中国—中东欧旅游合作是“丝绸之路经济带”战略的重要组成部分，推进中国与中东欧国家的旅游合作，既符合中国与中东欧国家双方的利益，又符合世界经济发展的趋势。

2014年5月，中国—中东欧国家旅游促进机构及企业联合会在布达佩斯正式成立，首次中国—中东欧国家旅游合作高级别会议在匈牙利首都布达佩斯成功召开，积极推进中东欧国家同中国的旅游合作。2015年为推动“16+1合作”框架提质增效，17国制定了《中国-中东欧国家合作中期规划》，不断拓展合作空间，旅游合作作为中国—中东欧国家合作的重要组成部分和重点领域，有助于深化中国和中东欧国家人民间相互了解，巩固传统友谊，助力各国经济发展。2017年中东欧赴中国旅游人数达33.57万人次，较前一年增长8.4%，较2013年增长37%；中国公民赴中东欧16国游客总数为137万人次，较2013年增长221%，年均增幅逾26%。2018年中东欧国家来华旅游人数达35万人次，中国公民赴中东欧国家旅游人数超过140万人次。

国际友城合作推动了中国与中东欧国家间旅游贸易的发展。国际友好城市是世界各国地方政府之间通过协议形式建立起来的一种国际联谊与合作关系，是“友好省州与友好城市”的简称，在西方又称“姐妹城市”或“双胞城市”。习近平主席在中国国际友好城市大会开幕式上的致辞中提道：“国际友好城市活动已成为中国同有关国家双边关系的重要组成部分，促进了中国同各国的交流合作，增进了中国人民同世界各国人民的相互了解和友谊。”友城合作是我国外交政策的重要组成部分，有助于两个城市和国家间的感情认同，达成次区域合作，有利于国际合作政策的转化与落实。此外，友好城市还能充当善意沟通的纽带，消解国际敏感或者消极、片面的认知，从而减缓国家外交压力。国际友

好城市之间易于建立旅游合作协调机制，共同开发旅游线路，联手开展市场营销，推进旅游企业紧密合作，最终形成资源共享、客源互动、共同发展的国际旅游合作新格局。中国与中东欧16国缔结友好城市关系（包含友好省州）始于20世纪80年代初，截至2017年年底，中国与中东欧16国共有160对友好城市（包含友好省州），在中东欧16国分布广泛，除爱沙尼亚外，在中东欧其他15国中均有分布。从数量上来看，波兰与中国的友好城市数量居于首位，达到36对，其次是匈牙利（35对）和罗马尼亚（33对）。国际友好城市关系不仅有互信保障，而且便于开展项目，已经成为促进国际旅游合作的重要桥梁和有效载体，作用日益增大。

在中国与中东欧国家旅游部门的大力推动下，国际友好城市间经济、教育与培训、文化体育与旅游、城市管理等多方面的交流合作不断扩大，中国—中东欧国家双向旅游交流人数增长迅速。赴捷克旅游的中国游客从2015的30万人次增加到2017年的50万人次，克罗地亚这颗“地中海明珠”正在成为更多中国游客试图解锁的欧洲旅游目的地，2017年中国游客赴克罗地亚人数增长近60%。匈牙利是欧盟首个与中国签署实施“一带一路”伟大战略构想的国家，布达佩斯是“16+1合作”的发起地，2003年匈牙利正式向中国游客开放后，中国游客赴匈牙利旅游人数快速增长，呈现出广阔的发展前景。2014年赴匈牙利的中国游客近9万人次，同比增长20%，2019年前往匈牙利旅游的中国游客达27.7万人次，同比增长8.36%。

虽然中国与中东欧国家旅游互访人数增长迅速，但是与双方的人口数量和出入境游客总量相比，互访规模还有很大提升空间，仍有许多潜力没有释放。中国与中东欧国家双方旅游部门应通力合作，推进实施更加便利的旅游签证政策，开通更多旅游直航航线，加强旅游安全保险保障，为双方游客创造更友好的旅游环境。

## 五、促进中国与“一带一路”沿线国家旅游贸易合作的建议

### （一）建立高效的区域旅游合作机制

政策协调是形成任何区域合作的基础，达成政策协调需要对话，需要良好的协调机制。丝绸之路经济带区域旅游合作的主体是各国政府及沿线城市，应

采用的合作方式是多边协议合作模式。丝绸之路沿线旅游资源分布的地域特征以及旅游活动的异域性，使得区域旅游开发活动涉及面十分广泛，需要磋商的问题层次较高，需要更多的国家层面的宏观协调与指导。在国际区域旅游合作中，根据"一带一路"倡议和规划，丝绸之路经济带区域旅游合作应秉承"构建全方位、多层次、复合型的国际区域旅游网络，实现沿线各国旅游业多元、自主、平衡、可持续发展"的思路，通过各国之间的政治磋商与谈判，确立"丝绸之路经济带各国旅游要素有序自由流动，旅游市场深度融合，丝路旅游形象共同塑造"的发展目标；在实施过程中，丝绸之路经济带区域旅游合作应坚持"国家政府主导、区域旅游组织参与、旅游城市联合行动"的合作政策，同时可根据区域政治、经济环境变化以及区域旅游资源与市场发展状况而进行灵活的调整。

### （二）加强旅游基础设施建设

"一带一路"沿线国家间旅游合作中的基础设施建设主要包括道路、通信设施、环境保护设施等的建设。合作的重点应围绕欧亚大陆桥建设沿线的公路、高铁等快速旅游干线，逐渐连通中国至中亚、西欧、北非的陆路交通。只有保证有最基础的旅游设施，游客的出行、住宿比较便利，国际间的旅游贸易才能够更加畅通无阻。此外，有一些景区的配套设施欠缺，如停车场的不足、旅游园区的建设不完善、配套酒店数量不足、环境卫生不佳等问题也会影响该地区的旅游人数。基础设施的完善建立对一国的旅游贸易起着关键性作用。如中国与东欧国家之间建立统一的铁路标准，使铁路交通更加的方便；加大资金投入，在一些经济较不发达的中亚等地区，建设公路、铁路；与距离偏远的国家建立航线班次，做好国家与国家之间的交通运输衔接。

### （三）推行旅游便利化政策

推进"一带一路"沿线国家间无障碍旅游区建设是各方合作制定旅游便利化政策的关键。复杂的签证手续，长时间的审核时间和较高的办理签证的成本费都在一定程度上阻碍了国家之间的人员流动。"一带一路"沿线各国旅游资源特色分布具有一定的地域性特征，这就使得拥有不同旅游资源的国家互为客源国，实行免签政策能很大程度上促进游客进行跨境游。目前东南亚地区的一些国家已经对中国游客实行免签政策或者落地签政策，这都大大刺激了国民走出国门进行跨境游的愿望。这一措施也应该逐渐的适用于“一带一路”的其他沿线国家，建立无障碍的旅游区。

（四）提升旅游业的服务质量

发展旅游需要大量高素质的综合人才。“一带一路”国际旅游人才，他们不仅要懂沿途国家的语言，同时还要懂得经贸、旅游、法律、文化、民族背景等专业知识。目前来说，旅游服务人员的服务质量普遍不高，在国际上缺乏竞争力，所以应该提高旅游从业人员的服务质量，加强对旅游服务人员的培训，通过语言培训、学术交流，文化交流等方式，大力培养旅游服务人才，促进区域旅游贸易的发展。此外，旅游企业要在沿线国家市场加大对中国旅游资源和旅游品牌的宣传和推介力度，介绍中国文化风貌，展现中国文化的魅力，促进中国和沿线国家间文化旅游方面的合作。

（五）加强国家之间的外交和安全合作

“一带一路”横贯亚欧大陆，涉及几十个国家，跨越国家、政治、民族、宗教、文化的阻隔是很大的挑战。沿线国家地缘政治状况复杂多变，给开展国际区域旅游合作带来了阻力，同时也给区域旅游业的正常运行增加了风险。国家之间的友好程度直接关系到两国之间的旅游合作，例如 2017 年年初中国与韩国的关系紧张，直接导致赴韩旅游的人数骤减，影响韩国旅游业发展。国家内部的安全问题也至关重要，土耳其因安全问题导致旅游经济不景气。任何国家的游客都希望能够前往一个安全的、有文化的、有特色的地方去旅游，因此在提高景区文化特色、服务水平、基础设施的同时，还要注重国家间的外交和安全合作，为旅游业的区域合作营造良好的外部环境。

## 第三节　中国与“一带一路”沿线国家的游戏贸易

“一带一路”倡议为中国游戏出海指明了方向，中国已经成为全球最大的游戏经济体之一，中国游戏产品、运营方式和文化 IP 正在向东南亚、中东、印度、俄罗斯和欧洲等区域输出，这些区域对中国来说是最佳的影响力辐射区域，它们有足够庞大的游戏需求但是却没有跟得上玩家脚步的产业，中国游戏可以抓住发展窗口期，以国内游戏市场为核心辐射“一带一路”沿线国家，发展出一个属于自己的游戏体系，打造属于中国游戏的时代。

## 一、“一带一路”沿线上的传统游戏

“一带一路”沿线汇集了各个古代文明，是人类文化与文明的重要发源地，古代丝绸之路大大促进了人类语言、艺术、信仰等方面的交流。作为文化遗产一部分的传统游戏，因丝绸之路而得到传播和扩散，衍生出不同的名称和规则。北京胡同里滚动碰撞的弹球，也可以在撒马尔罕、伊斯坦布尔、新德里、耶路撒冷、雅典、罗马这些古丝路重镇上找到影子。

敦煌壁画记录了超过40种曾在丝绸之路上流行的游戏。通过丝路，传统游戏连接着不同的国家、民族与文化。从敦煌出发，丝绸之路最早因游牧民族的足迹而形成。牛羊的骨关节也是最常见的游戏工具，在中国新疆和中亚人们叫这种传统游戏为阿斯克，也就是髀石。在蒙古语地区和中国东北的通古斯民族地区它叫作嘎拉哈。强大的成吉思汗带着这个游戏从亚洲征战到欧洲，还用来占卜和筹划战争。古代波斯有关于木条的游戏，它是波斯男性中最流行的游戏，也是一种训练战士的方法。用一根木棍连续击打另一根，对手再去追逐飞起的木条，最终英国人把它引入北美和其他地方，并且演化成了现代的棒球运动。另一个传统游戏是弹球。考古学家最早在埃及金字塔里发现了黏土球。它后来延伸为大理石球、石子、玻璃球等。丝绸之路上的弹球的规则，无穷无尽，在印度就至少有四种玩法。曼卡拉这个词是东非的斯瓦希里语和古典阿拉伯语的结合。玩家把自己的棋子放进棋盘上的小坑里去捕获对方的棋子，这些棋子象征着种子，也可以直接在土地上挖出棋盘进行对弈。所以曼卡拉在很多地方都叫作播种游戏，反映了人们对于土地和生命的热爱。阿拉伯商人把传统游戏曼卡拉和非洲的黄金、宝石、象牙一起带到中东，再通过丝绸之路带到中亚、南亚和东南亚。在每一个地方，曼卡拉也都有一个属于自己的名字，在中国河南叫作散窑，在安徽叫作老牛棋，在广东叫作分六煲，随丝绸之路传播和变化。

虽然同一种游戏在不同地区、国家和部落都会表现出不同的性情和风貌，但那些体现人类发展的关键共性在丝绸之路保留了下来：对峙和博弈、追逐和探索、智慧和推理、协作和技巧、冒险和极限，这就是丝绸之路上我们的共同命运。随着社会发展和生活方式的改变，很多传统游戏逐渐消逝，人类失去对自己童年的记忆，

新华社旗下瞭望智库、腾讯互娱及联合国教科文组织自2017年初启动了针对“一带一路”的传统游戏收集与研究项目，并利用现代信息技术对传统游戏进行重现和演绎，使其具备在互联网传播、展示和交流的能力，从而最终推动传统游戏和传统文化的延续与发展。目前项目已经储备了超过20款丝路游戏。这一项目也是自2015年启动的联合国教科文组织与腾讯互娱共同发起的“开放的传统游戏数字图书馆”的子项目之一。目前该项目已经完成4个试点国家一共36款传统游戏的收集和保护工作，搭建起一个囊括179项游戏信息的网站。

## 二、中国游戏在“一带一路”沿线重点国家的发展现状

### (一)俄罗斯

俄罗斯人口约1.43亿，其中互联网人口超过1.13亿，有超过5000万用户使用移动设备上网。游戏玩家总数约有7200万，其中游戏付费玩家为4040万，2016年人均游戏付费约35美元。移动游戏玩家约有5290万，其中移动游戏付费用户约1300万。

根据Newzoo的《全球游戏市场报告2017》，2016年俄罗斯游戏市场规模为14.9亿美元，居东欧第1位，世界第11位。其中PC端为最大市场，有6亿美元，其次是移动端，有5亿美元，主机游戏市场则有所萎缩，仅有3亿美元。

俄罗斯玩家最喜爱战争题材的SLG类游戏，中国出海厂商早年正是凭借着战争题材的SLG游戏征战海外。目前俄罗斯畅销手游中，中国出品能够拿下半壁江山。AppAnnie 2018年2月份手游指数显示，俄罗斯iOS & Google Play收入前十的产品中，中国手游占了四席（依次是智明星通的《列王的纷争》、网易的《坦克世界闪电战》、IGG的《王国征战》和《城堡争霸》）。

### (二)中东

中东地区是落实“一带一路”倡议的重要地区，在正在逐步成型的“六廊六

路多国多港”的大格局中，中国与中东国家在“六廊”中的合作在于共同建设“中国—中亚—西亚经济走廊”。

2018年中东地区(沙特阿拉伯、阿联酋、科威特、土耳其、卡塔尔、阿曼、埃及以及以色列共8个国家)移动游戏在App Store和Google Play的总收入达到8.36亿美元，策略和战术竞技两大品类在中东地区最受欢迎。目前中东市场游戏玩家总数已超千万，用户多集中于18—30岁年龄段。父权社会下，游戏市场仍以男性用户为主，占比70%。中东作为仅次于亚洲之后的全球第二大智能手机出货地，拥有世界上最年轻的人口构成。以沙特为例，47%的人口年龄在24岁以下，手机普及率已超90%，高占比的年轻群体和手机持有量为游戏产业的发展提供了用户基础和设备基础。此外，在以“多金”闻名世界的中东，外来劳动力充足，在高福利的社会保障体制下，有钱有闲的人群占比超20%。

中东玩家富有而神秘，而中国游戏厂商则以精细化运营见长。2016年初国产手游《苏丹复仇》在中东月收入超2000万元的消息让不少从业者感到惊讶，国内已经出现了针对中东市场的发行商、渠道运营和翻译等服务商。2018年在中东地区手游收入20强榜单中，中国手游多达11款，占20强总收入的69%，腾讯公司研发的《PUBG MOBILE》登顶收入、下载双榜。中东游戏市场未来有巨大的增长空间，沙特阿拉伯、土耳其、伊朗等新兴市场，数年后将超过欧洲的成熟市场。

### (三)东南亚

东南亚地区总人口为6.44亿，其中互联网用户占53%。东南亚地区手游市场份额总值为13亿美元。东南亚当前的手游市场份额约为国内的1/9，印尼、泰国和越南是手游营收的前三强，占市场整体的60%。

由于地域和历史渊源，东南亚用户对中国文化认可程度较高，这也是不少中国厂商将东南亚作为手游出海首站的重要原因。中国厂商凭借过硬的产品品质和运营表现，在当地市场有相当不错的竞争力。无论是当地热门的卡牌、RPG类游戏还是暂未成为主流的SLG、MOBA等游戏，都是中国出品打头阵。从2017年上半年至2018年上半年，来自中国的移动游戏在东南亚iOS App Store和Google Play商店的下载量增长了50%，超过了3亿次；而用户支出增长了52%，超过了2亿美元。

### （四）印度

2017 年印度游戏业规模达到 8.19 亿美元，居于世界第 17 位。印度人口总数为 13.39 亿，互联网用户为 4.28 亿。互联网人口庞大，仅次于中国，可谓是相当值得开发的市场。印度不仅是一个人口大国，更是一个年轻大国，印度大约三分之二的人口年龄在 35 周岁以下，这些庞大的年轻用户孕育着巨大的市场。谷歌印度公司和毕马威（KPMG）发布的一份研究报告称，预计印度网络游戏玩家基数到 2021 年将从目前的 1.20 亿增长近两倍达到 3.10 亿，印度网络游戏市场规模到 2021 年将达到 10 亿美元。

中国手游行业从萌芽到成熟仅仅花了数年时间，而今天的印度就像是昨天的中国。而今小米、华为等智能手机厂商在印度的加速扩张也为手游输出打下了坚实的基础。在培养用户娱乐习惯、付费习惯方面，以前中国从欧美照搬模式，时至今日中国已经有自己的一套模式可以在印度市场上尝试。

### （五）波兰

2017 年，波兰的独立游戏公司数量超过 250 家，行业产值 5.04 亿美元，世界排名第 23 位。面对激烈的游戏业全球竞争，波兰游戏公司一开始举步维艰，不得不从简单的本地化和游戏代理做起，逐步向独立研发靠拢。“精锐部队”是波兰游戏公司的一大特点，波兰驻华大使馆文化处主任蔡梦灵接受《环球时报》记者采访时表示，波兰多数游戏公司规模很小，仅有数名雇员，但有激情、有决心、敢想敢做。数据显示，波兰游戏公司研发的游戏成功率远高于其他国家。《巫师》系列、《影武者》系列、《死亡岛》等作品均战绩不俗。

行业典范 11 studios 负责人帕维尔·米耶考斯基认为波兰游戏公司取胜的秘诀是“质量取胜”。“永远颠覆流派，寻找令人兴奋的主题，传递新玩法，所有推出的游戏，必须在市场上留下痕迹。因此，我们只提供高质量付费游戏，从来不做免费的事”，帕维尔表示，这也是多数波兰游戏公司的特点。11 studios 推出的反战主题游戏《这是我的战争》在国际上获奖很多，中国游戏分享平台 TapTap 在 2016 德国科隆游戏展会上遇到 11 studios 以后，经过多次沟通拿到了其中国代理权，上线以后大获成功。11 studios 在中国市场上取得的成功有目共睹，这让越来越多的波兰游戏公司对中国产生兴趣，渴望寻找中国合作伙伴。

中波两国在游戏产业的合作发展空间巨大，但中西方游戏偏好差异很大，没有公式可循，需要磨合。波兰公司一方面借助中国合作伙伴开拓市场，另一方面也希望把中国产品带回国，并以波兰为据点辐射中东欧乃至整个欧洲。

(六)巴基斯坦

巴基斯坦总人口数1.97亿人，互联网用户4500万。2017年巴基斯坦游戏市场产值1.34亿美元，居于世界第52位。巴基斯坦游戏显示出从PC端向移动端休闲类游戏转变的趋势。当地的游戏开发商非常注重研究游戏市场趋势和玩家习惯的变化，并能做出迅速反应。比如巴基斯坦玩家对西方文化感兴趣，巴基斯坦人就开发出万圣节等西方主题的游戏。开发商针对本地市场开发的游戏很多都带有政治因素，比如描述人类社会复杂性的*Extreme Metro Run*。这与巴基斯坦人对政治事件的敏感和浓厚兴趣有关。

“一带一路”的伟大倡议，不仅是中国的强国之路，也是沿线各国的强国之路。游戏领域的“一带一路”也同样，中国的游戏公司既能输出中国的游戏和文化，也能不断以自身的技术、品牌和文化影响当地游戏产业的发展。

## 三、动漫游戏产业“一带一路”国际合作行动计划的重点任务

2017年4月，文化部在《关于推动数字文化产业创新发展的指导意见》中提到，着力发展数字文化产业重点领域，要推动动漫产业提质升级和游戏产业健康发展，丰富网络文化产业内容和形式，参与数字文化产业国际分工与合作。2017年12月，文化部印发了《动漫游戏产业“一带一路”国际合作行动计划》，现将其重点任务列举如下。

(一)丰富内容供给

鼓励动漫游戏企业加大对优质内容的创作生产投入，通过动漫游戏讲好中国故事。扩大与沿线国家和地区的创意合作，鼓励针对沿线各国民众文化需求和消费习惯，进行原创内容开发，创作生产一批适应沿线国家文化需求、贴合当地市场的优质动漫游戏作品。支持引进沿线国家特色文化资源，共同打造一批具有鲜明文化特色、为双边市场认可的畅销动漫游戏产品。支持面向全球市场开展创作，与沿线国家共同开发适应性强，在世界范围内被广泛接受的国际化

动漫游戏产品。

加强动漫游戏“一带一路”创意合作。举办交流会、采风团、训练营等多种形式合作交流活动，促进我国与沿线国家动漫游戏创作者、创意团队之间的了解沟通与学习合作。鼓励国内动漫游戏企业传播机构与沿线国家深度合作，共同创作100部有影响力的反映“一带一路”文化特色的优秀动漫游戏产品。

### (二)拓展合作渠道

针对动漫游戏产业的不同传播特点，畅通中国与沿线国家间动漫游戏产品交流渠道，提升产品双向传播、运营的便利性。加强推广机构、运营机构、销售平台、服务平台、新媒体平台的能力建设，鼓励在有关国家和区域通过多种方式开展产业合作。支持通过建立数据库等手段，聚合沿线国家的重点渠道平台机构，为企业牵线搭桥。充分考虑不同国家的历史与文化，提高翻译质量，创新翻译思维，加强翻译能力建设，积极开展译制、配音合作。支持发展众包翻译，鼓励建设在线翻译社区，广泛整合全球翻译资源参与译制。

### (三)搭建交流平台

发挥政府引导作用，积极搭建产业沟通交流平台，鼓励开展针对不同国家的动漫游戏产业对外合作的专业服务。构建全方位、多层次、高质量的产业交流合作体系。加强会展合作，支持中国动漫游戏企业参加国际各类国际会展，在会展中开展“一带一路”动漫游戏产业展示对接交流活动，提升参展水平。支持在国内举办的与“一带一路”相关的综合性会展中设立动漫游戏展区，开展相关活动。支持在沿线国家举办或合作举办动漫游戏展会。支持利用行业协会、商会、联盟等推动与沿线国家开展产业对接、项目推介、行业信息交流等多种形式的交流合作，加强行业自律。

加强动漫游戏产业“一带一路”会展合作。建设“一带一路”动漫游戏会展信息库，发布重点会展目录，支持和鼓励中国动漫游戏会展与沿线国家和地区动漫游戏会展之间开展合作，组织和引导互相参展，设立展示专区、开展专项推介活动。充分利用中国国际动漫游戏博览会等有影响力的国内文化展会平台，欢迎和支持沿线国家和地区参展。

(四)发展本地化经营

注重动漫游戏产业的文化属性,针对各国历史、传统文化习俗、自然条件的差异,开展差异化定位,针对性开发,构筑适应当地特点的动漫游戏产业海外发展路径,提升文化品牌和企业形象。支持开展针对性运营服务,加强企业在产品推出后的持续运营、维护、周边开发等相关服务,并针对所在国情况推出特色服务与产品。支持企业在海外通过合资、投资、并购、开设分公司等形式设立本地化机构和营销网络,雇佣本地员工,提供本地化产品与服务。

(五)促进文化资源数字化

支持和鼓励国内数字文化企业和研究机构加强与沿线国家合作。运用3D显示、虚拟现实、增强现实、智能语音等数字技术,共同开发挖掘传统文化资源,促进当地文化资源数字化保护开发与创造性转化,丰富数字丝绸之路的文化内涵。积极与沿线国家和地区合作发展数字艺术展示产业,以数字艺术展示丝路文明。发挥数字艺术展示的高互动性、高应用性、高融合性特点,积极探索与沿线国家博物馆、美术馆展创新相结合,与旅游开发相结合。

加强“一带一路”文化资源数字化合作。支持和鼓励国内数字文化企业和研究机构与沿线国家和地区合作,依托互联网、运用数字技术,以沿线国家传统文化资源为基础,合作开发文化资源数字化项目,让丝路文化资源活起来。

(六)加强技术创新与应用

顺应数字技术发展潮流,把握互联网和智能终端在沿线国家加快普及的趋势,鼓励内容、装备和平台企业协同发展。加强新技术领域创新能力建设和示范应用推广。支持新技术装备企业与优秀内容企业在沿线国家融合发展,提升动漫游戏创作生产传播的技术水平,注重动漫游戏内容与智能终端的融合发展。支持虚拟现实、增强现实、智能终端、移动互联网、数字新媒体、可穿戴设备、人工智能等新技术创新发展与推广应用。加强手机(移动终端)动漫、交互娱乐、数字艺术展示等数字文化产业领域技术和标准的开发合作与推广应用。

(七)推动动漫游戏与相关产业融合发展

充分利用动漫游戏产品易于跨国、跨文化传播的特点,鼓励将先进制造能力和优秀创意能力结合，推动实体经济企业和动漫游戏企业在“一带一路”国际合作中实现融合发展，通过在产品中运用品牌授权，形象宣传等多种方式，在沿线国家和地区加强“中国制造”的品牌建设。提升产品的文化内涵和附加值，实现动漫游戏产业与礼仪休闲用品、家用电器、服装服饰、家居用品、食品、体育文化用品等消费品工业融合发展，与信息业、旅游业、广告业、商贸流通业等现代服务业融合发展，在教育、展览展示、地理信息等领域积极开拓应用。

## 四、促进中国与“一带一路”沿线国家游戏贸易合作的建议

### (一)中国游戏出海的策略

首先，实施全球化和本土化战略的有机结合。我们需要构建国别信息服务和国别投资指南，在深度了解海外市场的前提下谨慎理性地选择出海目的地，并根据不同市场的差异特征，建立海外本土化策略。在进入海外市场前，充分认清目标市场的用户、发行渠道以及市场发展趋势等，尽可能与当地工作室、玩家联盟、发行商合作，实现人才的全球化、资本的全球化、创意的全球化和用户的全球化。在做到本土化的过程中，既要了解当地的民俗风情、用户喜好、审美情趣，尤其是在中东地区，文化、语言、宗教等都是需要格外注意的问题，所以游戏厂商要根据地区游戏玩家所喜爱的游戏类型精准设计研发投放；还要充分考虑当地的宏观和微观环境，包括政策法律法规及经济发展状况等。例如在越南，其防沉迷系统就十分严格，3 小时踢下线，晚上 12 点强制关机，这是游戏厂商布局时需要考虑进去的；此外，游戏厂商在向本土化靠拢的过程中，也可以变被动为主动，依托当地的力量进行游戏创作或发行，做到充分的本土化。

第二，游戏产品本身的质量和类型还是开拓海外市场的基石。在此基础上，游戏厂商要充分认清自己，认清自己的产品及运营团队是否能够适合这一市场。这就需要游戏厂商在进入目标市场之前，充分运用数据调研，对目标市场进行深度剖析，在尊重当地习俗、理解目标市场游戏偏好之后，以高质量的游戏产品满足目标市场玩家的需求，把产品做到极致，进而提高游戏在海外市场的口碑，这是国内游戏出海取胜的关键也是本质所在。

第三，“资本走出去”也是中国游戏出海的重要实现方式。以世界排名第一的游戏公司腾讯为例，通过投资并购实现游戏全球化是腾讯的一大战略。腾讯

曾分别成功收购全球了PC端排名第一的游戏《英雄联盟》开发商Roits games，以及移动端排名第一的游戏公司Supercell，“现金牛”的威力使腾讯尝到了资本出海的甜头，资本“走出去”带动游戏“走出去”，这是被腾讯游戏证明行之有效的一条路径。对于自主研发能力尚不够强大的中国游戏来说，力争在移动游戏时代借助资本的力量拓展海外市场。

（二）推进动漫游戏产业“一带一路”国际合作的对策建议

动漫游戏已经成为当下中国与“一带一路”沿线国家加强文化交流、增强相互理解、面向未来促进民心相通的重要载体，要推进动漫游戏产业“一带一路”国际合作。

第一，鼓励中国与沿线国家动漫游戏企业，秉持共商共建共享的原则，相互尊重、合作共赢，开展动漫游戏产业合作，共同打造良好的产业生态体系，使之成为沿线国家新的经济增长点，满足沿线国家人民个性化、多样化的文化消费需求，造福沿线国家人民。

第二，鼓励中国与沿线国家动漫游戏企业开发传承与弘扬沿线国家优秀文化、反映中国与沿线国家友好的动漫游戏产品，把宝贵丰厚的文化资源转化为产业优势。目前，中国与沿线国家动漫游戏项目合作步伐不断加快。捷克、哈萨克斯坦、俄罗斯、阿联酋、沙特等多国的国家电视台或重点企业与我国动漫企业已经合作拍摄了《熊猫和小鼹鼠》《阿廖沙和龙》《阿拜之路》《孔小西与哈基姆》等多部动漫。

第三，鼓励中国与沿线国家文化企业共建有利于动漫游戏发展的传输、分发、运营、翻译等渠道；参加各国举办的动漫展会，使之成为企业、信息、资本、人才交流的平台。中国国际动漫游戏博览会自举办以来，国内参展商累计达到2400多家，国外参展商累计100余家。过去两年，泰国政府组织多家动漫游戏企业赴上海参加中国国际动漫游戏博览会，中方也连续两年赴泰国参加或举办动漫会展。常州动漫艺术周、重庆西部动漫节等中国的动漫游戏展会也都设立了专门的“一带一路”展区，以色列、爱沙尼亚、土耳其、波兰等国企业积极参展。

第四，鼓励中国与沿线国家动漫游戏企业将包括艺术品、文物、非物质文化遗产等在内的优秀历史文化资源，利用动漫游戏技术进行数字化转化、开发和展示。水晶石公司运用动漫和虚拟现实技术将吴哥窟进行数字化展示，促进了柬埔寨文化在中国的传播；数字敦煌展亮相莫斯科，让中国文化遗产在国外活起来、动起来。未来，数字艺术展示一定会为数字丝绸之路建设增色。

第五，鼓励中国与沿线国家动漫游戏企业将动漫游戏产业与旅游、教育、健康、地理信息、公共事业等其他领域融合发展；与先进制造业、消费品工业、农业融合发展，与实体经济深度融合；与虚拟现实购物、社交电商、“粉丝”经济等营销新模式相结合，主动融入国民经济发展的大格局。

游戏产业作为中国文化贸易的一面旗帜，一方面在国内市场阻击了高水准海外游戏对国内游戏市场的蚕食，一方面在海外市场不遗余力地推广着中国文化对于“天人合一”、生死命运等问题的哲学式解读，既出口了文化、又创造了价值。随着“一带一路”倡议的进一步展开，已在海外市场耕耘多年的中国游戏必将找到更多可供挖掘的沃土，将中国的游戏与文化不断传播出去，使更多的世界青年通过游戏了解中国文化、喜爱中华文明。

## 第四节　中国与“一带一路”沿线国家的会展贸易

自古以来，横贯亚欧大陆的丝绸之路，留给世界“和平合作、开放包容、互学互鉴、互利共存”的精神遗产，对中西方文化的交融发展起着非常重要的作用。“一带一路”倡议的本质是加强区域内国家间经济、政治和文化的交流合作，亟须开辟对外的窗口和平台，这也为文化会展提供了良好的机遇。会展由于其具有展示性、联动性及带动相关产业发展的经济功能，可以为国家战略提供决策依据，在“一带一路”文化发展中占据非常重要的地位。

### 一、中国会展业发展状况

近年来，受世界经济疲软和复苏乏力的影响，世界展览业进入低速发展阶段，欧美展览业发展低迷，亚洲展览业发展出现分化趋势。中国经济发展尽管面临下行压力，增速减缓，但我国展览业快速发展，已经成为构建现代市场体系和开放型经济体系的重要平台，对国民经济发展贡献增大。2015 年 4 月国务院发布实施《国务院关于进一步促进展览业改革发展的若干意见》，全面部署会展业改革发展方向和目标，各组展主体努力推动展览业向专业化、国际化、品牌化和信息化方向发展。

（一）境内展览向高质量发展转型，区域结构进一步优化

2018年中国展览行业发展势头良好，办展数量和办展面积均实现稳步增长。2018年，中国境内共举办经贸类展览3793个，较2017年增加130个，同比增长3.5%；举办展览总面积为12,949万平方米，较2017年增加570万平方米，同比增长4.6%。2019年办展项目3547个，比上年下降6.5%，展览总面积13,048万平方米，比上年增长0.8%，其中5万平方米以上大型展览占比达57.6%，比上年提高6.3个百分点。从区域分布来看，各区域展览数量和展览面积发展不平衡，华东地区办展数量和办展面积均领先于其他地区，西北地区增长最快，2019年比上年增长20.6%。在省市方面，上海、广东和山东办展数量和面积均居前三强。

（二）赴境外参展办展数量平稳增长，为共建"一带一路"作出积极贡献

2016年以来中国企业赴境外举办展览会整体规模保持增长态势，除2018年参展面积小幅回落外，四年来参展项目数量、展览面积和参展企业数量不断增多。2019年在全球经济低迷背景下，中国企业赴境外参展办展稳中有进，全国91家组展单位共赴73个国家参展办展1766项，中国出国参办展总体增速相对2018年有所回升，展出面积92.13万平方米，比上年增长11.0%；参展企业6.1万家，比上年增长2.9%（见表5-5）。

**表5-5　2009—2019年出国展览统计表**

| 年度 | 项目数（场） | 年增长率（%） | 出展净面积（万平方米） | 年增长率（%） | 参展企业数（家） | 年增长率（%） |
|---|---|---|---|---|---|---|
| 2009 | 1,183 | 7.3 | 42.64 | 16.5 | 30,185 | 4.7 |
| 2010 | 1,316 | 11.2 | 51.75 | 21.4 | 36,007 | 19.3 |
| 2011 | 1,375 | 4.5 | 60.50 | 17.0 | 40,190 | 12.0 |
| 2012 | 1,528 | 11.1 | 69.73 | 15.3 | 47,376 | 17.9 |
| 2013 | 1,391 | -9.0 | 61.80 | -11.4 | 47,494 | 0.2 |
| 2014 | 1,447 | 4.0 | 70.70 | 14.4 | 47,787 | 4.0 |
| 2015 | 1,385 | -4.3 | 63.90 | -9.6 | 46,000 | -3.7 |
| 2016 | 1,492 | 7 | 83.5 | 14 | 58,400 | 12 |
| 2017 | 1,549 | 3.8 | 84.98 | 1.77 | 59,000 | 1.7 |
| 2018 | 1,672 | 4.9 | 83.02 | -2.31 | 59,000 | 0 |
| 2019 | 1,766 | 5.6 | 92.13 | 11 | 61,000 | 2.9 |

数据来源：商务部发布的《中国展览行业发展报告（2016）》，中国贸促会发布的《中国展览经济发展报告（2017）》、《中国展览经济发展报告（2018）》和《中国展览经济发展报告（2019）》。

同时，得益于“一带一路”建设高质量发展，沿线国家成为出展市场新热点，中国会展主体积极与沿线国家各级政府紧密联系、合作共赢、以展促贸，为中国企业“走出去”做出了贡献，同时也促进了沿线各国经济的发展，2015 年以来，中国赴“一带一路”沿线国家参办展规模和数量稳步提升(见表 5-6)。2018 年全国 76 个组展单位共赴 33 个“一带一路”沿线国家组织参办展 718 项，占中国出国展览项目总数的 42.9%。2019 年在沿线国家办展项目有小幅回落，但展出面积较前一年增长 8.7%。

**表 5-6　2015—2019 年赴“一带一路”沿线国家展览统计表**

| 年　度 | 项目数(场) | 年增长率(%) | 出展净面积(万平方米) | 年增长率(%) | 参展企业数(家) | 年增长率(%) |
|---|---|---|---|---|---|---|
| 2015 | 509 | — | 22.9 | — | 1.6 | — |
| 2016 | 602 | 16.0 | 30.2 | 31.9 | 2.0 | 25.0 |
| 2017 | 628 | 4.3 | 38.8 | 25.5 | 2.6 | 30.0 |
| 2018 | 718 | 14.3 | 37.7 | -2.8 | 2.6 | 0.6 |
| 2019 | 697 | -2.9 | 41.0 | 8.7 | 2.6 | -1.7 |

数据来源：同表 5-5。

(三)展览专业化水平大幅度提升，品牌展建设扎实推进

伴随着全球展览业专业化发展，我国展览业专业化水平大幅度提升，不论综合性会展还是专业性会展，展览题材、组织运营、观众等方面的专业化程度都在不断提高，行业集中度不断增强，展览会正在向专业化发展。2017 年中国贸促会成功举办了中国非洲产能合作展览会、第二届澜沧江—湄公河国家经济技术展览会，参与主办了中国—东北亚博览会等国家级品牌展会，2018 年中国贸促会主办了中国(肯尼亚) 产能合作品牌展览会，推动了我国与“一带一路”沿线国家的经贸和产能合作。2018 年 11 月中国国际进口博览会在上海开幕，这是世界上第一个以进口为主题的国家级展会，是国际贸易发展史上一大创举，迄今已成功举办 3 届。第三届进博会累计意向成交 726.2 亿美元，在全球疫情蔓延的背景下，47 个“一带一路”国家就有 500 多家企业参展，积极与中国企业开展大型贸易投资对接会。2019 年中国成功举办了北京世园会，共有 110 个国家和国际组织以及包括中国 31 个省区市、港澳台地区在内的 124 个非官方参展者参展。2020 年以“构建人类命运共同体——创新和机遇”为主题的中国馆亮

相迪拜世博会，展示我国科技和信息通讯领域的创新成果和“一带一路”建设成就。

(四)展会遍及国民经济众多行业，休闲时尚艺术旅游类展览增速较快

从行业角度来看，展览可分为重工业、轻工业、农业、服务业和专项展览5大类。2018年轻工业展览在办展数量和办展面积上均位居所有行业之首；服务业展览办展数量位居第二位，重工业展览办展面积位居第二位；重工业展览办展数量位居第三位，服务业展览办展面积位居第三位。2019年重工业展览数量超过服务业展览，跃升至第二位，展览面积也实现快速增长。这说明，中国实体经济发展态势积极向好，凸显经济质量稳步提升。轻工业中食品饮料烟酒类展览办展数量和办展面积均为最高，家具木工机械类展览同比增幅较大；重工业中汽车产业类展览办展数量和办展面积均为最高，工业设备维修类展览同比增幅最大；服务业中休闲时尚艺术旅游类展览办展数量和办展面积均为最高，教育培训招聘类展览同比增速较快。

(五)互联网、大数据助推会展产业发展

互联网技术的发展和“互联网＋”思维的提出，为展览业注入了新的发展活力，大大推动了展览业的发展。互联网、大数据注入了新的会展题材。世界互联网大会是由中国倡导并举办的世界性互联网盛会，迄今已经举办六届，旨在搭建中国与世界互联互通的国际平台和国际互联网共享共治的中国平台，让各国在争议中求共识、在共识中谋合作、在合作中创共赢。随着大数据、互联网技术的全面推进，相关技术在展览业得到广泛应用。AR技术、HTML5、人脸识别、大数据等技术创新为会展产业提供了更多的想象空间；会展学研究、会展人微广播、活动策划家等微信公众号也成为业内交流的重要平台。大数据、“互联网＋”提高和创新了展览业策划、运营思维模式，增加了会展服务手段和技巧，提升了会展服务水平和效率，拓展了展会服务内容和范畴。

## 二、中国在“一带一路”沿线国家和地区办展情况

出国展览是推动企业“走出去”，提升中国商品竞争力和国际市场份额，为中国外贸发展提供支持的有效途径。随着“一带一路”倡议的推进和实施，中国

与沿线国家和地区间的会展贸易蓬勃发展。

### (一)在“一带一路”沿线参办展项目数和参办展企业数稳步增长

2018 年,中国赴“一带一路”沿线国家参办展稳步提升。全国 76 个组展单位共赴 33 个“一带一路”沿线国家组织参办展 718 项,占参办展项目总数的 42.9%;展出总面积 37.7 万平方米,占参办展总面积的 45.4%;参办展企业数 2.6 万家,占参办展企业总数的 44.5%(见图 5-4)。

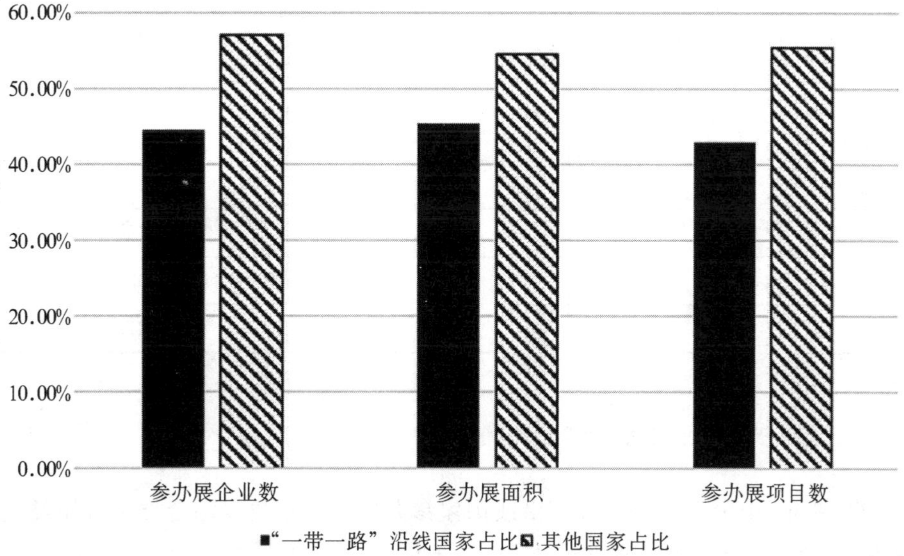


**图 5-4　赴“一带一路”沿线国家参办展项目数、面积和企业数占比分布**

### (二)参办展区域呈现集中化

中国赴“一带一路”沿线国家参办展仍然呈现集中化趋势,2018 年办展项目数排名前 10 位的国家依次是俄罗斯、印度、阿联酋、土耳其、泰国、印度尼西亚、越南、伊朗、新加坡和马来西亚。中国共赴上述 10 国参办展 718 项,占赴“一带一路”沿线国家参办展项目总数的 81.3%;参办展面积为 29.27 万平方米,占赴“一带一路”沿线国家参办展总面积的 77.6%;参办展企业总数为 2.6 万家,占赴“一带一路”沿线国家参办展企业总数的 78.2%。其中,赴俄罗斯参办展项目数最多,达到 132 项,较 2017 年增加 21 项,;实际展出面积为 5.1 万平方米,较 2017 年增加 1.3 万平方米;参办展企业数为 3870 个,较 2017 年增加 645 个。赴印度和阿联酋参办展项目数分别位列第二位和第三位，分别为 89 项和 82 项，实际展出面积分别为 5.0 万平方米和 6.1 万平方米，参办展企业数分别为 3129 个和 3906 个(见表 5-7)。

**表 5-7　2018 年赴“一带一路”沿线国家参办展项目数排名前 10 位国家**

| 国家 | 参办展项目数(项) | 实际展现面积(万平方米) | 参办展企业数(家) |
|---|---|---|---|
| 俄罗斯 | 132 | 5.1 | 3,870 |
| 印度 | 89 | 5.0 | 3,129 |
| 阿联酋 | 82 | 6.1 | 3,906 |
| 土耳其 | 60 | 2.4 | 1,728 |
| 泰国 | 47 | 1.9 | 1,641 |
| 印度尼西亚 | 46 | 3.3 | 2,260 |
| 越南 | 43 | 1.5 | 1,265 |
| 伊朗 | 35 | 1.1 | 764 |
| 新加坡 | 27 | 1.5 | 1,023 |
| 马来西亚 | 23 | 1.3 | 879 |

### (三)参办展行业以综合类和机械类为主

2018 年，中国赴“一带一路”沿线国家参办展行业主要以综合类和机械类展览为主。其中，在所有行业分类中，综合类展览项目数最多，达到 129 项，占赴“一带一路”沿线国家参办展项目总数的 18.0%，实际展出面积 15.9 万平方米，参办展企业数 9386 个；在专业类展览方面，机械类展览参办展项目数最多，达到 128 项，占比 17.8%，实际展出面积 5.7 万平方米，参展企业数 4105 个，其后依次是食品农产品类、医疗保健类、纺织服装皮革制品类、能源矿产类、建筑装饰类、照明类、五金工具类和化工类等。

## 三、中国与“一带一路”沿线国家的文化类会展贸易

### (一)图书会展与贸易

#### 1.北京国际图书博览会

经过三十年的发展，北京国际图书博览会的国际化已经达到较高水平，成

为与法兰克福书展、伦敦书展、美国书展齐名的四大国际书展之一。2015 年第 22 届北京国际图书博览会首次设立了“一带一路”特殊出版人展厅，主宾国阿联酋集中展示了六百多种阿联酋优秀图书，还设立了历史文化长廊、阿拉伯书法角、美术长廊等丰富的文化展区。俄罗斯、土耳其、沙特、印度、马来西亚等二十多个“一带一路”沿线国家的图书也在博览会上展出。

在第 23 届北京国际图书博览会上，迎来了历史上首个联合主宾国——中东欧 16 国，参展国家达到 86 个，其中印度尼西亚、越南、匈牙利、捷克、克罗地亚等 35 个“一带一路”沿线国家也前来参展，显示了北京国际图书博览会及中国出版业的吸引力，也为中国文化“走出去”提供强大平台支持。2019 年第 26 届北京国际图书博览会上，来自“一带一路”的国际出版商有 30 多个，“一带一路”已经成为最热门的出版主题之一，很多中国优秀原创作品通过数字版权交易的形式进入沿线国家市场。

2.“一带一路”国家主题巡回展

近年来，“一带一路”沿线国家对中国文化的兴趣和关注度不断提升，由中国图书进出口(集团)总公司承办的“一带一路”国家主题图书巡回展项目先后在曼谷、华沙、雅加达、沙迦和克罗地亚地区举办，进一步扩大了中国文化在丝路国家的影响力，通过向沿线国家民众展示中国优秀图书、展示中国文化，使当地民众更加了解中国。巡回展的首站设在泰国曼谷，展台分为当代中国、传统文化、人文社科、文学、少儿读物、语言学习等 6 个专题图书展区，展出近 300 种、300 多册精品中、英、泰语类图书，为泰国和东南亚地区民众深入了解当代中国发展现状、感知中华文化打开重要窗口。

### (二)电影、电视会展与贸易

1.上海国际电视电影节

上海国际电影节创办于 1993 年，是当今世界上 9 大 A 类竞赛型国际电影节活动之一，也是中国第一个获得国际电影制片人协会认可的全球 15 个 A 类电影节之一，与戛纳国际电影节、威尼斯国际电影节和柏林国际电影节等著名电影节齐名。

从 2015 年首办“丝绸之路”影展单元以来，上海国际电影节积极响应“一带一路”倡议，每年创新升级，扩大与“一带一路”沿线国家电影人的交流和交往。

2016年起将“一带一路”确定为常设单元，2018年电影节设立“一带一路”电影周，并于电影节期间成立了由29个国家31个电影节机构组成的“一带一路”电影节联盟。上海国际电影节与“一带一路”的合作机制，吸引更多的“一带一路”国家和地区的电影人参与到电影节的活动中。2017年的电影节共收到来自106个国家的2528部影片，其中，“一带一路”上有47个国家的电影人和电影机构，共申报了1016部影片，数量超过历年。

2.北京国际电影节

中国的政治文化中心北京也有一年一度的国际电影节。第七届北京国际电影节扩宽视野，特别设立了“一带一路”单元，与五洲传播中心、北京电视台、一带一路沿线国家的传媒机构和使领馆合作，举办“一带一路媒体传播联盟主题论坛”“丝路联播网国际媒体圆桌会议”“一带一路记录作品展映”等主题活动，关注沿线国家的电影创作，以电影为纽带，传承丝路精神。

作为2017年北京电影节的一大亮点，“一带一路”展映单元关注沿线国家的电影创作，集合如电影《牛奶配送员的奇幻人生》《推销员》《罗莎妈妈》等各国佳片，让观众感受来自丝绸之路的文化精品。

3.丝绸之路国际电影节

为贯彻落实“丝绸之路经济带”和“21世纪海上丝绸之路”的倡议，国家新闻出版广电总局于2014年创办以海陆丝绸之路沿线国家为主体的“丝绸之路国际电影节”，旨在以电影为纽带，促进丝路沿线各国文化交流与合作，传承丝路精神，弘扬丝路文化，为“一带一路”建设创造良好的人文条件。丝绸之路国际电影节作为“丝绸之路影视桥工程”的重点项目，每年一届，由陕西、福建两省轮流主办，传承丝路精神，弘扬丝路文化，推动我国电影事业发展，提升中国文化影响力。

4.其他沿线国家的电影节

比起欧美等主流电影市场，“一带一路”沿线国家的电影人稍显弱势，这些国家的电影产业远没有大国电影市场的规模，但却拥有十分悠久的历史，其具有自己国家特色的电影同样能带给观众极佳的观影体验。对于这些国家而言，电影已成为他们文化走出去不可或缺的重要纽带，相比好莱坞的强势，小语种的小众电影走出去，需借助一些外力的帮助。地区间举办电影展是十分直观有效的推广方式，多国参与，互利共赢。

爱沙尼亚只有 125 万人口，但也拥有自己的电影节，且和上海国际电视电影节一样，也是 A 类的国际电影节，由著名导演陈凯歌指导的故事片《和你在一起》在第七届“黑夜电影节”上获得“国际电影协会联合会特别提名奖”，这是中国影片第一次在该电影节获奖。中国电影引起了爱沙尼亚观众的浓厚兴趣，受到热烈欢迎。现在每年展映来自 70 多个国家的 270 部长片电影。电影行业在爱沙尼亚非常成熟，特别是剧情片和动画片。

印度国际电影节是印度的第一个国际电影节，也是亚洲最早的 A 类国际电影节之一。1952 年举行第一届，之后不定期举行，直到 1978 年才开始定期举办。印度国际电影节的主要目的是为世界优秀影片提供放映场所，为世界各国电影文化交流和世界各国人民的合作与友谊做出贡献。1996 年，李少红导演凭借《红粉》获得第 27 届印度国际电影节最佳影片奖金孔雀奖。2001 年，张学友凭借电影《男人四十》中的突出的表现，夺得印度新德里国际电影节的“最佳男演员”奖项，这也让他成为华人电影明星中最早获取印度新德里国际电影节影帝头衔的男演员。2014 年的第 45 届印度国际电影节上，导演王家卫获得终身成就奖。

埃及开罗国际电影节始于 1976 年，是国际 A 类电影节之一，同时也是非洲最大的电影节之一。执导过《观音山》《二次曝光》《万物生长》等优秀电影的中国导演李玉，曾出任开罗国际电影节主竞赛单元的评委，这也是开罗国际电影节评委阵容中首次出现来自亚洲的女性导演。而埃及的电影历史和电影本身的历史一样长。从 20 世纪初发明电影的时候起，埃及就开始制作电影，在最初埃及采取的是美国模式，因此得以接触到阿拉伯地区较大的市场，到了 1960 年代埃及出现了一些政策上的变化，电影就进入了国家层面，电影制作发行受政府管控。这之后埃及又有了私人电影机制，电影行业在埃及经历了大起大落。

中国俄罗斯电影节是习近平主席 2013 年访俄期间与俄总统普京达成的重要共识，中俄双方每年互办一次电影节，这是中俄两国文化交流的重要成果。按照双方建立的互办电影节机制，由中国国家新闻出版广电总局和俄罗斯文化部联合举办。在俄罗斯举办中国电影节，使俄罗斯人民感受到中国电影蓬勃发展的态势，也领略到中华民族丰富而美好的心灵世界。在中国举办题材丰富、风格多样的俄罗斯电影展映，展现当代俄罗斯电影的艺术风格和制作水平。

### （三）动漫游戏会展与贸易

1. 中国国际动漫游戏博览会

中国国际动漫游戏博览会诞生于2005年，由文化部与上海市政府共同主办，是一个促进商务交流、倡导跨领域渠道合作的商业会展。展会的合并举办做到了优势互补，既成为一个面向动漫游戏产业链上企业的专业交易、交流平台，又成为面向动漫爱好者培养动漫消费、培育动漫生活理念的卡通动漫嘉年华。博览会近年来与“一带一路”沿线国家和地区在展会合作上进行了有益尝试，在内容原创、动漫制作、传播营销、品牌培育、衍生品开发等产业链的各环节上建立多层次、多形式、多渠道的交流与合作。中国国际动漫游戏博览会还在上海组织举办“幻彩丝路 合作共享”推介会，落实文化部关于发挥好中国国际动漫游戏博览会在动漫游戏产业“一带一路”国际合作中的龙头作用的要求。

2.中国国际动漫节

国家新闻出版广电总局、浙江省人民政府主办的中国国际动漫节，从2005年起每年春天在杭州举行，目前已发展成为“中华文化走出去”的重要平台。中国国际动漫节是唯一国家级的动漫专业节展，也是目前规模最大、影响力最广的动漫专业盛会。“一带一路”为动漫国际合作提供了开阔的思路、难得的机遇，中沙首部合拍动画《孔小西与哈基姆》在沙特阿拉伯热播，在第十三届中国国际动漫节上，中捷合拍的动画片《熊猫和小鼹鼠》荣获“金猴奖”最佳动画系列片奖，它以中国国宝熊猫和捷克国宝级卡通形象小鼹鼠为故事主角，通过这对欢喜兄弟的互助和成长，来反映和歌颂中捷友谊的源远流长。

### （四）艺术品会展与贸易

艺术品由于其唯一性和稀缺性，随时间推移具有市场价格的增值效果。艺术市场现在是一个具有效率、历史悠久的全球市场，其抵御经济和地缘政治危机的能力毋庸置疑。上海国际古玩艺术品展览是由中国对外贸易经济合作协议协会携手上海荣忻艺术品投资管理有限公司主办，上海市商务委员会备案，上海荣忻艺术品投资管理有限公司唯一承办的国际古玩艺术品展览。2015年首届展览会顺应国家“一带一路”的指引，通过“海上丝绸之路”的寻觅，以艺术品展示的形式，呈现古今中外的文化及文明。

中国是一个有5000多年历史的国家，也积累了5000多年的文化艺术资产，中国的瓷器、国画、玉器等在国际上拥有很高的地位。当今，又有许多杰出的文化艺术创作为文化产业积淀了可观的力量。中国倡导的"一带一路"倡议也促进了各国间的文化艺术交流，文化艺术产业正呈现出一种健康发展的趋势。作为文化大国的中国，对文化艺术品市场的扶持力度也在逐年加大。

### （五）综合性文化会展与贸易

综合性文化会展相较上述专门性文化会展而言更具多样性，在文化会展中占据较高的地位。

#### 1.中国深圳国际文化产业博览会

中国（深圳）国际文化产业博览交易会（简称文博会）是中国唯一一个国家级、国际化、综合性的文化产业博览交易会，以博览和交易为核心，全力打造中国文化产品与项目交易平台，促进和拉动中国文化产业发展，积极推动中国文化产品走向世界。深圳文博会作为国家重点扶持的国际化、综合性文化产业博览交易会，自2004年成功举办首届后，已发展成为中国文化产业领域最具影响力的展会。文博会积极贯彻落实"一带一路"国家战略，2015年首次设立了丝绸之路专馆，2016年第十二届深圳文博会专设了"一带一路展"展馆，面向亚欧非大陆及附近海洋区域的国家及地区，组织邀请多个国家和地区参展，大力宣传、弘扬丝绸之路精神，搭建"一带一路"文化交流大舞台。

#### 2.中国西部文化产业博览会

始创于2000年5月的中国西部国际博览会（简称西博会）秉承"共办、共享、共赢"办会理念，由国家发改委、商务部、外交部等16个部委、西部12省（区、市）和新疆生产建设兵团、博鳌亚洲论坛共同主办或支持。西博会是四川省人民政府承办的国家级、国际性综合博览会，已成为西部地区对外开放的重要窗口和最佳平台，是国家在西部地区重要的投资促进、贸易合作和外交服务平台，是西部地区实现西部合作、东西合作、中外合作的重要载体。2015年3月，西博会被纳入国家"一带一路"倡议政府白皮书，成为推动"一带一路"建设的全国十大重点展会之一。由于地缘优势，西博会在推动"一带一路"建设上具有巨大作用，是一扇西部面向"一带一路"的开放之窗，透过这扇窗口，西部了解世界并走向世界，世界也由此读懂中国并投资西部。

3.中国北京国际文化创意产业博览会

中国北京国际文化创意产业博览会(简称北京文博会)创办于2006年,成为对外展示国家文明形象、对内增强文化自信、对全国文化建设起引领示范作用的重要平台。自2016年以来,北京文博会设立"一带一路"沿线国家特色文化展区,现场推介展示沿线国家文化资源、教育资源和旅游资源,展现其独特的地域与民族风情。北京文博会秉承"立足北京,服务全国,面向世界"的办会理念,依托首都文化人才、文化设施、文化总部和文化资本聚集优势,通过综合活动、展览展示、推介交易、论坛会议、创意活动、分会场"六位一体"的活动架构,展示我国文化创意产业发展成就,促进区域协同创新,增进国际交流合作,

4.中俄博览会

中俄博览会是经中俄两国政府批准,由中国商务部、中国黑龙江省人民政府和俄罗斯联邦经济发展部、俄罗斯联邦工业贸易部共同主办的国际经贸博览会,其前身是已连续举办20多届的中国哈尔滨国际经济贸易洽谈会。2014年以来中俄博览会已连续在中国哈尔滨举办六届,成为中俄两国在政治、经贸、科技、人文等重点领域务实合作和全面交流的重要平台。作为"一带一路"沿线两个重要国家,中国与俄罗斯在推动"一带一路"发展的进程中发挥着引领性的重要作用,同样起到深化我国与俄罗斯及东北亚地区尤其是"一带一路"沿线国家和地区全方位务实合作的"倍增器"作用。

## 四、促进中国与"一带一路"沿线国家会展贸易发展的策略

### (一)健全全国展览业管理、协调和促进体系

近年来展览市场的对外开放以及多元化市场主体的共同成长,中国展览业在展览会数量、累计展览面积、展览场馆规模等多个方面已经跃居世界前列。同时,我国展览业体制机制改革滞后,市场化程度发展迟缓,存在结构不合理、政策不完善、国际竞争力不强等问题。因此,我国要建立政令统一、协调一致的全国展览业管理和促进体系,提供完整、准确、到位、高质量公共服务,加强展览行业监督管理和宏观指导。坚持专业化、国际化、品牌化、信息化方向,倡导低碳、环保、绿色理念,培育壮大市场主体,充分发挥市场在资源配置中的决定性作用,明晰推动展览要素流动的产权因素。

(二)加大会展产业人才培养力度

会展与现代经济的密切关联决定了会展人才的培养必须要适应会展市场对人才的需求。目前已有多所高等院校开展会展等相关专业,但在文化会展领域从业人员的专业性仍然不强。会展业具有高度综合性和极强的实践性,会展活动涉及诸多领域,整个流程包括会展活动策划、广告宣传、招商招展、现场管理与服务、旅行食宿安排、物流、资料印刷装潢、场馆建设营运、会展效果评估等等方面。就总体水平来看,我国会展业从业人员的知识结构和专业素养与国际化会展规范运作相去甚远。未来会展管理与策划人才的培养模式,应当以市场需求为导向,着力提高会展人才的知识、能力和素质,在培养目标、教学模式、课程体系和培养途径等方面不断进行改革探索,构建复合型创新人才。

(三)促进产业间融合创新

会展业与其他产业的融合发展,是未来发展的趋势。互联网与会展业深度融合,推动会展产业创新发展,"互联网＋会展"提供的不仅是传统展会所具备的服务与线上资源的相加,还提供"智能化"增值服务。利用网络系统,推进展览活动流程的程式化、智能化、规范化和自动化管理;集成经济有效、自由方便、快速准确、具有极强互动性的网络平台;对会展活动进行展前、展中、展后的全过程管理;全方位重塑主办方、参展商、服务商和观众的体验,实现多方共赢。同时,金融是现代经济的血液,同样是支撑文化会展发展的重要支柱,促进金融资本、社会资本与会展资源有效对接,积极运用金融杠杆,借鉴成熟资本市场经验,促进会展业做大做强。就目前文化会展行业的发展而言,产业融合还只是刚刚开始,但其前景十分光明。

(四)弘扬工匠精神,提升服务水平

展览展示服务质量的提升,最终都是需要由会展企业作为主体来实现。会展企业要重视引进展览展示新技术。理念的不断创新,技术的不断更新,给展览展示行业提供了持续变革的机会,不要抱守旧有的成熟方法,而是要学习引进新的技术,不断创新展览展示的效果,提升参展商的参展满意度和观众的观展满意度。鼓励用工匠精神打造会展服务,精心培育会展服务品牌,建设、培育一批特色会展服务城市和品牌会展服务企业。会展企业要加强内部管理。培养适合于会展企业发展的企业文化，制定详细的业务操作规范和严格的管理规章制度，提高规范与制度的执行力，提升企业管理水平，加快会展企业从松散的作坊式企业向专业的现代化企业转变，从而构建稳定的会展产业生态链，全面提升会展业服务质量和服务水平，增强会展业的整体核心竞争能力。

# 第六章 中国与“一带一路”沿线国家文化贸易潜力研究

“一带一路”沿线地带是“丝绸之路经济带”和“海上丝绸之路”的总和，地跨亚欧大陆，沿线分布着众多的发展中国家。这些国家(地区)的积极参与以及当地人民对于安定生活的向往，成为推进“一带一路”倡议的基础。“一带一路”倡议是沿线国家实现自主参与、互利共赢的新型区域合作形式，这一倡议的实施不仅是实现中国经济稳步发展的需要，也是实现沿线亚太和亚欧国家共同繁荣的必然要求。[①] 无论是传统贸易资源、产业结构还是文化需求，中国与“一带一路”沿线国家都具有比较优势及互补性，可谓相得益彰。“一带一路”倡议可以很好地将沿线各个国家之间的比较优势结合起来，最大限度地提高资源的互补利用效率。在当今经济全球化的世界新形势下，“一带一路” 倡议的提出无疑将为中国以及沿线国家的经贸发展推波助澜。而与此同时，随着全球经济的快速发展，中国与“一带一路”沿线国家间的贸易特点和商品结构都发生了巨大的变化，因此对中国与沿线国家之间贸易出口潜力进行深层次的研究成为当务之急，这对于推动中国与“一带一路”沿线国家之间建设互利共赢的美好未来起到了十分重要的作用。

文化产业是一个国家软实力的象征，文化贸易无疑是“一带一路”倡议中体现国家形象的重要组成部分。文化产品以其低污染、无形性、高附加值等特点，被誉为新经济形势下的“朝阳产业”。大力发展文化产业越来越成为众多国家产业改革升级的选择方向。大力发展文化贸易不仅顺应了低碳经济的时代要求而且能够推动经济的可持续性发展，这不仅符合国家产业结构改革的发展趋势，也是提升国家“软实力”和国际话语权的必然要求。文化贸易能带动第三产

① 李金叶，舒鑫.“一带一路”：跨境次区域合作理论研究的新进路[J].南亚研究，2013 (2).

业在国民经济中的比例，有助于推动产业结构的优化升级，引领我国由“制造大国”向“创造大国”的转变，推动工业社会向互联网信息技术社会的转变。[①] 因此，如何更好地提升我国文化贸易的实力，最大限度地利用国际贸易大国的文化资源优势，最大限度地挖掘我国文化贸易潜力已经成为当前开展文化贸易相关研究的关键问题。

中国文化“走出去”战略是近几年来我国文化发展领域最重要的主旋律之一。站在全球的视角，这更是“一带一路”倡议顺利推进的必然要求。“一带一路”中的“丝绸之路”作为重要的历史文化遗产，是沿线各国共同的文化记忆，更是维系东西方文化交流与融合的重要纽带。在“一带一路”倡议新形势下，我国与沿线国家的文化贸易格局出现了一些新的发展变化，同时也面临着新要求，在这些变化和要求面前，如何推进我国文化贸易的发展关系着中国社会主义文化强国目标的实现进度，因此值得认真探讨和研究。

综上所述，“一带一路”是当今我国最重要的国家战略之一，研究中国与“一带一路”沿线国家的文化产品出口潜力以及影响文化贸易发展的因素十分有意义。因此，本章对中国与“一带一路”沿线国家文化贸易潜力的探讨，具有一定的理论意义和实践价值。

## 第一节　文化贸易潜力相关研究评述

本章基于随机前沿引力模型，以“一带一路”沿线 64 个国家为研究对象，分析中国与“一带一路”沿线国家之间文化贸易潜力及影响因素等相关问题。根据本章的研究内容，文献综述从“一带一路”背景下的文化贸易相关研究、随机前沿引力模型与贸易潜力的研究两个方面梳理相关文献，以期对各个领域的研究成果有一个完整的认识。

### 一、“一带一路”背景下文化贸易相关研究

关于“一带一路”背景下文化贸易的相关研究，多为定性研究，使用定量方法对其进行实证研究的文献很少。本书将“一带一路”背景下文化贸易的相关

① 曲如晓，韩丽丽.中国文化商品贸易影响因素的实证研究[J].中国软科学，2010(11).

研究大致分为以下两个方面。

一方面，许多文献对于“一带一路”背景下文化贸易面临的发展新机遇进行了阐述。汪名立、孟妮[①]认为“一带一路”倡议为我国文化贸易提出了清晰的发展路线、广阔的发展平台、有利的资金和财政支持，文化贸易发展前景十分美好。秦淑娟、李邦君[②]认为“一带一路”倡议为上海发展国际文化贸易提供了空间拓展、贸易方式转型、产业结构调整、文化产品创新等机遇，因此上海要把握机会，推进建设国际文化贸易中心的进程。另一方面，有很多学者对“一带一路”倡议下文化贸易的发展路径提出了对策建议。魏简康凯、张建[③]从法制角度切入，分析了我国文化贸易出口面临的法律问题，并对“一带一路”倡议下中国文化产品的出口提出了法制层面的对策建议，包括制定相关法律加以规范、改革文化管理体制、寻求国际仲裁机制援助等。

国内关于文化贸易影响因素的实证研究中，多数学者基于传统的贸易引力模型，分析影响中国文化产品出口的因素，如曲如晓[④]、王洪涛[⑤]等，探讨了中国与进口国的人均GDP、地理距离、文化差异水平、平均名义关税水平、贸易对外开放度等因素与双边文化产品贸易间的关系，由于选取的样本和变量不同，研究结论并不一致。既有实证研究大多基于中国对发达国家文化产品出口的数据，缺乏对发展中国家的经验分析，尤其是对“一带一路”沿线国家的关注。只有李世杰等[⑥]将社会嵌入理论引入经典贸易引力模型，分析了认知嵌入、关系嵌入、结构嵌入、文化嵌入和政治嵌入等变量对中国与“一带一路”沿线国家文化产品贸易的影响。

## 二、随机前沿引力模型与贸易潜力相关研究

引力模型是用于测算国际贸易潜力的经典模型，传统的引力模型，只引入一

① 汪名立，孟妮.“一带一路”文化贸易正当时[N].中国文化报，2017-02-25(1).

② 秦淑娟，李邦君.“一带一路”下的上海对外文化贸易发展新机遇及路径研究[J].上海对外经贸大学学报，2016(4).

③ 魏简康凯，张建.“一带一路”倡议下中国文化产品出口的法制思考[J].国际展望，2017(1).

④ 曲如晓，韩丽丽.中国文化商品贸易影响因素的实证研究[J].中国软科学，2010(11).

⑤ 王洪涛.中国文化产品出口贸易成本的测度与影响因素分析：基于中国文化贸易出口面板数据的实证检验[J].当代财经，2014(10).

⑥ 李世杰，邓茂杰，刘殿国，等.贸易引力、社会嵌入与文化产品出口：来自中国与“一带一路”沿线国家的经验分析[J].广东财经大学学报，2017(4).

小部分阻碍贸易的客观因素,并将这些因素都归纳到随机干扰项中,即认为在贸易过程中不存在贸易摩擦,这在很大程度上影响了实证结果的准确性。而随机前沿方法的引入很好地弥补了贸易阻力因素被忽视的缺陷,阻碍或促进贸易发展的因素被放在贸易非效率项中,不仅解决了贸易阻力问题,而且能够测算贸易阻力。

关于随机前沿引力模型与贸易潜力的研究,当前较多的文献是利用随机前沿引力模型对于传统货物的贸易潜力进行测算,或是以某一特定地区为样本范围对我国整体的贸易潜力进行测算。具体总结梳理如下。

一方面,随机前沿引力模型主要测算传统货物的贸易潜力,例如农产品、纺织品等。李丹、夏秋①使用随机前沿引力模型对中国与中东欧国家间的农产品贸易潜力进行了测算,认为中国与中东欧国家间农产品具有较强的互补性,双方未来农产品贸易发展仍然有很大的潜力,我国应积极调整贸易结构,不断提升我国农产品的竞争力。王丽萍②基于贸易引力模型对我国纺织品进出口贸易潜力进行了研究,文章通过扩展引力模型,建立了我国纺织品进出口贸易潜力模型,研究结果表明贸易壁垒、区域合作等因素对我国纺织品进出口贸易的发展影响不大,此外我国与经济规模大、市场需求大、市场开放度高的国家纺织品贸易效率更高。胡求光、霍学喜③基于引力模型对我国水产品的出口贸易潜力进行了研究,实证结果表明西班牙、朝鲜、丹麦和波兰等国家的水产品贸易潜力较小,而加拿大、意大利、泰国和印度尼西亚等国家存在着巨大的水产品贸易发展潜力。

另一方面,随机前沿引力模型主要用于以某一特定地区为样本范围测算我国整体的贸易潜力。张燕、高志刚④利用随机前沿引力模型对中国与澳大利亚间的双边贸易效率及潜力进行了实证研究,文章选取了 2008—2013 年中澳双边贸易额的面板数据,结果表明中国对澳大利亚的贸易出口潜力远远大于两国间的双边贸易潜力。谭秀杰、周茂荣⑤选择 21 世纪"海上丝绸之路"沿线国家作为研究样本,基于随机前沿引力模型对我国与这些国家间的贸易潜力进行了实证研究,并得出"海上丝绸之路"的贸易效率在不断提升、中国对"海上丝绸之路"沿线国家的出口贸易仍有很大潜力的结论。因此我国应不断提高贸易便利化水

---

① 李丹,夏秋."一带一路"背景中国与中东欧国家农产品贸易潜力研究[J].新疆农垦经济,2017(6).
② 王丽萍. 中国纺织品进出口贸易引力模型研究[J].中国经济问题,2012(11).
③ 胡求光,霍学喜. 中国水产品出口贸易影响因素与发展潜力[J].服务贸易,2008(3).
④ 张燕,高志刚.基于随机前沿引力模型的中澳双边贸易效率及潜力研究[J].国际经贸探索,2015(12).
⑤ 谭秀杰,周茂荣. 21 世纪"海上丝绸之路"贸易潜力及其影响因素[J].国际贸易问题,2015(2).

平，加快区域经济合作，降低关税壁垒。杨奎[①]则利用引力模型测算中韩两国间的双边贸易潜力，结果表明韩国属于贸易潜力开拓型国家，若要挖掘中韩之间更大的贸易量，就要充分发挥政府和企业的主动创造性，努力推动双边贸易往来。

综合文献回顾，虽然引力模型已经广泛地被应用于贸易潜力的测算中，但是现有文献多数是通过某一地区的数据测算我国整体贸易潜力，或测算我国传统贸易货物潜力。我们还没有发现运用随机前沿引力模型研究文化贸易影响因素及贸易潜力的文献。本书运用随机前沿引力模型估计中国与“一带一路”沿线 64 个国家之间的文化产品出口潜力，并对可能影响中国出口潜力的各项因素进行了实证检验与解释。

与现有文献相比，本研究的创新之处在于：第一，聚焦于“一带一路”建设的大背景，以“一带一路”沿线 64 个国家为样本，研究对象涵盖更多的国家，从而保证研究结论的客观性；第二，将随机前沿引力模型运用于文化贸易潜力研究中，对贸易影响因素及贸易潜力进行研究，既拓展了随机前沿引力模型的应用范围，又弥补了现有文化贸易研究的不足。本书的探索对于分析中国与沿线国家文化领域合作的关键因素，促进互联互通建设，实现合作共赢具有重要意义。

## 三、文化贸易潜力

“一带一路”沿线国家文化贸易潜力是指在文化贸易领域中，“一带一路”沿线各国内在的还未开发出来的文化贸易能力。本书中的文化贸易潜力主要通过我国对“一带一路”沿线国家的文化贸易出口额进行估计，测算包括以下步骤：首先通过随机前沿引力模型回归得出文化贸易理想的拟合值，其次通过文化贸易额的实际值除以拟合值来计算文化贸易效率。文化贸易效率是指“一带一路”沿线各国文化贸易中已被开发的贸易潜力，代表了中国与“一带一路”沿线国家目前的文化贸易水平高低。一般情况下，文化贸易效率的值介于 0 到 1 之间，文化贸易效率越接近 1，表示中国与进口国之间的文化贸易水平越高，而此时未被开发的文化贸易潜力则越低，即文化贸易效率与文化贸易潜力呈反比，当文化贸易效率的值大于 1 时，说明中国对该国的文化贸易过度。最后，通过 1 减文化贸易效率的差值计算出中国与“一带一路”沿线国家的文化贸易潜

① 杨奎.中韩文化双边贸易潜力测算[J].经贸论坛，2016(1).

力,并按文化贸易潜力由高到低列出排名,文化贸易潜力值越大,说明该“一带一路”沿线国家未被开发的文化贸易市场空间越大。

## 第二节　中国与“一带一路”沿线国家文化出口贸易的特点

### 一、中国对“一带一路”沿线国家文化出口贸易额呈增长态势

近年来,中国对“一带一路”沿线国家的文化产品出口整体呈上升趋势,由2011年的42.38亿美元,增长至2014年的73.13亿美元①(见表6-1),2015年又有所回落。近五年来中国对“一带一路”沿线国家的文化产品出口中,视觉艺术品和手工艺品占比均超过71%,这反映了中国文化产品的出口结构并不合理,出口产品主要集中在附加值较低的文化制造业领域,如绘画、雕塑、雕像、编织物、刺绣、珠宝(黄金和白银饰品)及配件等,依赖于大规模、低成本的生产制作,文化影响与竞争力相对薄弱。随着“一带一路”倡议的推进,中国与沿线国家之间的经济文化交流合作不断增多,我国的文化产品出口前景将越来越好,文化影响力也将不断提高。

**表6-1　2011—2015年中国对“一带一路”沿线国家文化产品出口额②(单位:亿美元)**

| | 2011 | 2012 | 2013 | 2014 | 2015 |
|---|---|---|---|---|---|
| 文化和自然遗产 | 0.00 | 0.00 | 0.00 | 0.00 | 0.00 |
| 表演和节庆产品 | 8.90 | 9.53 | 9.04 | 8.98 | 8.41 |
| 视觉艺术品和手工艺品 | 29.93 | 42.62 | 55.69 | 59.81 | 51.94 |
| 出版物 | 1.27 | 1.75 | 2.17 | 1.97 | 1.47 |
| 视听和交互媒体 | 2.28 | 3.55 | 2.35 | 2.35 | 2.00 |
| 设计类产品 | 0.00 | 0.02 | 0.07 | 0.02 | 0.03 |
| 合计 | 42.38 | 57.48 | 69.32 | 73.13 | 63.84 |

数据来源:联合国商品贸易数据库(UN Comtrade Database)。

---

① 本书的文化产品的范围来自2011年联合国教科文组织发布的《2009年联合国教科文组织文化统计框架》,文化产品包括六大类:文化和自然遗产、表演和节庆产品、视觉艺术品和手工艺品、出版物、视听和交互媒体以及设计类产品。文化产品贸易数据来源为联合国商品贸易数据库(UN Comtrade Database),以中国为报告方的数据为准,采用以HS六位数编码加总的方法获得并整理。

② 本书的中国文化产品出口额小于第四章的数据,主要是两章数据的统计口径不一致,联合国教科文组织的文化产品统计范围小于联合国创意经济数据库中的创意产品范围。

## 二、文化贸易对象相对集中于文化同源国家

文化产品以其自身的特殊性使得文化距离成为影响国家间文化贸易的重要因素，通常文化差异性较小的国家间文化贸易较为频繁，这一点在我国与“一带一路”沿线国家的文化贸易中也体现出来。图 6-1 列出了 2015 年中国对“一带一路”沿线国家文化出口贸易额排在前十名的国家，这些国家分别为：阿联酋、越南、新加坡、印度、泰国、马来西亚、印度尼西亚、缅甸、俄罗斯、菲律宾，其中属于东南亚地区的国家有七个，占据了绝对的优势地位。很显然我国文化贸易对象较多地集中在文化同源国家中，例如马来西亚和新加坡在语言方面跟我国有互通的地方，而东南亚国家大多数与我国文化相似性较大，这都极大地促进了我国与这些国家间的文化贸易往来。这也说明了文化距离（文化差异性）在国际文化贸易中发挥着重要的作用，这需要政府在推进文化贸易的过程中重视文化的差异性，加强与“一带一路”沿线国家的文化交流与融合，加强进口国对中国传统文化的认同感，扩大文化产品市场，推动文化贸易发展。

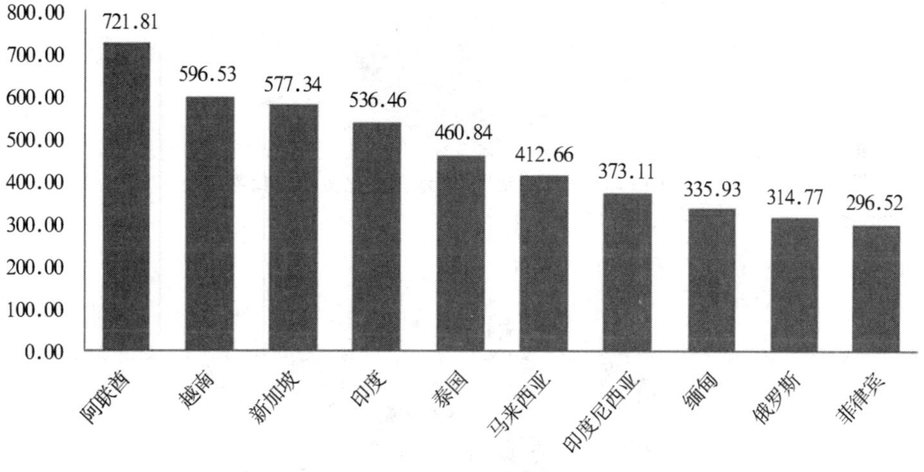


**图 6-1　2015 年中国对“一带一路”沿线国家文化出口贸易额前十名（单位：亿美元）**

数据来源：联合国商品贸易数据库（UN Comtrade Database）

## 三、东南亚国家成为中国文化出口主要贸易伙伴

在“一带一路”沿线的国家中，按地理板块划分，东南亚 11 国在我国文化贸易出口总量中占据了绝对优势的地位，而泰国、越南、马来西亚等国家也是中国

文化贸易发展的重要对象。由图 6-2 可以看出我国对东南亚 11 国文化贸易出口额占据了"一带一路"沿线国家总文化贸易出口额的 52%,当之无愧地成为我国文化出口的主要贸易伙伴。随着 2010 年中国—东盟自由贸易区正式全面启动,中国与东南亚国家间的贸易交流往来也不断增多。中国—东盟自由贸易区是世界上人口最多且由发展中国家组成的最大自由贸易区,中国与东南亚各国地理位置具有优势,资源禀赋与产业结构互补性强,各方面的有利因素共同推动东南亚国家成为中国文化出口主要贸易伙伴,而东南亚市场未来也将继续成为中国贸易对象中的重要部分。图 6-3 给出了东南亚各国在文化贸易出口额中所占的比例,从东南亚 11 国内部来看,各个国家文化贸易占比较为平均,其中越南、新加坡、泰国等国家是中国重要的文化贸易伙伴,而老挝、文莱等国家与中国的文化贸易相对较少,其文化产品市场有待进一步开发。

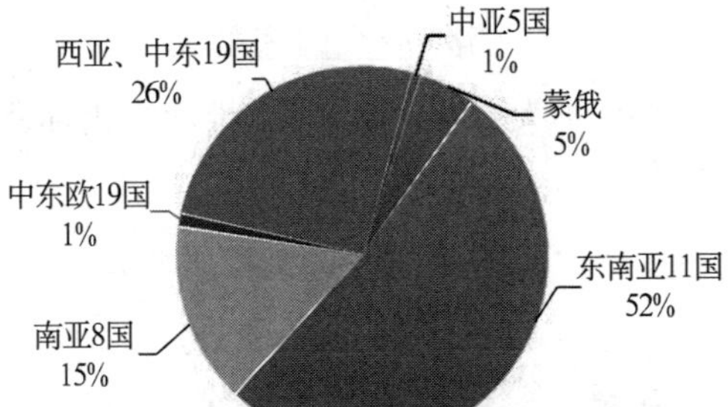


**图 6-2　2015 年"一带一路"沿线地区文化贸易出口额占比**

数据来源:联合国商品贸易数据库(UN Comtrade Database)

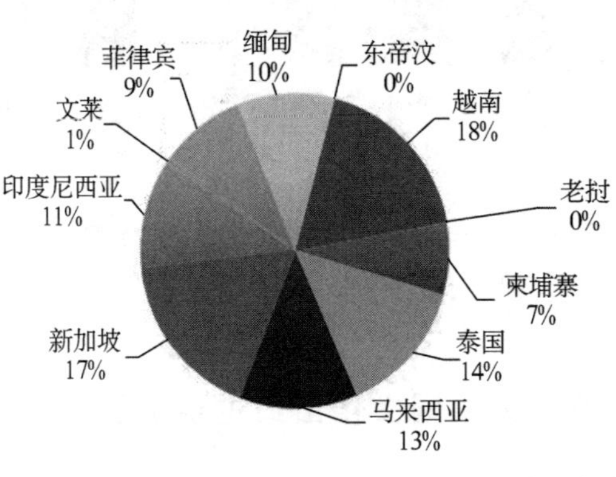


**图 6-3　2015 年中国对东南亚 11 国文化贸易出口额占比**

数据来源:联合国商品贸易数据库(UN Comtrade Database)

## 四、中国与“一带一路”沿线国家文化贸易存在很大潜力

根据联合国商品贸易数据库的数据，2011—2015 年我国文化产品总出口额大体上呈逐年增长趋势，但文化产品出口额占我国货物总出口额均未超过 5%，2015 年达到的最大值也仅为 3.34%（如表 6-2 所示）。这可能是因为虽然近年来我国的文化产业取得了较大的进展，但是由于起步晚，文化产业先天的基础较为薄弱，加上初期政府的资金支持力度不够，因此我国文化产品出口在货物总出口中还处于相对劣势的地位，这也预示着我国未来在文化产品出口方面还存在巨大的潜力。

**表 6-2　2011—2015 年我国文化产品出口额和占比**

（单位：亿美元）

| 年份 | 2011 | 2012 | 2013 | 2014 | 2015 |
|---|---|---|---|---|---|
| 我国货物总出口额 | 18,983.9 | 20,487.8 | 22,090.1 | 23,423.4 | 22,818.6 |
| 我国文化产品出口额 | 403.7 | 561.1 | 625.5 | 782.2 | 495.8 |
| 我国文化产品出口额占比 | 2.13% | 2.74% | 2.83% | 3.34% | 2.17% |

数据来源：联合国商品贸易数据库（UN Comtrade Database）。

表 6-3 列出了 2011—2015 年我国对“一带一路”沿线国家文化产品出口额在文化产品总出口额中的占比，从表中数据可知，2015 年中国对“一带一路”沿线国家文化产品出口额在我国文化产品总出口额中的占比仅为 12.19%，说明中国对“一带一路”沿线国家文化产品出口占比较小。除东南亚国家外，巴基斯坦、哈萨克斯坦、伊朗、土耳其、埃及、新西兰等国与我国有非常密切的经济贸易关系，在地缘政治方面的重要性也很明显。但是近年来中国与这些国家的文化贸易却没有达到应有的水平，这些重要国家的文化贸易潜力仍需要大力挖掘。

**表 6-3　2011—2015 年我国对“一带一路”沿线国家文化产品出口额和占比**

（单位：亿美元）

| 年份 | 2011 | 2012 | 2013 | 2014 | 2015 |
|---|---|---|---|---|---|
| 我国文化产品总出口额 | 416.71 | 569.48 | 633.52 | 790.66 | 501.72 |
| 我国对“一带一路”沿线国家文化产品出口额 | 42.38 | 57.48 | 69.32 | 73.13 | 63.84 |
| 我国对“一带一路”沿线国家文化出口占比 | 9.77% | 9.75% | 10.54% | 8.96% | 12.19% |

数据来源：联合国商品贸易数据库（UN Comtrade Database）。

综上所述，我国文化产品出口额在我国货物总出口额中所占比重、在我国与“一带一路”沿线国家文化产品出口额在文化产品出口总额中所占比重均较少，这说明我国文化出口还有很大的潜力。而随着政府对中国文化产品出口贸易的支持逐渐加大，可以预期，在今后的几年里中国与“一带一路”沿线国家的文化产品出口将会有很大的发展空间。

## 第三节　随机前沿引力模型[①]

### 一、引力模型

国际贸易理论的核心主题是贸易模式和贸易量，但是，无论传统的估计贸易理论还是20世纪70年代以来的新国际贸易理论，只是解释了国际贸易发生的原因，而没有关于具体贸易量的论述。引力模型是研究双边贸易量的重要工具。引力模型是指两个国家之间单向贸易流量与它们各自的经济规模成正比，与它们之间的地理距离成反比。这正像物理学中万有引力定律所描述的那样，两个星体之间的引力与它们的质量成正比，与它们之间的距离的平方成反比，引力模型因此而得名。

引力模型的简化形式为 $M_{ij}=KY_iY_j/D_{ij}$，其中，$K$ 为常数，$M_{ij}$ 表示 $i$ 国向 $j$ 国的出口额，$Y_i$、$Y_j$ 分别表示 $i$ 国和 $j$ 国的经济规模，一般用GDP表示，$D_{ij}$ 为 $i$ 国与 $j$ 国间的距离，一般指两国经济中心或主要港口间的距离。引力模型最早应用于社会科学中是在20世纪40年代，随后Tinbergen在20世纪60年代将引力模型应用到国际贸易中来，从此引力模型就成为对外贸易实证研究的流行工具。同时，引力模型也成功地应用于移民、旅游、对外直接投资等国际流量的实证研究中。在后续的研究中，学者们为了更好地解释被解释变量，其他变量如人口、人均收入、汇率、是否同属一个经济组织、是否拥有共同边界、是否拥有共同语言或文化等被引入模型。

---

① 第六章第三至六节内容已发表于2018年第1期《世界经济研究》，此处略有改动。

## 二、随机前沿引力模型

传统的经典引力模型在对贸易潜力进行测算时并没有考虑贸易阻力因素，而是将贸易设定于无摩擦的理想状态中，这在很大程度上影响了研究结果的准确性。后来由 Meeusen 和 Broeck 等人提出的随机前沿方法被引入引力模型中，该方法将传统引力模型中的随即干扰项分解为随机误差 $v$ 和贸易非效率项 $u$ 两个部分，而之前被忽视的贸易阻力因素则被放入贸易非效率项中，来对所有促进贸易或阻碍贸易的因素进行分析。由于这种方法很好地克服了传统引力模型的局限性，后来被广泛地应用于贸易潜力的测算中。

由于贸易规模可以看作国家间经济、地理、政治、制度等多重变量的函数，国家追求在给定距离、经济规模和其他因素的情况下以最小化的成本达到最大化的贸易规模（即产出），本质上与企业生产函数类似，那么用于分析生产效率的随机前沿法自然可以被用来分析贸易效率。随机前沿引力模型的最大优势是在给定的贸易环境因素下估计出每一个国家的最优贸易水平（贸易前沿）。通过观察实际贸易水平与最优贸易水平的比值（贸易效率）及其变化，可以评估现有政策的效果和针对性地设计未来提升贸易效率的政策。

在随机前沿引力模型中，采用面板数据进行计算的实际贸易量为：

$$T_{ijt}=f(x_{ijt},\beta)exp(v_{ijt})exp(-u_{ijt}),u_{ijt}\geqslant 0 \tag{1}$$

$$LnT_{ijt}=Lnf(x_{ijt},\beta)+v_{ijt}-u_{ijt},u_{ijt}\geqslant 0 \tag{2}$$

其中，(2)式是(1)式两边取对数的形式；$T_{ijt}$ 表示$t$年$i$国对$j$国实际的贸易量；$x_{ijt}$ 是随机前沿引力模型中影响实际贸易量的核心因素，包括人口规模、经济规模、地理距离等；$\beta$ 是待估计的参数向量；$v_{ijt}$ 为随机干扰项，其服从均值为零的正态分布；$u_{ijt}$ 代表贸易非效率项，与 $v_{ijt}$ 相互独立，表示没能纳入引力方程的贸易阻力因素，经济制度、区域组织、基础设施配置等人为因素被纳入贸易非效率模型中，用来衡量贸易阻力的水平，包括关税水平、政府相关政策、国家间的关系及突发事件，等等，它通常被假定服从半正态分布或截尾正态分布。当然也会存在促进贸易进行的有利因素，这些因素可以抵消一部分阻力的影响，但一般情况下贸易阻力中阻碍贸易的因素占据主导地位，即 $u\geqslant 0$。在早期随机前沿引力模型中，贸易潜力表示为：

$$T^{*}_{ijt}=f(x_{ijt},\beta)\exp(v_{ijt}) \tag{3}$$

$T_{ijt}^{*}$ 是贸易潜力，表示 $t$ 年 $i$ 国对 $j$ 国贸易量在理想状态下的最大值，即前沿水平的贸易量，类似于生产函数中的生产前沿，此时贸易非效率的影响为零，贸易被认为是无摩擦的。可见，在早期随机前沿引力模型和传统引力模型中，贸易潜力的概念是存在差别的，前者的贸易潜力是一个最优值，而后者是贴近实际贸易量的一个平均值。

在早期贸易潜力概念的基础上，引入贸易效率的概念，其表达式为：

$$TE_{ijt}=\frac{T_{ijt}}{T_{ijt}^{*}}=\exp(-u_{ijt}) \tag{4}$$

$TE_{ijt}$ 为贸易效率，表示实际贸易水平与贸易潜力（即实际值与拟合值）的比值，其将贸易潜力变为关于贸易非效率项的指数函数。贸易效率能够更准确地解释国家之间贸易发展的水平和潜力：当贸易效率 $TE_{ijt}=1$ 时，即 $u_{ijt}=0$，说明两国之间不存在贸易阻力，即无摩擦贸易，那么此时贸易量达到理想状态的最优值，实际的贸易量等于贸易潜力；当 $TE_{ijt}\in(0,1)$ 区间时，即 $u_{ijt}>0$，说明样本国间存在贸易非效率，即贸易发展中存在贸易阻力，此时的实际贸易量小于贸易潜力，并未达到最优值。而数值越趋近于 1 代表贸易效率越高，此时贸易潜力越小，反之，数值越低说明贸易效率越低，此时贸易潜力可增长的空间越大。

## 三、时变随机前沿模型

在早期随机前沿模型中，假定贸易非效率项 $u$ 不会随时间的变化而变化，这一模型被称为时不变模型。但当时间维度较长时，很显然，贸易非效率项 $u$ 中的一些因素会随着时间的变化而变化，时不变模型中的假设就不再合理。由此 Battese 和 Coelli（1992）提出了时变随机前沿模型，其基本表达式为：

$$u_{ijt}=\{\exp[(-\eta(t-T)]\} \tag{5}$$

其中 $\exp[(-\eta(t-T)]\geqslant 0$，$u_{ij}$ 服从截尾正态分布。$\eta$ 为待估参数，当 $\eta>0$ 时，贸易非效率随时间递减，即贸易阻力随时间的变化而减少；$\eta<0$ 时，贸易非效率随时间递增，即贸易阻力随时间的变化而增加；$\eta=0$ 时，贸易非效率不随时间变化，此时时变随机前沿模型转变为时不变模型。为了对比结果的稳健性，下文同时给出了时变模型和时不变模型的回归结果。

## 第四节　文化贸易潜力的随机前沿引力模型设定

### 一、变量设定

在使用随机前沿方法估计贸易潜力时，通常只考虑经济规模、人口规模、地理距离等核心变量，并将地理距离、文化距离等这些短期内不易发生变化的变量称为影响贸易量的自然决定因素，以此估计贸易的自然阻力；同时将那些短期内易变的因素纳入贸易非效率项中考虑，例如关税水平、自由贸易协定和国家政策等，并称之为贸易的人为因素，以此估计贸易中人为的贸易阻力。因此本书选取 $t$ 年中国出口到 $i$ 国的文化产品贸易额 $EXP_{ijt}$ 作为被解释的因变量，解释变量的选取如下。

#### (一)经济规模(人均 GDP)

文化产品需求的概念如今已被经济化了，文化产品是随着经济水平的发展，人们在基本生活需求之后的高层次精神需求。只有当一个国家国民的物质生活水平达到较高标准，人们对于精神生活的需求才会越来越高。GDP 是反映一国经济规模的重要指标，一般假定人均 GDP 与文化产品出口呈正相关。人均国民生产总值越高的国家，文化产品的需求量就越多，文化贸易量也就越大。本书同时将出口国和进口国的人均 GDP 作为自变量。

#### (二)人口规模(人口总量)

人口规模是指一个国家的总人口数量，这一指标代表了一个国家文化贸易市场规模的大小。人口规模的不同在一定程度上决定了各个国家市场规模的差异。通常情况下，人口数量越多的国家，对商品的需求也会越多，反之则会越少。一般认为一个国家的人口规模用该国的总人口数量来衡量。与人口数量较少的国家相比，人口数量越多的国家，对文化产品的需求可能会越大，其文化产品的贸易量就会越多。本书同时将出口国和进口国的人口总量作为自变量。

（三）地理距离

地理距离是指两国地理位置之间的距离，地理距离导致了两国居民理解彼此文化的差异，影响两国之间文化交流与沟通的成本，也影响两国对彼此文化产品的接受程度和需求水平。地理距离代表的是信息、通信、运输等交易成本，距离在一定程度上能体现交易成本的大小和偏好的差异，是使两国文化差异性变大的一个很重要的原因。遥远的地理距离不仅会增加签订合同的成本，而且会增加履行合同的成本，加之由于地理距离的遥远而造成的制度、法规等的差异，都会让履行合同的额外困难增加。一般来讲，地理位置相距越远的国家之间文化交流与沟通的成本越大，对彼此文化的认同度也会越低，接受难度也会越大，两国间的文化产品贸易量则会相对较少。相反，地理位置相距较近的国家，文化交流与沟通的成本能得到很好的控制，彼此也会更容易认同并接受对方的文化，两国间的文化产品的出口贸易量则会相对较多。因此本书将中国和进口国之间的地理距离作为解释变量。

（四）文化距离

文化差异是指不同国家在价值观、信仰、思维方式、习俗习惯等文化内涵方面的不同。20 世纪 90 年代以来，不少文献探讨文化差异性对贸易的影响，通常使用共同语言、共同边界、宗教信仰、殖民关系、区域经济合作关系等因素来衡量文化差异性，如 Meliz 使用语言近似度、Rose 使用过去的殖民关系等。但是单维度的指标不能科学反映文化的多维度特征，部分学者使用文化距离来反映不同国家间的文化差异，如曲如晓和韩丽丽用文化距离变量来衡量两个国家间居民因偏好、习俗、价值观、信仰和道德观念等的不同而形成的心理距离，分析了文化距离对文化产品贸易流量的影响。① Tadesse and White 则认为文化距离对两国间商品流动有负向的影响。②

最早对国家文化差异进行测度的是霍夫斯泰德，他通过对遍布全球 60 个国家和地区的 IBM 分支机构的员工进行问卷调查，用四个维度来区分国家之

① 曲如晓，韩丽丽. 中国文化商品贸易影响因素的实证研究[J]. 中国软科学，2010 (11).

② TADESSE B, WHITE R. Does cultural distance hinder trade in goods? a comparative study of nine OECD member nations[J]. Open economies review, 2010, 21(2).

间关于价值和道德方面的差异，这涉及社会生活的方方面面，包括政治制度、宗教信仰、性别角色、家庭价值观、社会团体、民事参与、道德关注、价值观等，并代表了世界上不同国家或地区的文化特征。[①] 2010 年霍夫斯泰德的最新研究将文化分为权利距离（PDI）、不确定性规避（UAI）、个人或集体主义（IDV）、男性与女性主义（MAS）、长期取向（LTO）五个维度[②]。

这五个文化维度的具体含义是：权力距离（PDI）指某一社会中地位低的人对于权力在社会或组织中不平等分配的接受程度。个人主义（IDV）即个体或集体取向的程度，衡量某一社会总体是关注个人的利益还是关注集体的利益。刚柔性倾向（MAS）维度主要看某一社会代表男性的品质如竞争性、独断性更多，还是代表女性的品质如谦虚、关爱他人更多，以及对男性和女性职能的界定。不确定性规避度（UAI）主要看对于确定性的偏好程度，指一个社会受到不确定的事件和非常规的环境威胁时是否通过正式的渠道来避免和控制不确定性。长期取向（LTO）是某一文化中的成员对延迟其物质、情感、社会需求的满足所能接受的程度。

Kogut and Singh 提出基于各国文化维度离差构造的测度国家间文化差异程度的指标——文化距离（culture distance，简称 CD）。[③]

$$CD_{ij}=[\sum_{k=1}^{5}(I_{ik}-I_{jk})^2/V_k]/5$$

$I_{ik}$ 表示 $i$ 国在第 $k$ 个文化维度上的得分，$I_{jk}$ 表示 $j$ 国在第 $k$ 个文化维度上的得分，$V_k$ 表示所有样本国家第 $k$ 个文化维度上的方差。

文化距离是指不同国家、不同民族之间文化差异的数量化，用以衡量两个国家在民族风俗、居民偏好、传统道德、价值观、宗教信仰等方面的心理差距。这些差距体现在很多方面，例如两国语言是否相通，是否处于同一文化圈等。即使地理位置相距较近的两个国家间文化产品的贸易量也可能会较少，可能的一个原因是两国间的文化距离。通常而言，语言相通或者处于同一文化圈的两个国家文化距离较小，对彼此的文化认同度会较高，就会更容易接受彼此的文

① HOFSTEDE G. Cultural roots of economic performance: a research note [J]. Strategic management journal, 1991, 12(1).

② HOFSTEDE G, HOFSTED G J, MINKOV M. Cultures and organizations: software of the mind[M]. New York: McGraw-Hill, 2010.

③ KOGUT B, SINGH H. The effect of national culture on the choice of entry mode [J]. Journal of international business studies, 1988, 19(3).

化产品，产生更多的需求，两国之间的文化产品的贸易量则相对较多。相反，文化距离较大的两个国家，对彼此的文化认同度较低，对彼此的文化产品的需求相应则会较少。$CD_{ij}$ 的值越大，表示文化距离就越大，本书将中国和进口国之间的文化距离作为解释变量。

## 二、随机前沿引力模型构建

基于以上思路，本书根据文化产品贸易的特点，在原始的引力模型中加入新的解释变量对模型进行扩展和修正，建立了适合测算文化贸易潜力的模型。同时为了克服引力模型的异方差问题，对引力模型两边取自然对数，最终构建的模型如下：

$$LnEXP_{ijt} = \partial_0 + \partial_1 LnPGDP_{it} + \partial_2 LnPGDP_{jt} + \partial_3 LnPOP_{it} + \partial_4 LnPOP_{jt} + \partial_5 LnD_{ij} + \partial_6 LnCD_{ij} + \partial_7 X_{ij} + v_{ijt} - u_{ijt} \tag{6}$$

回归方程中下标 $i$ 代表中国，$j$ 代表一带一路沿线进口国，$t$ 代表时间。$EXP_{ijt}$ 表示中国对 $j$ 国(地区)$t$ 期文化产品出口贸易额。其中解释变量包括：(1)$PGDP_{it}$ 表示中国 $t$ 期的人均国内生产总值；出口国(地区)经济规模越大，文化产业投入就越大，自给率便越高，文化产品出口能力也越强。(2)$PGDP_{jt}$ 表示 $t$ 期进口国(地区)$j$ 的国内或地区生产总值；其经济规模越大，对文化产品的需求就越大，文化产品的进口也越多。因此一般假定这两个变量与 $EXP_{ijt}$ 呈正相关。(3)$POP_{it}$ 和 $POP_{jt}$ 分别代表中国和进口国 $t$ 期的人口总量，即国内市场规模，往往假定这两个变量与 $EXP_{ijt}$ 呈正相关。(4)$D_{ij}$ 表示中国和进口国(地区)$j$ 之间的地理距离，距离越大，交易成本就越高，这必然会阻碍文化产品的贸易量，因此假定 $D_{ij}$ 与 $EXP_{ijt}$ 呈负相关。(5)$CD_{ij}$ 表示中国和进口国(地区)$j$ 之间的文化距离，文化距离越大，中国与进口国(地区)之间的文化差异就越大，贸易量就会越小。因此假定 $CD_{ij}$ 与 $EXP_{ijt}$ 呈负相关。(6)$X_{ij}$ 为其他因素，是虚拟变量，包括边界因素 $Bor_{ij}$，表示进口国 $j$ 和出口国 $i$ 是否拥有共同边界，如果有共同边界取值为 1，否则为 0；$La_{ij}$ 表示两国是否拥有共同语言，如果有共同语言取值为 1，否则为 0。

主要解释变量的含义、对因变量的预期影响(预期符号)和理论解释见表 6-4。$v_{ijt}$ 为随机干扰项，均值为零，用来衡量随机误差或随机性因素；$u_{ijt}$ 为贸易非效率项，用来衡量那些阻碍贸易出口的不可观测因素，服从正态分布。本书使用随机前沿方法而非 OLS 方法估计引力方程，随机前沿估计属于参数估计法，运用参数随机前沿法估计贸易效率时，选择正确的引力方程形式非常重要，本书将使用似然比检验确定是否纳入这些因素。

**表 6-4　随机前沿引力模型的变量说明**

| 变量 | 含义 | 预期符号 | 理论说明 |
| --- | --- | --- | --- |
| $PGDP_{it}$ | $t$ 期中国的人均国内生产总值 | + | 中国经济规模越大，文化产业投入就越大，文化产品出口能力也越强 |
| $PGDP_{jt}$ | $t$ 期进口国 $j$ 的国内或地区生产总值 | + | 进口国经济规模越大，对文化产品需求越大，文化产品的进口增加 |
| $POP_{it}$ 与 $POP_{jt}$ | $t$ 期中国与进口国 $j$ 的人口总量 | + | 人口总量越多，市场规模越大，文化贸易量越多 |
| $D_{tj}$ | 中国和进口国 $j$ 之间的地理距离 | − | 两国间距离越大，交易成本就越高，文化贸易量就越少 |
| $CD_{tj}$ | 中国和进口国 $j$ 之间的文化距离 | − | 两国间文化距离越大，文化差异就越大，文化贸易量就越小 |
| $Bor_{ij}$ | 虚拟变量，中国与 $j$ 国是否具有共同边界，如果有则取值为 1，否则为 0 | + | 当两国具有共同边界时，贸易成本将大幅度下降，文化贸易流量则会增加 |
| $La_{ij}$ | 虚拟变量，中国与 $j$ 国是否有共同语言，如果是取值为 1，否则为 0 | + | 两国若具有共同语言，则文化差异较小，文化贸易量则较多 |

## 三、贸易非效率模型设定

在实际贸易交往过程中，往往会存在各种贸易阻力因素，理想的贸易无摩擦状态很难实现。因此为了保证模型的严谨性，需建立贸易非效率模型。贸易非效率模型的建立方法主要包括两步法和一步法。

两步法的步骤如下：第一步，利用随机前沿引力模型获得贸易非效率项 $u$ 的估计值；第二步，用待研究的各种外生变量 $z$ 对 $u$ 的估计值进行回归，从而分析影响 u 的因素。但是，两步法存在严重问题：首先，该方法必须假定外生变量 $z$ 与引力模型中各种影响贸易量的因素 $x$ 不相关，否则第一步中随机前沿引力模型则遗漏了重要变量 $z$ ,导致回归结果有偏差;其次,第一步假定 $E(\mu)$ 是一个常数,但是第二步却假定 $E(\mu)$ 受到一系列外生变量的影响,因此第二步与第一步的假设是相互矛盾的。

为了解决两步法存在的问题,Battese 和 Coelli 在 1995 年提出了一步法,将贸易非效率项及其影响因素在随机前沿模型中同时回归。在一步法的基本形式中,首先贸易非效率项 u 被设定为:

$$u_{ijt} = \alpha' z_{ijt} + \delta_{ijt} \tag{7}$$

其中,$z_{ijt}$ 表示影响贸易非效率的外生变量;$\alpha$ 为待估参数向量;$\delta_{ijt}$ 是随机扰动项。一步法将(7)式直接带入随机前沿引力模型的基本形式(2)式中可得:

$$LnT_{ijt} = Lnf(x_{ijt}, \beta) + v_{ijt} - (\alpha' z_{ijt} + \delta_{ijt}) \tag{8}$$

其中,$u_{ijt}$ 与 $v_{ijt}$ 相互独立,并且 $u_{ijt}$ 服从均值为 $\alpha'_{ijt}$ 的截尾正态分布。一步法将(8)式直接采用随机前沿方法回归,可以同时获得贸易非效率项 $u$ 的估计值及其与影响因素的关系,从而避免两步法存在的问题。

因此本书采用一步法建立贸易非效率模型。具体方程如下:

$$u_{ijt} = \beta_0 + \beta_1 FTA_{ijt} + \beta_2 TAF_{jt} + \beta_3 TIM_{jt} + \beta_4 SHP_{jt} + \varepsilon_{ijt} \tag{9}$$

其中解释变量分为以下四组:(1)自由贸易协定($FTA_{ijt}$)是两国间具有法律约束力的契约,目的在于促进经济一体化,消除贸易壁垒。这一因素有助于推动贸易的发展,属于贸易促进因素,预期与 $u_{ijt}$ 负相关;(2)关税水平($TAF_{jt}$)为贸易国平均关税水平,提高关税会增加关税壁垒,抬高文化产品贸易价格,阻碍文化产品贸易发展,预期与 $u_{ijt}$ 呈正相关;(3)进口清关时间($TIM_{jt}$)反映进口国海关效率和贸易便利化水平,是贸易阻碍因素的指标,预期与 $u_{ijt}$ 呈正相关;(4)海运基础设施($SHP_{jt}$)用进口国家的贸易港口数目衡量,贸易国与全球海运网络链接的紧密程度以及一国的港口、信息技术等基础设施情况越好,说明海运及交通基础设施越好,越能促进贸易发展,预期与 $u_{ijt}$ 呈负相关。关于贸易非效率模型中解释变量含义、对因变量的预期影响(预期符号)和理论解释见表 6-5。

表 6-5 贸易非效率模型的变量说明

| 变量 | 含义 | 预期符号 | 理论说明 |
| --- | --- | --- | --- |
| $FTA_{ijt}$ | $t$ 期中国与进口国 $j$ 是否签订自由贸易协定，虚拟变量，自贸协定生效后取值为 1，反之为 0 | — | 两国间签订自由贸易协定有利于消除贸易壁垒，推动文化贸易发展 |
| $TAF_{jt}$ | $t$ 期进口国 $j$ 的平均关税水平 | + | 关税水平越高，文化贸易成本越大，越阻碍文化贸易发展 |
| $TIM_{jt}$ | $t$ 期进口国 $j$ 完成进口清关流程所需的平均时间 | + | 进口清关时间越短，则进口国海关效率和便利化水平越高，越能促进文化贸易发展 |
| $SHP_{jt}$ | $t$ 期进口国 $j$ 的贸易港口数目 | — | 进口国贸易港口越多，则交通基础设施越好，越能促进文化贸易发展 |

## 四、数据来源

中国对“一带一路”沿线国家的文化产品出口额是根据《2009 联合国教科文组织文化统计框架》提供的文化产品 HS 编码查找，数据来源于联合国商品贸易数据库(UN Comtrade Database)。人均 GDP 是国内生产总值除以当年人口数，计算时未扣除资产折旧或自然资源损耗和退化，数据均来自 IMF 网站的 WEO 数据库，按现价美元计；总人口数量数据来自世界银行 WDI；中国与进口国之间的地理距离通过中国首都北京与进口国首都之间的距离进行测算，数据来自网站 http://www.gpsspg.com/distance.htm；文化距离数据来自 Hofstede 官网，个别文化距离数据缺失的国家，其数据用与该国家文化同源的国家的文化距离平均数代替；中国与各国是否具有共同边界、是否具有共同语言的数据来自法国前景研究与国际中心(CEPII)官方网站。

在贸易非效率模型中，自由贸易协定属于虚拟变量，当中国与进口国之间的自贸协定生效后取值为 1，反之则为 0；是否存在自由贸易协定的数据来自世贸组织 RTA-IS；关税水平相关数据来源于国际货币基金组织报告(Government Finance Statistics Yearbook)；进口国进口清关时间数据来自世界银行 WDI；海运基础设施数据来源于联合国贸易和发展会议报告(Review of Maritime Transport)。

# 第五节　文化贸易潜力估计结果与分析

本书根据模型(6)的设定，利用2011—2015年我国对“一带一路”沿线国家的文化产品出口贸易额的面板数据，并将数据进行标准化处理，使用Frontier 4.1软件，对时变随机前沿引力模型和贸易非效率模型进行估计，并在此基础上测算文化贸易效率，以此衡量中国与“一带一路”沿线国家文化贸易发展潜力以及影响文化贸易潜力的相关因素。

## 一、模型的适用性检验

由于随机前沿方法对模型函数形式的依赖度很高，因此在对模型进行估计之前，为了确保随机前沿引力模型函数形式的正确性，需使用似然比检验法判别模型的适用性和具体形式。

本书依次设定了五个检验：贸易非效率存在性检验；是否引入经济规模变量的检验；是否引入人口规模变量的检验；是否引入边界变量的检验；是否引入语言变量的检验。假设检验结果如表6-6显示：(1)贸易非效率不存在的假设在1%的显著水平上被拒绝，这表明随机前沿模型具有适用性，贸易非效率项的存在具有意义；(2)(3)不引入经济规模变量和不引入人口规模变量的假设在1%的显著水平上都被拒绝，这说明这两个基本变量都应该保留在模型中，这也符合引力模型的一般形式；(4)不引入边界变量的假设被接受，可能原因是所选样本国家间陆路交通不便，难以获得陆地接壤的便利，因此模型将边界变量排除；(5)不引入语言变量的假设被接受，可能原因是所选样本国家中绝大多数国家都不与中国具有相同官方语言，因此未能体现共同语言对贸易的促进作用，所以模型也将语言变量排除。

表 6-6 随机前沿引力模型假设检验结果

| 原假设 | 约束模型 | 非约束模型 | LR 统计量 | 1%的临界值 | 检验结论 |
|---|---|---|---|---|---|
| 不存在贸易非效率项 | −1893.62 | −1024.19 | 1738.86 | 9.21 | 拒绝 |
| 不引入经济规模变量 | −1021.34 | −1043.47 | 44.26 | 6.635 | 拒绝 |
| 不引入人口规模变量 | −1021.34 | −1043.47 | 44.26 | 6.635 | 拒绝 |
| 不引入边界变量 | −1082.26 | −1083.07 | 1.62 | 6.635 | 接受 |
| 不引入语言变量 | −1082.26 | −1083.07 | 1.62 | 6.635 | 接受 |

## 二、随机前沿引力模型估计结果分析

在确定了合适的模型函数形式后，以中国 2011—2015 年期间对“一带一路”沿线国家的文化产品出口数据为基础，使用 Frontier4.1 软件对模型(6)和(9)进行最大似然一步法估计，为了比较结果的稳健性，同时给出了时变模型和时不变模型的回归结果(见表 6-7)。由估计结果可知，时变模型结果显示高度显著，表明贸易非效率项随时间变化，说明时变模型相比时不变模型更加适用，同时 $\eta$ 系数显著为正，说明中国与丝路国家间的文化产品贸易阻力随时间减小。表 6-7 的 *LR* 检验、参数 $\gamma$ 的检验可以看出运用随机前沿引力模型估计贸易潜力和效率是合适的，模型的回归分析结果如下。

在中国对“一带一路”沿线国家文化产品贸易潜力的估计中，表 6-7 的实证结果显示：

(1)出口国和进口国的人均 GDP($PGDP_{it}$ 和 $PGDP_{jt}$)都具有非常显著的正相关，表明“一带一路”沿线国家的经济发展水平越高，购买力越强，则对中国文化产品的需求就越大，越能推动中国文化贸易的发展，这符合理论预期；

(2)中国人口总量($POP_{it}$)系数为负，说明中国的人口总量与文化贸易出口额呈负相关，这与预期符号相反，可能原因是模型选择的因变量是文化出口额，而中国作为出口国，其人口总量的增加导致国内文化市场规模增加，从而在一定程度上抢占了部分出口文化产品的资源和市场；

(3)进口国人口总量($POP_{jt}$)系数为正，说明进口国人口总量与出口额显著正相关，进口国市场规模越大，越有利于扩大我国文化产品的出口规模，这符合理论预期；

(4)地理距离($D_{ij}$)对文化贸易出口额的影响为负，表明距离所代表的运输成本是阻碍贸易的重要因素，这与理论预期保持一致。遥远的地理距离不仅会增加签订合同的成本，而且会增加履行合同的成本，由于地理距离遥远而造成的制度、法规等的差异，增加履行合同的额外成本，而且地理距离越远的国家，文化的差异性也可能越大；

(5)文化距离($CD_{ij}$)与文化贸易出口额显著呈负相关，说明中国与贸易对象国之间的风俗习惯、道德观念等文化差异越大，贸易对象国的居民就越难以接受中国的文化，对中国文化产品的进口需求越低，导致中国文化产品的出口减少；而反之，文化差异越小的国家间则越容易进行文化产品的贸易，与预期相符。

**表 6-7 随机前沿引力模型估计结果**

| 变量 | 时不变模型 | | 时变模型 | |
|---|---|---|---|---|
| | 系数 | t 值 | 系数 | t 值 |
| 常数 | -26.573* | -1.896 | -31.248*** | -6.392 |
| $PGDP_{it}$ | 0.102*** | 3.319 | 0.232*** | 4.518 |
| $PGDP_{jt}$ | 0.329*** | 3.952 | 0.397*** | 4.291 |
| $POP_{it}$ | -0.425* | -1.726 | -0.319** | -2.219 |
| $POP_{jt}$ | 0.721*** | 6.192 | 0.719** | 2.492 |
| $D_{ij}$ | -0.343*** | -4.493 | -0.437*** | -6.381 |
| $CD_{ij}$ | -2.004*** | -17.391 | -6.639*** | -23.495 |
| $FTA_{ijt}$ | -1.002*** | -7.284 | -2.690*** | -9.122 |
| $TAF_{jt}$ | 0.043*** | 3.291 | 0.019** | 2.216 |
| $TIM_{jt}$ | 0.015 | 1.026 | 0.024* | 1.723 |
| $SHP_{jt}$ | -0.029 | -0.086 | -0.007 | -0.219 |
| $\sigma^2$ | 0.204 | 1.009 | 0.521*** | 5.289 |
| $\gamma$ | 0.613** | 2.409 | 0.873*** | 88.170 |
| $\eta$ | | | 0.024*** | 7.932 |
| 对数似然值 | -1,185.239 | | -1,392.118 | |
| LR 检验 | 298.218*** | | 410.312*** | |

(注：*、**、*** 分别表示在10%、5%和1%的水平上显著；$\gamma$ 为非效率项目的标准差与随机误差项标准差的比值；LR 用于检验误差项目中是否存在非效率项。)

在中国对“一带一路”沿线国家文化产品贸易效率的估计中，表 6-7 的实证结果显示：$\gamma$ 系数为 0.873，说明贸易非效率是阻碍贸易发展最主要的因素。下面具体分析各种外生因素对贸易非效率的影响。

(1) 自由贸易协定($FTA_{ijt}$)。自由贸易协定与贸易非效率显著负相关，说明签订自由贸易协定是促进文化贸易的重要因素，其能够抵消贸易非效率项的影响，这与理论预期一致。因此，推进“一带一路”倡议应加快推进自由贸易区的谈判，推动区域全面经济伙伴关系的建立。

(2)关税水平($TAF_{jt}$)。关税水平与贸易非效率呈正相关，说明它是阻碍贸易发展的因素，关税的上升会增大贸易成本，使文化贸易量减少，这与理论预期相符。因此我国应与“一带一路”沿线国家加强贸易便利化的合作，进一步降低关税和非关税壁垒，推动文化贸易发展。

(3)进口清关时间($TIM_{jt}$)。进口清关时间与贸易非效率呈正相关，说明它是阻碍贸易发展的因素，这与理论预期相符。为克服其对文化贸易发展的负面影响，应努力改善口岸通关的硬件和软件设施，提升贸易便利化水平。

(4)海运基础设施($SHP_{jt}$)。海运基础设施的回归结果不太显著，但回归系数为负，说明进口国海运基础设施的便利性并不构成影响中国对丝路沿线国家文化产品出口的主要因素。

## 三、中国与“一带一路”沿线国家文化贸易潜力测算

在分析了各种变量对中国文化出口贸易的影响后，本书通过时变随机前沿引力模型和 Frontier4.1 软件，获得 2011—2015 年“一带一路”64 个沿线国家贸易效率($TE_{ijt}$)的数据。根据(4)式中关于贸易效率 $TE_{ijt}$ 的方程，贸易效率与贸易潜力呈反比，当贸易非效率存在时，$TE_{ijt} \in (0,1)$，数值越高代表贸易效率越高，此时贸易潜力越小，而数值越低说明贸易效率越低，贸易潜力越大。

表 6-8 给出了 2015 年中国对“一带一路”沿线国家文化产品出口贸易潜力排名，排名按照各国未开发的文化贸易潜力高低列出，由表中可知中国对老挝的文化贸易潜力值最大(99.6%)，其次是蒙古和摩尔多瓦。对于具有巨大文化贸易潜力的国家，政府应积极挖掘这些国家的文化贸易需求，开发其文化贸易潜力。阿联酋与越南的文化贸易潜力最低，也意味着这两个国家的文化贸易效率最高，文化潜力得到了很好的开发，且文化效率值超过了 1，说明中国与这两

个国家出现了“文化贸易过度”现象，需要重新规划相关的文化贸易战略，以避免出现文化贸易资源浪费的现象。

**表 6-8　2015 年中国与“一带一路”沿线国家文化贸易潜力排名**

| 排名 | 国家 | 贸易额（实际值） | 贸易额（模拟值） | 贸易效率（实际值/模拟值） | 未开发贸易潜力（1－贸易效率） |
|---|---|---|---|---|---|
| 1 | 老挝 | 48.42 | 13,201.71 | 0.0037 | 0.9963 |
| 2 | 蒙古 | 68.76 | 17,295.15 | 0.0040 | 0.9960 |
| 3 | 摩尔多瓦 | 16.45 | 3,863.41 | 0.0043 | 0.9957 |
| 4 | 孟加拉国 | 81.63 | 18,147.38 | 0.0045 | 0.9955 |
| 5 | 亚美尼亚 | 41.20 | 6,064.08 | 0.0068 | 0.9932 |
| 6 | 巴勒斯坦 | 73.62 | 10,722.81 | 0.0069 | 0.9931 |
| 7 | 东帝汶 | 45.74 | 6,564.19 | 0.0070 | 0.9930 |
| 8 | 波黑 | 22.28 | 2,464.48 | 0.0090 | 0.9910 |
| 9 | 尼泊尔 | 121.36 | 12,869.03 | 0.0094 | 0.9906 |
| 10 | 拉脱维亚 | 66.09 | 6,994.38 | 0.0094 | 0.9906 |
| 11 | 马其顿 | 25.56 | 2,644.59 | 0.0097 | 0.9903 |
| 12 | 土库曼斯坦 | 92.94 | 9,211.49 | 0.0101 | 0.9899 |
| 13 | 不丹 | 154.39 | 13,064.84 | 0.0118 | 0.9882 |
| 14 | 爱沙尼亚 | 105.65 | 8,114.01 | 0.0130 | 0.9870 |
| 15 | 阿富汗 | 174.44 | 10,608.59 | 0.0164 | 0.9836 |
| 16 | 阿塞拜疆 | 138.84 | 7,760.25 | 0.0179 | 0.9821 |
| 17 | 马尔代夫 | 172.13 | 7,294.82 | 0.0236 | 0.9764 |
| 18 | 黑山 | 127.50 | 2,666.77 | 0.0478 | 0.9522 |
| 19 | 塔吉克斯坦 | 539.00 | 10,075.66 | 0.0535 | 0.9465 |
| 20 | 白俄罗斯 | 395.47 | 5,585.53 | 0.0708 | 0.9292 |
| 21 | 斯洛伐克 | 424.74 | 5,571.92 | 0.0762 | 0.9238 |
| 22 | 格鲁吉亚 | 554.06 | 6,379.73 | 0.0868 | 0.9132 |
| 23 | 塞尔维亚 | 296.22 | 3,167.89 | 0.0935 | 0.9065 |
| 24 | 阿曼 | 894.62 | 9,488.96 | 0.0943 | 0.9057 |
| 25 | 巴林 | 953.10 | 9,795.94 | 0.0973 | 0.9027 |
| 26 | 卡塔尔 | 2,196.15 | 21,501.62 | 0.1021 | 0.8979 |

续表

| 排名 | 国家 | 贸易额（实际值） | 贸易额（模拟值） | 贸易效率（实际值/模拟值） | 未开发贸易潜力（1－贸易效率） |
|---|---|---|---|---|---|
| 27 | 文莱 | 1,827.57 | 16,896.02 | 0.1082 | 0.8918 |
| 28 | 吉尔吉斯斯坦 | 1,283.93 | 1,1387.34 | 0.1128 | 0.8872 |
| 29 | 乌兹别克斯坦 | 1,437.54 | 11,465.31 | 0.1254 | 0.8746 |
| 30 | 立陶宛 | 1,001.41 | 7,035.19 | 0.1423 | 0.8577 |
| 31 | 匈牙利 | 884.70 | 5,070.55 | 0.1745 | 0.8255 |
| 32 | 科威特 | 2,244.31 | 11,324.47 | 0.1982 | 0.8018 |
| 33 | 阿尔巴尼亚 | 493.56 | 2,112.91 | 0.2336 | 0.7664 |
| 34 | 哈萨克斯坦 | 3,265.82 | 13,530.10 | 0.2414 | 0.7586 |
| 35 | 捷克 | 1,480.13 | 6,007.06 | 0.2464 | 0.7536 |
| 36 | 克罗地亚 | 1,011.39 | 3,980.57 | 0.2541 | 0.7459 |
| 37 | 也门 | 848.82 | 3,028.91 | 0.2802 | 0.7198 |
| 38 | 保加利亚 | 1,086.71 | 3,721.23 | 0.2920 | 0.7080 |
| 39 | 叙利亚 | 1,577.05 | 3,685.33 | 0.4279 | 0.5721 |
| 40 | 罗马尼亚 | 2,323.85 | 5,316.04 | 0.4371 | 0.5629 |
| 41 | 斯洛文尼亚 | 2,679.58 | 5,815.49 | 0.4608 | 0.5392 |
| 42 | 黎巴嫩 | 2,660.72 | 4,796.76 | 0.5547 | 0.4453 |
| 43 | 以色列 | 6,827.26 | 10,843.09 | 0.6296 | 0.3704 |
| 44 | 巴基斯坦 | 11,877.49 | 17,220.65 | 0.6897 | 0.3103 |
| 45 | 伊朗 | 7,569.24 | 9,985.48 | 0.7580 | 0.2420 |
| 46 | 乌克兰 | 4,744.88 | 6,108.21 | 0.7768 | 0.2232 |
| 47 | 印度 | 53,645.52 | 58,630.92 | 0.7950 | 0.2050 |
| 48 | 伊拉克 | 7,509.21 | 9,311.95 | 0.8064 | 0.1936 |
| 49 | 约旦 | 4,782.06 | 5,790.10 | 0.8259 | 0.1741 |
| 50 | 波兰 | 9,459.57 | 11,304.21 | 0.8368 | 0.1632 |
| 51 | 斯里兰卡 | 12,865.60 | 15,130.64 | 0.8503 | 0.1497 |
| 52 | 菲律宾 | 29,651.93 | 34,334.78 | 0.8636 | 0.1364 |
| 53 | 沙特阿拉伯 | 18,161.40 | 20,965.69 | 0.8662 | 0.1338 |
| 54 | 柬埔寨 | 24,539.63 | 27,891.77 | 0.8798 | 0.1202 |
| 55 | 印度尼西亚 | 37,311.41 | 42,269.65 | 0.8827 | 0.1173 |

续表

| 排名 | 国家 | 贸易额<br>(实际值) | 贸易额<br>(模拟值) | 贸易效率<br>(实际值/模拟值) | 未开发贸易潜力<br>(1－贸易效率) |
|---|---|---|---|---|---|
| 56 | 缅甸 | 33,593.30 | 37,567.25 | 0.8942 | 0.1058 |
| 57 | 埃及 | 13,465.73 | 15,029.61 | 0.8959 | 0.1041 |
| 58 | 俄罗斯 | 31,477.11 | 35,019.81 | 0.8988 | 0.1012 |
| 59 | 土耳其 | 20,036.90 | 21,797.54 | 0.9192 | 0.0808 |
| 60 | 新加坡 | 57,733.75 | 62,260.63 | 0.9273 | 0.0727 |
| 61 | 泰国 | 46,084.42 | 49,636.91 | 0.9284 | 0.0716 |
| 62 | 马来西亚 | 41,265.72 | 44,380.72 | 0.9298 | 0.0702 |
| 63 | 越南 | 59,653.22 | 24,616.07 | 2.4233 | -1.4233 |
| 64 | 阿联酋 | 72,180.87 | 14,645.29 | 4.9286 | -3.9286 |

表 6-9 列出了 2015 年"一带一路"沿线以地理区域划分的文化贸易效率和贸易潜力排名。中国对东南亚地区国家的文化出口效率最高，其次是西亚、中东欧地区；而文化出口效率值最低的是中东欧及中亚地区的国家，这也说明这些国家的文化贸易未来发展潜力最大。

**表 6-9 "一带一路"沿线区域文化贸易潜力排名**

| 排名 | 区域 | 贸易效率平均水平 | 贸易潜力平均水平 |
|---|---|---|---|
| 1 | 中东欧 19 国 | 0.074 | 0.926 |
| 2 | 中亚 5 国 | 0.109 | 0.891 |
| 3 | 南亚 8 国 | 0.326 | 0.674 |
| 4 | 蒙俄 | 0.451 | 0.549 |
| 5 | 西亚、中东欧 19 国 | 0.658 | 0.342 |
| 6 | 东南亚 10 国 | 0.804 | 0.196 |

注：表中贸易效率和贸易潜力值是 2015 年各区域国家贸易效率和潜力的平均值。

图 6-4 是 2011—2015 年中国与"一带一路"沿线国家文化贸易效率的变化趋势图，其中每年的贸易效率来自各国贸易效率的平均值。从图中可以看出，近五年中国与"一带一路"沿线国家文化贸易效率不断小幅提高，由 2011 年的 0.46 提高到 2015 年的 0.57，在此期间，中国以及"一带一路"沿线国家的文化发展水平都在不断提高，贸易条件也趋向便利化，文化交流不断增多，促进了文化

贸易的发展。特别是 2013 年习近平总书记提出了"一带一路"倡议后，贸易自由化和便利化水平大幅度提升，为文化贸易的发展提供了新的契机，中国与沿线国家间的文化贸易效率不断提高。

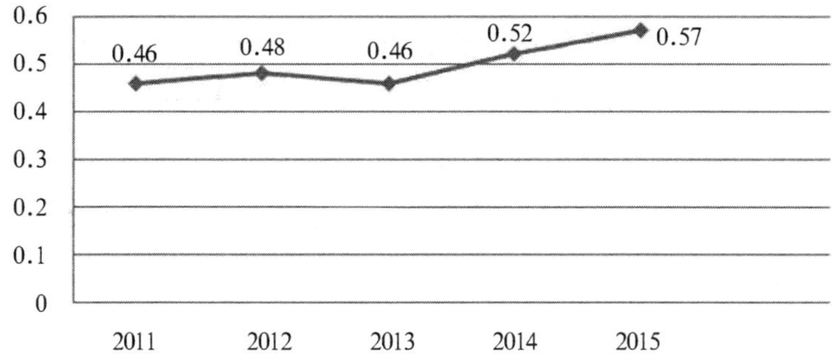


**图 6-4　中国与"一带一路"沿线国家文化贸易效率变化趋势**

## 第六节　提升中国与沿线国家文化贸易效率的对策建议

### 一、研究结论

近年来"一带一路"倡议的实施对全球政治、经济产生了巨大影响，同时也引起了国际贸易结构的变动。文化产业作为国家"软实力"的体现，是"一带一路"倡议的灵魂。2017 年 1 月，文化部为在全国范围内开展"一带一路"文化建设工作，发布了《"一带一路"文化发展行动计划(2016—2020 年)》，并成立了文化部"一带一路"工作领导小组。在《"一带一路"文化发展行动计划(2016—2020 年)》中明确提出了健全文化交流合作机制、完善文化交流合作平台、打造文化交流品牌、推动文化产业繁荣发展、促进行动文化贸易合作五项重点工作任务，以期切实推动文化传播、文化交流、文化贸易的繁荣发展。随着"一带一路"建设加快，我国文化贸易发展也迎来了最好的时代。本章以"一带一路"倡议为背景，运用定性与定量相结合的分析方法，引入随机前沿引力模型，对中国与"一带一路"沿线国家的文化贸易潜力进行了实证研究。主要结论如下。

首先，在对相关概念进行界定的基础上，分析了我国与"一带一路"沿线国家文化贸易的概况：近五年来我国对"一带一路"沿线国家的文化贸易出口整体呈上升趋势;文化贸易对象多为文化同源国家,东南亚国家是我国主要的文化贸易伙伴;"一带一路"沿线国家贸易市场有待开拓,文化贸易发展仍有进步空间。

其次,基于随机前沿引力模型和贸易非效率模型,在对相关变量和模型形式进行检验的前提下,对影响我国与"一带一路"沿线国家间文化出口贸易的因素进行了分析。在随机前沿引力模型中,传统因素仍然是影响中国文化产品出口的主要因素:经济规模、人口规模因素与文化贸易呈正相关,而地理距离、文化距离与文化贸易发展呈负相关;在贸易非效率模型中,自由贸易协定、海运基础设施是推动文化贸易发展的有利因素,而关税水平、进口清关时间是阻碍文化贸易发展的阻力因素。

最后,基于时变随机前沿引力模型对"一带一路"沿线各国的贸易效率及贸易潜力进行了测算,并得出了"一带一路"沿线 64 个国家的贸易潜力排名,其中文化贸易潜力最大的国家是老挝,潜力最小的国家是阿联酋,并且阿联酋和越南出现了文化贸易过度的现象;按地理板块划分的测算中,文化贸易潜力最大的是中东欧 19 国,贸易效率最高且贸易潜力最小的是东南亚 10 国;2011—2015 年中国与"一带一路"沿线国家文化贸易效率呈上升趋势,但总体文化贸易效率仍然较低,未来有待挖掘的"一带一路"沿线国家文化贸易潜力还有很大的空间。

## 二、政策建议

基于上述实证分析的结果,本书认为应从以下几个方面采取措施,扩大中国与"一带一路"沿线国家的文化产品贸易规模,以此推进我国文化产业的蓬勃发展,进一步提升我国的软实力。

### (一)大力发展实体经济,加大政策支持力度

从实证结果可知,无论对于出口国而言还是进口国而言,影响文化贸易的主要因素之一就是人均 GDP。改革开放以来,中国经济总量突飞猛进,一跃成为除美国以外的世界第二大经济体。在经济总量攀升的同时,中国的文化贸易出口能力也在显著提高,中华文化在世界范围内也有了举足轻重的影响力。反言之,当前中国对外文化贸易的蓬勃发展,也在吸引着全世界的目光,刺激着中

国经济的增长，彰显着中国文化自信的深刻内涵，更是为国家的产业结构调整提供源源不断的内在动力。所以国家在对传统贸易出口给予政策倾斜和资金支持的同时，也应该对文化贸易加大支持力度。

国家在努力推动经济发展的同时，还应积极制定有利于文化贸易发展的相关政策，努力推进文化产品出口贸易。首先，政府应该为中国文化与科技的结合提供更多的政策优惠，加强和完善基础设施的投资和建设。政府可以运用财政、税收等政策鼓励文化企业增加科技研发费用的支出，将核心科技融入自身文化产品价值中，打造以市场为导向的高科技文化产品，并且能够逐渐在关键文化领域具有核心知识产权或专利技术优势，从而转变中国文化企业的产业角色，从文化产品制造大国向文化产品创造强国过渡。其次，相关部门应努力完善文化贸易相关法律法规，在促进文化领域中科学技术发展的同时，加强对文化产业核心专利和技术成果的保护，为中国文化产品的出口贸易创造良好的环境基础。此外，政府还应促使文化行业之间形成良性竞争环境，以成立行业保护协会的方式，进一步统一传统文化资源的开发模式，促进企业之间的合作互补，避免对文化资源造成过度滥用，加大对传统文化的保护力度；在资金政策上进一步向文化产业倾斜，给予相关文化企业出口信用保险或信贷补贴支持，进一步促进文化“走出去”战略的顺利实施。

### （二）推动深层次文化交流，缩短文化距离

在随机前沿引力模型中，文化距离也是影响中国与“一带一路”沿线国家之间贸易的重要因素之一。中国文化出口不畅的一个很关键原因在于国家之间出现的“文化折扣”现象，即由于文化距离较远而造成的本国文化产品不被其他地区受众认同或理解而导致其价值的减低。因此，相关政府机构应该努力加强中国与“一带一路”沿线国家之间的文化交流，在不同文化差异之间寻求共鸣，增强两国民众内心的亲近感。不可否认，“一带一路”沿线国家之间的文化贸易往来背后代表的是多元文明之间的融合与碰撞，怎样消除国家之间的文化壁垒，促进多元文化之间的共同进步和融合创新，形成沿线国家所共同认同的文化理念成为各国进一步经济往来的前提和基础。所以，连接各国文化的纽带成为发展中国和沿线国家文化贸易往来的必经之路。

各级政府应该转变传统思维方式，从更加灵活创新的角度，借助多种渠道

和相关国家一起举办高水平的文化交流活动，加大宣传力度，推广中国文化产品，使其更好地融入本国文化；语言是沟通的桥梁，应该借助“一带一路”倡议的实施，在沿线国家发展对外汉语事业，建设孔子学院等中华文化的教育摇篮，培养更多了解和热爱中华文化的知识人才，将中国元素的内涵通过文化商品的外衣输送到世界各地；政府应当协助文化企业，在创造和生产文化产品之前，做好市场调研工作，科学合理地设计出既满足当地消费习惯和审美需求，又能够体现中国文化内涵的产品，最大限度地减少“文化折扣”现象；还应该鼓励本国企业与国外知名品牌进行合作，结合中国特色和国际化特点，打造具有跨国优势的高品质文化产品，以便降低打开国际市场的难度。

中国推行“一带一路”建设的过程中，一直非常重视国家高层之间的交流和往来，最大限度地争取文化价值之间的认同和融合。中华文化因特有的融合性，对外来文化的优秀成果能够辩证地吸收接纳，使其成为自我文化的一部分。但在此过程中，一方面要注重自身文化素养的提高，正视多元文化之间的差异，理解其他国家文化理念的独特性，尽量避免在文化认同过程中出现的排斥和摩擦，将优秀文化“引进来”和中国文化“走出去”相结合；另一方面，也要在文化输出过程中，注意文化侵蚀现象，积极弘扬本土文化以抵御外国不良文化的同化，让中国在与沿线国家进行文化交流的同时保持自身文化的独特性。两方面相结合逐步拉近中国同“一带一路”沿线国家之间的文化距离，才能对文化贸易发展起到良好的促进作用，进一步拓宽各国之间文化贸易发展的前景。

### （三）积极参与区域经济合作，推动建立自由贸易区

由实证分析结果来看，自由贸易协定的签订是促进中国与“一带一路”沿线国家文化贸易发展的主要力量。根据文化贸易效率排名，东南亚 11 国与中国在文化贸易方面交往最为密切，这在很大程度上得益于中国—东盟自由贸易区的建立，自由贸易区为中国和东南亚国家之间文化贸易往来提供了很多便利条件，也使得近几年来东南亚地区一直都是“一带一路”沿线地区中与中国文化贸易交往最频繁的地区。因此，中国与“一带一路”沿线国家间自由贸易区的建立对于发展我国文化贸易出口具有重要意义，这不仅能为贸易出口创造良好宽松的外部环境，也能更好地促进区域内人才、资本、信息等资源的相互交流和共享，从而创造出更多的财富，实现区域内的共同繁荣。因此，在国际形势风云变

幻的浪潮下，我国需积极参与区域经济合作，推动与“一带一路”国家间自由贸易区的建立。

“一带一路”是世界上范围跨度最大的经济贸易带，而中国作为这一倡议的发起国，更应该努力推动“一带一路”相关区域国家间的经济文化交流与合作，积极构建各国平等互利、共同发展的国际区域合作框架，使和平发展、开放包容、互利共赢、互学互鉴的丝绸之路精神薪火相传。随着区域经济一体化的进程不断加快，世界贸易格局正发生着巨大的变化，中国正处于经济改革转型的关键时期，更应在分析本国实际情况的基础上，主动参与符合我国身份地位的贸易合作组织和区域经济一体化组织，进一步加强与“一带一路”沿线国家的文化贸易合作，激发文化市场潜力，使“一带一路”倡议沿线互利合作模式迈向新的历史高度，为我国文化产业的出口创造良好的国际环境。

### (四)加强海运基础设施建设，提高贸易便利化水平

海运基础设施是指一个国家包括港口、海峡与运河等在内的水上贸易交通的基础设施，本书用“一带一路”沿线国家的港口数目来代表进口国海运基础设施的水平，研究结果表明：海运基础设施的便利水平越高，越能促进文化贸易的发展。虽然回归结果不太显著，主要是由部分文化产品的无形性等特殊性质导致的，但这并不能否认海运基础设施对于传统货物贸易和有形文化产品的重要影响，因此加强海运基础设施建设同样也是发展我国贸易水平的重要举措。

自古以来，港口等海运基础设施就承担着一国对外贸易物流运输的重要功能，新航路的开辟更是催生了资本主义和工业革命的发展，推动着世界资本不断流向商业贸易繁荣的国家。如今海洋产业的开发和海运行业的发展越来越受到各个国家的关注，随着我国经济各方面的稳步发展，海运基础设施建设、海运国际竞争力等问题也日益受到党中央的关注，2014 年国务院印发了《关于促进海运业健康发展的若干意见》，更是从国家战略提出了推进我国海运业发展的总体目标和实施方案。我国目前海运服务业逆差额连年增长，这就需要政府继续加大海运基础设施建设的财政支持力度，推动海运企业战略性的改革重组和结构升级。在“一带一路”倡议的背景下积极寻求发展机遇，将规模较小、竞争力较弱的海运企业进行重组与收购，推动整体海运行业朝着集约化、规模化的方向发展。同时加强航海意识教育和海运行业的人才培养，为我国文化贸易

出口提供基础设施保障，使我国与“一带一路”沿线国家间的文化贸易往来更加便利。

(五)提高进口清关效率，打破关税贸易壁垒

通过实证研究可知，进口清关时间和进口国关税水平都是影响文化贸易发展的重要因素。进口清关时间越短，办理相关手续流程的效率和贸易便利化水平越高，越能推动文化贸易的发展；但进口国关税水平高，会加大我国文化产品出口的成本，阻碍我国文化贸易的发展。在当前国际贸易体系中，无论是文化贸易还是其他货物贸易，都需要经过海关这一重要环节，而且对于参与重要战略合作机制的相关国家来说，加强海关清关程序的制度合作也是极其重要的一环。中国与“一带一路”沿线国家之间应该通力合作，共同降低进出口清关时间，简化非必要程序，提高文化贸易运输的效率，打破国家之间的隐性贸易壁垒，使相关国家之间达成一套规则简单、实用性强的清关程序，直接提高双方文化贸易的效率。除了简化清关程序，还要从政策上降低文化贸易的运输成本，尤其是加大对文化产品关税的政策倾斜。由于文化产品是一种文化输出的载体，各国都对文化贸易产品施以高税，以此来保护本国文化企业的发展。但随着中国和“一带一路”沿线国家自由贸易区建立进程的加快，过高的文化贸易关税已经成为阻碍国家之间贸易发展的壁垒之一，所以重新调整和沿线国家之间关于文化贸易的关税水平成为加快中国与沿线各国文化贸易进程的重中之重。

# 第七章
# “一带一路”倡议下的文化交流与文化贸易

2013年来，习近平主席从我国深厚的历史积淀出发，结合现如今的发展实况提出了“一带一路”倡议，这也意味着我国的文化“走出去”战略进入了一个更全面更深入的时代。2017年，文化部继续深入发展与“一带一路”沿线国家的文化交流合作，着力发展政府、社会及民间的文化交流活动和文化贸易，加强与沿线国家文化与经济双层面的互动，打造了一批竞争力强、影响力大的文化交流项目。与此同时，我国文化的国际影响力也不断地扩大。文化部着力开展文化外交活动，推动建立了中美、中欧、中俄等八大高层次文化交流机制。我国已经和全球157个国家签署了文化交流协定，签订的文化交流执行合同总数接近800个。文化外交活动收获颇多，初步搭建起了覆盖全球主要国家和地区的政府间文化交流合作体系。虽然当前我国对外文化交流的工作发展迅速，但是距离党的十八届三中全会提出的要进一步提升文化走出去的深度、扩大对外文化交流的广度、推动中华文化走向世界的愿景还有较大差距，国家文化软实力的提高依旧面临着不小的挑战。

因此，如何进一步助推中华文化走出去的步伐，如何进一步加快中外文化交流的发展进程，实现文化交流与经济贸易的双轮驱动，具有深刻的现实意义。一方面，对外文化交流的开展有利于促进我国与贸易伙伴国的政治互信，增进彼此之间的相互理解与认同；另一方面，加强对外文化交流，能够有效促进国际经济贸易的发展。纵观历史上几次著名的跨区域性质经济贸易合作可以发现，这些合作都是在文化交流的基础上展开的。“一带一路”倡议本身也是以文化交流为基础开展的国家间的经济贸易合作，在“一带一路”倡议进入建设的关键性阶段，中国应当关注发挥文化交流因素对经济的反哺作用，进一步加快中外文化交流的发展进程，实现文化交流与文化贸易的双轮驱动，这具有深刻的现实意义。

## 第一节 “一带一路”倡议下我国对外文化交流发展状况

### 一、对外文化交流的形式与现状

“一带一路”沿线国家一直以来都是我国进行对外文化交流的重要阵地。我国进一步发扬和重温古代丝绸之路的精神，借助强大的文化优势，将人文交流和经贸合作有效的结合，开展了丰富多彩、形式多样的对外文化交流活动，我国文化交流活动呈现以下四个特点。

(一)形式多样，领域广泛

近年来，随着文化软实力和文化走出去浪潮的不断冲击，我国开展对外文化交流的形式和途径也越来越丰富，比较有代表性的主要有以下几种形式：

1.举办文化交流年

中国与沿线国家一直都在积极地推进双方的文化沟通与交流，随着各国文化贸易往来的日益频繁，中国与沿线各国掀起了互办文化交流年的热潮。自2005年以来，中国和俄罗斯就共同宣布要互办交流年和语言年，并且交流范围不仅包括语言教学领域，而且涵盖了教育、文化、媒体等多个领域。同时，中国-东盟文化交流年活动也在如火如荼地展开，交流项目达到150多项。2014年中国还与伊朗、土耳其等7个国家举办了“欢乐春节”的交流活动，观众人数达到55万，创下亚非地区新高。

2.设立丝绸之路和平奖

丝绸之路和平奖委员会于2014年在北京成立，这是中国第一个由民间发起、社会各界参与的专业评审机构。它秉承着丝绸之路精神，着力促进世界的和平稳定与有序发展，突出奖励对人类发展做出巨大贡献的人物。截至目前，“丝绸之路和平奖”分别于2012年、2013年被颁发给7位获奖者。

3.布局海外文化中心

自2009年以来,海外文化中心的布局工作被56次纳入国家日程,成为国家领导人国事访问的重要议题。1988年海外中国文化中心正式启动建设,现如今已建成运营的数量达到35个;预计到2020年,总数将达到50个,初步形成涵盖全球主要国家和地区的中国文化对外传播格局。目前,在"一带一路"的投射范围内,俄罗斯、蒙古、泰国等9个国家的中国文化中心已经建成,印度尼西亚、哈萨克斯坦、新加坡等24个国家已列入发展计划。海外文化中心通过系列主题展览、国际电影周、中华文化大讲堂等形式增进了我国与"一带一路"周边国家的文化往来和经贸合作。

4.建设孔子学院

全球第一所孔子学院创办于2004年11月,根据2019年发布的《孔子学院年度发展报告》,截至2018年底,全球共有154个国家和地区建立了548所孔子学院和1,193个孔子课堂。聘请的国内外专职教师达到4.7万人,招收的学生数量达到186万人,通过网络注册的学生数量也达到81万人。2018年开展各类文化交流活动4.2万场,受众达1300万人[①]。

为发挥孔子学院中外文化交流平台作用,从2009年开始,孔子学院总部每年组织国内高校师生赴各国孔子学院开展艺术巡演,组织专家学者开展学术巡讲,组织文化艺术和教材巡展,统称"三巡"项目。累计派出302个艺术团组赴112国468所孔子学院,围绕展现中华优秀传统文化开展文艺演出2500多场,观众共计243万人;支持教育、经济、政治、外交、文学、中医、太极各领域近500位专家赴全球各孔子学院开展巡讲活动以及组织各类汉语图书展、文化主题巡展等。

5.科教人文交流

近年来,越来越多的国家注意到了科教人文交流在推广本国文化、吸收别国优秀文化方面的积极作用。为配合"一带一路"倡议,教育部2016年发布了《推进共建"一带一路"教育行动》,有关科教人文交流的旗舰项目和重要成果也在相关政策的推动下得到了更加广泛的落实。2017年共有48.92万名外国留

① 国家汉办. 孔子学院年度发展报告[R/OL].(2019-04-11)[2020-03-27]. http://www.hanban.org/report/2018.pdf

学生在中国高等院校学习，规模增速连续两年保持在10%以上。2017年来华留学的前10位生源国依次为韩国、泰国、巴基斯坦、美国、印度、俄罗斯、日本、印度尼西亚、哈萨克斯坦和老挝。其中来自“一带一路”沿线国家留学生31.72万人，占总人数的64.85%，增幅达11.58%，高于各国平均增速。[①] 2015年我国已经成为全球第三大留学目的国，来华留学生在学习我国语言和文化的同时，也潜移默化地成为传播中华文化的使者。与此同时，我国与其他国家在影视、人文、教育、出版等领域的交流也越来越深入，比较具有代表性的形式有国际电影节、人文交流专项奖学金项目、国际青年科技论坛等。

### （二）民间参与度不断提高

从我国对外文化交流的形式来看，不论是举办文化交流年、布局海外文化中心，还是建立孔子学院，这一系列对外文化交流的主导者都是国家文化部或外交部。但是，随着对外文化交流进程的不断推进和文化外交概念的不断深入发展，越来越多的普通民众参与到文化交流的过程之中，对外文化交流的主体向多样化转变，不再局限于官方机构。一些受到官方支持和鼓励的国际机构，例如区域集团、非政府组织等在国际文化交流过程中的参与度逐渐增加，这也是文化外交发展的需要和根本立足点。因为我国开展如此大范围的文化外交，归根结底还是为了将中华文化传播给国外民众，增进不同国家民众之间对彼此文化的相互理解，减少文化摩擦。就举办文化交流年来看，我国政府通过积极举办与俄罗斯、东盟、中东地区的交流年活动，增强了交流年活动的影响力，参与人数和观众人数不断增多。丝绸之路和平奖也是我国第一个由民间发起、社会各界广泛参与的评审机构，赋予民众话语权和投票权，激发了民众参与和谈论的热情。海外文化中心的建设虽然是由国家主导，但是后续活动的开展，例如主题展览、电影周和文化大讲堂等，策划者和实施者中的志愿者比例一直在提升。与此同时，国外民众通过参与这些活动成为我国文化交流的直接受众。孔子学院更是最大限度地激发了志愿者的作用，2004年4月，我国正式启动了“招募全球汉语教师志愿者计划”，以孔子学院为龙头，汉语志愿者教师的规模日益庞大，成为中国语言文化推广的新平台，文化传播者的数量不断增加，文化

---

① 中新网.教育部发留学大数据：中国成亚洲最大留学目的国[EB/OL].(2018-03-30)[2020-12-13].http://news.cctv.com/2018/03/30/ARTIJGWzAfVKD4AyjJzn6cFB180330.shtml.

影响力进一步扩大，文化接受者的数量也不断增加。

(三)文化交流活动品牌化发展

2016年，《文化部“一带一路”文化发展行动计划(2016—2020年)》印发；2017年，《文化部“十三五”时期文化发展改革规划》发布，强调将加强中国与“一带一路”沿线国家开展文化交流与合作。据文化和旅游部2017年文化发展统计公报显示，截至2017年底，中国已与157个国家签署了文化合作协定，累计签署文化交流执行计划近800个，初步形成了覆盖世界主要国家和地区的政府间文化交流与合作网络。中国大力推进文化交流品牌建设，举办中国—中东欧、中国—东盟、中国—欧盟等十余个文化年、旅游年。自2015年起连续3年以“美丽中国—丝绸之路旅游年”为主题进行系列宣传推广，成功打造“欢乐春节”“丝路之旅”“青年汉学研修计划”“中华文化讲堂”“千年运河”“天路之旅”“阿拉伯艺术节”等近30个中国国际文化和旅游品牌。其中仅“欢乐春节”项目2017年就在全球140多个国家和地区的500余座城市举办了2,000多项文化活动。另外，还举办了丝绸之路(敦煌)国际文化博览会、丝绸之路国际艺术节、海上丝绸之路国际艺术节等以“一带一路”为主题的综合性文化节会。中央广播电视总台的“丝路名人中国行”活动等品牌影响力凸显，深受相关国家媒体和受众好评。

(四)文化市场未能充分开发

随着中国与“一带一路”沿线国家的关系日益密切，双方在文化交流过程中也逐渐涌现出一些问题。因不同国家之间历史背景、社会制度和意识形态的差异，文化多元化引发的矛盾和冲突也越来越多，这类文化冲突对我国文化交流的开展也造成了一些负面的影响。主要体现在两个方面。第一，对外文化交流的合作面还未完全打开，就国内来看，中国与沿线国家文化交流的主要阵地大多为广州、云南等沿海省份，中部地区和内陆地区的参与度不高。就沿线国家来看，文化交流的形式正在逐步多样化，目前的文化交流形式所产生的规模效益较为有限，交流渠道距离完全畅通还有较大差距，缺乏全方位深层次的沟通，比较流于表面。第二，文化交流的过程中过度强调投入，在一定程度上忽视了市场效益，长此以往，可能会降低我国文化走出去的积极性，阻碍文化市场的良性进展。我国应深度挖掘与沿线国家在文化交流层面的市场潜能,充分开发与沿线国家的文化市场。

## 二、对外文化交流代理变量的指标构建

基于上述关于外文化交流形式与现状的分析,综合理论可行性与数据可得性,本书选取孔子学院(课堂)数量作为对外文化交流的代理变量。笔者通过阅读相关文献发现,有不少学者从孔子学院的角度出发对孔子学院的经贸效应进行了定性和定量分析。

孔子学院是传播中华文化的知名品牌符号,也是我国进行文化交流的重要形式之一。在孔子学院的规模和影响日益壮大的背景下,不少学者开始着手进行关于孔子学院的分析和探究。就定性研究来看,孔子学院的成立有助于扩大汉语言和中华文化在国际范围内的受众人群,对增强我国文化软实力具有重大影响。语言相似性越强,就越容易形成身份认同和情感信任机制,并能有效地建立起忠诚的贸易伙伴关系,孔子学院的发展在推动我国文化传播的同时,也加大了汉语功能的适用性和感召力。并且,韦永贵等认为孔子学院的设立有利于降低信息传递过程中的沟通成本,降低了由语言不通而引发的信息不对称和信息流失风险,深化了外国民众对中华文化和汉语言的理解程度,进而推动了文化贸易的发展①。就定量研究来看,连大祥②、谢孟军③选取孔子学院数量作为核心解释变量研究了孔子学院的经贸效应,认为孔子学院的设立有助于推动中国出口规模的扩大。安亚伦等④、曲如晓等⑤则从孔子学院的文化传播效应出发,认为孔子学院能在一定程度上增强贸易伙伴对中华文化的了解程度,进而有效促进中国文化产品的出口贸易额的增长。综上所述,在分析对外文化交流对文化出口贸易的影响这一命题时,孔子学院可以作为一个有效的代理变量。

随着"一带一路"倡议的推进,我国也进一步加快了文化走出去的步伐,孔子学院作为传播中华文化和汉语言的重要通道,在沿线范围内的数量也呈现直

---

① 韦永贵,李红,周菁,等.友好城市是文化产品出口贸易增长的动力吗——基于 PSM 的实证检验[J].国际经贸探索,2018(6).

② 连大祥.孔子学院对中国出口贸易及对外直接投资的影响.中国人民大学学报[J].2012(1).

③ 谢孟军. 文化能否引致出口:"一带一路"的经验数据[J].国际贸易问题,2016(1).

④ 安亚伦,于晓宇,曾燕萍,等. 语言文化推广机构对文化产品贸易的影响——以孔子学院为例[J].国际经济合作,2016(11).

⑤ 曲如晓,曾燕萍.孔子学院对中国文化产品出口的影响[J]. 经济与管理研究,2016(9).

线上升的态势。截至目前,"一带一路"沿线只有 12 个国家尚未建设孔子学院。由图 7-1 可得,我国在沿线范围内设立的孔子学院的数量总体上呈现上升趋势。结合中国对沿线国家文化产品出口额的柱状图(图 4-3)可以发现,孔子学院数量的增长和文化产品出口数量的增长是同向的关系。由图 7-2 可以看出,"一带一路"沿线孔子学院的空间分布情况中,东南亚国家占据的比例最大,再结合第四章中国对沿线国家文化产品出口贸易的市场结构分析,可以发现在沿线国家中所占比例最大的板块仍然是东南亚国家。综合以上对孔子学院现状的分析,能够得到一个初步的结论:孔子学院的发展会促进文化产品出口贸易额的增长。

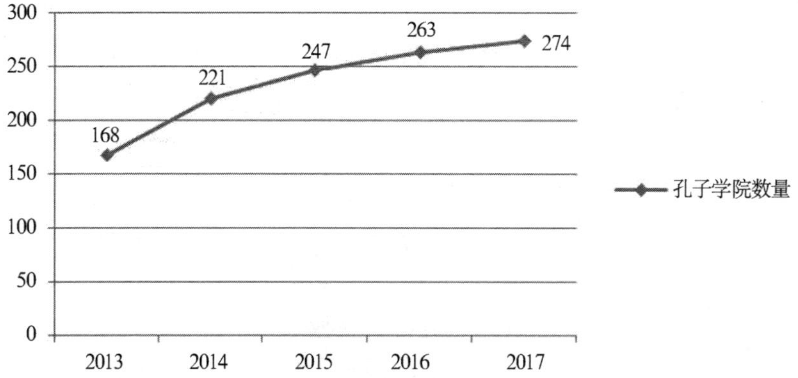


**图 7-1　2013—2017 年"一带一路"沿线孔子学院数量变迁**

数据来源:国家汉办发布的《孔子学院年度发展报告》

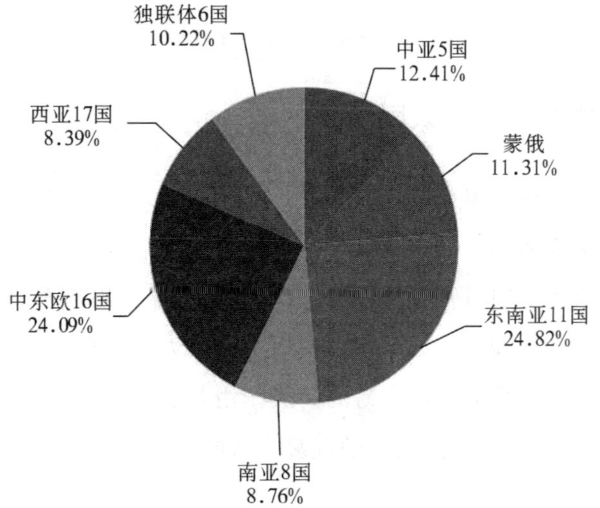


**图 7-2　"一带一路"沿线孔子学院的空间分布**

数据来源:国家汉办发布的《孔子学院年度发展报告》

# 第二节　对外文化交流影响文化贸易的机制

对外文化交流是减少文化差异并促进国际贸易发展的重要方式，文化会影响人们之间的互动与沟通。同时，人际交往过程往往存在着相似吸引的偏好，这一偏好在国际贸易中被称为“文化亲近论”，即如果两个国家拥有相似的语言、宗教、意识观念等，两国之间的贸易往来就更容易(DiMaggio)[①]，这个说法也可以看作是需求相似理论在文化领域的进一步延伸。本书通过梳理相关研究认为，对外文化交流可以通过增进文化理解与认同、缩小文化距离、降低交易成本三个层面来发挥对文化产品出口贸易的推动作用，并可以用此解释对外文化交流对我国文化走出去的影响机制(见图 7-3)。

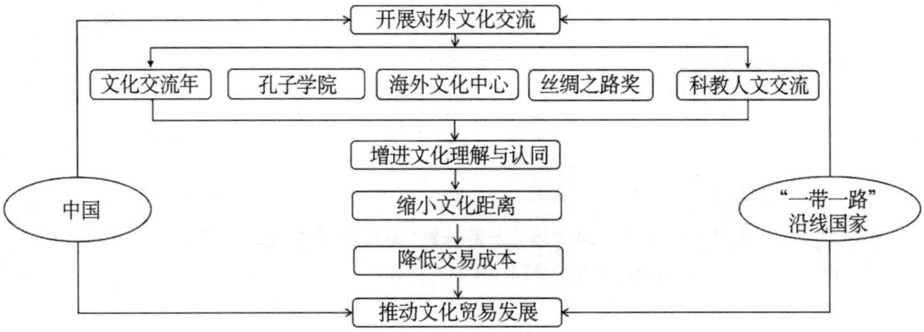


**图 7-3　对外文化交流对文化贸易的影响机制**

## 一、增进文化理解与认同

文化产品是一国价值观念、宗教信仰、思维方式、行为习惯等文化信息的重要载体。文化交流通过传播汉语教育和中华文化等形式，增强了我国文化产品的号召力和影响力，文化影响力又是构成一国文化软实力最核心的要素。文化软实力的提升有利于增强沿线国家对我国文化魅力的理解，能够在一定程度上消除文化意识形态差异对国际贸易的消极作用，提高双边国家在贸易往来中的信任感，增进双边国家对彼此文化的理解与认同。

---

① DIMAGGIO P. Culture and cognition[J]. Annual review of sociology,2003,23(11).

## 二、缩小文化距离

文化差异是文化出口贸易发展过程中不容忽视的一个成本要素，而文化距离就是文化差异的量化指标。为了提高国际交流过程中的统筹合作效率，降低沟通与协调成本，一个国家会倾向于选择与本国文化背景相似、文化距离比较相近的国家和地区进行经贸合作[①]。我国通过举办文化交流年、创办孔子学院等一系列对外文化交流活动，在增进沿线国家对我国文化理解与认同的基础上，进一步缩小了文化距离，为双边国家的文化贸易创造了有序的环境。

## 三、降低交易成本

文化距离的缩小往往意味着贸易双方在贸易过程中沟通成本和交流成本的降低，贸易双方在谈判或者拟定合同的过程中的阻力将会随之减小，因文化异质性而导致的信息不对称或信息缺失的风险也会大大降低。交易成本的降低有助于增强我国文化产品对沿线国家的吸引力，进而引发各国人民的消费需求。人文交流能增强彼此之间的文化认同感，有助于降低沟通和交易成本，并引致共同的消费偏好，进而对双边的文化贸易发展起到推动作用[②]。综上所述，对外文化交流的发展，增强了国家间的文化传播与文化认同，缩小了文化距离，降低了交易成本，从而促进文化贸易的发展。

孔子学院作为我国对外文化交流的重要举措，不仅传播了汉语言文化，同时也潜移默化地将意识观念、价值观念等传输了出去，增强了中国文化在国际社会的话语权，增进了贸易伙伴国对中国的了解程度和信任程度，缩小了与沿线国家的文化距离。这在很大程度上避免了由于语言不通或者背景不同造成的沟通障碍，降低了贸易交往过程中的信息不对称或者信息缺失的风险，从而降低了国际贸易中的沟通成本，最终推动了文化出口贸易的发展。

基于上文影响机制，本书拟定以下三个假设：

H1：在贸易伙伴国建立孔子学院有助于促进中国文化产品出口贸易的增长。

---

① 李青，韩永辉."一带一路"区域贸易治理的文化功用：孔子学院证据[J].中国与全球化，2016(12).

② 汪颖，黄建军.消费网络外部性、文化亲近与文化产品贸易——基于中国双边文化产品贸易的实证分析[J].当代财经，2014(4).

H2:与贸易伙伴国文化距离越大,越不利于中国文化产品出口贸易的增长。

H3:孔子学院的设立会减少文化距离,促进文化产品出口贸易增长。

## 第三节　对外文化交流影响文化贸易的实证研究

### 一、变量的选取和数据来源

选取 2013—2017 年中国与“一带一路”沿线 63 个国家的数据进行研究,将中国文化产品出口额作为被解释变量,孔子学院、文化距离和两者的交叉项作为核心解释变量,经济规模、人口数量、地理距离、制度质量作为控制变量,同时引入是否与中国接壤、是否签订自由贸易协定两个虚拟变量进行实证分析。各变量的理论说明和数据来源见表 7-1。

**表 7-1　变量说明与数据来源**

| | 符号 | 含义 | 数据来源 | 预期符号 |
|---|---|---|---|---|
| 被解释变量 | *LnEXP* | 文化产品出口额取对数 | UN Comtrade Database | |
| 核心解释变量 | *CI* | 孔子学院数量 | 孔子学院年度报告 | + |
| | *CULTURE* | 文化距离 | Hofstede 官方网站 | − |
| | *CULTURE * CI* | 交叉项 | Stata 计算得出 | + |
| 控制变量 | *LnGDPC* | 中国人均国内生产总值取对数 | IMF 网站 | + |
| | *LnGDP* | 沿线国家人均国内生产总值取对数 | IMF 网站 | + |
| | *LnCPOP* | 中国人口总数取对数 | WDI 数据库 | + |
| | *LnPOP* | 沿线国家人口总数取对数 | WDI 数据库 | + |
| | *LnDIS* | 中国到贸易国首都的地理距离取对数 | CEPII 数据库 | − |
| | *LnINS* | 制度质量取对数 | The Heritage Foundation | + |
| 虚拟变量 | *LAN* | 是否拥有共同语言 | WTO 官方网站 | + |
| | *FTA* | 是否签订自贸协定 | WTO 官方网站 | + |

（一）孔子学院数量

用在进口国设立的孔子学院（学堂）的数量表示，数据来源于孔子学院官方网站每年发布的年度报告。当地孔子学院的建立，有助于增强贸易伙伴国家对中国文化的了解，降低交易成本和沟通成本，提高其对中国文化产品的消费意向，对文化产品的出口贸易产生促进作用。

（二）文化距离

文化距离是不同国家之间文化差异的量化指标，数据来源于 Hofstede 官网，基于 Hofstede 的五个维度，通过计算得出。当文化产品出口到与我国文化距离较大的国家时，很可能产生由文化差异导致的产品价值贬值现象。一般来说，处于同个文化圈或者拥有相同语言的两个国家，文化距离较小，对彼此文化的理解程度都较高，对文化产品的接受能力也越大，从而产生更多的需求，这样两个国家之间的文化产品贸易额便会上升。Hofstede 用五个维度衡量不同国家的文化特征，分别为权力距离、个人或集体主义、刚柔性倾向、不确定性规避、长期或短期导向性。关于两国文化距离的计算，本书采用 Kogut 和 Singh 1988 年提出的公式：$CULTURE_{ij}=\frac{1}{5}[\sum_{k=1}^{5}(I_{kj}-I_{ki})^2/V_k]$。其中 $I_{kj}$ 表示 $j$ 国（地区）在第 $k$ 个文化维度的得分，$I_{ki}$ 表示中国在第 $k$ 个文化维度上的得分，$V_k$ 表示第 $k$ 个文化维度的方差。计算得出的值越大，表示文化距离就越大，说明中国与进口国的文化差异越大。

（三）经济规模

用人均国民生产总值来反映一个国家的经济规模，数据来源于 IMF 网站，按现价美元计算。文化是人们在满足生存需要之后更高层次的精神需要，只有经济水平达到一定的程度，才会催生出文化产品。只有当一个国家的国民拥有更多的收入，才会拥有更多的可支配资产和更高的文化需求。本书同时将出口国和进口国的人均 GDP 作为控制变量。出口国人均 GDP 高的国家，说明其经济规模也较大，则在文化方面的投入量也较大，供给能力比较强，从而出口能力也会较强。进口国人均 GDP 高的国家，对文化产品的需求量也会较多，文化产品的进口贸易数额也会较大。

(四)人口规模

用一个国家的总人口数量表示,数据来源于 WDI 数据库,单位为百万。人口数量代表了一个国家文化贸易市场的规模。本书同时将出口国和进口国的人口数量作为控制变量。人口规模较大的出口国,其文化产品的生产能力也相对较强,容易形成较大的出口规模。人口规模较大的进口国,其文化产品的消费能力也相对较强,容易产生可观的消费规模,文化产品的贸易额也会较大。

(五)地理距离

用两国首都间的距离来表示,数据来源于 CEPII 官网,单位为千米。地理距离是贸易成本的重要衡量因素,它代表了贸易双方在通信、运输等方面的交易成本,加大了贸易双方在制度、文化方面不同的概率。一般而言,空间距离较近的国家,文化的交流和往来成本相对较小,两国之间更容易发生文化贸易。

(六)制度质量

用经济自由指数来表示,数据来源于 The Heritage Foundation 网站。该指数涵盖了贸易、货币、金融、投资、财政、商业、政府开支、腐败、产权保护和劳工等十个自由度指标,本书将这十个指标加总后再取其平均值作为衡量制度水平的指标,该指数的大小与进口国制度水平的高低呈同向变动。进口国制度环境也是我国进行文化产品出口的过程中必须要考虑的要素,制度环境的自由与完善,可以减少双方交易的成本,提高合作的谈判效率,将风险因素控制在可控范围内,有利于双边经贸合作。

(七)是否拥有共同语言、是否签订自贸协定

拥有共同语言赋值为 1,反之为 0,签订自贸协定赋值为 1,反之为 0,数据来源于 WTO 官方网站。拥有共同语言是增加贸易流量的因素,贸易双边国家如果拥有共同语言,则两国的沟通、交流成本就会大大减少,信息不对称风险也会大大降低,贸易合作也会更加顺畅。多边贸易体制和区域贸易安排一直是驱动经济全球化向前发展的两个轮子。积极同“一带一路”沿线国家和地区签订自

由贸易协定，商建自由贸易区，使我国与沿线国家合作更加紧密、往来更加便利、利益更加融合，这有利于促进双边文化贸易发展。

## 二、建立扩展的贸易引力模型

本书根据文化产品贸易的特点，参考了 Anderson & Van Wincoop 2003 年的理论模型，在原始的引力模型中加入新的解释变量对模型进行扩展和修正，建立了拓展的贸易引力模型。由于中国与沿线国家间文化产品贸易同时受双边文化交流、文化距离、经济发展水平、市场规模、地理距离、贸易便利化水平等一系列因素的影响，因此，通过模型(1)至(4) 刻画这些因素对双边文化产品贸易的影响，可以兼顾影响双边贸易额的时间因素和其他不随时间而变化的进口国特征，同时控制进口国和时间固定效应。模型(1)引入孔子学院这一核心解释变量，用来验证假设 H1；模型(2)引入文化距离这一核心解释变量，用来验证假设 H2；模型(3)共同引入孔子学院和文化距离这两个变量，用来同时验证假设 H1 和 H2；模型(4)引入文化距离和孔子学院的交叉项，用来验证假设 H3。

$$LnEXP_{ijt} = \partial_0 + \partial_1 LnGDP_{it} + \partial_2 LnGDP_{jt} + \partial_3 LnPOP_{it} + \partial_4 LnPOP_{jt} + \partial_5 LnDIS_{ij} + \partial_6 LnINS_{ij} + \partial_7 CI_{ij} + \partial_8 X_{ij} + \mu_i + \delta_t + \varepsilon_i \quad (1)$$

$$LnEXP_{ijt} = \partial_0 + \partial_1 LnGDP_{it} + \partial_2 LnGDP_{jt} + \partial_3 LnPOP_{it} + \partial_4 LnPOP_{jt} + \partial_5 LnDIS_{ij} + \partial_6 LnINS_{ij} + \partial_7 CULTURE_{ij} + \partial_8 X_{ij} + \mu_i + \delta_t + \varepsilon_i \quad (2)$$

$$LnEXP_{ijt} = \partial_0 + \partial_1 LnGDP_{it} + \partial_2 LnGDP_{jt} + \partial_3 LnPOP_{it} + \partial_4 LnPOP_{jt} + \partial_5 LnDIS_{ij} + \partial_6 LnINS_{ij} + \partial_7 CI_{ij} + \partial_8 CULTURE_{ij} + \partial_9 X_{ij} + \mu_i + \delta_t + \varepsilon_i \quad (3)$$

$$LnEXP_{ijt} = \partial_0 + \partial_1 LnGDP_{it} + \partial_2 LnGDP_{jt} + \partial_3 LnPOP_{it} + \partial_4 LnPOP_{it} + \partial_5 LnDIS_{ij} + \partial_6 LnINS_{ij} + \partial_7 CULTURE_{ij} + \partial_8 CULTURE_{ij} * CI + \partial_9 X_{ij} + \mu_i + \delta_t + \varepsilon_i \quad (4)$$

回归方程中下标 i 代表中国，$j$ 代表“一带一路”沿线进口国(地区)，$t$ 代表时间。$EXP_{ijt}$表示中国对 $j$ 国(地区)$t$ 期文化产品出口贸易额，$GDP_{it}$代表中国 $t$ 期的人均国内生产总值，$GDP_{jt}$代表 $t$ 期进口国(地区)$j$ 的国内生产总值，$POP_{it}$和 $POP_{jt}$分别代表中国和进口国(地区)$t$ 期的人口总量，$DIS_{ij}$代表中国和进口国(地区)$j$ 之间的地理距离,$INS_{ij}$ 代表进口国(地区)$j$ 的制度质量,$CULTURE_{ij}$ 代表中国和进口国(地区)之间的文化距离,$CI_{ij}$ 代表中国在进口国(地区)$j$ 设立的孔子学院数量,$X_{ij}$ 为其他因素,是虚拟变量,有语言因素 $LAN_{ij}$,表示进口国(地区)$j$ 和出口国(地区)$i$ 是否掌握同种语言,若掌握同种语言取值为 1,否则为 0;$FTA_{ijt}$ 表示两国间是否签订自由贸易协定,自贸协定是具有法律约束力的契约,如果签订了自由贸易协定取值为 1,否则为 0。$\mu_i$ 为"一带一路"沿线进口国(地区)个体固定效应,$\delta_t$ 为时间固定效应。为降低异方差产生的结果,本书将部分变量进行了自然对数处理。整理后的变量的描述性统计见表 7-2,所有变量的 VIF 值明显小于 10,说明模型中的解释变量之间不存在严重的共线性。

**表 7-2 变量的描述性统计**

| 变量符号 | 变量数 | 平均值 | 标准差 | 最小值 | 最大值 | VIF |
|---|---|---|---|---|---|---|
| *LnEXP* | 315 | 16.76 | 2.34 | 11.39 | 20.88 | null |
| *LnGDPC* | 315 | 8.97 | 0.066 | 8.86 | 9.06 | 5.32 |
| *LnGDP* | 315 | 8.69 | 1.12 | 6.35 | 11.46 | 2.07 |
| *LnCPOP* | 315 | 7.23 | 0.01 | 7.21 | 7.25 | 5.29 |
| *LnPOP* | 315 | 2.36 | 1.66 | -1.09 | 7.18 | 1.45 |
| *LnDIS* | 315 | 8.57 | 0.38 | 7.06 | 8.95 | 1.72 |
| *LnINS* | 315 | 4.08 | 0.2 | 2.6 | 4.49 | 1.54 |
| *CULTURE* | 315 | 0.15 | 0.11 | 0.01 | 0.62 | 1.09 |
| *CI* | 315 | 3.71 | 5.55 | 0 | 36 | 1.25 |
| *LAN* | 315 | 0.03 | 0.18 | 0 | 1 | 1.21 |
| *FTA* | 315 | 0.27 | 0.44 | 0 | 1 | 1.50 |

## 三、回归结果分析

### (一)基本回归结果

本书选取的数据是面板数据,在对这类数据进行回归时,估计方法的选择显得异常重要,需要在固定效应估计与随机效应估计方法中进行选择。本书运用 Hausman 检验在固定效应与随机效应估计方法中进行选择,最终选择固定效应模型。为了提高回归结果的稳健性，表 7-3 列出了 POLS 和固定效应 LSDV 估计的结果。

表 7-3 基本回归结果

| 被解释变量 | *LnEXP* | | | | | | | |
|---|---|---|---|---|---|---|---|---|
| 估计方法 | *POLS* | | | | *RE* | | | |
| 模型 | (1) | (2) | (3) | (4) | (1) | (2) | (3) | (4) |
| *LnGDP* | 0.837*** | 0.809*** | 0.799*** | 0.811*** | 0.675*** | 0.705*** | 0.662*** | 0.706*** |
| | (−0.189) | (−0.192) | (−0.19) | (−0.187) | (−0.175) | (−0.171) | (−0.172) | (−0.171) |
| *LnGDPC* | −1.99 | −1.56 | −1.93 | −1.829 | −2.356** | −1.57 | −2.318** | −1.825* |
| | (−1.201) | (−1.065) | (−1.19) | (−1.113) | (−1.101) | (−0.987) | (−1.102) | (−1.037) |
| *LnPOP* | 1.096*** | 1.167*** | 1.111*** | 1.138*** | 1.045*** | 1.130*** | 1.046*** | 1.110*** |
| | (−0.1) | (−0.08) | (−0.104) | (−0.079) | (−0.08) | (−0.0707) | (−0.0794) | (−0.0681) |
| *LnPOPC* | 10.15** | 9.886** | 10.24** | 9.963** | 10.96** | 10.05** | 10.96** | 10.19** |
| | (−4.75) | (−4.722) | (−4.748) | (−4.7) | (−4.684) | (−4.68) | (−4.691) | (−4.673) |
| *LnDIS* | −0.57 | −0.51 | −0.44 | −0.214 | −0.36 | −0.33 | −0.23 | −0.0441 |
| | (−0.529) | (−0.492) | (−0.511) | (−0.412) | (−0.529) | (−0.486) | (−0.512) | (−0.418) |
| *LnINS* | 0.11 | 0.73 | 0.39 | 0.476 | 0.01 | 0.18 | 0.05 | 0.133 |
| | (−0.818) | (−0.835) | (−0.839) | (−0.79) | (−0.413) | (−0.446) | (−0.436) | (−0.448) |
| *LAN* | 0.779** | 0.48 | 0.53 | 0.62 | 0.936** | 0.7 | 0.72 | 0.798 * |
| | (−0.387) | (−0.418) | (−0.411) | (−0.422) | (−0.445) | (−0.478) | (−0.449) | (−0.466) |
| *FTA* | 1.202*** | 0.956*** | 1.081*** | 1.054*** | 1.373*** | 1.101*** | 1.281*** | 1.173*** |
| | (−0.382) | (−0.336) | (−0.355) | (−0.337) | (−0.338) | (−0.33) | (−0.325) | (−0.326) |
| *CI* | 0.38 * | | 0.28 | | 0.507*** | | 0.468*** | |
| | (−0.272) | | (−0.28) | | (−0.178) | | (−0.18) | |
| *CULTURE* | | −2.997** | −2.773** | −3.513*** | | −3.018*** | −2.692** | −3.490*** |
| | | (−1.13) | (−1.147) | (−1.211) | | (−1.15) | (−1.159) | (−1.222) |
| *CULTURE * CI* | | | | 0.247*** | | | | 0.204** |
| | | | | (−0.109) | | | | (−0.102) |
| *Year* | 控制 | 控制 | 控制 | 控制 | 控制 | 控制 | 控制 | 控制 |
| *Country* | 控制 | 控制 | 控制 | 控制 | 控制 | 控制 | 控制 | 控制 |
| $R^2$ | 0.744 | 0.758 | 0.761 | 0.765 | 0.741 | 0.754 | 0.751 | 0.762 |
| *N* | 315 | 315 | 315 | 315 | 315 | 315 | 315 | 315 |

注：括号内的值为在进口国层面的聚类稳健标准误；***、**、* 分别表示 1%、5%、10%的显著性水平。

孔子学院作为我国对外文化交流的重要形式，文化距离作为反映我国对外文化交流成效的重要载体，两者在促进我国文化产品出口贸易方面均具有重要的推动作用。为了验证上述假设，本书在控制经济规模、人口规模、地理距离、制度水平等变量以及控制年度效应和国家个体效应的基础上，将对外文化交流的代理变量孔子学院数量和文化距离逐步放入方程组进行回归，最后引入交叉项进行回归。

从模型(1)的回归结果来看，两种估计方法的结果均显示孔子学院对我国文化产品出口贸易的影响显著为正，表明了以孔子学院为代表的对外文化交流活动对文化产品出口贸易具有显著促进作用，与假设 H1 的预期结果相符合。从模型(2)的回归结果来看，两种估计方法的回归结果显示文化距离对我国文化产品出口贸易的影响显著为负，表明文化距离对文化产品出口贸易具有抑制作用，与假设 H2 的预期结果相符合。模型(3)同时将孔子学院和文化距离两个变量引入回归方程，回归结果显示两者的符号并没有发生改变，进一步验证了假设 H1 和 H2 的可信性。

比较控制变量的回归系数与预期符号，可以发现各变量的估计结果基本上与预期相同。只有中国国内生产总值为负值，与假设预期相反。基于此回归结果，结合相关理论进行分析，可能的原因是：我国的国内生产总值代表了我国居民的消费能力，生产总值增加，国民可支配收入相应增加，消费能力也提高，所以会更倾向于消费本国产品或进口外国产品。

为进一步证实影响机制，本书又引入文化距离和孔子学院的交叉项进行检验，即模型(4)。两种估计方法的回归结果均得出交叉项的回归系数为正，POLS 模型未通过显著性检验，FE 模型通过了显著性检验，因此本书将在 FE 模型回归结果的基础上，进一步分析对外文化交流对文化出口贸易的影响机制。CULTURE * CI 是分析影响机制的一个关键的解释变量，由文化距离指标与东道国建立孔子学院的数量相乘得到，反映文化距离对于双边文化贸易的影响效果，受东道国孔子学院数量的影响。在 POLS 模型和 FE 模型的回归结果中，这一交互项的系数为正，说明文化距离对双边文化贸易有负向效应，会随着孔子学院的增加而减少，也说明文化距离对建立孔子学院较多的东道国的文化产品出口贸易的负面影响，要比对建立孔子学院较少的东道国的文化产品出口贸易的负面影响小；或者说在东道国建立孔子学院传播中国文化，缩小了两国的文化距离，从而推动中国文化产品出口贸易的发展，从而验证假设 H3 成立。

(二)分样本回归结果

孔子学院遍及“一带一路”周边多个国家，这些国家无论是在经济程度或者文化圈层属性上都不尽相同。从贸易合作的进程来看，既有与我国签订自由贸易协定的国家，也有未与我国签订自贸协定的国家；从文化圈层属性来看，既有处于儒家文化圈的国家，也有不处于儒家文化圈的国家；从经济发展程度来看，既有发达国家，也有发展中国家；从地理区域来看，既有位于“新丝绸之路经济带”的国家，也有位于“21 世纪海上丝绸之路的”国家。由于各国有不同的特征属性，孔子学院及文化距离对文化产品出口贸易的作用效果可能也会产生差异。基于此假设，本书对回归结果分别按照签订贸易协定与未签订自贸协定、儒家文化圈国家和非儒家文化圈国家、发达国家与发展中国家、“一带”国家和“一路”国家进行了分组检验，检验结果见表 7-4 和表 7-5。

1.贸易合作发展进程的差异

随着交通和通信技术的更新换代，地理距离对贸易的影响也随之减弱。不过，地理距离影响的弱化并不意味着可以忽视距离这一影响因素。近些年来，“文化软实力”“制度趋同性”等含义的普及程度越来越广，与此同时，由经济制度、文化背景等因素而导致的贸易壁垒更加不容忽视。为了进一步消除贸易壁垒，国与国之间通过签订自由贸易协定，相互取消绝大部分货物的关税和非关税壁垒，取消绝大多数服务部门的市场准入限制，开放投资，从而促进商品、服务和资本、技术、人员等生产要素的自由流动，实现优势互补，促进共同发展。中国已经与东盟、新加坡等国家和地区签订了自由贸易协定；正在与澳大利亚、海湾合作委员会等国家和地区就设立自贸区这一事项进行磋商和谈判。由我国当年与世界各国签订的自由贸易协定状况可以看出，中国与“一带一路”沿线国家签订的自贸协定的数量颇具优势。孔子学院作为一项非正式的文化制度安排，要发挥作用会依赖一些正式制度。那么，在不同的贸易合作进程下，孔子学院和文化距离对文化产品出口贸易的影响有何不同？

从表 7-4 的回归结果可以看出，在签订自由贸易协定的条件下，文化距离对中国文化产品出口贸易的影响在 1%的显著水平下为负，回归系数为 -9.944，孔子学院对中国文化产品出口贸易的影响虽然与预期符号一致，但是并未通过显著性检验。相反，在未签订自由贸易协定的国家中，文化距离对文化产品出口贸易的回归结果在10%的显著水平下为负，回归系数为-2.190，孔子学院对中国文化产品出口贸易的影响显著为正。对比上述两个模型的回归结果可以发现，虽然文化距离这一变量都通过了显著性检验，但是在签订自由贸易协定的组别中的回归结果更为显著，系数绝对值也较大，这说明，与中国签订自贸协定的国家，文化距离这一变量对文化产品出口贸易的影响更为明显。孔子学院这一变量虽然都为正，但是在签订自贸协定的组别中未通过显著性检验，说明以孔子学院为代表的对外文化交流对未签订自贸协定国家的文化产品出口贸易的促进效应更强。

**表 7-4　分样本估计结果 I**

| 被解释变量 | *LnEXP* | | | |
|---|---|---|---|---|
| 估计方法 | RE | | | |
| 类别 | 签订自贸协定 | 未签订自贸协定 | 儒家文化圈 | 非儒家文化圈 |
| *LnGDP* | 0.769** | 0.426** | 4.453*** | 0.19 |
| | (-0.327) | (-0.178) | (-0.769) | (-0.246) |
| *LnGDPC* | -2.00 | -2.560** | -1.95 | -3.48 |
| | (-2.64) | (-1.101) | (-2.018) | (-3.388) |
| *LnPOP* | 0.782*** | 1.077*** | 6.409*** | 0.826*** |
| | (-0.184) | (-0.0889) | (-1.548) | (-0.163) |
| *LnPOPC* | -0.64 | 15.89*** | 3.12 | 1.21 |
| | (-11.51) | (-4.437) | (-8.459) | (-14.84) |
| *LnDIS* | -1.26 | 0.38 | -20.43*** | 0.983** |
| | (-0.8) | (-0.381) | (-2.691) | (-0.394) |
| *LnINS* | 1.37 | 0.07 | 0.91 | 5.244*** |
| | (-2.001) | (-0.326) | (-2.122) | (-1.634) |
| *LAN* | -0.27 | | 12.40*** | -0.80 |
| | (-0.464) | | (-2.494) | (-0.818) |
| *FTA* | | | | 1.748*** |
| | | | | (-0.592) |
| *CULTURE* | -9.944*** | -2.190* | 32.84* | -3.78 |
| | (-3.188) | (-1.289) | (-16.94) | (-3.064) |
| *CI* | 0.57 | 0.366* | 0.24 | 0.923*** |
| | (-0.381) | (-0.198) | (-0.669) | (-0.346) |
| *Year* | 控制 | 控制 | 控制 | 控制 |
| *Country* | 控制 | 控制 | 控制 | 控制 |
| *N* | 85 | 230 | 30 | 285 |
| $R^2$ | 0.805 | 0.702 | 0.887 | 0.864 |

注：括号内的值为在进口国层面的聚类稳健标准误；***、**、* 分别表示1%、5%、10%的显著性水平。

表 7-5　分样本估计结果Ⅱ

| 被解释变量 | *LnEXP* | | | |
|---|---|---|---|---|
| 估计方法 | RE | | | |
| 类别 | 发达国家 | 发展中国家 | "一带"国家 | "一路"国家 |
| *LnGDP* | 3.224*** | 0.747*** | 0.578*** | 1.030*** |
| | (−0.337) | (−0.289) | (−0.208) | (−0.239) |
| *LnGDPC* | 12.60*** | −3.662 | −5.505* | −0.95 |
| | (−4.8) | (−2.845) | (−2.944) | (−3.221) |
| *LnPOP* | 0.0197 | 1.084*** | 0.878*** | 1.088*** |
| | (−0.796) | (−0.122) | (−0.165) | (−0.141) |
| *LnPOPC* | −33.85*** | 15.19 | 22.53*** | 1.063 |
| | (−12.21) | (−9.909) | (−8.378) | (−11.46) |
| *LnDIS* | −1.129 | −0.768 | −0.00199 | −0.351 |
| | (−6.022) | (−0.631) | (−0.42) | (−0.697) |
| *LnINS* | −0.121 | −0.0357 | −0.0351 | −0.805 |
| | (−9.552) | (−0.898) | (−1.015) | (−0.728) |
| *CULTURE* | 1.834** | −6.189*** | −1.602 | −4.266* |
| | (−0.761) | (−1.701) | (−1.185) | (−2.393) |
| *LCI*① | 1.568** | 0.365 | 0.605** | 0.563* |
| | (−0.62) | (−0.264) | (−0.305) | (−0.296) |
| *Year* | 控制 | 控制 | 控制 | 控制 |
| *Country* | 控制 | 控制 | 控制 | 控制 |
| *N* | 25 | 290 | 165 | 150 |
| $R^2$ | 0.952 | 0.769 | 0.623 | 0.774 |

注：括号内的值为在进口国层面的聚类稳健标准误；***、**、* 分别表示 1%、5%、10%的显著性水平。

2.文化圈层属性的差异

国际贸易理论中有一种现象被称为"文化亲近论"，这个现象是指文化会影响人际交流与互动，并且人际交往过程中存在着"相似吸引"偏好，拥有相似语言、相同宗教信仰与意识观念的国家往往能产生较强的文化认同感，能引发共同的消费偏好，最终对文化产品的出口贸易形成积极作用。Kough 和 Singh

① 滞后一期的孔子学院变量。

(1998)的研究也表明,文化属性相似的国家之间更容易产生经贸合作①。"一带一路"沿线跨越的国家众多,所处文化圈层也不尽相同。根据世界文化地图,儒家文化圈国家包括中国、印度尼西亚、日本、韩国、马来西亚、菲律宾、新加坡、泰国和越南。本书根据此标准将"一带一路"沿线国家分为儒家文化圈和非儒家文化圈进行分别回归,结果如表7-4后两列的回归结果所示。

在儒家文化圈的组别中,文化距离通过显著性检验,系数为正,孔子学院未通过显著性检验。在处于非儒家文化圈的组别中,孔子学院这一变量通过显著性水平为1%的显著性检验,回归系数为0.923。分析比较两个模型的回归结果,可以发现在儒家文化圈中,文化距离的系数出现了不同于前文的正值,说明文化距离对经济贸易的作用并不总是抑制和阻碍。处于儒家文化圈的国家,拥有共同语言、相似文化背景的可能性很大,因此,文化异质性可能更能吸引不同国家之间的文化贸易往来。处于非儒家文化圈的国家,孔子学院对文化产品出口贸易的影响显著为正,这恰恰印证了孔子学院在消除文化隔阂、降低交易成本、促进贸易发展方面的积极作用。

3.经济发展属性的差异

在经济一体化进程不断深入的背景下,文化与经济的互动与影响不断增强,改变了过去经济与文化背离局面,经济与文化的交融成为推进经济发展进程中不可忽视的共生体。本书虽然是从文化角度出发去研究文化贸易,但是经济发展这一属性仍然不能忽视。"一带一路"沿线国家经济发展程度参差不齐,本书综合联合国开发计划署人类发展指数和国际货币基金组织发达经济体指数,确定了"一带一路"沿线的发达国家名单,从经济发展属性角度出发,将沿线国家分为发达国家和发展中国家,对孔子学院滞后一期后分别进行回归,回归结果见表7-5。两个组别的文化距离变量均通过了显著性检验,但是发达国家的系数为正值,发展中国家的系数为负值。这说明文化距离对发达国家文化贸易的影响是正面的,文化距离的增大会促进中国文化产品出口贸易的增长。而在孔子学院滞后一期变量的回归结果中,发达国家这一组别通过了5%的显著性检验,系数为正,发展中国家的系数虽然也为正,但并未通过显著性检验。这

① KOGUT B, SINGH H. The effect of national culture on the choice of entry mode [J]. Journal of international business studies, 1988, 19(3).

表明孔子学院在推动我国文化产品出口的过程中，对发达国家的推动作用比对发展中国家的推动作用更为显著。综合文化距离和孔子学院滞后一期变量的结果，可以得出结论，发达国家相较于发展中国家，往往对文化的认同感和包容度更高。因此孔子学院在发达国家的文化传播效应会更显著，更有利于发挥其特有的贸易效应，文化距离产生的文化异质性更能激发起发达国家消费者的消费意愿，对文化贸易产生促进效应。

4.地理区域属性的差异

总结上文几个模型的回归结果可以发现，地理距离这一变量在大多数情况下都不显著。地理位置这一因素对文化产品出口贸易到底能否产生影响？本书将沿线国家按照地理区域属性进行了分类回归。从地理区域来看，既有位于“新丝绸之路经济带”的国家，包括蒙古、俄罗斯、乌克兰在内的共 33 个国家，也有位于“21 世纪海上丝绸之路的”国家，包括印尼、泰国、菲律宾在内的共 30 个国家。从表 7-5 的回归结果来看，文化距离在“一带”国家中的回归系数为 -1.602，但是未通过显著性检验，在“一路”国家中的回归系数为 -4.266，且通过了 10%的显著性检验，由此可以看出相较于“一带”国家来说，文化距离对“一路”国家文化产品出口贸易产生的负面影响更为明显。孔子学院滞后一期项在“一带”国家和“一路”国家都通过了显著性检验。在“一带”国家这一组别中，孔子学院滞后一期的回归系数为 0.605，且通过了 5%的显著性检验。在“一路”国家这一组别中，孔子学院滞后一期的回归系数为 0.563，且通过了 10%的显著性检验。这说明孔子学院这一对外文化交流的重要载体，对文化产品出口贸易的促进效应不论是在“一带”国家还是“一路”国家都较为明显，但是对“一带”国家的贸易促进效应相较于“一路”国家来说更为有效。

## 第四节　结论和政策建议

对外文化交流是我国推进“一带一路”倡议向全方位、高层次境界转变的重要途径，本书在分析对外文化交流对文化贸易影响机制的基础上，提出了研究假设，构建了拓展的贸易引力模型，将孔子学院、文化距离和两者的交叉项作为核心解释变量，进而采用混合效应模型（POLS）和固定效应模型（FE）分别对文化交流对中国文化产品出口贸易的效应进行实证检验；最后，基于贸易异质性视角分别从贸易合作发展进程属性、文化圈层属性、经济发展属性以及地理区域属性四个方面，分类采用面板数据固定效应模型进行了分样本检验，本书得出以下结论。

第一，从文化产品出口贸易的现状来看，中国与“一带一路”沿线国家的文化出口存在着结构不均衡、市场布局过于集中等问题，但是也有着巨大的发展潜力。

第二，从总体样本回归结果来看，孔子学院作为我国文化“走出去”和文化交流的重要举措，对我国文化产品出口贸易起到了显著的促进作用；文化距离作为衡量两个国家之间文化差距的代理变量，回归结果说明文化距离对我国文化产品的走出去有抑制和阻碍作用；文化距离与孔子学院交互项的系数为正，这说明中国在对沿线国家出口文化产品的过程中，孔子学院的设立可以通过缩小两国间的文化距离，推动中国文化产品出口贸易的发展。除这两个核心解释变量之外，通过拓展的贸易引力模型还可以得出文化产品出口贸易规模与进口国市场规模、出口国人口规模、进口国人口规模、制度质量呈显著的正向促进关系，与出口国市场规模、地理距离呈负向抑制关系。

第三，从分样本回归结果来看，孔子学院对文化产品出口贸易的促进效应在不同的属性下存在着显著的不同，对贸易的推动作用在未签订自贸协定国家要高于签订自贸协定国家，在非儒家文化圈要高于儒家文化圈，在发达国家要高于发展中国家，在“一带”国家要高于“一路”国家。同时，文化距离对文化产品出口贸易的抑制作用在不同的分类下也存在着明显的差异性，抑制贸易的程度在签订自贸协定国家要高于未签订自贸协定国家，在儒家文化圈高于非儒家文化圈，在发展中国家高于发达国家，在“一带”国家高于“一路”国家。综合上述研究结果，也可以进一步证实孔子学院通过缩小文化距离来促进文化产品出口贸易的影响机制。

结合“一带一路”倡议和上述实证研究分析的结论，立足我国文化发展现状提出以下几点政策建议。

第一，在孔子学院规模快速扩展的背景下，更要正视孔子学院面临的问题和困境。从全球第一所孔子学院建立到现在，孔子学院的数量、规模、参与人数、学生人数、资金投入和国际影响等都得到了迅猛的发展。但是通过对孔子学院数据的整理和分析，可以发现孔子学院的发展增速呈现出逐渐放缓的趋势，并且孔子学院建立的结构性矛盾日益突出。通过观察孔子学院在“一带一路”沿线的分布示意图，可以发现仍有 12 个国家未设立孔子学院，在与我国陆地接壤并且拥有大量华人华侨的缅甸也只有 3 个孔子课堂，在印度这样的人口大国设立的孔子学院数量也屈指可数，分布呈现极大的随意性。要突破上述困境，除了申请国家经费进行补贴外，最重要的是要对孔子学院的定位进行重新审视。孔子学院作为一个中文教育机构，任务一是传播汉语，任务二是传播中国文化。只有这样，才能够打破别的国家对我国“文化侵略”“意识占领”的种种误解，才能够从本质上推动孔子学院的发展。孔子学院的设立要将“质”和“量”结合，不能一味增加数量，更要把目光着眼于教学质量的提升。

第二，积极寻找与贸易伙伴国的交融地带，培育共性文化。通过分析实证回归结果，尤其是分样本回归，可以发现对外文化交流对不同国家的影响作用也存在差异。因此我们应该完善文化产品的输出保障机制，针对不同国家的特性和发展进程制定相应的输出方案，避免陷于以偏概全的境地。回望历史上几次成功的跨区域经济合作，可以发现一次成功的国际合作会受到经济、政治、文化等因素的交互影响，而不是单单源于某个方面。因此我国应该积极拓展与贸易伙伴国的交融地带，例如通过签订经贸协议拓展“经济交叉地带”，通过政治交流拓展“政治交叉地带”，通过文化交流拓展“文化交叉地带”等，双方一旦建立起共性文化，沟通的成本就会大大降低，对彼此文化的理解和认同就会大幅度提高，就能对文化贸易产生促进作用。

第三，进一步丰富对外文化交流的形式，促进中外文化的交流和融合。对外文化交流的深入开展，不仅有利于“一带一路”倡议的推广和传播，而且有力地冲破了不同国家之间的文化隔阂，降低了文明冲突发生的概率，促使各国对彼此文化更加尊重和理解，推动政治互信，最终推动国际经贸的发展。我国作为“一带一路”倡议的倡导者，要积极助推沿线国家文化产业的升级与改造，与贸易国家一同提高经济水平。只有努力推动双方国家实力水平的齐头并进，我国的文化产品才有输出与消费市场，中外文化产业贸易才能够顺利地实现对接。与此同时，我国也要着力推进区域经济合作，推动自由贸易区的建立，参考发达国家的成功经验，做好协调和谈判工作，尊重和理解别国文化，为我国文化的发展构建起互助和谐的国际环境。

# 第八章
# “一带一路”倡议下中国对外文化投资

## 第一节　中国对外文化直接投资状况[①]

### 一、中国对外直接投资总体格局

截至 2018 年底，中国对外直接投资累计存量达 19,822.7 亿美元，中国共有 2.7 万家企业在国(境) 外通过对外直接投资方式设立境外企业 4.3 万家，这些境外企业分布在全球 188 个国家(地区)，年末境外企业资产总额 6.6 万亿美元。

联合国贸发会议（ UNCTAD)《2019 年世界投资报告》显示，2018 年全球外国直接投资流出流量 1.01 万亿美元，年末存量 30.98 万亿美元。以此为基数计算，2018 年中国对外直接投资分别占全球当年流量、存量的 14.1%和 6.4%，占比较上年分别提升 3 个百分点和 0.5 个百分点，流量位列按全球国家(地区)排名的第二位(见图 8-1)，存量列第三位(见图 8-2)。

① 第八章第一至四节部分内容已发表于《国际贸易》2020 年第 8 期，此处略有改动。

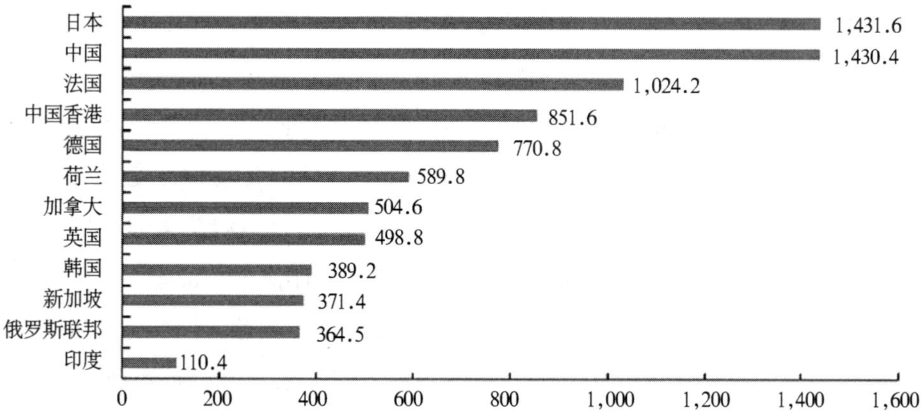


**图 8-1　2018 年中国与全球主要国家(地区)流量对比(单位:亿美元)**

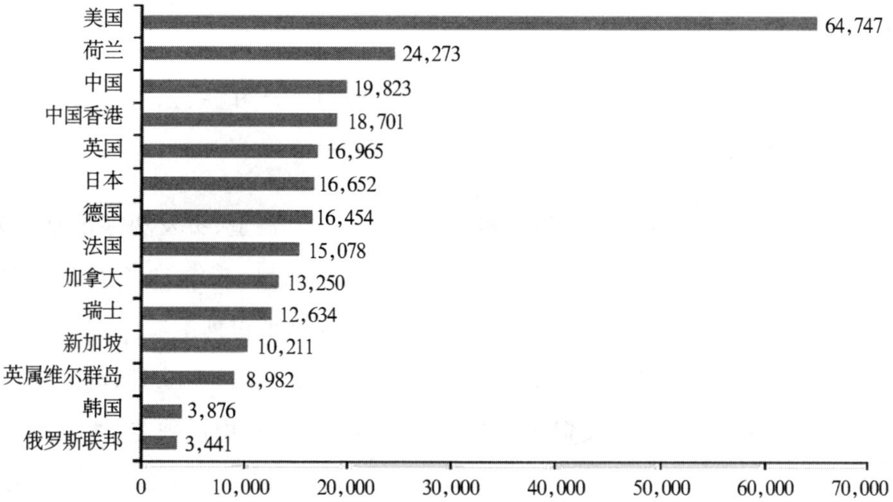


**图 8-2　2018 年中国与全球主要国家(地区)存量对比(单位:亿美元)**

### (一)中国海外并购项目数量和金额稳步发展,并购行业不断优化

2018 年,中国海外并购项目数量和金额稳步发展,基础设施领域并购活跃,主要集中在制造、采矿和电力、交通、水利等行业。中国企业共实施对外投资并购项目 433 起(较上年增加 2 起),涉及 63 个国家和地区(较上年增加 7 个),实际交易总额 742.3 亿美元(剔除上年特大项目因素,规模基本持平),其中直接投

资310.9美元，占并购总额的41.9%，占当年中国对外直接投资总额的21.7%；境外融资431.4亿美元，占并购金额的58.1%。

2018年中国企业对外投资并购涉及18个行业大类，包括：制造业、采矿业、电力/热力/燃气及水的生产和供应业等。制造业并购162个项目，涉及金额329.1亿美元，同比减少45.8%，位居首位。采矿业并购金额91.8亿美元，位居第二位。电力/热力/燃气及水的生产和供应业居第三位，涉及金额83.9亿美元。交通运输/仓储和邮政业涉及金额83亿美元，同比增长48.7%。

2018年，中国企业对外投资并购的目的地分布在全球63个国家和地区，从实际并购金额看，列前10的国家和地区是：德国、法国、巴西、智利、百慕大群岛、中国香港、瑞典、新加坡、美国和澳大利亚。其中，对"一带一路"沿线国家并购项目79起，并购金额100.3亿美元，占中国对外投资并购总额的13.5%。其中，中国企业对新加坡、阿拉伯联合酋长国、马来西亚三国并购投资超过10亿美元。

### (二)传统投资领域龙头作用突出，流向电力生产和供应、科学研究、信息传输、技术服务和文化等领域的投资快速增长

2018年，中国企业向传统租赁和商务服务、金融、制造、批发和零售业的对外直接投资均超过百亿美元，对外直接投资涵盖了国民经济的18个行业大类。其中，流向租赁和商务服务业的金额保持第一位，金融业位列第二。

流向租赁和商务服务业的投资507.8亿美元，比上年减少6.4%，占当年对外投资总流量的35.5%。投资主要分布在美国、新加坡、中国香港、澳大利亚、英属维尔京群岛、开曼群岛、卢森堡等国家和地区。流向金融业217.2亿美元，比上年增长15.6%，占比为15.2%。2018年，中国金融类境内企业对境外金融企业的直接投资206.4亿美元，占比95%；中国非金融类境内企业对境外金融类企业的直接投资为10.8亿美元，占比为5%。流向制造业191.1亿美元，占比为13.4%。主要流向汽车制造、计算机/通信及其他电子设备制造、专用设备制造、医药制造、金属制品、非金属矿物制品、有色冶炼、食品加工、器材制造、电气机械和铁路/船舶/航空航天和其他运输设备制造、通用设备制造、纺织业等。流向批发和零售业122.4亿美元，占比为8.6%，主要流向英国、中国香港、美国、新加坡、英属维尔京群岛、韩国等。上述四领域合计投资1038.5亿美元，占

流量总额的 72.6%。

2018 年,流向电力/热力/燃气及水的生产和供应业 47 亿美元,占流量总额 3.3%;信息传输和信息技术服务业的投资 56.3 亿美元,占比为的 3.9%;文化/体育和娱乐业投资为 11.7 亿美元,占比为 0.8%;科学研究和技术服务业投资为 38 亿美元,占比为 2.7%(见表 8-1)。

**表 8-1　2018 年中国对外直接投资流量行业分布情况**

| 行业 | 流量(亿美元) | 同比(%) | 比重(%) |
|---|---|---|---|
| 合　计 | 1,430.4 | -9.6 | 100.0 |
| 租赁和商务服务业 | 507.8 | -6.4 | 35.5 |
| 金融业 | 217.2 | 15.6 | 15.2 |
| 制造业 | 191.1 | -35.2 | 13.4 |
| 批发和零售业 | 122.4 | -53.5 | 8.6 |
| 信息传输/软件和信息技术服务业 | 56.3 | 27.1 | 3.9 |
| 交通运输/仓储和邮政业 | 51.6 | -5.6 | 3.6 |
| 电力/热力/燃气及水的生产和供应业 | 47.0 | 100.6 | 3.3 |
| 采矿业 | 46.3 | — | 3.2 |
| 科学研究和技术服务业 | 38.0 | 59.0 | 2.7 |
| 建筑业 | 36.2 | -59.9 | 2.5 |
| 房地产业 | 30.7 | -54.9 | 2.1 |
| 农/林/牧/渔业 | 25.6 | 2.2 | 1.8 |
| 居民服务/修理和其他服务业 | 22.3 | 19.5 | 1.6 |
| 住宿和餐饮业 | 13.5 | — | 0.9 |
| 文化/体育和娱乐业 | 11.7 | 341.1 | 0.8 |
| 教育 | 5.7 | 328.5 | 0.4 |
| 卫生和社会工作 | 5.2 | 48.8 | 0.4 |
| 水利/环境和公共设施 管理业 | 1.8 | -18.4 | 0.1 |

数据来源:《2018 年中国对外直接投资统计公报》

(三)对"一带一路"沿线国家投资领域广泛,流向制造、电力生产、科学研究和技术服务、批发和零售业的投资增幅较大

截至2018年底,中国境内企业在"一带一路"沿线63个国家和地区设立境外企业超过1万家,涉及国民经济18个行业大类,当年实现直接投资178.9亿美元(见图8-3),同比下降11.3%(流向采矿业投资为负值),占同期中国对外直接投资流星的12.5%。从行业构成看,流向制造业的投资58.8亿美元,同比增长42.6%,占32.9%;流向批发和零售业37.1亿美元,同比增长37.7%,占20.7%;流向电力生产和供应业16.8亿美元,同比增长87.5%,占9.4%;流向科学研究和技术服务业6亿美元,同比增长45.1%,占3.4%。从国别构成看,主要流向新加坡、印度尼西亚、马来西亚、老挝、越南、阿拉伯联合酋长国、柬埔寨、俄罗斯联邦、泰国、孟加拉国等国家。2013至2018年,中国对沿线国家累计直接投资986.2亿美元。

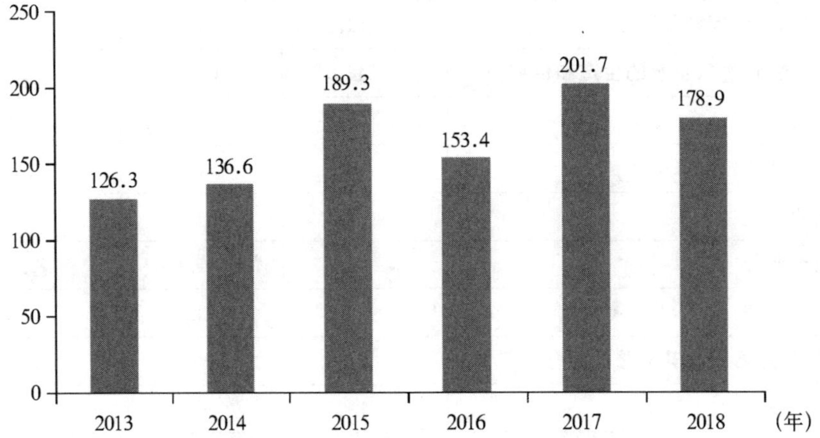


图8-3 2013—2018年中国对"一带一路"沿线国家投资情况(单位:亿美元)

(四)非公经济控股主体对外投资占比提升,规模增长一成

2018年中国非金融类对外直接投资流量中,非公有经济控股的境内企业投资金额为755.7亿美元,占比为62.3%(见图8-4),较上年提升13.6个百分点,同比增长11.2%;公有经济控股企业对外投资金额457.5亿美元,占比为37.7%,较上一年下降36.1%。

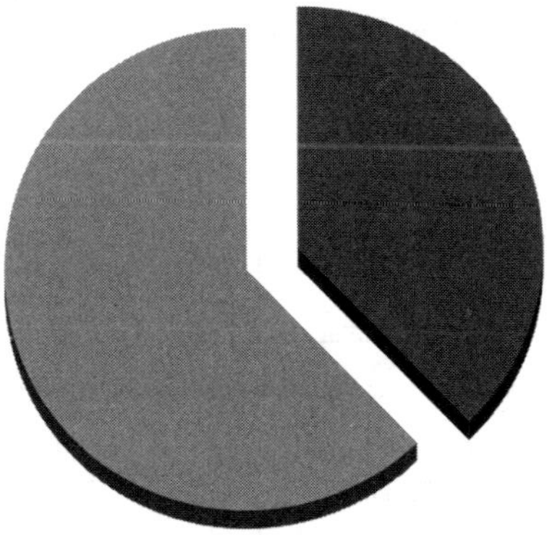


**图 8-4　2018 年中国公有经济控股和非公有经济控股流量构成**

## 二、中国对外文化直接投资发展特征

### (一)起步晚，投资规模小，投资增速快

与 20 世纪 20 年代就开始发展文化产业的美国和早在 1995 年就确立“文化立国”战略的日本相比，我国 2009 年才开始逐渐重视文化产业，发展国家软实力，并且在 2011 年以前，我国的对外直接投资统计公报中没有列出关于文化和体育等行业的直接投资数据。

但是在近十年里，国家对文化产业的重视促进了对外文化直接投资的发展，从表 8-2 可以看出：在 2012—2018 年之间，尽管我国对文化、体育类的海外直接投资在中国对外直接投资总额中的占比很小，但是总体呈上升的趋势。

2012 年我国在文化、体育与娱乐行业的对外直接投资存量为 7.9 亿美元(见表 8-2)，占我国对外直接投资存量的 0.1%；尤其值得注意的是，2013 年“一带一路”倡议实施后，中国企业对外文化投资快速增长，2014—2016 年中国对外直接文化投资存量从 16 亿美元上升到了 2016 年的 79 亿美元，在总投资存量中的占比从 0.2%增长到 0.6%；截至 2018 年末，我国对外文化、体育和娱乐业的投资存量达到 126.6 亿美元，占比为 0.6%。中国对外文化直接投资存量在 2017 年有小幅下降，这主要是因为我国相关部门从 2016 年年底开始加强对我国企业对外直接投资的审查力度，进一步优化我国企业海外投资结构，减少非理性投资项目，提高企业海外投资的效率。

表 8-2　2012—2018 年中国文化、体育和娱乐业对外直接投资存量与占比

| 年份 | 投资存量(亿美元) | 占比 |
|---|---|---|
| 2012 | 7.9 | 0.1% |
| 2013 | 11.0 | 0.2% |
| 2014 | 16.0 | 0.2% |
| 2015 | 32.5 | 0.3% |
| 2016 | 79.1 | 0.6% |
| 2017 | 81.2 | 0.5% |
| 2018 | 126.6 | 0.6% |

数据来源:中国对外直接投资公报统计公报

虽然我国对外文化直接投资增速较快,但实际规模却十分有限,从表 8-2 可知,我国文化投资在过去几年中平均占比不到 0.36%,2018 年最高达到 0.6%。我国文化企业普遍规模小,加上海外文化投资资金需求大,而我国文化企业融资渠道单一,融资门槛较高,进一步限制了我国文化企业走出去的步伐。

(二)境内参与文化投资与境外投资设立的文化企业数量双增加

在 2012 年至 2018 年间,我国境外设立的文化相关类企业数量在不断增加,从 2012 年的 162 家累计增加至 2018 年的 546 家(见图 8-5),分别占中国境外企业总数量的 0.7%和 1.3%。

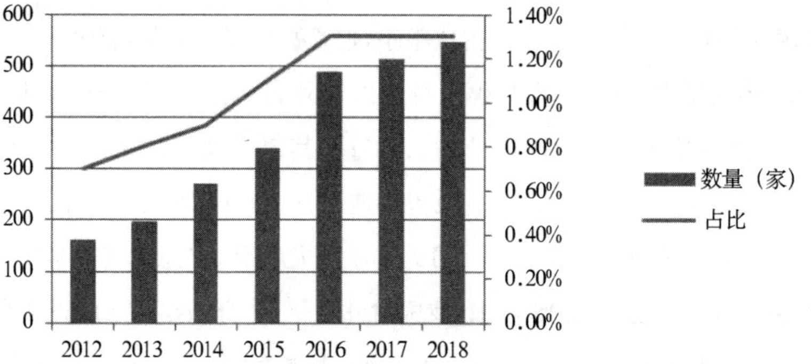


图 8-5　2012—2018 年年末中国境外投资设立文化企业数量

数据来源:中国对外直接投资统计公报

同期中国境内参与对外文化投资的企业数量也整体上升，尽管从 2012 年到 2013 年有下降，从 101 家企业下降到 81 家企业，但是随后的 5 年里，境内参与对外文化投资的企业从 2014 年的 109 家逐步上升到 2018 年的 389 家(见图 8-6)。

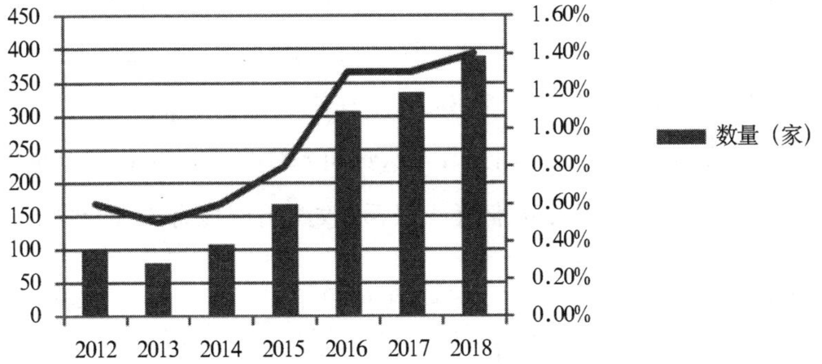


**图 8-6　2012—2018 年年末中国境内对外文化投资企业数量情况**

数据来源：中国对外直接投资统计公报

## (三)“一带一路”倡议后中国文化企业海外并购活跃

“一带一路”倡议之后，我国文化企业在海外并购方面表现出前所未有的活力(见图 8-7)，2015 年和 2016 年的并购数量都超过 20 起，分别为 21 和 22 起，并购金额分别达到 32.3 亿美元和 44.1 亿美元，占当年中国海外并购总额的 5.9%和 3.3%。

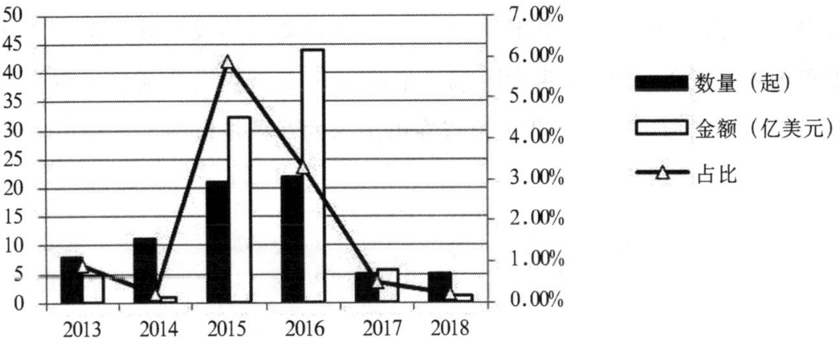


**图 8-7　2013—2018 年中国企业海外并购项目数量与金额**

数据来源：中国对外直接投资统计公报

2013 年中国企业对外资并购中，文化/体育娱乐业共有 8 起，涉及并购金额

4.8亿美元，在所有的对外并购中占比为0.9%；2014年中国企业对外资并购中，文化/体育娱乐业共有11起，涉及并购金额1.0亿美元，在所有的对外并购中占比为0.2%，占文化/体育娱乐业对外投资总额的19%，这说明文化/体育娱乐业的对外投资形式以绿地投资为主，并购为辅。2015年中国企业对外资并购中，文化/体育娱乐业共有21起，涉及并购金额增长到32.3亿美元，在所有的对外并购中占比提高到5.9%，主要项目有北京万达文化产业集团公司以9亿美元收购美国世界铁人公司100%股份、以7.5亿美元收购瑞士盈方体育传媒有限公司90.4%股份等。2016年1月，万达集团实施了中国文化产业最大的海外并购方案，以35亿美元（约230亿元人民币）收购美国传奇影业公司。[①]。

（四）中国内地对外文化投资主要流向中国香港、欧盟、美国和东盟等四大区域

表8-3列出了2012—2018年中国内地文化/体育和娱乐业对外直接投资流量与占比，中国内地文化类对外投资流量在当年总的对外投资额中占比很小，2018年占比不到1%。中国（内地）文化/体育和娱乐业类对外投资主要流向中国香港、欧盟、美国和东盟这四大区域。2012—2016年文化类投资向这四大区域集中的趋势越来越显著，2017年度流向这四个区域的投资额约占中国文化/体育娱乐业投资总额的98.2%（见表8-4），这说明中国文化/体育娱乐业对外投资区域比较集中。目的地过于集中的主要风险在于对个别发达国家的市场依存度过高，抗风险能力较差，而且不利于进一步扩大中国文化在全球范围内的辐射力、渗透力和影响力。中国（内地）对欧盟的文化类投资晚于对中国香港、美国和东盟的投资，尽管这四大区域是中国文化类资本主要流向的区域，但每年流向这四大区域的中国文化类投资在中国总的对外投资中占比较小。

① 来有为，张晓路.全球化条件下引导和支持中国文化产业“走出去”[EB/OL].(2016-03-02)[2018-09-11]. http://theory.people.com.cn/n1/2016/0302/c83865-28165982.html.

**表 8-3　2012—2018 年中国文化/体育和娱乐业对外直接投资流量与占比**

（单位：亿美元）

| | 2012 | 2013 | 2014 | 2015 | 2016 | 2017 | 2018 |
|---|---|---|---|---|---|---|---|
| 文化/体育娱乐业 | 2.0 | 3.1 | 5.2 | 17.5 | 38.7 | 2.6 | 11.7 |
| 对外直接投资总额 | 878.0 | 1,078.4 | 1,231.2 | 1,456.7 | 1,961.5 | 1,582.9 | 1,430.4 |
| 文化/体育娱乐业占比 | 0.2% | 0.3% | 0.4% | 1.2% | 2.0% | 0.2% | 0.8% |

数据来源：《2016—2018 年度中国对外直接投资统计公报》。

**表 8-4　2012—2018 年中国（内地）文化/体育和娱乐业类对外投资流向**

（单位：万美元）

| | | 中国香港 | 欧盟 | 美国 | 东盟 | 非洲 | 合计 |
|---|---|---|---|---|---|---|---|
| 2011 | 流量 | 1,665 | — | 4,582 | 887 | — | 7,134 |
| | 比重 | 0.1% | — | 2.5% | 0.2% | — | 68.0% * |
| 2012 | 流量 | 10,637 | — | 568 | 308 | — | 11513 |
| | 比重 | 0.2% | — | 0.1% | 0.1% | — | 58.6% * |
| 2013 | 流量 | 7,928 | 666 | 2,343 | — | 15,230 | 26,167 |
| | 比重 | 0.1% | 0.2% | 0.6% | — | 4.0% | 84.2% |
| 2014 | 流量 | 25,485 | 2,369 | 6,880 | 980 | — | 35,714 |
| | 比重 | 0.4% | 0.2% | 0.9% | 0.1% | — | 68.8% * |
| 2015 | 流量 | 77,857 | 1,495 | 37,514 | 1,765 | — | 118,631 |
| | 比重 | 0.9% | 0.3% | 4.7% | 0.1% | — | 67. 9% * |
| 2016 | 流量 | 130,595 | 45,059 | 186,555 | 3,149 | — | 365,358 |
| | 比重 | 1.1% | 4.5% | 11.0% | 0.3% | — | 94.4% * |
| 2017 | 流量 | 13,254 | 8,736 | 1,788 | 1,748 | — | 25,526 |
| | 比重 | 0.1% | 0.9% | 0.3% | 0.1% | — | 98.2% * |
| 2018 | 流量 | 96,723 | 3,605 | 11,211 | — | — | 111,539 |
| | 比重 | 1.0% | 0.4% | 1.5% | — | — | 95.3% * |

说明：比重是指文化/体育和娱乐业对外投资额占中国对各区域直接投资额的比重；* 指中国对四大区域文化/体育和娱乐业投资额占中国文化/体育和娱乐业对外投资总额的比重。

数据来源：2011—2018 年度中国对外直接投资统计公报。

## 第二节　中国重大对外文化直接投资发展状况

本节数据取自由美国企业研究所和美国传统基金会公开的中国全球投资跟踪数据库(China Global Investment Tracker),该数据库收集整理了2005年以来中国企业对外投资额超过1亿美元的投资项目信息,包括:投资方式(并购还是绿地投资)、投资额、投资主体、投资目的地、投资行业、投资时间、股权比例以及投资是否出现问题等内容。该数据库是目前唯一公开中国企业对外绿地投资与工程承包详细信息的数据库[①],同时也是目前唯一公开中国企业对外投资是否出现问题的数据库[②]。本节基于该数据库分析中国重大对外投资项目的发展状况。

该数据库中记录了由54家企业发起的159次中国重大文化投资项目,2007—2011年每年发生的对外文化直接投资项目平均为3起左右,涉及金额从2亿到8亿美元不等。2013—2016年直接投资项目有了明显上升,其中2016年达到峰值,共有41起项目,涉及金额超过481亿美元。

随着我国对外文化直接投资的快速增长,在投资过程中也出现了投资缺乏管控规划、重复投资、管理和经营不善等许多问题,这不仅造成了一定的经济损失,引发了纠纷与矛盾,还有损于中国的国际形象。因此,从2016年底到2017年初,为了防范短期内对外投资增速过快带来的潜在的系统风险,商务部对对外投资加强了真实性、合规性审查,引导企业审慎理性地投资。2016年之后的重大直接投资项目数有了明显的回落,投资逐渐恢复理性。

### 一、重大对外文化投资项目的投资方式以并购为主

自2007年以来,跨国并购是中国对外文化投资的主要方式,如图8-8所示。2007—2019年,我国对外文化投资三种投资方式的规模差异明显:除2013年并购金额少于绿地投资和其他形式的投资,其他年度并购涉及金额规模最大。

---

① DU J, ZHANG Y. Does One Belt One Road initiative promote Chinese overseas direct investment? [J]China economic review, 2018(47):189-205.

② 当非商业因素干扰投资,导致项目搁浅时,该笔投资交易即被视为问题投资。

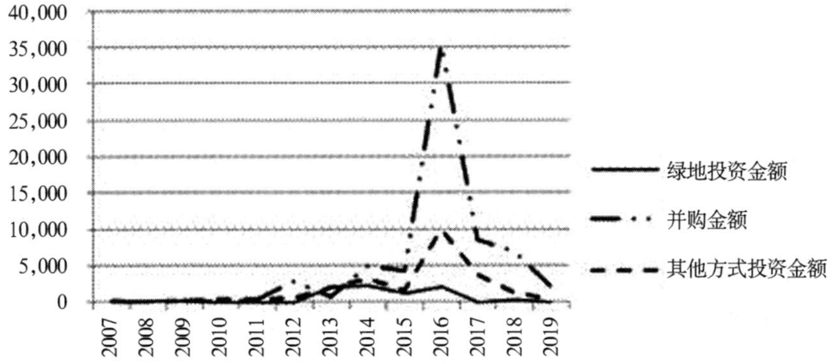


**图 8-8　2007—2019 年中国对外重大文化投资金额(单位:百万美元)**

跨国并购大大节省了建立新公司所需要的时间和精力,也避免了因为东道国政府相关法律环境等因素影响公司成立的风险,降低了对外文化投资的风险。此外并购还能够迅速获取原企业现成的资源和市场份额,有效地降低各种进入壁垒,甚至在资金市场方面可利用原有企业的渠道进行融资,弥补了国内融资渠道缺乏弹性等劣势,降低了投资风险和成本。此外,通过跨国并购的协同效应,并购还能获取规模经济效益。因此,随着中国文化"走出去"的步伐加大,迅速进入海外市场成为企业投资目标的时候,并购必然成为投资企业偏好的投资方式,如万达不断并购海外院线和影视制作公司,在较短的时期里获得了可观的海外市场和国际知名度,快速实现了规模经济,迅速完善了在影视领域中的产业链布局。

## 二、重大对外文化投资项目的投资主体以大型民营企业为主导

在中国全球跟踪数据库统计的参与 1 亿美元以上的对外文化投资项目的企业共 74 家,其中 21 家是国有企业,剩余 54 家是非国有企业。两类投资主体的投资规模也有差距(如图 8-9 所示)。

非国有企业的投资规模虽然在 2009 年以前与 2013 年相较国企对外投资的规模数据接近或略有下降,但在其他时间里,非国有企业的投资规模都明显高于国有企业,累计投资金额达 713.6 亿美元,而国有企业的累计投资金额大约为 309.8 亿美元,前者规模是后者的 2.3 倍左右。

在"一带一路"倡议下,国有企业对沿线国家的投资略多于非国有企业的投

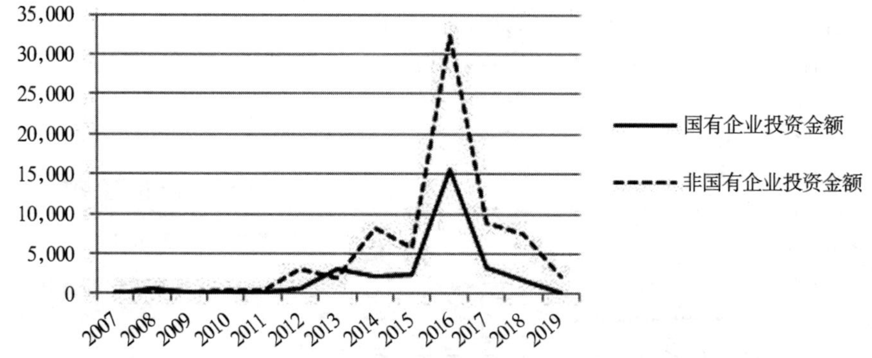


**图 8-9　2007—2019 年中国对外重大文化投资项目不同主体投资金额(单位:百万美元)**

资,共 10 家国有企业参与对“一带一路”沿线国家的投资,总共发起 36 个投资项目,涉及金额达 116.6 亿美元;而 16 家非国有企业发起 14 个投资项目,所涉金额共 114.2 亿美元。对非沿线国家的投资(下文提到的对欧美等发达国家的投资),国企的投资表现就显得十分有限了,14 家国有企业参与了 27 个项目,总投资金额为 193.2 亿美元;而 42 家非国有企业参与了 80 个投资项目,投资总金额达 599.4 亿美元①。由此可见,国有企业的对外文化投资更多是政策导向型,而非国有企业对外文化投资的区域选择主要受到东道国的文化产业和经济发展水平的影响,投资是市场导向的。

## 三、对外文化投资地理分布集中在欧美等文化产业发达的地区

2008—2019 年中国重大对外文化直接投资项目的主要投资目的地是欧洲与美国,两地区分别有 44 项和 43 项,涉及金额约 425 亿美元和 348 亿美元,各自占投资总额的 46.88%和 38.38%(见图 8-10)。美国文化产业起步早,发展成熟度高,影响着国际文化市场的发展方向,在当今世界文化产业的发展中占据着主导地位。因此,无论是从文化创新还是产业运营方面,美国文化产业都是中国文化企业借鉴和学习的对象,也是中国文化走出去与国际接轨的重要平台。除了欧美等发达国家,东亚、西亚、北美和澳洲等地区也是中国对外文化投资的目的地。

① 数据来源:“中国全球投资跟踪”数据库(China Global Investment Tracker)。

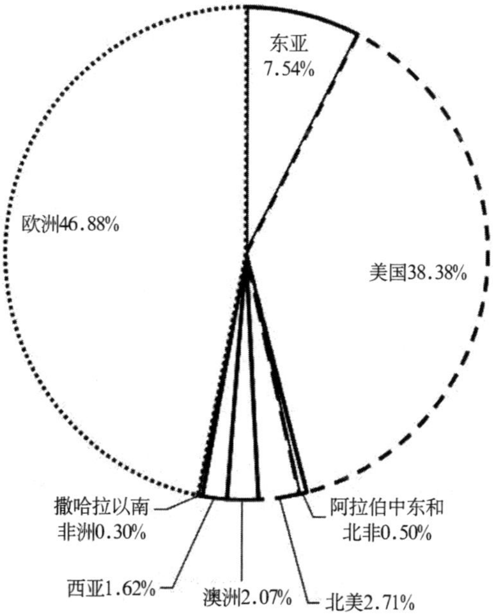


**图 8-10 2007—2019 年中国对外重大文化投资项目金额各目的地占比**

## 四、“一带一路”倡议后对沿线国家的重大投资项目增幅大于对非沿线国家重大投资项目增幅

自从 2013 年 9 月，习总书记提出了“一带一路”的伟大倡议后，数据库有记录的大于 1 亿美元的中国对外文化直接投资从倡议前的 30 个项目(2007 年 1 月—2013 年 8 月)，增加到 129 个(2013 年 9 月—2019 年 5 月)项目，增加了 330%，投资总金额从倡议前的 100.8 亿美元增加到 923.5 亿美元，增加了 816%。

在此基础上，对沿线国家与非沿线国家在投资数量和投资总金额上都有明显的上升，但在上升期间，对两者的文化直接投资的规模差距被明显地拉开。沿线国家在倡议前的投资项目数量为 16，总投资金额为 34.8 亿美元；非沿线国家的投资项目总数为 14 件，略少于沿线国家，但是总的投资金额为 66 亿美元，是沿线国家的 1.9 倍(见图 8-11)。

以上数据表明“一带一路”倡议的发展效应显著。“一带一路”倡议对中国文化海外交流起着明显的推动作用，无论是对沿线国家还是非沿线国家，倡议后的对外文化直接投资的金额和数量都有了明显的提升。我国对沿线国家与非沿线国家的投资规模差距逐渐拉大，这说明了虽然“一带一路”倡议是加强我国对沿线国家文化影响的一项重要战略，也取得了成效，但是我国对外文化投

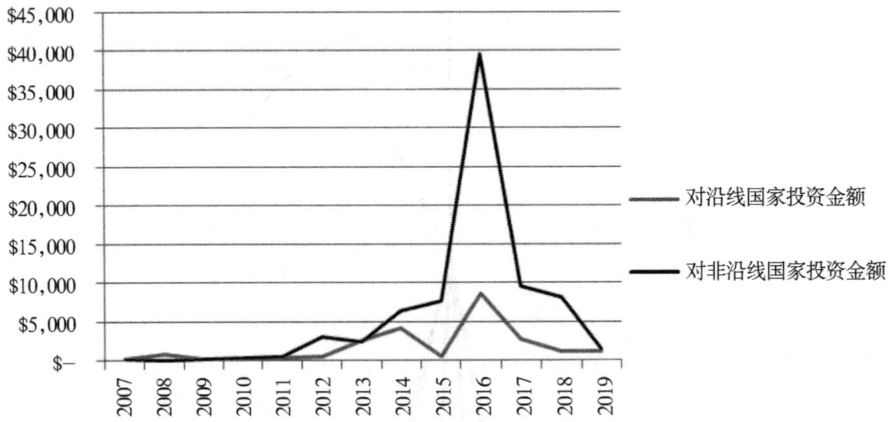


**图 8-11　2007—2019 年“一带一路”倡议前后对沿线和非沿线国家投资金额(单位:百万美元)**

资的主要目的地并不是沿线国家,而是文化产业发达的非沿线国家。由于沿线国家的语言小众,文化背景、文化相关产业的法律制度规则等参差不齐,投资风险较大,预期收益低,极大限制了我国对沿线国家文化投资的规模。

## 五、重大对外文化投资项目主要投向旅游业和游戏行业

2007—2019 年间投资额超过 1 亿美元的 159 起对外文化直接投资项目中,标的方包括游戏、社交、影视、体育、旅游等 9 个行业。其中旅游行业发生的投资项目最多,共 55 起,占项目总数的 34.59%,涉及金额 427.8 亿美元,占比为 41.8%(见图 8-12);游戏行业有 15 起,共 167.7 亿美元,占比 16.39%;影视和体

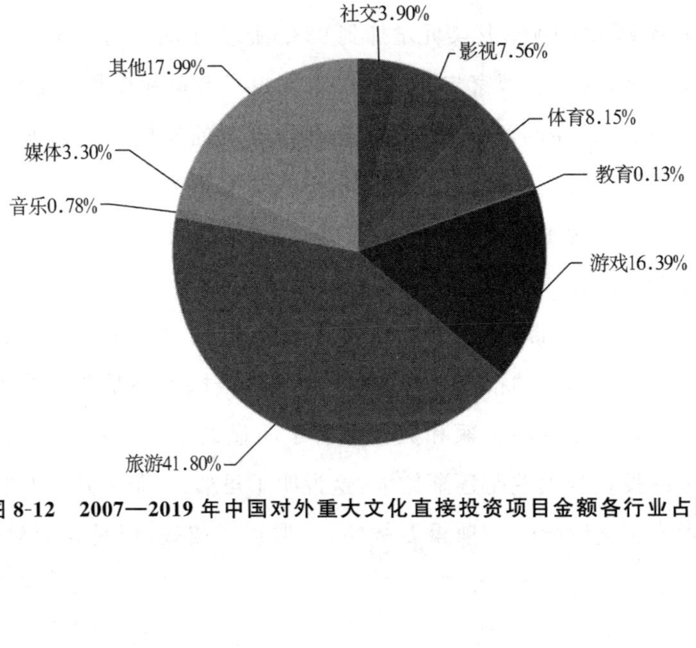


**图 8-12　2007—2019 年中国对外重大文化直接投资项目金额各行业占比**

育行业并列，都是 11 起，相关金额则是 77.4 亿美元和 83.4 亿美元；社交软件投资 39.9 亿美元，共 5 起；媒体领域 33.8 亿美元，共 4 起；教育领域和音乐领域各一起，投资金额分别为 1.3 亿美元和 8 亿美元。

## 六、出现了部分问题投资项目

2005 年 1 月到 2019 年 5 月，中国共有 3,216 起 1 亿美元以上的对外直接投资项目(包括承包工程)，其中出现问题的投资项目共 278 起，问题投资发生比率为 8.64%。问题投资高发的领域是金融行业、矿产和高新技术行业(见表 8-5)。在这期间共有 159 起 1 亿美元以上的重大文化类投资项目，其中问题投资项目共 12 起，问题投资发生比率为 7.55%。

**表 8-5　2005—2019 年中国 1 亿美元以上对外问题投资项目**

| 行业领域 | 总投资项目数量 | 问题投资项目数量 | 问题投资发生比率 |
| --- | --- | --- | --- |
| 能源 | 936 | 79 | 8.44% |
| 农业 | 127 | 9 | 7.09% |
| 化学 | 53 | 2 | 3.77% |
| 金融 | 96 | 27 | 28.13% |
| 医疗 | 71 | 3 | 4.23% |
| 后勤 | 42 | 3 | 7.14% |
| 金属 | 258 | 47 | 18.22% |
| 房地产 | 458 | 17 | 3.71% |
| 技术 | 128 | 24 | 18.75% |
| 交通 | 645 | 46 | 7.13% |
| 文化 | 159 | 12 | 7.55% |
| 公共事业 | 91 | 1 | 1.10% |
| 其他 | 152 | 8 | 5.26% |
| 总和 | 3216 | 278 | 8.64% |

文化领域的 12 个问题投资项目都发生在“一带一路”倡议提出后，其中有 3 起是发生在沿线国家，他们分别是斯里兰卡、意大利和希腊，占倡议提出后对沿线国家投资总数(36 起)的 8.3%；剩余 9 起是发生在非沿线的 6 个国家，分别是冰岛(1 起)、西班牙(1 起)、英国(1 起)、法国(1 起)、巴哈马(1 起)、美国(4 起)，

占倡议后对非沿线国家投资总数量(93 件)的 9.6%。

总体而言,我国对外文化投资呈现政策支持力量加强、投资增速大、参与企业逐渐增多的特点,但现有投资规模仍然有限,并且问题投资水平处在较为稳定的状态,这说明我国文化发展仍然处于起始阶段,但是发展势头较好,质量和数量还需要进一步地提高。

## 第三节　中国重点企业的对外文化投资状况

在全球数字经济的快速发展的背景下,我国文化企业海外扩张的步伐进一步加快。在前述的重大投资项目中,阿里巴巴、万达和腾讯三家企业是主要的投资者,三家企业成功主导了 24 项重大投资项目,投资的重点领域考虑了企业本身业务相关、延伸或支持企业转型等各种目的,投资项目在拓展海外市场的同时,也起着支持国内发展的作用。

### 一、阿里巴巴

在阿里巴巴初创时期,电子商务是阿里巴巴的核心业务之一,至今淘宝和支付宝已经成为阿里巴巴开发出的重要交易平台和支付平台,阿里巴巴已经发展成为数字经济时代重要的平台型企业。

#### (一)海外布局围绕电商展开

阿里巴巴在电子商务领域占据了强大的先发优势,在海外投资中坚持发挥电子商务和支付领域的核心竞争力,围绕自身的业务基础和周边应用领域进行海外投资,2014 年以前,阿里巴巴在美国投资主要在电商领域,多通过全资并购或控股的方式获得海外市场。2010 年 6 月,阿里巴巴公司收购美国电子商务服务提供商 Vendio Services 公司,迈出进军海外市场的第一步,接着陆陆续续收购了各大电子商务服务提供商和电子商务公司来进行全球布局,如电子商务公司 Auctiva(美国,2010 年)、电商零售商 Lazada(新加坡,2016 年)、电商平台 Daraz(巴基斯坦,2018 年)等,同时收购当地物流公司配套电子商务业务开展,完善海外市场的电商产业链。

### (二)投资领域延伸到社交平台和移动端

2014 年,阿里巴巴希望在投资人面前打造一家综合性互联网巨头的形象,因此,扩大投资领域,涉足文化产业如社交应用、手机游戏等诸多领域来为自己 9 月的上市做准备。虽然阿里巴巴的国际投资范围广泛,但其在文化领域里的诸多并购和投资还是集中在中国本土市场,并购海外公司的案例并不多(如表 8-6 所示)。自 2014 年,共有 6 次超过 1 亿美元的对外文化投资项目发生,其中三个项目发生在游戏领域,共 3.8 亿美元,另外三个项目发生在社交领域,共 5.17 亿美元,总涉及金额 8.97 亿美元。或许是因为阿里巴巴的主要业务与游戏产业并不具有自然联系,商业生态还不支持阿里巴巴进行游戏产业的大规模布局。与阿里巴巴在 2016 年达到的对外投资累计总额为 281 亿美元相比,海外文化投资虽然在 2014 年之后受到阿里巴巴的一定重视,但是并不是其海外战略布局的重点,文化领域的投资还是集中在中国本土市场,海外投资还是以电商产业为主。

**表 8-6 阿里巴巴重大海外文化投资项目**

| 时间 | 地点 | 并购标的 | 主营业务 | 股权比例 | 金额(亿美元) |
|---|---|---|---|---|---|
| 2014 | 美国 | Kabam | 游戏 | 不详 | 1.2 |
| 2014 | 美国 | Tango | 社交 | 20% | 2.17 |
| 2015 | 美国 | Snapchat | 社交 | 不详 | 2.0 |
| 2016 | 美国 | Magic Leap | 游戏 | 不详 | 1.6 |
| 2017 | 美国 | Magic Leap | 游戏 | 不详 | 1.0 |
| 2019 | 印度 | VMate | 社交 | 不详 | 1.0 |

数字文化产业是依托数字技术进行文化创意内容的设计、创作、生产和传播的新兴产业,具备传输便捷、绿色低碳、需求旺盛、互动融合等特点,有利于培育新供给、促进新消费。当前,数字文化产业已成为文化产业发展的重点领域和数字经济的重要组成部分。随着全球数字经济的发展,互联网进军文化产业已经是大势所趋,阿里巴巴未来将进一步扩大游戏、社交、互动娱乐等文化领域的海外投资。

## 二、万达

1988 年创立的万达集团,追求企业国际化和可持续发展利益。万达早期主要发展房地产,最具代表性的就是万达广场,但是现在的万达已成为商业、文化网络和金融等多产业的综合集团,而这一切都要归功于万达的不断转型和

“2211战略”(2015年提出:到2020年实现企业资产达2000亿美元,市值2000亿美元,收入1000亿美元,利润100亿美元,同时将房地产类的收入降到30%以内)。而万达现阶段的转型,不仅要从全国性的企业转型为国际性企业,还从房地产向服务业转型,转变为轻资产化企业。

### (一)海外大力投资并购,完善影视产业链

为了实现转型,近10年来万达开启了自己对外文化直接投资的历程(见表8-7),万达的海外投资主要在电影和体育领域。为实现2020年占据全球电影票房20%的目标,展开了一系列跨国并购。

电影业的产业链有制作、发行、放映环节,而其中单放映环节可获57%的票房收入,这也是万达早期大规模投入院线的原因,最有影响力的并购应该是2012年万达以26亿美元收购了美国院线AMC,由于规模实力悬殊,许多人将这次并购看作“蛇吞象”2016年1月,万达以35亿美元并购传奇影业,2016年3月,AMC以11亿美元的交易额并购美国卡麦克院线,这使得万达在中美两个全球最大的电影院线市场都占据第一。2017年万达集团旗下院线美国AMC以9.6亿美元并购北欧最大院线北欧院线集团(Nordic Cinema Group)。这是AMC继并购欧洲最大院线欧典院线(Odeon & UCI)之后,再次在欧洲并购大型院线,此并购使得万达在欧洲电影市场影响力进一步扩大[①]。至此,万达基本完成了在北美、英国、澳大利亚、法国、德国等全球主要电影市场的布局。

**表8-7 万达重大海外文化投资项目**

| 时间 | 地点 | 并购标的 | 主营业务 | 股权比例 | 金额(亿美元) |
|---|---|---|---|---|---|
| 2012 | 美国 | AMC Entertainment | 影视 | 100% | 26 |
| 2014 | 澳洲 | Pacific Equity Partners | 其他 | 不详 | 7.4 |
| 2015 | 瑞士 | Infront Sports & Media | 体育 | 68% | 11.9 |
| 2015 | 美国 | World Triathlon Corp | 体育 | 100% | 9 |
| 2016 | 美国 | Legendary Entertainment | 影视 | 100% | 35 |
| 2016 | 法国 | Auchan | 旅游 | 50% | 17.3 |
| 2016 | 英国 | Odeon and UCI | 影视 | 100% | 12.1 |
| 2016 | 美国 | Carmike Cinima | 影视 | 不详 | 11.6 |
| 2017 | 瑞典 | Nordic Cinema | 影视 | 不详 | 9.6 |
| 2017 | 美国 | Competitor Group | 体育 | 不详 | 2.6 |

数据来源:China Global Investment Tracker数据库。

① 曹雪媚.万达集团文化产业跨国并购及其启示[D].重庆大学,2017.5.

此外，万达还在电影“制作”环节发力，进一步完善万达的产业链布局，寻求与海外主流电影制片公司合作；并建设文化区支持电影拍摄制作（如大连金石项目）。目前已知在美国六大电影制作公司里面，已经至少有四家制作公司希望能够在大连的金石文化区拍摄制作影片。万达还尝试向电视领域进军，在2017年收购美国 Dick Clark Productions 集团，但碍于美国政治干预，交易未能成功。

（二）瞄准体育产业

万达在过去靠的是商场、娱乐等控制流量，进入体育产业同样能够帮助万达把现有消费群的消费能力转化为公司的产品和服务。在国家对体育产业的政策支持加大和消费升级的背景下，体育产业具有较大的发展潜力。万达抓住体育行业产业链中上游部分，控制稀缺资源，垄断内容的转播发行，购买拥有知识产权的公司等，做大做强公司。万达第一次开始涉足体育业务源于2015年初，以4500万欧元的价格收购了西甲豪门马德里竞技俱乐部20%的股份。2015年，万达斥资11.9亿美元收购瑞士盈方公司68%的股权，瑞士盈方是全球最大的体育媒体制作公司和体育赛事转播公司；同一年，万达斥资9亿美元收购美国天下铁人三项公司，该公司是全球最大的铁人三项赛事运营商，在这项运动中占据了全球91%的市场份额。

2019年7月万达体育集团在美国纳斯达克成功上市，目前万达体育已经成为国际足联、国际篮联、国际冰联等十几个世界体育组织全球或中国独家商业合作伙伴，足球、篮球和冰雪是万达体育最核心产业资源。万达体育在中国举办多项世界级体育赛事，包括 IRONMAN 铁人三项中国系列赛、“中国杯”国际足球锦标赛、“环广西”公路自行车世界巡回赛、UCI 都市自行车世界锦标赛等。

## 三、腾讯

腾讯是亚洲市值最高的科技公司之一，按收入计算，腾讯已成为全球最大游戏发行商，超过了 EA、动视暴雪等美国知名游戏公司。腾讯能够在游戏行业取得这一地位，一方面是因为该公司在中国游戏市场的主导地位，另一方面腾讯积极与外国游戏公司建立了战略联盟，拓展国际市场。腾讯通过一系列的跨国并购交易，布局全球游戏市场。

## (一)海外并购以游戏领域为主,美国、韩国是腾讯的海外并购重点

腾讯在2011年至2018年共发生10次超过1亿美元对外文化直接投资的项目(见表8-8),并且主要集中在游戏领域,游戏领域的并购对象主要在游戏开发实力强大的美国和韩国。

**表8-8 腾讯重大海外文化投资项目**

| 时间 | 地点 | 并购标的 | 主营业务 | 股权比例 | 金额 |
|---|---|---|---|---|---|
| 2005 | 韩国 | GoPets Ltd. | 游戏 | 8.33% | 2,985万元 |
| 2006 | 韩国 | GoPets Ltd. | 游戏 | 16.9% | 2,384万元 |
| 2008 | 越南 | Vina Game | 游戏 | 20.02% | 不详 |
| 2011 | 美国 | Riot Games | 游戏 | 84% | 4亿美元 |
| 2012 | 新加坡 | Level Up International | 游戏 | 67% | 2695万美元 |
| 2012 | 美国 | Epic Games | 游戏 | 40% | 3.3亿美元 |
| 2013 | 美国 | Activision | 游戏 | 6% | 3.5亿美元 |
| 2014 | 韩国 | CJ Games | 游戏 | 28% | 5亿美元 |
| 2016 | 芬兰 | Supercell | 游戏 | 84% | 86亿美元 |
| 2017 | 美国 | Snapchat | 社交 | 12% | 22.4亿美元 |
| 2017 | 瑞典 | Spotify | 音乐 | 不详 | 8亿美元 |
| 2018 | 美国 | Skydance | 影视 | 10% | 1.5亿美元 |
| 2018 | 法国 | 不详 | 娱乐 | 5% | 4.6亿美元 |

腾讯在韩国市场的11个并购项目中,10个标的直接是游戏制作公司,余下一家是风险基金,但也与游戏相关。腾讯早在2005年,就开始了它的并购之旅,首桩海外并购对象即为韩国网游开发商GoPets Ltd.,用近3000万人民币收购其8.33%的股权,2006年斥资近2400万收购GoPets Ltd.16.9%的股份。除此之外,2014年,腾讯用5亿美元收购韩国CJ E&M旗下游戏公司CJ Games 28%的股份,并顺利成为其第三大股东。

腾讯在美国选择投资入股的公司依然主要是游戏公司:腾讯在2011年以4亿美元收购了美国游戏公司Riot Games 84%的股权;第二年又用3.3亿美元收购Epic Games的40%股权;2013年用3.5亿美元收购Activision 6%的股权。

除了美国和韩国外,腾讯的海外并购足迹已经遍布亚欧美的10多个国家

与地区。2016年6月，腾讯以86亿美元收购了芬兰游戏厂商Supercell 84.3%的股份，Supercell旗下两款游戏《部落冲突》及《部落冲突：皇室战争》在全球范围内均有着令人满意的表现，借助这一收购，腾讯游戏业务遍布全球。

（二）通过并购提升社交平台、音乐和影视板块的国际影响力

长期与阿里巴巴争夺中国科技市场的腾讯，也正在与国内竞争对手争夺国际影响力。腾讯在2013年首先投资了Snap，其竞争对手阿里巴巴在2015年投资了2亿美元。2017年3月，腾讯收购了电动汽车制造商特斯拉（Tesla）5%的股份，这一举措可能有助于特斯拉创造一种使用诸如微信支付汽油费用等服务的联网汽车。2017年腾讯出资20多亿美元收购Snapchat母公司Snap1.46亿股股份，Snap是一家在西方市场拥有庞大用户群的创新型公司，两家公司将在游戏和新闻方面有合作。

2017年腾讯音乐与Spotify达成换股战略合作，Spotify斥资9.1亿欧元收购腾讯音乐约9%股权，腾讯收购Spotify的7.5%股权（3年限售期）。腾讯与Spotify的互相持股式结盟，不仅可以丰富各自的资源与版权，腾讯还可以借助Spotify的力量拓展全球音乐市场，尤其是欧美、日本及澳大利亚在内的发达国家市场。2018年腾讯和好莱坞电影制作公司Skydance达成协议，收购Skydance近10%的股份，将触角伸向了好莱坞。Skydance是一家多元化媒体公司，通过多个平台向全球观众提供娱乐内容，协议双方将在电影、电视节目、电子游戏项目等领域合作。

## 第四节　中国对外文化投资存在的问题及对策

### 一、中国对外文化投资发展存在的问题

我国文化产业发展历史短，缺乏海外文化直接投资的相关经验与详细的市场分类，时常有非理性投资，投资缺乏规划，有时甚至重复投资，造成数据成绩虽令人骄傲，但是实际结果却并不理想的投资。表8-9里的内容是2007年以来中国发生的一亿美元规模以上的问题投资，结合问题投资项目分析我国对外文

化投资所面临的问题与挑战。

**表 8-9　中国企业对外文化投资中的问题投资项目**

| 年份 | 投资主体 | 投资金额（百万） | 投资标的 | 投资领域 | 东道国 |
| --- | --- | --- | --- | --- | --- |
| 2011 | 中国航空工业集团有限公司 | $ 500 | 卡科伦坡中航广场项目 | 旅游 | 斯里兰卡 |
| 2011 | 中坤集团 | $ 200 | 格里姆斯塔迪尔地区生态旅游项目 | 旅游 | 冰岛 |
| 2011 | 海航集团 | $ 440 | NH Hotels | 旅游 | 西班牙 |
| 2013 | 复星集团 | $ 740 | Club Med | 旅游 | 法国 |
| 2014 | 复星集团 | $ 1,200 | Hellinikon | 旅游 | 希腊 |
| 2015 | 中国建筑股份有限公司 | $ 3,500 | Baha Mar | 旅游 | 巴哈马 |
| 2016 | 暴风集团与光大资本 | $ 660 | MP & Siva | 影视 | 英国 |
| 2016 | 安邦 | $ 780 | Blackstone | 旅游 | 美国 |
| 2016 | 安徽鑫科新材料股份有限公司 | $ 350 | Midnight Investments | 影视 | 美国 |
| 2017 | 中欧体育 | $ 280 | AC Milan | 体育 | 意大利 |
| 2017 | 万达 | $ 1,000 | Dick Clark Productions | 影视 | 美国 |
| 2019 | 北京昆仑 | $ 150 | Grindr | 社交 | 美国 |

（一）中国文化企业境外直接投资经验不足

我国企业走出去的历史短暂，中国企业开始频繁地尝试在外国直接投资只有短短十几年的时间，而中国文化企业尝试境外直接投资的历史更加短暂。2012 年万达收购 AMC 是我国文化企业大手笔境外收购的首次尝试，自此，中国文化企业通过境外直接投资走出去才开始进入世人的视野。境外直接投资，尤其是以兼并收购的形式进行的境外直接投资，面临着巨大的法律风险和投资风险。

法律风险主要是因为不熟悉境外的法律而带来的交易风险，法律风险包括交易审批、员工安置、产权交割等风险。对境外并购文化企业而言，最大的法律风险是交易审批风险。各国几乎都对外国投资人并购本国文化企业设置了前置审查程序，由于文化属于意识形态的范畴，各国对外国企业并购本国文化企业的审批标准不同，而且对来自不同意识形态国家的外国企业审核标准是不一致的，所以，在中国文化企业在某国家并购文化企业案例尚未积累到足够之前，交易审批的不确定性较大 。

投资风险主要是因为不能判断交易标的物的价值而带来的交易风险。作为智力密集型的产业，文化企业的价值通常在于员工的创造力，但是员工的稳定性及创造力的持续性都是难以准确预期的，这无疑给文化企业的境外并购带来更大的交易风险。万达在初次试水境外文化产业并购时选择影院经营商AMC 作为并购标的，很重要的一个原因是 AMC 的核心价值在于电影院和电影银幕等有形资产，这让万达可以更准确地评估其公司价值并能够在并购后持续控制这些资产。若要并购一家以编剧、导演、演员、制片人等人员的创造力为核心价值的电影制作公司，价值判断和持续控制的难度都会大幅增加。

### (二)中国企业在海外并购受到的政治干预和阻力加强

在全球贸易保护主义重新抬头的今天，中国企业应该重点关注海外并购中目标公司所在国政府对外资并购的安全审查和政治干预。中国国有企业的政府背景更容易招致目标公司所在国政府对其并购目的的怀疑，简单的商业活动被赋予浓厚的政治色彩。政治上的影响不仅仅包括禁止收购令，在获得许可过程中所耗费的时间也足以对并购效率产生极大的影响：由于并购往往与标的企业的状况相关，将要被并购的利好消息及长时间内大环境的变动都会给标的企业以喘息时间，增大其拒绝收购的风险；同时也会吸引来更多的竞争者导致并购竞争加剧。①

近年来，美国不断以国家安全以及战略产业保护等名义，干涉中国企业在美国本土上进行的投资并购等正常商业活动，这成为我国在美投资失败的主要原因。2016 年 12 月，安徽鑫科新材料公司宣布收购美国 Voltage Pictures 公司，交易额为 3.5 亿美元，Voltage Pictures 是著名电影《拆弹部队》的制作方，交易一旦成功，对于中国的影视行业无疑有很大的促进作用。但是，由于美国政府的强烈干预，最终此笔交易宣告失败。2017 年万达为完善自己在影视领域的产业链，想通过收购 Dick Clark Productions 集团进入电视制作领域，万达频繁

① 张治锋，邢艺伟，郑忠良.中国企业海外并购风险及对策研究[J].中国外资，2019(21).

地在美并购的操作引起了美国当局对其交易的特别关注，[①]增加了收购的难度。2019年，由于担忧威胁美国国家安全，美国外资投资审查委员会(CFIUS)要求昆仑万维公司出售此前全资收购的社交网站Grindr。

### (三)对并购市场和公司信息了解不够

近年来我国企业大力开展海外文化投资，受文化及语言习惯的影响，在工作过程中，可能存在对当地法律条文的理解和解读存在偏差的问题。尤其是当我国企业进入新涉及的国外市场，受各方面客观条件的限制，难以及时全面了解当地法律和法规，以及与经营管理有关的政策，对潜在经济风险调查分析不全，或未能完全识别风险，这就有可能发生包括征收国有化、禁止或限制汇兑、撤销许可、经济结构调整等一系列外部经济风险。[②] 特别是在规模较大的对外文化投资过程中，信息不对称会严重影响交易成本，升高投资风险，造成交易失败，有时甚至会出现商业欺诈，给中国投资者造成巨大的损失。

2016年，暴风集团与光大资本及他们的关联方通过发起设立产业并购基金的方式，以6.6亿美元收购欧洲体育版权代理公司MP & Siva股东持有的65%的股权，而后不久MP & Siva宣告破产，投资巨款打了水漂，招商银行等金融机构被卷入漩涡。最终光大资本、暴风集团在内的中国财团以商业欺诈罪名对MP & Siva提起诉讼，最终也只是分得了该公司的剩余资产而已，未实现两家公司最初的投资目标。

### (四)企业融资困难

企业对外文化投资时对资金需求大，融资是许多国内企业成功实现对外投资的基本要求，也是关键的要素。由于国内文化产业的市场化不足，企业大多依靠申请程序较为烦琐、耗时比较长的政府文化投资基金或政策性贷款等进行融资，但这对于一些有着较为急切融资需求的企业来说是不适用的，在一定程度上限制了中国企业海外文化投资的规模。另外，国内信贷机构对文化企业提供信贷的门槛较高，文化企业在向银行等国内信贷机构申请贷款时无法用版权

① 赵先进，段慧敏. 由万达集团收购Dick Clark Productions集团失败案例引发的思考[J].对外经贸实务，2018(10).

② 郭威，王学斌.新时代国有企业海外投资风险问题研究[J].理论视野，2019(11).

进行抵押。其次，文化产业属于轻资产行业，没有实体资产抵押，因此经常遭遇融资困境。

### （五）企业缺乏国际化经营人才

人才是第一资源。推动中华文化"走出去"，没有一批专门的人才是根本无法实现的。在对外文化投资这样一个涉及面广、专业性要求高的领域里，缺乏高精尖的国际化人才仍然是我国开展文化投资的困境之一；高昂的人工成本还会加大文化对外直接投资的风险。虽然我国在高校设立了许多文化投资的相关专业与课程，有针对性地培养人才，但没有形成与国际接轨的全方位人才培养体系及教育资源，不能满足中国对文化投资人才的需求。因此，我国首先要加大力度培养专门性文化投资人才，尤其是要培养那些熟悉我国重点投资国家的法律、文化传统与行业规范等信息的专业文化投资人才。

## 二、促进中国文化企业对外投资发展的对策

### （一）完善对外文化投资战略规划与政策支持

国家层面做好中国对外文化投资战略布局，确定对外文化投资在中国对外直接投资中的地位与意义，并据此制定具体详尽的发展规划和政策，推进我国文化投资体制改革，完善包括融资、知识产权等在内的海外文化投资支持政策体系，做到有规划投资，有目的投资，有重点投资，有成效投资，以提升我国文化对外投资的效率和管理水平，并不断拓宽对外文化投资政策的适用面，同时保障政策的连续性和通用性。

### （二）企业制定并购战略规划，合理选择并购目标，理性投资

我国企业海外并购项目中，中国企业海外收购缺乏完整战略规划，不根据自身财务情况选择交易对象，非理性交易、仓促交易、整合无规划等问题常常是导致交易失败的最大障碍。因此，企业应该规划好长远目标，评估海外文化投资是否最终能够满足企业自身的目的，以双赢为合作交易基础，而后根据企业自身情况和东道国内经济、政治等各方面环境特点来进行风险评估，谨慎展开对外文化投资工作。

### (三)做好投资前的调研,强化国家风险识别和评估

在海外启动项目立项和投标前,应开展前期市场调研和项目考察,并通过驻外使领馆、经商处、公共关系资源、合作伙伴、竞争对手等各种渠道尽可能多地获取相关信息。通过持续收集风险信息,建立并更新风险信息库,以加强国家风险的识别。同时,借助和综合利用外部资源的国家风险评估结果,例如中国出口信用保险公司的国家风险评级和《国家风险分析报告》,世界主要评级机构如标准普尔公司、穆迪投资者服务公司和惠誉国际信用评级公司等的主权信用评级等,结合企业自身、项目所在国和项目的实际情况,客观分析和判断国家风险。

政治风险因素常常对中国海外文化投资有着决定性的影响,因此,企业在涉及用户隐私的社交媒体行业和与知识产权相关的行业进行投资时,交易前可以参考与审查机构的磋商情况,衡量是否可以将交易继续推进下去,以此来降低投资风险。①

### (四)推动文化企业融资方式改革

我国应推动文化企业融资方式改革,完善无形资产评估及抵押贷款制度,丰富融资渠道。可以尝试以政府为主导,牵头基金、投行等金融体系逐步完善针对无形资产抵押贷款的多元化融资模式;鼓励民间企业组成投资集团参与文化投资,并按照比例分红,激发民间资本活力,分散投资风险,发挥市场化作用,缓解中国企业对外投资融资的困难。

海外并购的筹资应采用多种方式组合的方法,以降低收购方的财务风险和资金压力,提高资金到位的效率。以复星集团收购地中海俱乐部为例,其海外并购共采取了包括成立合资公司、灵活运用保险资产和子公司委托贷款等多种形式,降低了企业筹资的财务成本,提高了资金筹集的规模和速度,同时将对母公司资本结构和日常经营的影响降到了最小。②

---

① 郭威,王学斌.新时代国有企业海外投资风险问题研究[J].理论视野,2019(11).

② 张治锋,邢艺伟,郑忠良.中国企业海外并购风险及对策研究[J].中国外资,2019(21).

(五)加强国际化经营人才的培养力度

对外文化投资涉及内容广泛,信息不对称程度较高,交易难度较大,培养好相关的国际化专业性人才是推动我国对外文化投资发展的重要动力。一方面,建立健全人才培养的支撑体系,培养熟悉国际贸易和国际投资规则等专业知识的人才,建设一支高素质的人才队伍,助推中华文化产品"走出去"和中国文化企业"走出去"。另一方面,我们要善于借用"外脑",特别关注具有世界眼光、宽广胸怀的高级人才,加强文化领域智力、人才、技术的引进工作,坚持以我为主、为我所用,推动中华文化"走出去"。

## 第五节　中国"走出去"企业的文化责任①

一个伟大的公司可以推动国家价值观的成长,跨国企业的文化责任更是义不容辞,不仅要"商品走出去""企业走出去",还要"文化走出去"。中国"走出去"企业要向所在国正面地传播中国文化,传递与国际规范相符的文化,积极践行文化责任,承担起公共外交职责。公共外交是相对于政府外交而言的,公共外交与政府外交组成了国家的整体外交。"走出去"的企业作为跨国经营的主体,不仅具有社会属性,更离不开国家背景,在跨国经营过程中,要积极履行文化责任,通过企业的经营行为实现国际社会(公众、市场)对中国的认同。从各种角度向外国公众表达中国国情,说明中国政策,传播中华文化,树立中国企业国际形象。

### 一、跨国经营企业文化责任的内涵

20 世纪 90 年代,哈佛大学教授约瑟夫·奈提出"软实力"概念,强调通过吸引力而非威逼或利诱达到最终目的。软实力侧重于文化价值层面,在当前全球化浪潮、信息革命和网络时代的大潮下,软实力具有超强的扩张性和传导性。各国"软实力"的提升,离不开一大批优秀民族企业的担当。

跨国经营文化责任包括三个方面:其一,坚持传统,把本国民众的信仰和价

① 此部分内容已发表于《国际贸易》2016 年增刊,此处略有改动。

值理念传播、拓展、延伸至全球。其二,开放革新,兼容并蓄,把其他文化的精髓和价值共识引入国内,丰富本国的文化内涵。[①] 两方面相辅相成,才是企业跨国经营文化责任的完整含义。其三,文化责任是对入驻国家、地区而言的,企业不仅需要考虑快速打入市场,获得利润,积累资本,还需要将其建立在尊重当地文化风俗的基础之上。企业必须包容不同文化间的差异,以合适的、"当地化"的方式制作、销售产品并提供多种多样的服务,这样才能逐步稳定进入外国市场。

文化是"一带一路"的灵魂,文化传承与创新是各国经济贸易合作的"软"支撑。丝路各国间的文化交流和合作,为中国文化产业发展带来了巨大的机遇,也为中国"走出去"的企业提出了更高的文化责任要求。

随着我国综合国力的不断增强,中国文化"走出去"也向好发展,正成为我国文化产业发展的助推器,成为提升国家形象和软实力的有效途径。但我国文化"走出去"的深度和广度与我国日益增强的综合国力还不相称,文化"走出去"还不能与企业"走出去"实现齐头并进,在发挥作用方面还不能相互配合、相互促进,"走出去"依然任重而道远。[②] 企业形象与国家形象息息相关,"走出去"企业是传播中国文化的主力军,是中国文化的载体,是中国国家形象的名片。企业在"走出去"过程中要积极践行文化责任,做中国文化传播的使者。

## 二、文化是"一带一路"的灵魂

丝绸之路经济带,东边牵着亚太经济圈,西边系着欧洲经济圈,被认为是"世界上最长、最具有发展潜力的经济大走廊"。建设"一带一路",打造现代丝绸之路就是要通过深化对外开放,积极构建双循环的经济格局。和以往的对外开放不同,"一带一路"主要不再是通过引进外资、技术和管理经验来发展自己,而是通过"走出去",通过发展与周边国家的经贸合作来实现中国经济的升级和再平衡。这就意味着,中国在向周边国家输出资金、技术和管理经验,推动周边国家发展的过程中,必然要输出我们的理念甚至文化。"一带一路"不仅是一条商贸之路,也是一条文化之路,丝绸之路文化是沿线各国、各地区共同的文化记忆。促进东西方的思想交流和文化交融,是古丝绸之路不可忽视的历史作用。

---

① 邢国忠. 从信仰视域解读中国企业文化责任——以五粮液集团有限公司为例[EB/OL].(2009-04)[2017-07-10]. http://www.ixueshu.com/document/df066d89f0d7ad0d.html.

② 万季飞.企业要在"走出去"过程中成为中国文化的传播者[J].进出口经理人,2012(1).

“一带一路”倡议涉及几十个国家、数十亿人口，这些国家在历史上创造出了形态不同、风格各异的文明形态，是人类文明宝库的重要组成部分。各国经济发展水平和文明形态差异较大，既需要通过经济合作缩小差距、互利共赢，更需要通过人文交流，增强相互理解、同气相求。没有人文合作的发展，很难实现经济合作的进步。同样，在“一带一路”的建设过程中，文化的先导作用亦不容忽视。以文化交流和合作先行带动“一带一路”沿线国家民心相通，增强互信，加深了解，夯实“一带一路”互联互通的共识基础，既是文化产业必须承担的历史责任，也是所有中国“走出去”企业应该承担的文化责任。

## 三、中国“走出去”企业履行文化责任的具体对策

企业的社会责任包括经济责任、法律责任、安全责任、道义责任和文化责任五个方面。一个伟大的公司可以推动国家价值观的成长，跨国企业的文化责任更是义不容辞，不仅要“商品走出去”“企业走出去”，还要“文化走出去”。中国“走出去”企业要向所在国正面地传播中国文化，传递与国际规范相符的文化，积极践行文化责任，承担起公共外交职责。此外，企业社会责任强调对社区、环境以及合作伙伴等利益相关方的责任，中国“走出去”企业必须为东道国服务，必须服务于当地经济，为当地社会发展做贡献，只有这样，才能得到当地政府和居民的认可，在当地立足。

“走出去”企业的文化责任要真正落地，成为传播中华文化的主体，要着力做好以下四点。

### (一)增强企业跨国经营的文化责任意识

企业在跨国经营中要增强社会责任意识，将社会责任纳入企业文化建设中。应在企业跨国经营的目标、特征中赋予社会责任内涵，让富有社会责任的企业思想贯穿企业的经营管理行为；加强企业社会责任意识的教育与培养，在企业内部建立起长久的培训机制，把社会责任意识深入到员工的思想和行为之中；构建以社会责任为中心的企业文化，用富有社会责任的企业文化来领导企业行为、影响社会公众。在企业文化所包含的核心层面、制度层面、物质层面都要充分显示出企业的社会责任意识和相应的条文规定。

从宏观层面上来说，提高国家文化软实力的重点工作之一是提高企业与组

织成员的文化素养和人文精神，以包容、平等的姿态与世界各国企业员工和民众进行文化交流。跨文化国际合作和交往中，企业与组织应具有对外来文化批判意识、鉴别能力，以及解读各种不同文化的观念、符号和象征的能力，这样才能正确地借鉴和吸收西方的文化精髓，并完善自身的经营。这就要求企业与组织成员具有较深厚的文化底蕴、独立的人文精神。① 因此，中国企业有必要在扩展业务和市场之前，对雇员进行有针对性的培训，提高管理人才跨文化沟通协调能力。

中国路桥公司在众多海外办事处和项目管理部提倡以“真诚”和“平等”为原则，开展与所在国相关各方的沟通交流。对于新进入的海外市场，都会对当地政治环境、法律法规、宗教信仰、文化习俗等进行细致深入的调研和分析，详细了解项目所在地的风土人情、文化习俗等信息，以此作为基础对“走出去”员工进行培训，使之了解并理解这些文化背景。通过企业文化和制度建设，逐步达成共识，增强当地员工对企业的认同感和归属感，促进文化融合。②

### （二）要输出好的产品和内容

历史上的丝绸之路的吸引力在于，它既包括中国产品（丝绸、茶业、瓷器），更包括中国理念及中华文明。对于文化企业而言，“走出去”是大势所趋、形势所迫、发展所需。文化“走出去”更多的不是市场性质，而是一种公益精神，是一种文化担当，是我们对国家、对社会所作的贡献，是责任所系和使命所在。文化企业因为它的文化属性，天然地需要承担文化责任，满足公民基本的文化消费和需求。文化企业的文化责任强调的是如何通过商业的渠道，通过产业化的路径来传达我们的文化精神及文化价值观。影视、出版、旅游、动漫、音乐等文化产业对于建构国家形象和文化共识有着非常重要的引导和感化作用。

文化企业要立足现有基础，打造新模式、探索新机制，积极践行文化企业应承担的文化责任。深入开展与沿线国家的文化艺术、科学教育、体育旅游等友好合作，充分发掘沿线国家深厚的文化底蕴，制作出高艺术、思想和技术水准的文化产品，用真正的文化艺术精品展现中国魅力，通过文化产品和服务的交流，建立中国人民同沿线各国人民的友好关系，夯实经贸合作的民意基础和社会基

---

① 戴有山.企业如何推动“一带一路”跨文化交流[J].中国民商，2016(4).

② 雒泽华“走出去”企业的多元文化融合之路[J].中国公路，2016(20).

础，改变国际上对中国国家形象的误读。例如，京剧是一个国际化程度比较高的选题，从1930年梅兰芳先生赴美国演出开始，京剧成为第一个走向国际舞台的、代表中华民族的表演艺术。京剧也是中国少有的由本土创造而被世界熟知的艺术形式，和中医、美食、武术一样，是中华文化中具有民族性、世界性的文化符号，具有重要的文化意义。纪录片《京剧》不但承担着挖掘和弘扬中华传统文化的使命，而且还肩负着推动中华传统文化走向世界的责任，在很大程度上发挥了挖掘和表现"民族记忆"和"文化记忆"的作用，这对于提升世界对中华文化的认知与认同必定会发挥不可替代的作用。让全世界电视观众能进一步感受京剧、理解京剧、喜爱京剧，共同聆听一个跨越历史和未来的中国故事和中国梦想，进一步推动京剧在全世界的传播和发扬，让中华优秀传统艺术代代延续、薪火相传①。

今天，在"一带一路"的新倡议下，大量的非文化类工商企业走向国际市场，企业在"走出去"的过程中更要重点思考什么样的中国产品对丝路国家有吸引力。我们的思路要更新，我们要从客户和消费者的需求出发，"对方需要什么，我们就卖什么"，既卖中国产品，也卖中国价值、中国文化，要让丝路国家通过消费中国产品提高对中国的欣赏和认同。做到这一点，关键是要了解中国的合作伙伴，要以"庖丁解牛"的态度去分析每一个国家，而不是制定整齐划一的"走出去"策略。此外，要加强丝路国家与中国的人文交流，夯实民意和社会基础，吸引更多丝路国家的年轻人来华留学，创造机会让他们深入了解中国社会。

### （三）要加强品牌建设

要实现中国梦，实现中华民族的伟大复兴，中国经济必须从"速度效益型"向"质量效益型"转变、从"低端经济"向"高端经济"转变。而大力发展品牌经济，做强自主品牌无疑是助力经济转型的"加速器"。在全球化市场竞争中，品牌已成为一个国家和地区经济实力和竞争能力的集中展现，因此，通过"一带一路"规划，我们要在国际社会中构建我国经济富国的国家形象。实现民族复兴的"中国梦"，必须加强自主创新、推进自主品牌发展。历任党和国家领导人高度重视品牌工作，多次在讲话中强调要加快培育自主品牌，习总书记夫妇更是身体力行地在中国自主品牌的对外推广上做出表率。比如，习近平到庆丰包子

① 张国涛.弘扬传统文化，彰显文化责任——评8集纪录片《京剧》[J].纪录，2017(8).

铺就餐;将中兴手机作为国礼赠予上合组织成员国元首理事会的与会者;访问新西兰期间为伊利大洋洲生产基地揭牌,等等。[①]

品牌不仅仅关系到每一个人、每一个企业,也关系到一个民族、一个国家的兴衰,关系到国家形象和实力,是国家核心竞争力的象征。通过自主品牌传播所呈现的国家形象,也已成为当今国际社会视野中最重要的国家形象构成部分。塑造中国国家形象、传播中华优秀文化,就需要讲好中国故事、传播好中国声音、阐释好中国特色。中国国家形象不是抽象的,而是具体鲜活的;而中国故事、中国声音的主体,则应是活生生的中国人、中国组织机构。致力于"一带一路"的中国企业要有国际视野,要有品牌意识,要做有文化的中国企业,要做有社会责任的中国企业。

(四)要树立中国信誉

在源远流长的中国文化中,早在两千多年前孔子就倡导:"民无信不立",他还把"诚意"作为"治国""平天下"的不可或缺环节。韩非子也强调:"小信成则大信立"。诚信为经商之本,企业社会责任的实践当然也需要诚信,对利益相关方的关注和诉求要诚实回应、一诺千金。"一带一路"倡议下,中国"走出去"企业的实力将不断壮大,发展成为世界性的跨国公司的企业也会越来越多,而在这样一个过程中,在海外市场建立起信任非常重要。在现今高度竞争、高度透明、信息大爆炸的互联网时代,社情民意气势汹涌,媒体对社情民意的关注超越以往。比如说企业制造污染环境问题,与当地族群发生矛盾、误解问题,都会通过传媒很快传遍世界,这给企业的产品、品牌、形象和员工带来负面的影响,甚至会影响国家信誉。"走出去"的企业,应该建立起一套先进的企业社会责任管理体系,并上行下效,贯穿到具体的经营活动中去。[②]

近年来,我国部分出口企业质量意识淡薄、质量保证能力较弱,对外出口产品质量和企业信誉遭到质疑,尤其是出口非洲产品质量远远低于我国对欧美国家出口产品质量,主要表现在质量不合格、标识不准确、售后服务体系不健全、假冒知名品牌、涉嫌商业欺诈等方面。由于产品的问题,我国产品在非洲的信

① 吕艳丹,张亚萍.国家形象建构中的自主品牌顶层传播战略研究——以国家领导人为载体的品牌传播模型与机制[J].现代传播,2015(4).

② 李路阳,钱超.打造中国企业"走出去"的"社会责任"软实力[J].国际融资,2012(1).

誉已经受到严重威胁，进口国政府甚至认为我国在出口产品质量控制和贸易政策上存在歧视性待遇，有意向非洲国家倾销劣质产品。为此，质检总局发布了《2014 年度全国出口埃及商品质量状况》白皮书，科学引导企业重视出口非洲产品质量，为维护对非贸易信誉提供依据和数据支持。年初沸沸扬扬的“中国游客青睐日本马桶盖”风波，使得曾经辉煌的中国制造、中国生产失去了消费者信任。事实上，改革开放四十多年来，我国生产、制造业的进步巨大，现今的总体竞争力也很强，高铁、核电、装备业、通信等，还有战略性新兴产业、互联网经济等，都是中国制造的新名片，中国制造是“有底气”的。大众创业、万众创新也激发了前所未有的活力，我们要对中国速度、中国质量和中国信誉充满信心，同时要立足实际、踏实努力，把自己能生产、能制造的产品制造好，质量过硬、服务过硬，将我们的企业和产品发展成为值得信赖的伙伴，在丝路经济带大放异彩。

（五）要融入当地文化

中华文化的特点之一就是与时俱进、兼容并包。中国企业“走出去”不仅要传播和弘扬中华文化，还要熟悉当地文化，了解当地的风土人情和风俗习惯，尊重他们的文化，入乡随俗。不能与当地文化发生冲突，要达到和谐相处。在海外经营的过程中面临企业文化整合、人力资源与团队整合、组织管理体系整合等三大挑战，中国企业须化挑战为机遇，在全球范围内实现资源的优化配置。中国企业不能原封不动地照搬国内的经验，应当遵守当地的法律法规，尊重当地的风俗习惯，按照当地的文化习惯来处理社会责任问题。争取成为一个能够融入当地社区的“企业公民”，实现公司利益以及社区发展的双赢，从而在当地居民中树立一个企业和国家的良好形象。同时，东道国很多地方政府在发展社会事业上投资不足或无力投资，这就需要中国企业积极参与。中国企业应充分发挥资本优势，支援东道国社区教育，支持健康、人文关怀、文化与艺术、城市建设等项目的发展，帮助社区改善公共环境，自愿为社区工作，融入当地社会发展中。

在“一带一路”倡议引领下，越来越多的中国企业“走出去”参与全球化竞争，“走出去”之后如何能够“走得稳”“走得好”，三胞集团以文化共融的方式赢得当地社会认同的做法，值得借鉴。三胞集团是一家以现代服务业为核心的多元化协同发展的民营企业，积极响应建设“新丝绸之路经济带”和“21 世纪海上丝绸之路”的倡议，决定先行一步“走出去”并购海外行业领先企业。并购海外企业的中国企业家一般以“中国化”的方式去融合对方，而三胞集团认为中外企业合作的切入点是“协同”而非“融合”。“协同”，包括数据与数据的协同、产业链与产业链的协同、方法论与方法论的协同、文化与文化之间的协同。三胞集团在业务国际化的同时，也注重公益国际化，积极主动地承担更多的文化责任，赢得了当地政府和民众的好感和尊重，让三胞集团“走出去”的路更加开阔。[①]

总之，中国崛起不仅仅是一个经济事件，更应该是一个文化事件。古丝绸之路的魅力在于，它不仅是一条经贸通道，更是一条文明互鉴之路。对于那些致力于全球市场的中国企业来说，建立良好的企业社会责任形象，积极践行企业的文化责任，不仅有利于企业的可持续发展和社会环境的可持续发展，而且可以更好地传播正面的中国国家形象。同时，企业主动承担文化责任也可以使企业责任感更加厚重，也会促进企业品牌的提升。

① 刘益广.中国企业“走出去”文化融合促落地生根[N].人民日报，2015-10-22(14).

# 附　表

**附表 1　2011—2015 年中国对"一带一路"沿线国家文化贸易出口额**

（单位：万美元）

| 板块 | 国家 | 2011 年 | 2012 年 | 2013 年 | 2014 年 | 2015 年 |
|---|---|---|---|---|---|---|
| 中亚5国 | 哈萨克斯坦 | 2,703.45 | 3,855.84 | 5,826.99 | 5,805.72 | 3,265.82 |
| | 吉尔吉斯斯坦 | 2,688.36 | 2,738.03 | 2,179.58 | 1,177.35 | 1,283.93 |
| | 塔吉克斯坦 | 1,168.83 | 1,092.65 | 1,097.66 | 1,222.72 | 539.00 |
| | 乌兹别克斯坦 | 1,035.71 | 636.75 | 2,117.64 | 1,698.22 | 1,437.54 |
| | 土库曼斯坦 | 106.67 | 66.20 | 352.36 | 167.27 | 92.94 |
| 蒙俄 | 蒙古 | 1,505.73 | 1,360.16 | 143.21 | 430.32 | 68.76 |
| | 俄罗斯 | 35,375.11 | 33,192.30 | 33,830.13 | 46,155.10 | 31,477.11 |
| 东南亚10国 | 越南 | 41,543.41 | 41,717.06 | 49,334.75 | 57,427.51 | 59,653.22 |
| | 老挝 | 55.05 | 573.56 | 264.10 | 116.87 | 48.42 |
| | 柬埔寨 | 11,570.16 | 13,008.40 | 17,202.32 | 20,411.89 | 24,539.63 |
| | 泰国 | 40,818.27 | 47,115.06 | 57,775.19 | 48,637.31 | 46,084.42 |
| | 马来西亚 | 26,941.79 | 52,177.05 | 84.17 | 45,160.27 | 41,265.72 |
| | 新加坡 | 28,294.85 | 69,056.03 | 74,674.50 | 53,796.44 | 57,733.75 |
| | 印度尼西亚 | 20,790.32 | 28,040.82 | 30,019.29 | 38,702.50 | 37,311.41 |
| | 文莱 | 326.49 | 2,173.96 | 6,068.03 | 1,422.99 | 1,027.57 |
| | 菲律宾 | 10,916.62 | 11,855.75 | 17,880.89 | 19,821.51 | 29,651.93 |
| | 缅甸 | 803.86 | 1,484.21 | 2,867.78 | 48,813.58 | 33,593.30 |

续表

| 板块 | 国家 | 2011 年 | 2012 年 | 2013 年 | 2014 年 | 2015 年 |
|---|---|---|---|---|---|---|
| 南亚 8 国 | 印度 | 32,911.65 | 34,770.14 | 56,498.69 | 49,608.42 | 53,645.52 |
| | 巴基斯坦 | 7,739.87 | 5,751.26 | 7,447.22 | 6,582.90 | 11,877.49 |
| | 孟加拉国 | 7,792.75 | 11,813.90 | 14,494.25 | 17,498.25 | 81.63 |
| | 阿富汗 | 52.02 | 79.66 | 68.66 | 218.58 | 174.44 |
| | 尼泊尔 | 910.93 | 697.35 | 609.07 | 376.26 | 121.36 |
| | 不丹 | 3.98 | 53.77 | 65.64 | 13.53 | 154.39 |
| | 斯里兰卡 | 371.85 | 9,014.22 | 11,243.90 | 10,947.46 | 12,865.60 |
| | 马尔代夫 | 32.08 | 103.81 | 117.58 | 37.15 | 172.13 |
| 中东欧 16 国 | 波兰 | 9,401.95 | 19,116.07 | 14,877.69 | 8,991.29 | 9,459.57 |
| | 捷克 | 1,972.17 | 2,987.16 | 2,046.94 | 555.09 | 1,480.13 |
| | 斯洛伐克 | 581.23 | 347.82 | 364.32 | 373.30 | 424.74 |
| | 匈牙利 | 3,221.28 | 1,652.27 | 1,003.94 | 297.99 | 884.70 |
| | 斯洛文尼亚 | 1,439.49 | 3,258.60 | 2,296.58 | 1,427.78 | 2,679.58 |
| | 克罗地亚 | 885.65 | 1,009.84 | 953.01 | 469.38 | 1,011.39 |
| | 罗马尼亚 | 3,114.53 | 3,465.88 | 2,594.12 | 2,325.75 | 2,323.85 |
| | 保加利亚 | 709.30 | 1,204.35 | 849.92 | 1,088.17 | 1,086.71 |
| | 塞尔维亚 | 333.94 | 570.61 | 275.71 | 384.61 | 296.22 |
| | 黑山 | 125.92 | 125.42 | 126.73 | 150.13 | 127.50 |
| | 马其顿 | 5.76 | 19.65 | 13.75 | 17.29 | 25.56 |
| | 波黑 | 19.17 | 16.20 | 33.99 | 29.60 | 22.28 |
| | 阿尔巴尼亚 | 416.14 | 719.91 | 448.01 | 423.19 | 493.56 |
| | 爱沙尼亚 | 605.61 | 997.20 | 705.54 | 619.82 | 105.65 |
| | 立陶宛 | 840.87 | 1,542.15 | 1,869.50 | 1,448.90 | 1,001.41 |
| | 拉脱维亚 | 440.87 | 836.17 | 966.11 | 876.66 | 66.09 |

续表

| 板块 | 国家 | 2011 年 | 2012 年 | 2013 年 | 2014 年 | 2015 年 |
|---|---|---|---|---|---|---|
| 西亚、中东16国 | 土耳其 | 17,869.53 | 18,440.39 | 21,682.49 | 24,262.64 | 20,036.90 |
| | 伊朗 | 15,881.43 | 13,390.26 | 25,732.62 | 46,356.83 | 7,569.24 |
| | 叙利亚 | 1,793.23 | 1,054.01 | 1,359.43 | 1,201.77 | 1,577.05 |
| | 伊拉克 | 3,040.71 | 4,197.85 | 5,459.15 | 6,251.67 | 7,509.21 |
| | 阿联酋 | 47,382.97 | 64,809.43 | 50,525.55 | 76,100.15 | 72,180.87 |
| | 沙特阿拉伯 | 14,859.24 | 22,300.23 | 26,167.04 | 20,009.06 | 18,161.40 |
| | 卡塔尔 | 598.50 | 1,138.76 | 8,626.46 | 2,991.78 | 2,196.15 |
| | 巴林 | 351.46 | 8,243.13 | 1,667.66 | 2,156.77 | 953.10 |
| | 科威特 | 1,327.95 | 2,014.00 | 2,105.55 | 6.56 | 2,244.31 |
| | 黎巴嫩 | 2,725.73 | 3,482.81 | 4,494.24 | 4,344.22 | 2,660.72 |
| | 阿曼 | 196.05 | 3,998.76 | 4,800.36 | 1,103.85 | 894.62 |
| | 也门 | 1,368.49 | 3,954.01 | 2,841.24 | 2,075.66 | 848.82 |
| | 约旦 | 4,182.11 | 5,978.73 | 5,799.58 | 6,185.83 | 4,782.06 |
| | 以色列 | 9,091.46 | 10,612.40 | 10,419.93 | 7,209.25 | 6,827.26 |
| | 巴勒斯坦 | 87.53 | 52.64 | 58.17 | 31.23 | 73.62 |
| | 埃及 | 8,759.00 | 9,365.92 | 9,704.00 | 10,088.70 | 13,465.73 |
| 独联体及其他 | 乌克兰 | 6,593.94 | 7,736.01 | 8,448.83 | 5,586.02 | 4,744.88 |
| | 白俄罗斯 | 172.66 | 171.78 | 163.94 | 257.64 | 395.47 |
| | 摩尔多瓦 | 23.87 | 266.09 | 23.27 | 39.24 | 16.45 |
| | 亚美尼亚 | 19.64 | 27.95 | 49.50 | 50.20 | 41.20 |
| | 格鲁吉亚 | 391.22 | 650.51 | 965.78 | 793.98 | 554.06 |
| | 阿塞拜疆 | 350.26 | 625.70 | 442.47 | 323.58 | 138.84 |
| | 塞浦路斯 | 535.36 | 833.21 | 815.40 | 468.00 | 554.99 |

（数据来源：联合国商品贸易数据库 Comtrade Database）

附表 2　2011—2015 年中国与“一带一路”沿线国家人均 GDP

（单位：美元）

| 国家 | 2011 年 | 2012 年 | 2013 年 | 2014 年 | 2015 年 |
|---|---|---|---|---|---|
| 中国 | 5,633.80 | 6,337.88 | 7,077.77 | 7,683.50 | 8,027.68 |
| 哈萨克斯坦 | 11,634.42 | 12,387.19 | 13,890.86 | 12,806.57 | 10,509.98 |
| 吉尔吉斯斯坦 | 1,123.88 | 1,177.97 | 1,282.44 | 1,279.77 | 1,103.22 |
| 塔吉克斯坦 | 841.22 | 962.44 | 1,048.67 | 1,113.37 | 925.91 |
| 乌兹别克斯坦 | 1,564.97 | 1,740.47 | 1,907.55 | 2,036.69 | 2,132.07 |
| 土库曼斯坦 | 5,724.54 | 6,797.72 | 7,480.32 | 8,199.01 | 6,672.48 |
| 蒙古 | 3,772.93 | 4,377.24 | 4,400.61 | 4,201.74 | 3,967.83 |
| 俄罗斯 | 14,227.72 | 15,042.19 | 15,552.05 | 14,051.60 | 9,092.58 |
| 越南 | 1,542.67 | 1,754.55 | 1,907.56 | 2,052.32 | 2,111.14 |
| 老挝 | 1,297.54 | 1,445.42 | 1,700.53 | 1,754.90 | 1,818.44 |
| 柬埔寨 | 879.15 | 946.48 | 1,024.61 | 1,094.58 | 1,158.69 |
| 泰国 | 5,539.49 | 5,915.22 | 6,225.05 | 5,969.94 | 5,814.77 |
| 马来西亚 | 1,0427.76 | 10,834.66 | 10,971.42 | 11,305.90 | 9,768.33 |
| 新加坡 | 53,093.67 | 54,451.21 | 55,617.61 | 56,007.29 | 52,888.74 |
| 印度尼西亚 | 3,647.63 | 3,700.52 | 3,631.67 | 3,499.59 | 3,346.49 |
| 文莱 | 46,377.88 | 46,973.94 | 43,970.53 | 41,023.89 | 30,554.73 |
| 菲律宾 | 2,371.85 | 2,604.66 | 2,786.01 | 2,873.09 | 2,904.20 |
| 缅甸 | 1,150.64 | 1,136.79 | 1,134.93 | 1,227.14 | 1,161.49 |
| 东帝汶 | 1,024.64 | 1,125.37 | 1,111.80 | 1,154.19 | 1,157.99 |
| 印度 | 1,461.38 | 1,447.45 | 1,456.20 | 1,576.82 | 1,598.26 |
| 巴基斯坦 | 1,229.85 | 1,264.90 | 1,276.09 | 1,320.55 | 1,434.70 |
| 孟加拉国 | 838.55 | 858.93 | 954.40 | 1,086.80 | 1,211.70 |
| 阿富汗 | 622.38 | 690.84 | 653.35 | 633.95 | 594.32 |
| 尼泊尔 | 693.55 | 698.41 | 696.73 | 03.18 | 743.32 |
| 不丹 | 2,485.79 | 2,452.15 | 2,383.04 | 2,560.52 | 2,656.00 |
| 斯里兰卡 | 3,221.15 | 3,350.69 | 3,611.34 | 3,852.74 | 3,926.17 |
| 马尔代夫 | 6,497.55 | 6,541.07 | 7,112.34 | 7,716.20 | 8,395.79 |
| 波兰 | 13,893.41 | 13,145.10 | 13,780.55 | 14,341.86 | 12,554.55 |
| 捷克 | 21,717.48 | 19,729.87 | 19,916.02 | 19,744.56 | 17,548.34 |
| 斯洛伐克 | 18,186.03 | 17,274.64 | 18,191.61 | 18,595.15 | 16,088.28 |
| 匈牙利 | 14,048.88 | 12,834.32 | 13,613.60 | 14,117.98 | 12,363.54 |
| 斯洛文尼亚 | 24,983.69 | 22,486.47 | 23,150.32 | 24,020.67 | 20,726.54 |

续表

| 国家 | 2011 年 | 2012 年 | 2013 年 | 2014 年 | 2015 年 |
|---|---|---|---|---|---|
| 克罗地亚 | 14,542.18 | 13,235.98 | 13,574.98 | 13,480.65 | 11,535.83 |
| 罗马尼亚 | 9,200.28 | 8,558.40 | 9,585.27 | 10,020.28 | 8,972.92 |
| 保加利亚 | 7,813.80 | 7,378.03 | 7,674.86 | 7,853.34 | 6,993.48 |
| 塞尔维亚 | 6,423.29 | 5,659.38 | 6,353.83 | 6,200.17 | 5,235.14 |
| 黑山 | 7,319.15 | 6,586.80 | 7,186.81 | 7,378.04 | 6,406.07 |
| 马其顿 | 5,079.96 | 4,709.51 | 5,219.54 | 5,453.28 | 4,852.66 |
| 波黑 | 4,771.37 | 4,409.61 | 4,661.80 | 4,796.27 | 4,639.32 |
| 阿尔巴尼亚 | 4,437.81 | 4,247.84 | 4,412.35 | 4,568.57 | 3,945.22 |
| 爱沙尼亚 | 17,453.75 | 17,421.89 | 19,029.78 | 19,941.45 | 17,118.50 |
| 立陶宛 | 1,4367.21 | 14,342.52 | 15,692.01 | 16,489.73 | 14,147.05 |
| 拉脱维亚 | 13,798.21 | 13,799.24 | 15,033.15 | 15,710.17 | 13,648.55 |
| 乌克兰 | 3,569.76 | 3,855.42 | 4,029.72 | 3,104.66 | 2,114.95 |
| 白俄罗斯 | 6,305.77 | 6,721.83 | 7,722.12 | 8,025.30 | 5,740.46 |
| 摩尔多瓦 | 1,970.57 | 2,046.54 | 2,243.98 | 2,244.76 | 1,848.06 |
| 土耳其 | 10,538.72 | 10,539.37 | 10,800.54 | 10,303.70 | 9,125.69 |
| 伊朗 | 7,874.48 | 7,710.51 | 6,631.30 | 5,442.87 | 5,021.27 |
| 叙利亚 | 823.89 | 763.41 | 661.82 | 745.21 | 725.13 |
| 伊拉克 | 5,828.76 | 6,614.58 | 6,879.70 | 6,484.53 | 4,943.76 |
| 阿联酋 | 39,901.22 | 41,712.40 | 42,986.66 | 44,238.60 | 40,438.76 |
| 沙特阿拉伯 | 23,256.10 | 24,883.19 | 24,646.02 | 24,406.48 | 20,481.75 |
| 卡塔尔 | 88,050.81 | 92,692.64 | 94,574.26 | 94,944.09 | 73,653.39 |
| 巴林 | 22,033.91 | 23,057.77 | 24,113.52 | 24,515.00 | 22,600.21 |
| 科威特 | 47,551.38 | 50,903.90 | 48,463.15 | 43,332.41 | 29,300.58 |
| 黎巴嫩 | 8,728.57 | 8,773.93 | 8,388.97 | 8,148.64 | 8,047.65 |
| 阿曼 | 21,164.34 | 21,631.89 | 20,204.93 | 19,129.84 | 15,550.68 |
| 也门 | 1,350.38 | 1,422.72 | 1,582.85 | 1,650.97 | 1,406.29 |
| 约旦 | 4,266.08 | 4,423.12 | 4,656.22 | 4,830.98 | 4,940.05 |
| 以色列 | 33,657.16 | 32,569.60 | 36,393.67 | 37,582.85 | 35,728.09 |
| 巴勒斯坦 | 33,657.16 | 32,569.60 | 36,393.67 | 37,582.85 | 35,728.09 |
| 亚美尼亚 | 3,417.17 | 3,565.52 | 3,716.83 | 3,861.92 | 3,489.13 |
| 格鲁吉亚 | 3,725.06 | 4,142.87 | 4,274.38 | 4,429.65 | 3,795.97 |
| 阿塞拜疆 | 7,189.69 | 7,393.77 | 7,811.62 | 7,886.46 | 5,496.34 |
| 埃及 | 2,816.67 | 3,226.13 | 3,264.45 | 3,365.71 | 3,614.75 |

（数据来源：IMF 网站 WEO 数据库）

**附表 3　2011—2015 年中国与“一带一路”沿线国家人口数量**

（单位：百万人）

| 国家 | 2011 年 | 2012 年 | 2013 年 | 2014 年 | 2015 年 |
|---|---|---|---|---|---|
| 中国 | 1,344.13 | 1,350.70 | 1,357.38 | 1,364.27 | 1,371.22 |
| 哈萨克斯坦 | 16.56 | 16.79 | 17.04 | 17.29 | 17.54 |
| 吉尔吉斯斯坦 | 5.51 | 5.61 | 5.72 | 5.84 | 5.96 |
| 塔吉克斯坦 | 7.75 | 7.93 | 8.11 | 8.30 | 8.48 |
| 乌兹别克斯坦 | 29.34 | 29.77 | 30.24 | 30.76 | 31.30 |
| 土库曼斯坦 | 5.11 | 5.17 | 5.24 | 5.31 | 5.37 |
| 蒙古 | 2.76 | 2.81 | 2.86 | 2.91 | 2.96 |
| 俄罗斯 | 142.96 | 143.20 | 143.51 | 143.82 | 144.10 |
| 越南 | 87.86 | 88.81 | 89.76 | 90.73 | 91.70 |
| 老挝 | 6.37 | 6.47 | 6.58 | 6.69 | 6.80 |
| 柬埔寨 | 14.59 | 14.83 | 15.08 | 15.33 | 15.58 |
| 泰国 | 66.90 | 67.16 | 67.45 | 67.73 | 67.96 |
| 马来西亚 | 28.57 | 29.02 | 29.47 | 29.90 | 30.33 |
| 新加坡 | 5.18 | 5.31 | 5.40 | 5.47 | 5.54 |
| 印度尼西亚 | 244.81 | 248.04 | 251.27 | 254.45 | 257.56 |
| 文莱 | 0.40 | 0.41 | 0.41 | 0.42 | 0.42 |
| 菲律宾 | 94.50 | 96.02 | 97.57 | 99.14 | 100.70 |
| 缅甸 | 52.13 | 52.54 | 52.98 | 53.44 | 53.90 |
| 东帝汶 | 1.12 | 1.15 | 1.18 | 1.21 | 1.25 |
| 印度 | 1,247.45 | 1,263.59 | 1,279.50 | 1,295.29 | 1,311.05 |
| 巴基斯坦 | 173.67 | 177.39 | 181.19 | 185.04 | 188.92 |
| 孟加拉国 | 153.41 | 155.26 | 157.16 | 159.08 | 161.00 |
| 阿富汗 | 28.81 | 29.73 | 30.68 | 31.63 | 32.53 |
| 尼泊尔 | 27.18 | 27.50 | 27.83 | 28.17 | 28.51 |
| 不丹 | 0.73 | 0.74 | 0.75 | 0.77 | 0.77 |
| 斯里兰卡 | 20.27 | 20.42 | 20.58 | 20.77 | 20.97 |
| 马尔代夫 | 0.38 | 0.39 | 0.39 | 0.40 | 0.41 |
| 波兰 | 38.06 | 38.06 | 38.04 | 38.01 | 38.00 |
| 捷克 | 10.50 | 10.51 | 10.51 | 10.53 | 10.55 |
| 斯洛伐克 | 5.40 | 5.41 | 5.41 | 5.42 | 5.42 |
| 匈牙利 | 9.97 | 9.92 | 9.89 | 9.87 | 9.84 |

续表

| 国家 | 2011 年 | 2012 年 | 2013 年 | 2014 年 | 2015 年 |
|---|---|---|---|---|---|
| 斯洛文尼亚 | 2.05 | 2.06 | 2.06 | 2.06 | 2.06 |
| 克罗地亚 | 4.28 | 4.27 | 4.26 | 4.24 | 4.22 |
| 罗马尼亚 | 20.15 | 20.06 | 19.98 | 19.91 | 19.83 |
| 保加利亚 | 7.35 | 7.31 | 7.27 | 7.22 | 7.18 |
| 塞尔维亚 | 7.23 | 7.20 | 7.16 | 7.13 | 7.10 |
| 黑山 | 0.62 | 0.62 | 0.62 | 0.62 | 0.62 |
| 马其顿 | 2.07 | 2.07 | 2.07 | 2.08 | 2.08 |
| 波黑 | 3.84 | 3.83 | 3.53 | 3.82 | 3.82 |
| 阿尔巴尼亚 | 2.90 | 2.90 | 2.90 | 2.89 | 2.89 |
| 爱沙尼亚 | 1.33 | 1.32 | 1.32 | 1.31 | 1.31 |
| 立陶宛 | 3.03 | 2.99 | 2.96 | 2.93 | 2.91 |
| 拉脱维亚 | 2.06 | 2.03 | 2.01 | 1.99 | 1.98 |
| 乌克兰 | 45.71 | 45.59 | 45.49 | 45.36 | 45.20 |
| 白俄罗斯 | 9.47 | 9.46 | 9.47 | 9.48 | 9.51 |
| 摩尔多瓦 | 3.56 | 3.56 | 3.56 | 3.56 | 3.55 |
| 土耳其 | 73.52 | 74.85 | 76.22 | 77.52 | 78.67 |
| 伊朗 | 75.18 | 76.16 | 77.15 | 78.14 | 79.11 |
| 叙利亚 | 20.50 | 19.98 | 19.32 | 18.77 | 18.50 |
| 伊拉克 | 31.87 | 32.96 | 34.11 | 35.27 | 36.42 |
| 阿联酋 | 8.73 | 8.95 | 9.04 | 9.09 | 9.16 |
| 沙特阿拉伯 | 28.79 | 29.50 | 30.20 | 30.89 | 31.54 |
| 卡塔尔 | 1.91 | 2.02 | 2.10 | 2.17 | 2.24 |
| 巴林 | 1.31 | 1.33 | 1.35 | 1.36 | 1.38 |
| 科威特 | 3.24 | 3.42 | 3.59 | 3.75 | 3.89 |
| 也门 | 24.23 | 24.88 | 25.53 | 26.18 | 26.83 |
| 约旦 | 6.76 | 6.99 | 7.21 | 7.42 | 7.59 |
| 以色列 | 7.77 | 7.91 | 8.06 | 8.22 | 8.38 |
| 巴勒斯坦 | 4.89 | 4.92 | 4.99 | 5.08 | 5.10 |
| 亚美尼亚 | 2.97 | 2.98 | 2.99 | 3.01 | 3.02 |
| 格鲁吉亚 | 3.88 | 3.83 | 3.78 | 3.73 | 3.68 |
| 阿塞拜疆 | 9.17 | 9.30 | 9.42 | 9.54 | 9.65 |
| 埃及 | 83.79 | 85.66 | 87.61 | 89.58 | 91.51 |

（数据来源：世界银行 WDI）

**附表 4　中国与"一带一路"沿线国家地理距离**

（单位：百万米）

| 国家 | 首都 | 与中国的地理距离 |
|---|---|---|
| 哈萨克斯坦 | 阿斯塔纳 | 3.6553 |
| 吉尔吉斯斯坦 | 比什凯克 | 3.4737 |
| 塔吉克斯坦 | 杜尚别 | 4.0595 |
| 乌兹别克斯坦 | 塔什干 | 3.9399 |
| 土库曼斯坦 | 阿什哈巴德 | 4.9434 |
| 蒙古 | 乌兰巴托 | 1.1689 |
| 俄罗斯 | 莫斯科 | 5.8003 |
| 越南 | 河内 | 2.3291 |
| 老挝 | 万象 | 2.7776 |
| 柬埔寨 | 金边 | 3.3545 |
| 泰国 | 曼谷 | 3.2997 |
| 马来西亚 | 吉隆坡 | 4.3535 |
| 新加坡 | 新加坡 | 4.4769 |
| 印度尼西亚 | 雅加达 | 5.2231 |
| 文莱 | 斯里巴加湾市 | 3.8991 |
| 菲律宾 | 马尼拉 | 2.8520 |
| 缅甸 | 内比都 | 2.9650 |
| 印度 | 新德里 | 3.7841 |
| 巴基斯坦 | 伊斯兰堡 | 3.8822 |
| 孟加拉国 | 达卡 | 3.0224 |
| 阿富汗 | 喀布尔 | 4.1769 |
| 尼泊尔 | 加德满都 | 3.1573 |
| 不丹 | 廷布 | 2.8233 |
| 斯里兰卡 | 斯里贾亚瓦德纳普拉科特 | 5.1691 |
| 马尔代夫 | 马累 | 5.8570 |
| 波兰 | 华沙 | 6.9491 |
| 捷克 | 布拉格 | 7.4644 |
| 斯洛伐克 | 布拉迪斯拉发 | 7.4279 |
| 匈牙利 | 布达佩斯 | 7.3488 |
| 斯洛文尼亚 | 卢布尔雅那 | 7.7237 |
| 克罗地亚 | 萨格勒布 | 7.6475 |

续表

| 国家 | 首都 | 与中国的地理距离 |
|---|---|---|
| 罗马尼亚 | 布加勒斯特 | 7.0692 |
| 保加利亚 | 索菲亚 | 7.3615 |
| 塞尔维亚 | 贝尔格莱德 | 7.4260 |
| 黑山 | 波德戈里察 | 7.6537 |
| 马其顿 | 斯科普里 | 7.5343 |
| 波黑 | 萨拉热窝 | 7.6183 |
| 阿尔巴尼亚 | 地拉那 | 7.6868 |
| 爱沙尼亚 | 塔林 | 6.3719 |
| 立陶宛 | 维尔纽斯 | 6.5700 |
| 拉脱维亚 | 里加 | 6.5241 |
| 乌克兰 | 基辅 | 6.4581 |
| 白俄罗斯 | 明斯克 | 6.4750 |
| 摩尔多瓦 | 基希讷乌 | 6.7404 |
| 土耳其 | 安卡拉 | 6.8409 |
| 伊朗 | 德黑兰 | 5.6109 |
| 叙利亚 | 大马士革 | 6.9425 |
| 伊拉克 | 巴格达 | 6.3049 |
| 阿联酋 | 阿布扎比 | 5.9695 |
| 沙特阿拉伯 | 利雅得 | 6.6082 |
| 卡塔尔 | 多哈 | 6.1620 |
| 巴林 | 麦纳麦 | 6.1863 |
| 科威特 | 科威特城 | 6.2243 |
| 黎巴嫩 | 贝鲁特 | 6.9816 |
| 阿曼 | 马斯喀特 | 5.6781 |
| 也门 | 萨那 | 7.4223 |
| 约旦 | 安曼 | 7.0624 |
| 以色列 | 耶路撒冷 | 7.1300 |
| 巴勒斯坦 | 耶路撒冷 | 7.1300 |
| 亚美尼亚 | 埃里温 | 5.9471 |
| 格鲁吉亚 | 第比利斯 | 5.8519 |
| 阿塞拜疆 | 巴库 | 5.5192 |
| 埃及 | 开罗 | 7.5527 |

（数据来源：网站 http://www.gpsspg.com/distance.htm）

**附表 5　中国与“一带一路”沿线国家文化距离**

| 国家 | 权力距离 | 个人或集体主义 | 阳刚或阴柔气质 | 不确定性规避 | 长期或短期导向 | 文化距离 |
|---|---|---|---|---|---|---|
| 中国 | 80 | 20 | 66 | 30 | 87 | 0.0000 |
| 哈萨克斯坦 | 78 | 54 | 56 | 68 | 48 | 0.2910 |
| 吉尔吉斯斯坦 | 69 | 62 | 48 | 70 | 32 | 0.2626 |
| 塔吉克斯坦 | 60 | 43 | 35 | 87 | 45 | 0.1636 |
| 乌兹别克斯坦 | 55 | 29 | 38 | 75 | 41 | 0.1750 |
| 土库曼斯坦 | 48 | 38 | 34 | 87 | 36 | 0.1679 |
| 蒙古 | 63 | 35 | 24 | 48 | 60 | 0.1218 |
| 俄罗斯 | 93 | 39 | 36 | 95 | 81 | 0.0673 |
| 越南 | 70 | 20 | 40 | 30 | 57 | 0.0411 |
| 老挝 | 59 | 45 | 48 | 55 | 67 | 0.3128 |
| 柬埔寨 | 80 | 25 | 48 | 44 | 65 | 0.0234 |
| 泰国 | 64 | 20 | 34 | 64 | 32 | 0.1354 |
| 马来西亚 | 100 | 26 | 50 | 36 | 41 | 0.0340 |
| 新加坡 | 74 | 20 | 48 | 8 | 72 | 0.0120 |
| 印度尼西亚 | 78 | 14 | 46 | 48 | 62 | 0.0248 |
| 文莱 | 84 | 32 | 55 | 87 | 38 | 0.0914 |
| 菲律宾 | 94 | 32 | 32 | 44 | 27 | 0.0692 |
| 缅甸 | 85 | 35 | 30 | 65 | 43 | 0.0892 |
| 东帝汶 | 60 | 12 | 25 | 12 | 78 | 0.0283 |
| 印度 | 77 | 48 | 56 | 40 | 51 | 0.1184 |
| 巴基斯坦 | 55 | 14 | 50 | 70 | 50 | 0.0916 |
| 孟加拉国 | 80 | 20 | 55 | 60 | 47 | 0.0550 |
| 阿富汗 | 58 | 41 | 43 | 59 | 35 | 0.4339 |
| 尼泊尔 | 65 | 30 | 40 | 40 | 30 | 0.2122 |
| 不丹 | 94 | 52 | 32 | 28 | 35 | 0.0688 |
| 斯里兰卡 | 80 | 35 | 10 | 45 | 45 | 0.0846 |
| 马尔代夫 | 89 | 32 | 56 | 54 | 69 | 0.0279 |
| 波兰 | 68 | 60 | 64 | 93 | 38 | 0.2099 |
| 捷克 | 58 | 57 | 57 | 74 | 70 | 0.6235 |
| 斯洛伐克 | 100 | 52 | 100 | 51 | 77 | 0.0530 |
| 匈牙利 | 46 | 80 | 88 | 82 | 58 | 0.2735 |
| 斯洛文尼亚 | 71 | 27 | 19 | 88 | 49 | 0.0848 |
| 克罗地亚 | 73 | 33 | 40 | 80 | 58 | 0.1026 |

| 国家 | 权力距离 | 个人或集体主义 | 阳刚或阴柔气质 | 不确定性规避 | 长期或短期导向 | 文化距离 |
|---|---|---|---|---|---|---|
| 罗马尼亚 | 90 | 30 | 42 | 90 | 52 | 0.0726 |
| 保加利亚 | 70 | 30 | 40 | 85 | 69 | 0.0805 |
| 塞尔维亚 | 86 | 25 | 43 | 92 | 52 | 0.0691 |
| 黑山 | 32 | 76 | 60 | 80 | 38 | 0.2202 |
| 马其顿 | 23 | 56 | 65 | 90 | 34 | 0.1576 |
| 波黑 | 45 | 69 | 58 | 83 | 42 | 0.2936 |
| 阿尔巴尼亚 | 90 | 20 | 80 | 70 | 61 | 0.0353 |
| 爱沙尼亚 | 40 | 60 | 30 | 60 | 82 | 0.1333 |
| 立陶宛 | 42 | 60 | 19 | 65 | 82 | 0.1127 |
| 拉脱维亚 | 44 | 70 | 9 | 63 | 69 | 0.1281 |
| 乌克兰 | 92 | 25 | 27 | 95 | 55 | 0.0606 |
| 白俄罗斯 | 90 | 35 | 40 | 91 | 75 | 0.0667 |
| 摩尔多瓦 | 70 | 35 | 40 | 90 | 60 | 0.1055 |
| 土耳其 | 66 | 37 | 45 | 85 | 46 | 0.1479 |
| 伊朗 | 58 | 41 | 43 | 59 | 14 | 0.2300 |
| 叙利亚 | 80 | 35 | 52 | 60 | 30 | 0.1129 |
| 伊拉克 | 95 | 30 | 70 | 85 | 25 | 0.0709 |
| 阿联酋 | 90 | 25 | 50 | 80 | 30 | 0.0721 |
| 沙特阿拉伯 | 95 | 25 | 60 | 80 | 36 | 0.0630 |
| 卡塔尔 | 85 | 30 | 55 | 80 | 34 | 0.0863 |
| 巴林 | 89 | 45 | 60 | 78 | 48 | 0.1256 |
| 科威特 | 90 | 25 | 40 | 80 | 25 | 0.0746 |
| 黎巴嫩 | 75 | 40 | 65 | 50 | 14 | 0.1100 |
| 阿曼 | 53 | 45 | 60 | 80 | 59 | 0.2777 |
| 也门 | 55 | 50 | 48 | 76 | 54 | 0.4018 |
| 约旦 | 70 | 30 | 45 | 65 | 16 | 0.1321 |
| 以色列 | 13 | 54 | 47 | 81 | 38 | 0.1804 |
| 巴勒斯坦 | 15 | 50 | 43 | 75 | 35 | 0.2164 |
| 亚美尼亚 | 60 | 40 | 45 | 89 | 60 | 0.1495 |
| 格鲁吉亚 | 55 | 38 | 41 | 76 | 52 | 0.2182 |
| 阿塞拜疆 | 48 | 55 | 43 | 68 | 63 | 0.4514 |
| 埃及 | 70 | 25 | 45 | 80 | 7 | 0.1025 |

数据来源：Hofstede 官网，个别数据缺失国家的数据用与其文化同源国家平均数代替。

**附表 6　中国对外文化直接投资数据**

| 年份 | 投资者 | 投资金额（百万美元） | 股权比例 | 交易对象 | 投资领域 | 国家 | BRI | 投资类型 | SOE |
|---|---|---|---|---|---|---|---|---|---|
| 2007 | 中国水利水电建设股份有限公司 | 120 | - | - | - | Angola | 0 | 其他 | 0 |
| 2007 | 中国水利水电建设股份有限公司 | 140 | — | — | — | UAE | 1 | 其他 | 0 |
| 2008 | 中国中冶集团 | 200 | — | Loyal Capital | — | Georgia | 1 | 不详 | 1 |
| 2008 | 中国中冶集团 | 520 | — | Genting | — | Singapore | 1 | 不详 | 1 |
| 2008 | 中国天津优联投资发展集团有限公司 | 110 | — | — | 旅游 | Cambodia | 1 | 新建 | 0 |
| 2009 | MCC，China Architecture Design | 180 | — | — | — | Algeria | 1 | 其他 | 1 |
| 2009 | 中国建筑集团有限公司 | 100 | 3% | Baha Mar Resort | 旅游 | Bahamas | 0 | 新建 | 1 |
| 2009 | 锦江酒店 | 150 | 50% | Interstate Hotel and Resorts | 旅游 | USA | 0 | 并购 | 0 |
| 2010 | 中国机械工业集团有限公司 | 320 | — | — | — | Cameroon | 0 | 其他 | 0 |
| 2010 | 北京建工集团 | 130 | — | — | — | Greece | 1 | 其他 | 1 |
| 2010 | 盛大游戏 | 100 | 100% | Eyedentity Games | 游戏 | South Korea | 1 | 并购 | 0 |
| 2011 | 安徽外经建设集团 | 100 | — | — | — | Costa Rica | 0 | 其他 | 0 |
| 2011 | 中国建筑集团有限公司 | 200 | — | — | — | Algeria | 1 | 其他 | 1 |
| 2011 | 中国建筑集团有限公司 | 120 | — | — | — | Algeria | 1 | 其他 | 1 |
| 2011 | 腾讯 | 400 | 84% | Riot Games | 游戏 | USA | 0 | 并购 | 0 |
| 2012 | 中国建筑集团有限公司 | 230 | — | — | — | Pakistan | 1 | 其他 | 1 |
| 2012 | 中国机械工业集团有限公司 | 100 | — | — | — | Laos | 1 | 其他 | 0 |
| 2012 | 海航集团 | 130 |  | Assa Properties | 旅游 | USA | 0 | 不详 | 1 |
| 2012 | 中国进出口银行 | 240 | — | — | — | Cambodia | 1 | 其他 | 1 |
| 2012 | 大连万达 | 2,600 | 100% | AMC Entertainment | 影视 | USA | 0 | 并购 | 0 |
| 2012 | 腾讯 | 330 | 40% | Epic Games | 游戏 | USA | 0 | 并购 | 0 |
| 2013 | 中国建筑集团有限公司 | 110 | — | — | — | Equatorial Guinea | 1 | 其他 | 1 |

| 年份 | 投资者 | 投资金额（百万美元） | 股权比例 | 交易对象 | 投资领域 | 国家 | BRI | 投资类型 | SOE |
|---|---|---|---|---|---|---|---|---|---|
| 2013 | 中国建筑集团有限公司 | 400 | — | — | — | Algeria | 1 | 其他 | 1 |
| 2013 | 中国建筑集团有限公司 | 160 | — | — | — | Algeria | 1 | 其他 | 1 |
| 2013 | 中国交通建设集团有限公司 | 540 | — | — | — | Sri Lanka | 1 | 其他 | 1 |
| 2013 | 海航集团 | 310 | 20% | NH Hoteles | 旅游 | Spain | 0 | 并购 | 1 |
| 2013 | 复星集团 | 360 | 46% | Club Med | 旅游 | France | 0 | 并购 | 0 |
| 2013 | 大连万达 | 1,090 | — | — | 旅游 | Britain | 0 | 新建 | 0 |
| 2013 | 中国建筑集团有限公司 | 450 | 45% | Viceroy Palm | 旅游 | UAE | 1 | 其他 | 1 |
| 2013 | 腾讯 | 350 | 6% | Activision | 游戏 | USA | 0 | 其他 | 0 |
| 2013 | 上海绿地 | 240 | | Melia Hotels | 旅游 | Spain | 0 | 不详 | 1 |
| 2013 | 上海绿地 | 980 | 41% | — | 旅游 | South Korea | 1 | 新建 | 1 |
| 2013 | 深圳市合正汽车电子有限公司 | 100 | — | — | 旅游 | USA | 0 | 不详 | 0 |
| 2014 | 中国建筑集团有限公司 | 520 | — | — | — | Congo | 1 | 其他 | 1 |
| 2014 | 中国建筑集团有限公司 | 330 | — | Skai | — | UAE | 1 | 其他 | 1 |
| 2014 | 中国建筑集团有限公司 | 750 | — | SIH | — | Algeria | 1 | 其他 | 1 |
| 2014 | 中国建筑集团有限公司 | 210 | — | — | — | Equatorial Guinea | 1 | 其他 | 1 |
| 2014 | 安徽蓝鼎控股集团有限公司 | 1100 | 50% | Genting Singapore | 旅游 | South Korea | 1 | 新建 | 0 |
| 2014 | 腾讯 | 500 | 28% | CJ Games | 游戏 | South Korea | 1 | 并购 | 0 |
| 2014 | 上海绿地 | 320 | — | — | 旅游 | Canada | 0 | 其他 | 1 |
| 2014 | 海航集团 | 180 | — | NH Hoteles | 旅游 | Spain | 0 | 并购 | 1 |
| 2014 | 乐视 | 200 | — | — | — | USA | 0 | 新建 | 0 |
| 2014 | Yida | 740 | 100% | — | 旅游 | Antigua and Barbuda | 1 | 新建 | 0 |
| 2014 | 阿里巴巴 | 120 | | Kabam | 游戏 | USA | 0 | 其他 | 0 |
| 2014 | 深圳市合正汽车电子有限公司 | 110 | 100% | — | 旅游 | USA | 0 | 不详 | 0 |

续表

| 年份 | 投资者 | 投资金额（百万美元） | 股权比例 | 交易对象 | 投资领域 | 国家 | BRI | 投资类型 | SOE |
|---|---|---|---|---|---|---|---|---|---|
| 2014 | 华谊兄弟传媒股份有限公司 | 130 | 100% | — | — | USA | 0 | 新建 | 0 |
| 2014 | 复星集团 | 200 | 48% | Studio 8 | 影视 | USA | 0 | 其他 | 0 |
| 2014 | 华彬集团 | 220 | 100% | Wentworth Club | 体育 | Britain | 0 | 并购 | 0 |
| 2014 | 安邦 | 1,950 | — | Hilton Worldwide | 旅游 | USA | 0 | 并购 | 0 |
| 2014 | 锦江酒店 | 1,490 | 100% | Louvre Hotels and Starwood Capital | 旅游 | France | 0 | 并购 | 0 |
| 2014 | 阳光保险 | 400 | — | Starwood | 旅游 | Australia | 0 | 并购 | 0 |
| 2014 | 大连万达 | 740 | — | Pacific Equity Partners | — | Australia | 0 | 其他 | 0 |
| 2014 | 四川兴力达集团实业有限公司 | 160 | — | — | 旅游 | USA | 0 | 不详 | 0 |
| 2014 | 携程 | 160 | 100% | Travelfusion | 旅游 | Britain | 0 | 并购 | 0 |
| 2015 | 中国建筑集团有限公司 | 170 | — | Arenco | — | UAE | 1 | 其他 | 1 |
| 2015 | 中国建筑集团有限公司 | 130 | — | Damac Crescent | — | UAE | 1 | 其他 | 1 |
| 2015 | 中国建筑集团有限公司 | 100 | — | — | — | Gabon | 1 | 其他 | 1 |
| 2015 | 国家开发投资集团有限公司 | 170 | — | — | — | Barbados | 1 | 其他 | 1 |
| 2015 | 复星集团 | 1130 | — | — | 旅游 | France | 0 | 不详 | 0 |
| 2015 | 大连万达 | 1190 | 68% | Infront Sports & Media | 体育媒体 | Switzerland | 0 | 并购 | 0 |
| 2015 | 阳光保险 | 230 | 100% | Baccarat Hotel | 旅游 | USA | 0 | 并购 | 0 |
| 2015 | 阿里巴巴 | 200 | — | Snapchat | 社交 | USA | 0 | 其他 | 0 |
| 2015 | 复星集团 | 140 | 5% | Thomas Cook Group | 旅游 | Britain | 0 | 并购 | 0 |
| 2015 | 湖南卫视 | 380 | — | Lionsgate | 影视 | USA | 0 | 其他 | 1 |
| 2015 | 复星集团 | 300 | 20% | Cirque de Soliel | 马戏娱乐 | Canada | 0 | 并购 | 0 |
| 2015 | Shandong Bright Ruby | 340 | — | Hilton Worldwide | 旅游 | Australia | 0 | 并购 | 0 |
| 2015 | 锦江酒店 | 430 | 4% | Accor Hotels | 旅游 | France | 0 | 并购 | 0 |
| 2015 | 网龙 | 130 | 100% | Promethean World | 教育 | Britain | 0 | 并购 | 0 |

| 年份 | 投资者 | 投资金额（百万美元） | 股权比例 | 交易对象 | 投资领域 | 国家 | BRI | 投资类型 | SOE |
|---|---|---|---|---|---|---|---|---|---|
| 2015 | 大连万达 | 900 | 100% | World Triathlon Corp | 体育 | USA | 0 | 并购 | 0 |
| 2015 | 中国建筑集团有限公司 | 250 | — | — | 旅游 | Bahamas | 0 | 新建 | 1 |
| 2015 | 博纳影业 | 240 | — | 21st Century Fox | 影视 | USA | 0 | 其他 | 0 |
| 2015 | 上海建工 | 140 | — | — | 旅游 | USA | 0 | 其他 | 1 |
| 2015 | 上海豫园旅游商城（集团）股份有限公司 | 150 | 100% | Resort Tomamu | 旅游 | Japan | 0 | 并购 | 0 |
| 2015 | 国融投资团体 | 750 | — | — | 旅游 | Canada | 0 | 新建 | 1 |
| 2015 | 华人文化控股集团和中信资本控股有限公司 | 400 | 13% | City Football Group | 体育 | Britain | 0 | 并购 | 1 |
| 2015 | 中国泛海控股集团 | 190 | 100% | Ko Olina Resort | 旅游 | USA | 0 | 新建 | 0 |
| 2015 | 锦江酒店 | 110 | 2% | Accor | 旅游 | France | 0 | 并购 | 0 |
| 2016 | 中国五矿集团 | — | — | Shanghai Green-land | — | Malaysia | 1 | 其他 | 1 |
| 2016 | 中国建筑集团有限公司 | 120 | — | — | — | Ethiopia | 1 | 其他 | 1 |
| 2016 | 中国五矿集团 | 100 | — | — | — | USA | 0 | 其他 | 1 |
| 2016 | 中国五矿集团 | 800 | — | — | — | Philippines | 1 | 其他 | 1 |
| 2016 | 国家开发投资集团有限公司 | 130 | — | — | — | Cape Verde | 1 | 其他 | 1 |
| 2016 | 中国建筑集团有限公司 | 150 | — | Damac | — | UAE | 1 | 其他 | 1 |
| 2016 | 中国铁建股份有限公司 | 340 | 0.45% | HBK Contracting | — | Qatar | 1 | 其他 | 1 |
| 2016 | 携程 | 180 | 27% | MakeMyTrip | 旅游 | India | 0 | 其他 | 0 |
| 2016 | 浪潮集团 | 100 | 100% | — | — | India | 0 | 新建 | 0 |
| 2016 | 大连万达 | 3,500 | 100% | Legendary Enter-tainment | — | USA | 0 | 并购 | 0 |
| 2016 | 完美世界影视 | 250 | — | Universal Pictures | 影视 | USA | 0 | 其他 | 0 |
| 2016 | 大连万达 | 1730 | 50% | Auchan | 旅游 | France | 0 | 并购 | 0 |
| 2016 | 锦江酒店 | 450 | 6% | Accor | 旅游 | France | 0 | 并购 | 0 |
| 2016 | 视觉中国集团 | 100 | — | Caryle Group | — | USA | 0 | 其他 | 0 |

续表

| 年份 | 投资者 | 投资金额（百万美元） | 股权比例 | 交易对象 | 投资领域 | 国家 | BRI | 投资类型 | SOE |
|---|---|---|---|---|---|---|---|---|---|
| 2016 | 阿里巴巴 | 160 | — | Magic Leap | 游戏 | USA | 0 | 其他 | 0 |
| 2016 | 中国信达资产管理股份有限公司 | 570 | 70% | Hersha Hospitality | 旅游 | USA | 0 | 其他 | 1 |
| 2016 | 嘉视年华影视制作有限公司 | 500 | — | Dick Cook Studios | 影视 | USA | 0 | 并购 | 0 |
| 2016 | 安邦 | 5720 | — | Blackstone | 旅游 | USA | 0 | 并购 | 0 |
| 2016 | 锦江酒店 | 280 | 3% | Accor | 旅游 | France | 0 | 并购 | 0 |
| 2016 | 海航集团 | 1,440 | 100% | Gategroup | 旅游 | Switzerland | 0 | 并购 | 1 |
| 2016 | 海航集团 | 2,010 | 100% | Carlson Hotels | 旅游 | USA | 0 | 并购 | 1 |
| 2016 | 上海中技投资控股股份有限公司 | 300 | 100% | Jagex | 游戏 | Britain | 0 | 并购 | 0 |
| 2016 | 联合睿康集团 | 100 | 100% | Aston Villa | 体育 | Britain | 0 | 并购 | 0 |
| 2016 | 中国光大集团和宝丰 | 660 | 65% | MP&Silva | 体育媒体 | Britain | 0 | 并购 | 1 |
| 2016 | 苏宁 | 310 | 69% | Inter Milan | 体育 | Italy | 1 | 并购 | 0 |
| 2016 | 腾讯 | 8,600 | 84% | Supercell | 游戏 | Finland | 0 | 并购 | 0 |
| 2016 | 大连万达 | 1,210 | 100% | Odeon and UCI Cinemas | 影视 | Britain | 0 | 并购 | 0 |
| 2016 | 大连万达 | 1,160 | — | Carmike Cinemas | 影视 | USA | 0 | 并购 | 0 |
| 2016 | Zhonghong | 410 | 91% | — | 旅游 | USA | 0 | 不详 | 0 |
| 2016 | 中国泛海控股集团 | 280 | — | — | 旅游 | USA | 0 | 新建 | 0 |
| 2016 | 云毅国凯 | 190 | — | West Bromwich | 体育 | Britain | 0 | 并购 | 0 |
| 2016 | 上海巨人网络科技有限公司 | 4,400 | — | Playtika | 游戏 | Israel | 1 | 并购 | 0 |
| 2016 | IDG 技术创业投资基金 | 110 | 20% | Olympique Lyonnais | 体育 | France | 0 | 并购 | 0 |
| 2016 | Tencent and Legend | 100 | — | STX Entertainment | 影视 | USA | 0 | 其他 | 0 |
| 2016 | 海航集团 | 140 | — | — | — | USA | 0 | 其他 | 1 |
| 2016 | 海航集团 | 6,500 | 25% | Blackstone | 旅游 | USA | 0 | 其他 | 1 |
| 2016 | 中国人寿 | 810 |  | Starwood | 旅游 | USA | 0 | 并购 | 1 |
| 2016 | 中国文投控股股份有限公司 | 140 | 75% | Framestore | 影视 | Britain | 0 | 并购 | 0 |
| 2016 | 携程 | 1,740 | 100% | Skyscanner | 旅游 | Britain | 0 | 并购 | 0 |

续表

| 年份 | 投资者 | 投资金额（百万美元） | 股权比例 | 交易对象 | 投资领域 | 国家 | BRI | 投资类型 | SOE |
|---|---|---|---|---|---|---|---|---|---|
| 2016 | 安徽蓝鼎控股集团有限公司 | 420 | — | — | 旅游 | South Korea | 1 | 不详 | 0 |
| 2016 | 中国交通建设集团有限公司 | 1680 | 50% | Bina Puri | 旅游 | Malaysia | 1 | 新建 | 1 |
| 2017 | 北京城建置业有限公司 | 200 | — | — | — | Barbados | 1 | 其他 | 0 |
| 2017 | 中国五矿集团 | 350 | — | — | — | USA | 0 | 其他 | 1 |
| 2017 | 中信集团 | 1,620 | — | — | — | Britain | 0 | 其他 | 0 |
| 2017 | 中国建筑集团有限公司 | 160 | — | — | — | Cambodia | 1 | 其他 | 1 |
| 2017 | 中国五矿集团 | 340 | — | — | — | Malaysia | 1 | 其他 | 1 |
| 2017 | 中国五矿集团 | 170 | — | — | — | Philippines | 1 | 其他 | 1 |
| 2017 | 中国铁建股份有限公司 | 210 | — | M101 | — | Malaysia | 1 | 其他 | 1 |
| 2017 | 大连万达 | 960 | — | Nordic Cinema | 影视 | Sweden | 0 | 并购 | 0 |
| 2017 | 浙江金科 | 1,050 | — | Outfit7 | 游戏 | Slovenia | 1 | 并购 | 0 |
| 2017 | 中弘卓业集团有限公司 | 430 | 21% | Sea World | — | USA | 0 | 并购 | 0 |
| 2017 | 中欧体育 | 530 | — | Elliott Management | 体育 | Italy | 1 | 其他 | 0 |
| 2017 | 中投公司 | 100 | — | Airbnb | 旅游 | USA | 0 | 其他 | 1 |
| 2017 | 海航集团 | 1,360 | 16% | Dufry | 旅游 | Switzerland | 0 | 并购 | 1 |
| 2017 | 海航集团 | 370 | 4% | Dufry | 旅游 | Switzerland | 0 | 并购 | 1 |
| 2017 | 上海连合房地产 | 100 | — | InterContinental | 旅游 | Australia | 0 | 并购 | 0 |
| 2017 | 大连万达 | 260 | — | Competitor Group | 体育 | USA | 0 | 并购 | 0 |
| 2017 | 莱茵达体育发展股份有限公司 | 270 | 80% | Southampton | 体育 | Britain | 0 | 并购 | 0 |
| 2017 | 信泰资本 | 350 | 50% | Qhotels | 旅游 | Britain | 0 | 并购 | 0 |
| 2017 | 海航集团 | 140 | 19% | Rezidor | 旅游 | Sweden | 0 | 并购 | 1 |
| 2017 | 阿里巴巴 | 100 | — | Magic Leap | 游戏 | USA | 0 | 其他 | 0 |
| 2017 | 海信集团 | 110 | 95% | Toshiba | 家电 | Japan | 0 | 并购 | 1 |
| 2017 | 腾讯 | 2,240 | 12% | Snapchat | 社交 | USA | 0 | 并购 | 0 |
| 2017 | 腾讯 | 800 |  | Spotify | 音乐 | Sweden | 0 | 并购 | 0 |

续表

| 年份 | 投资者 | 投资金额（百万美元） | 股权比例 | 交易对象 | 投资领域 | 国家 | BRI | 投资类型 | SOE |
|---|---|---|---|---|---|---|---|---|---|
| 2018 | 中国交通建设集团有限公司 | 200 | — | — | — | Cuba | 1 | 不详 | 1 |
| 2018 | 中国建筑集团有限公司 | 100 | — | — | — | Egypt | 1 | 其他 | 1 |
| 2018 | Yunda | 100 | — | Wanda | — | USA | 0 | 不详 | 0 |
| 2018 | 中国建筑集团有限公司 | 210 | — | — | — | Zambia | 1 | 其他 | 1 |
| 2018 | 腾讯 | 150 | 10% | Skydance | 游戏 | USA | 0 | 并购 | 0 |
| 2018 | 东方证券 | 1,260 | 54% | Mediapro | 媒体 | Spain | 0 | 并购 | 1 |
| 2018 | 腾讯 | 460 | 5% | — | — | France | 0 | 不详 | 0 |
| 2018 | 宋城演艺发展股份有限公司 | 300 | — | — | — | Australia | 0 | 新建 | 0 |
| 2018 | 华住酒店集团 | 560 | 5% | Accor | 旅游 | France | 0 | 其他 | 0 |
| 2018 | 网易 | 100 |  | Bungie | 游戏 | USA | 0 | 其他 | 0 |
| 2018 | YY 直播 | 370 | 32% | Bigo | 社交 | Singapore | 1 | 并购 | 0 |
| 2018 | 四达时代 | 270 | 60% | ZNBC | 媒体 | Zambia | 1 | 其他 | 0 |
| 2018 | 安踏体育 | 5050 | 79% | Amer Sports | 体育 | Finland | 0 | 并购 | 0 |
| 2018 | 巨人 | 110 | 100% | Wooga | 游戏 | Germany | 0 | 并购 | 0 |
| 2019 | YY 直播 | 1080 | 68% | Bigo | 社交 | Singapore | 1 | 并购 | 0 |
| 2019 | 携程 | 1090 | 22% | MakeMyTrip | 旅游 | India | 0 | 并购 | 0 |
| 2019 | 阿里巴巴 | 100 | — | VMate | 短视频社交 | India | 0 | 其他 | 0 |
| 2019 | 中国建筑集团有限公司 | 200 | — | — | — | USA | 0 | 其他 | 1 |

数据来源："中国全球投资跟踪"数据库(China Global Investment Tracker)

注：1.表格中"0"表示否，"1"表示是，"—"表示不详，暂无详细资料；

2."SOE"栏表示是否为国有企业，"BRI"栏表示投资目的地是否为"一带一路"沿线国家。

# 参考文献

李怀亮，方英. 国际文化市场报告 2017[M]. 北京：首都经贸大学出版社,2018.

佚名.东南亚主要国家传媒产业发展概况[M]//中国传媒产业发展报告(2015).北京：社会科学文献出版社，2015.

奈.软实力[M].马娟娟，译.北京：中信出版社,2013.

商务部,国家统计局,国家外汇管理局. 2016 年度中国对外直接投资统计公报[R].北京：中国统计出版社,2017.

董立人,寇晓宇,陈荣德.关于中国的“软实力”及其提升的思考[J].探索,2005(1).

贺圣达.海上丝绸之路与中国的对外文化交流——以中国与东南亚的文化交流为例[J].东南亚南亚研究,2016(2).

胡键.文化软实力研究：中国的视角[J].社会科学,2011(5).

黄锦辉,丁忠毅.中国国家软实力研究评述[J].社会科学,2010(5).

隗斌贤.“一带一路”背景下文化传播与交流合作战略及其对策[J].浙江学刊,2016(2).

米夏基耶维茨,崔庭赫.波兰视角下的中国“一带一路”倡议[J].中国与世界,2016.

金刚,沈坤荣. 中国企业对“一带一路”沿线国家的交通投资效应：发展效应还是债务陷阱[J].中国工业经济,2019(9).

陆钢.美国文化软实力发展及其对中国的启示[J].社会科学,2015(2).

李金叶,舒鑫."一带一路":跨境次区域合作理论研究的新进路[J].南亚研究,2013(2).

鲁晓东,赵奇伟.中国的出口潜力及其影响因素——基于随机前沿引力模型的估计[J].数量经济技术经济研究,2010(10).

刘锐,李涛,齐先文. 中国居民出境旅游行为演化研究——以 2005—2015 年旅新( 新加坡) 游客为例[J]. 资源开发与市场,2018(5).

刘晓希. "一带一路":中国电影发展的新机遇与新使命[J].当代文坛,2015(6).

李嘉珊, 宋瑞雪."一带一路"倡议背景下中国对外文化投资的机遇与挑战[J]. 国际贸易, 2017(2).

李实.马来西亚和新加坡的出版业[J]. 出版经济, 2003(4).

刘振林. 中国对"一带一路" 沿线国家直接投资现状与成因研究[J]. 国际贸易,2017(6).

马超, 张青磊. "一带一路"与中国—东盟旅游安全合作——基于亚洲新安全观的视角[J]. 云南社会科学, 2016(4).

曲如晓,韩丽丽.中国文化商品贸易影响因素的实证研究[J].中国软科学,2010(11).

谭秀杰,周茂荣. 21 世纪"海上丝绸之路"贸易潜力及其影响因素[J].国际贸易问题, 2015(2).

谭东华.我国对外文化交流中提升国家文化软实力路径探析[J].社会主义学院学报,2017(1).

王晓萱.中国与东盟服务贸易逆差研究——以旅游服务贸易为例[J]. 时代金融, 2016(11).

王纲,陈艳君. "一带一路"视角下中国电影产业跨国发展研究[J]. 当代电影, 2018(1).

叶自成,陈昌煦.从美国"软实力"到中国"柔实力"[J].国际观察,2015(2).

元春,陈永召,梁波.中国电影产业国际竞争力探析[J].商,2015(51).

喻志军. 中国外贸竞争力评价:理论与方法探源——基于"产业内贸易指

数”与“显示性比较优势指数”的比较分析[J]. 统计研究,2009(5).

杨振国. 我国企业社会责任问题探析[J]. 江西社会科学,2012(5).

曾麒玥.文化距离对中国核心文化产品出口集中度的影响研究——以“一带一路”沿线国家为例[J].对外经济贸易大学学报,2017(5).

张灵芝.“一带一路”倡议下中信集团积极践行社会责任[J].经济导刊,2017(4).

张广宇,沈兴菊,刘韫.丝绸之路经济带建设背景下的国际区域旅游合作研究[J].四川师范大学学报(社会科学版),2015(5).

张艺兵.“ 一带一路”背景下的中国—中东欧出版交流与合作[J],2017(8).

郑妍.中国出版业开拓东南亚市场现状、问题及对策[J]. 东南亚纵横, 2010(4).

钟磊,杨为程. 丝绸之路经济带背景下的中国中亚国际旅游区域合作制度建设研究[J]. 开发研究,2015(3).

钟雪儿,陈冬临. 浅论“一带一路”倡议背景下中国对外文化投资的机遇与挑战[J].国际公关,2019(7).

周士新.东盟的文化战略与中国的政策选择[J]. 教学与研究, 2016 (11).

周赟,赵晖.以辩证思维驾驭对外文化交流——习近平对外文化交流思想的显著特征[J].理论探索,2017(6).

曹麦.中国文化产品出口的影响因素及对策[D].北京:对外经济贸易大学,2013.

陈思杨. 波兰对接“一带一路”倡议的机遇与挑战[D]. 北京:北京外国语大学, 2017.

韩姗姗.我国文化产品出口影响因素分析及对策研究[D].北京:北京交通大学,2014.

吴杨玥. 中国影视产业国际竞争力提升研究[D].青岛:中国海洋大学,2015.

UNESCO. 2009 UNESCO framework for cultural statistics[R]. Canada: UNESCO Institute for Statistics, 2009.

UNCTAD. Creative economy report 2008: the challenge of assessing the creative economy: towards informed policy-making [R]. New York: UNCTAD, 2009.

UNCTAD. Creative economy report 2013: the challenge of assessing the creative economy: towards informed policy-making [R]. New York: UNCTAD, 2014.

ANDERSON J E, WINCOOP E . Gravity with gravitas: a solution to the border puzzle [J]. American economic review, 2003, 93(1): 170-192.

BOISSO D, FERRANTINO M. Economic distance, cultural distance, and openness in international trade: empirical puzzles[J]. Journal of economic integration, 1997, 12(4): 456-484.

DU J, ZHANG Y. Does One Belt One Road initiative promote Chinese overseas direct investment? [J]China economic review, 2018(47):189-205.

DUPAGNE M, WATERMAN D. Determinants of U.S. television fiction imports in Western Europe[J]. Journal of broadcasting and electronic media, 988,42(2): 208-220.

BOVE V, GOKMEN G . Cultural distance and interstate conflicts[J]. British journal of political science, 2016:1-11.

FELBERMAYR G J , TOUBAL F . Cultural proximity and trade[J]. European economic review, 2010, 54(2):279-293.

HONG J, HSU Y. Asian NIC's broadcast media in the era of globalization[J]. Gazette, 1999, 61(3-4): 225-242.

MARVASTI A, CANTERBERY E R. Cultural and other barriers to motion picture trade[J]. Economic inquiry. 2010 , 43 (1) :39-54.

MELITZ J. Language and foreign trade[J].Social science electronic publishing, 2002, 52(4): 667-699.

RAVISHANKAR G, STACK M. The gravity model and trade efficiency: a stochastic frontier analysis of Eastern European countries' potential trade

[J]. The world economy, 2014, 37(5): 690-704

SCHULZE G. International trade in art [J]. Journal of cultural economics, 1999, 23(1-2):109-136.

SCHWARTZ S H. A theory of cultural values and some implications for work[J]. Applied psychology: an international review, 1999, 48(1): 23 - 47.

WU Y. Review of the confucius institutes' strategy for the dissemination of Chinese culture[J].Chinese education & society, 2016, 49(6): 391-401.

WUMUER W, ABIA B, LUO J, et al. Trade issue over agriculture products between China and countries along the Silk Road economic belt: features and status[J].Agriculture science & technology, 2015,16(12):2886-2889.

# 后 记

科技的进步和资本的力量加速全球化的进程,这些加速正在从根本上重塑我们的工作、生活、娱乐方式、文化、国际贸易和地缘政治。2017 年夏天,这本书开始进入写作环节,到 2018 年夏天,已经进入收尾阶段。短短一年之间,我国所处的国内外环境已有深刻变化,百年未有之大变局悄然到来,中美贸易争端的长期性和复杂性使我们更加深刻地认识到"一带一路"倡议的高瞻远瞩。"一带一路"倡议不仅带来政治互信和经济融通,也带来文化的互融互惠,更是我国文化产业发展升级千载难逢的新契机。

文化是"一带一路"的灵魂,文化传承与创新是各国经济贸易合作的"软"支撑,文化始终是推动国家间相互理解和认同的最佳载体。对我国当前的贸易环境来说,同"一带一路"国家发展文化贸易,推进文化创新与科技创新相结合,从而改换动能转型升级,是经济结构向高级阶段进阶、翻越高山的必经之路,是经济发展向高质量跃迁打赢硬仗的有效途径,应当格外加以重视。准确把握"一带一路"倡议精神,要全方位提升我国文化领域开放水平,秉承立足周边、辐射"一带一路"、面向全球的合作理念,构建文化交融的人类命运共同体,助推"一带一路"沿线国家和地区积极参与文化交流与合作,传承丝路精神,促进文明互鉴,实现亲诚惠容、民心相通,推动中华文化"走出去",全方位多层次扩大中华文化的国际影响力。

三次普利策奖得主托马斯·弗里德曼在《谢谢你迟到——以慢

制胜,破解未来格局》中写道:“对中国这样一个在21世纪发展如此迅速的国家而言,每一段时间就暂停片刻非常重要。这样非但不会让她落后,反而能够确保她为自己所取得每一个进步都打造一个坚实的基础。”当粗放型增长阶段已经过去,在新常态周期里,我们将注意力放在文化产业和文化贸易领域,不仅关注文化贸易自身发展带来的经济效益,更关注文化贸易对于中国文化“走出去”的意义、以及它对“一带一路”倡议的影响和贡献。

美国科幻小说作家威廉·吉布森说过:“未来已来,只是分布得还不够均匀。”若干年后,我们或已走出当下中国经济的发展困境,中国文化业已真正实现“走出去”和“走进去”,那么当下“一带一路”倡议下的文化贸易发展,一定是走向那个光明前景的扎实一步。

感谢本书合著者方英老师,感谢为本书写作付出努力的同学们:2015级企业管理研究生马芮、吴博宁,2016级产业经济学研究生姚君丽,2017级产业经济学研究生岳斯嘉,2018级产业经济学研究生李思沅,2019级产业经济学研究生郑国华,2014级国际经济与贸易(国际文化贸易方向)本科学生陈锦盈、兰月、李智慧、张辰月、朱梦迪,2015级经济学(传媒经济方向)本科学生宋名琪、章立伦。

刘静忆

2021年2月